GOLDMANN

William Stevenson, gebürtiger Engländer, arbeitete zeitweise als Drehbuchautor, Fernsehkommentator und Auslandskorrespondent und verfaßte bisher neun Romane. Mit dem vorliegenden Politthriller erscheint er erstmals in deutscher Sprache. Stevenson lebt in Toronto in Kanada.

WILLIAM STEVENSON

OPERATION Karibik

ROMAN

Aus dem Amerikanischen von
Dörtc und Frieder Middelhauve

GOLDMANN VERLAG

Deutsche Erstveröffentlichung

Titel der Originalausgabe: Booby Trap
Originalverlag: Doubleday & Company, Inc., Garden City, N.Y.

Der Goldmann Verlag
ist ein Unternehmen der Verlagsgruppe Bertelsmann

Made in Germany · 1. Auflage · 6/90

Umschlagentwurf: Design Team München
Farbige Umschlagzeichnung: Norma / Segrelles, Barcelona
Satz: IBV Satz- und Datentechnik GmbH, Berlin
Druck: Elsnerdruck, Berlin
Verlagsnummer: 9770
MV · Herstellung: Gisela Ernst
ISBN 3-442-09770-3

1

Professor Rutgers lehnte sich über die Reeling des Kreuzfahrtschiffes, um die Parade zu beobachten, die sich am staubigen Ufer langsam auf der Straße dahinbewegte.

»Eine Spielzeugkolonie«, meinte sein Nebenmann, ein schmalbrüstiger junger Franzose. »Ein Spielzeuggouverneur. Und Spielzeugsoldaten.«

Die Landsleute des Professors, Amerikan r, spendeten der Kapelle Beifall. »Arme Burschen«, bemerkte eine Frau aus Brooklyn, als die Dudelsackpfeifer vorbeimarschierten. »Die müssen in diesen Bärenfellmützen doch buchstäblich zerfließen.«

Der einzige Mensch, der nicht im geringsten aussah, als schwitze er, saß in einem offenen Landauer. In der grellen Sonne saß er kerzengerade und dünn wie ein Eiszapfen da. Das Gesicht wurde von einem breitkrempigen Hut beschattet.

Schwarze Gesichter glitzerten unter weißen Helmen, während die Kapelle um den Fahnenmast in der Nähe des Liegeplatzes Aufstellung nahm. Wieder dröhnte die Baßtrommel, und der erste Schlag dämpfte das Krachen eines Gewehrs. Der schmächtige Gouverneur der britischen Inseln über dem Wind bäumte sich zuckend auf und sackte in sich zusammen.

»Jetzt ist er ohnmächtig geworden!« rief eine kleine, pummelige junge Dame, die aus Maine stammte.

»Nein«, murmelte der Franzose dicht an Rutgers' Ohr. »Der ist erschossen worden.«

Jedes weitere Wort der beiden Männer wurde von den Schreien der übrigen Passagiere übertönt, hart arbeitender Amerikaner, die das ganze Jahr über für diese kurze Flucht aus einer langweiligen

Routine gespart hatten. Professor Rutgers erwog insgeheim die Möglichkeit, daß das Attentat von einem der Passagiere durchgeführt worden sei – das würde der Reise mehr Aufregung vermitteln. Doch dann nahm er an, der Schütze verberge sich im Kreis der Mannschaft. Das Attentat schien von langer Hand vorbereitet. Die Mannschaft bestand zum Teil aus Laskaren, Seeleuten, die sich nie lange an einem Ort aufhielten, kaum eine Spur in den Akten hinterließen und für die Polizei nur schwer zu verfolgen waren. Diesen Verdacht würde er dem Franzosen gegenüber nicht äußern.

Mit geübtem Auge überflog er das wachsende Chaos. Die Männer der Ehrenwache hatten alle Hände voll zu tun, die durchgehenden Pferde unter Kontrolle zu bringen. Kutschen stauten sich zwischen dem Parlamentsgebäude auf dem Hügelkamm und dem Kai. Würdenträger schleuderten ihre Hüte von sich und gingen in Deckung. Die wenigen Polizisten wirkten in den dunklen Uniformen, wie die Londoner Bobbys sie tragen, recht verloren. Eine Gestalt mit rosafarbenem Gesicht lief den Abhang hoch und schwang dabei einen Taktstock. Die Kapelle stimmte einen Marsch an.

Der Professor überprüfte mit schnellem Blick die über den Kolonnaden aufragenden Gebäude auf der gegenüberliegenden Straßenseite. War der Schuß dort abgefeuert worden? Irgend jemand unter den gaffenden Touristen hatte sicher zufällig, ohne sich dessen bewußt zu sein, den Attentäter fotografiert. Rutgers bemerkte, wie der Franzose zu einer weiteren Platitüde ansetzte. »Bitte, verzeihen Sie«, murmelte Rutgers, »aber ich will es lieber nicht wissen.«

Am anderen Ende der breiten Durchfahrt, durch die die Ozeanriesen Nelson's Harbour anliefen, kletterte ein Mädchen über den Rand einer Klippe und rief zwei Männern zu: »Habt ihr das gesehen?«

»Sieht aus wie die ›Britannia‹«, sagte Lord Bracken. Er saß auf dem einen Ende einer Kinderwippe. Jetzt sprang er so unvermittelt herunter, daß der großgewachsene Schwarze am anderen Ende auf den Boden krachte.

»He!« protestierte der Kriminalbeamte Churchill S. Winston.

»Entschuldigung!« rief Bracken. »Gib mir mal das Fernglas – schnell!«

»Das ist nicht die königliche Jacht.« Das Mädchen stand im nassen Bikini da und lächelte. »Die ›Britannia‹ kreuzt den ganzen Monat in den Gewässern der Bahamas.«

Der Vater des Mädchens hielt das Glas auf die Jacht gerichtet, bis sie hinter der Drake-Insel verschwunden war. »Führt die Flagge der Republik Sahara und einen Stander, der einem Kaiser entsprechen würde.«

»Zia Gabbiya.« Alison Bracken kam durch den Garten oben auf den Klippen auf die beiden Männer zu.

»Der König des Terrors«, stellte Sergeant Winston fest. »Der Gevatter des Teufels.«

»Dämliche Bezeichnungen, von Journalisten in die Welt gesetzt«, knurrte Bracken. »Klingt, als handele es sich um Attila, den Hunnen. Kommt ihm nur zugute.«

»König Zia«, meinte Alison. »Der Mann ist jedenfalls immer für eine Schlagzeile gut.«

Bracken zupfte an seinem Bart. Er trug Shorts, sonst nichts. Sein schlanker Körper hatte die Farbe dunklen Leders. Die Haare bildeten eine schwarz-silberne Mähne. Er drehte sich zum Sergeant um. »Glauben Sie, daß er sich an Bord dieses schwimmenden Bordells aufhält?«

Winston schüttelte den Kopf. Der Sergeant trug die dicke, dunkle Uniform, die zeremoniellen Anlässen vorbehalten war. Mit Lord Bracken teilte er nur ein gewisses piratenähnliches Aussehen. Beide Männer hatten eigentümlich hellblaue Augen. Bei Winston erinnerten die hellen Augen daran, daß sich die Rassen und Völker auf den Inseln in der langen, oft blutigen Geschichte vermischt hatten. »Das würde Zia nicht riskieren!« meinte er.

»Ich glaube, er würde es doch«, erwiderte Alison. »In seinen Augen nehmen wir seine Drohungen nicht ernst genug. Daher kommt er zu uns.«

»Die amerikanischen Hoheitsgewässer sind zu nah«, erklärte Winston. »Sie sind eine gute Rechtsanwältin, Alison. Doch Sie kennen Männer wie Gabbiya nicht. Er hat bloß die Erlaubnis für einen Höflichkeitsbesuch seiner Jacht erhalten, nicht für sich persönlich. Der wird sich nicht derartig weit vorwagen.«

»Und Sie sind ein guter Polizist, doch Sie haben keine Ahnung von der Geschäftswelt.« Alison legte sich ein Badetuch über die Schultern und warf dem Sergeant einen nachdenklichen Blick zu. Sie war eine Schönheit, doch hier auf Pretty Penny, ihrem Besitz, kümmerte sie sich ebenso wenig um ihr Erscheinungsbild wie ihr Vater. Das Haus war dreihundert Jahre alt und im traditionellen Stil der Inseln über dem Wind errichtet. Ein solcher Besitz vermittelte weit größere Sicherheit, als dies Schränke voller teurer Kleider fertigbrächten. »Die Hälfte der Briefkastenfirmen besteht aus amerikanischen Auslandsgesellschaften, an denen Gabbiya stille Beteiligungen hält.«

Sie wußten alle über die Briefkastenfirmen Bescheid. In der Kanzlei, die von Lord Bracken gegründet worden war, bildeten diese Scheinfirmen, die auf den Inseln registriert waren, das Aushängeschild für Unternehmen, die anderenorts ihre Steuerzahlungen senken oder ihnen ganz entgehen wollten. Bracken hatte sich vom Alltagsgeschäft zurückgezogen, weil er den Ruhestand genießen wollte, doch insgeheim machte er sich über die Auslandsgesellschaften und deren dunkle Ziele Sorgen. Alison, die ihr Studium erst vor kurzem abgeschlossen hatte, vertrat die Meinung, daß zumindest ein Mitglied der Familie in dem Dutzend junger, ehrgeiziger Anwälte der Kanzlei vertreten sein sollte.

»Gabbiya könnte sich eine blutige Nase holen, wenn er glaubt, daß sein Geld hier irgendwas kaufen könnte«, meinte ihr Vater.

Dann klingelte das Telefon auf der Veranda.

»Das Hauptquartier, darauf wette ich«, knurrte Sergeant Winston. »Wahrscheinlich soll ich wieder Purzelbäume für die Touristen schlagen. Heute morgen habe ich den Ausrufer in der Stadt begleitet. Heute abend wird's eine Neuauflage sein.«

»Sag doch, du müßtest etwas untersuchen«, empfahl Lord Bracken.

»Das würden die mir nie glauben.« Der Sergeant griff über das Geländer nach dem Telefon. »Der letzte Fall, den ich untersucht habe, liegt fünf Monate zurück. Oyez Lem ist in die Bar des Dinghy-Clubs eingebrochen. Tut er jedes Jahr an seinem Geburtstag.« Seine Stimme verklang.

Die beiden anderen verstanden die Worte nicht, die nun folgten. Plötzlich wurde der Telefonhörer auf die Gabel gefeuert, und Winston rannte auf den kleinen blauweißen Panda-Polizeiwagen zu, der hinter der niedrigen Steinmauer geparkt stand. »Der Gouverneur ist getötet worden«, schrie er ihnen zu.

»Also hat's bereits angefangen«, murmelte Alison.

In den Nachrichten an diesem Abend fand das Attentat keinerlei Erwähnung. Statt dessen wurde ein Kommentar des Premierministers übertragen, eines schwarzen Taxifahrers, der auch das Tourismusministerium verwaltete. Der Gouverneur sei vollkommen überraschend nach der Eröffnung der neuen Legislaturperiode im Parlament gestorben. Auf den Inseln über dem Wind gab es keinen Verteidigungsminister. Man vertrat die Theorie, die beste Verteidigung bestehe darin, das Vertrauen in Übersee nicht zu erschüttern und den Dollarfluß der Touristen nicht zu unterbrechen. Die ausländischen Unternehmen bildeten mittlerweile sogar eine weit umfangreichere Einkommensquelle, doch die skurrile Tradition sah das Tourismusministerium immer noch als Hauptbollwerk gegen jegliches Mißgeschick an. Die Inselbewohner, die der Darstellung des Premiers vom Geschehen zuhörten, erkannten, daß er in seiner Eigenschaft als Befehlshaber über die Touristenströme sprach, und verdrängten kurzerhand die Gerüchte, die von einem Gewehrschuß wissen wollten. Der arme, alte »Gouv« war einem Schlag erlegen, da stimmten sie alle überein. Auf diese Weise wurde eine neue Realität geschaffen, und das war besser, als Panik zu verbreiten.

Professor Rutgers hörte diese Version während des Abendessens an Bord des Schiffes. Er machte einen Spaziergang über Deck. Der Franzose war nirgendwo zu sehen, genau wie Rutgers erwartet hatte. Lange Zeit musterte er die große Motorjacht, die unverhofft im Hafen aufgetaucht war und nun im Lichterglanz vor Anker lag. Er wußte, daß das Schiff Oberst Zia Gabbiya – Diktator, Terrorist, Ideologe – gehörte. Doch er war sicher, daß sich Gabbiya nicht an Bord der Jacht befand. Noch nicht.

Einen Monat später traf Lord John Bracken endlich seine alten Freunde in Washington wieder. Sie waren die Experten des Smithsonian-Museums für die Restaurierung alter Flugzeuge, die Bracken aufsuchte, um sich wieder einmal ein paar Tips zu holen.

Inzwischen war der Mord am Gouverneur in Vergessenheit geraten. Natürlich war es unmöglich gewesen, ihn vollkommen unter den Teppich zu kehren. Die Amerikaner warfen die Inseln über dem Wind mit anderen Unruheherden in einen Topf: zu all den anderen früheren britischen Besitzungen, die sich im Süden entlang der Ostküste erstreckten – wie die Turks- und die Caicos-Inseln, deren Premierminister in Florida wegen Drogenschmuggels verhaftet worden war, und Grenada, wo US-Truppen die Kubaner vertrieben hatten. Wenn die Amerikaner überhaupt einen Gedanken an die Inseln über dem Wind verschwendeten, dann hielten sie sie für hoffnungslos rückständig und harmlos. In dieser Beziehung irrten sie.

Ein Flugsaurier kreiste über der Washington Mall, als Bracken das Luft- und Raumfahrtmuseum verließ. Er blieb stehen, um zuzuschauen. Es handelte sich um den Testflug eines Modells, das das Smithsonian-Museum dem größten Reptil nachgebaut hatte, das je die Lüfte terrorisiert hatte. Der so wiederauferstandene Flugsaurier drehte eine Kurve über dem Weißen Haus und flog über die Zuschauermenge zurück, wobei er aussah wie ein Krokodil mit Flügeln.

»Erinnert mich an meine alte Stringbag«, meinte ein kleiner, gedrungener Mann, der an Brackens Seite aufgetaucht war und eine auffallende Augenklappe trug.

»Das ist wirklich seltsam«, erwiderte Bracken, die Augen immer noch auf das Monster gerichtet, das über ihnen flog. »Erinnert mich auch an meine.«

Die beiden Männer, der eine groß und bärtig, der andere klein und kahl, kniffen wegen des herbstlichen Sonnenscheins die Augen zusammen und folgten dem Flug des Modells. Es schlug mit den Flügeln, segelte, schlug erneut mit den Flügeln und segelte wieder.

»Keine schlechte Arbeit, die die Jungs vom Smithsonian da geleistet haben«, erklärte der kleine Mann. »Eines der größten Rätsel der Paläontologen war die Frage, wie dieses Ding da jemals in die Luft kam.«

»Bei meiner Stringbag habe ich dasselbe Gefühl«, brummte Bracken. »Die Jungs, die das Modell da gebaut haben, sind mir behilflich, das Flugzeug zu restaurieren.«

»Ihre Stringbag?«

»Ja. Während des Krieges habe ich auf dem Meer eine Bruchlandung gemacht. Später habe ich die Maschine dann rausgefischt.«

»Rausgefischt, wie?« Der kleine Mann vergrub eine Hand in seiner blauen Jacke und stieß einen kurzen Pfiff aus. Innerlich mußte Bracken grinsen. Möglicherweise gab es auf dem ganzen Kontinent keine weiteren zwei Männer, die jemals ein Flugzeug geflogen hatten, das in Größe und seltsamem Aussehen so dem Flugsaurier ähnelte. Die Stringbags waren von geheimen Basen aus gegen Nazis und Japaner gestartet. Der Flugsaurier hatte vor sechzig Millionen Jahren die Lüfte beherrscht, bis er schließlich auf einen stärkeren Gegner gestoßen war.

»Da wird einem richtig warm ums Herz, wenn man diese alten Dinger wieder fliegen sieht«, erklärte der Kleine. »Da kommt man sich nicht mehr verknöchert vor. Fühlt sich nicht mehr ganz so als altes Eisen.«

»Unser größter Fehler ist es, die alten Waffen wegzuschmeißen«, murmelte Bracken.

Sein Gegenüber warf ihm einen fragenden Blick zu. »Wie wär's, mein Lieber, hätten Sie Zeit für einen Drink?«

Sie kippten mehr als nur einen Drink. Bracken mußte sich beeilen, um zum Capital Hilton, Ecke sechzehnte Straße, zu kommen und den Zubringerbus zu erwischen, der die Washingtoner Fluggäste zum Internationalen Flughafen hinausbrachte. Die astronomischen Taxipreise konnte er sich nicht leisten, ebenso wenig eine Übernachtung. Seine Reise wurde überhaupt nur durch ein Angebot von British Airways möglich, für das nicht geworben wurde und das bald eingestellt werden sollte. Die Fluggesellschaft bot den einfachen Flug für neunundneunzig Dollar an. Das war, verglichen mit der US-Konkurrenz, ein Pappenstiel, doch es ermöglichte British Airways, die Sitze zu füllen. Mit Mühe und Not erreichte er seine Maschine.

»Willkommen daheim, Lord John«, begrüßte ihn der schwarze Zollbeamte bei seiner Ankunft und schenkte ihm das warme Lächeln, das er für Einheimische reserviert hielt. Jenseits des Meeres kannten nur wenige Menschen seinen Titel. Niemand, bis auf die Inselbewohner, benutzte die altmodische Anrede »Lord John«.

Er zog sein altes Moped aus dem Frachtschuppen und kaute mit der Verbissenheit eines Mannes, den man eindringlich vor den Gefahren des Rauchens gewarnt hat, auf einer unangezündeten Zigarre herum. Mit achtzehn Jahren hatte er angefangen, Pfeife zu rauchen, um es im zugigen Cockpit der Stringbag etwas wärmer zu haben. Warnungen, daß er mit dem Feuer spiele, hatten ihn nicht davon abbringen können. Jetzt endlich war es seinem Arzt gelungen.

Langsam tuckerte er durch Nelson's Harbour, in Gedanken immer noch bei dem, was ihm der Mann mit der Augenklappe erzählt hatte. Es war beinahe Mitternacht, als er Pretty Penny erreichte. In der Küche fand er eine Nachricht von Alison: »Ich segele mit dem Drachen nach Wreck Cay, um den Riß im Ruder zu flicken und eine Strebe zu reparieren. Wenn's nicht zu spät ist, würdest du mich dann bitte abholen?«

Bracken grinste. Zu spät war es nie.

Er nahm das kleine Motorboot und fuhr langsam und mit traumwandlerischer Sicherheit an der Kette der kleinen Inseln vorbei. Alison war eine gute Seglerin, doch sie haßte es, den alten, etwas lecken Drachen im Stockdunkel durch die verborgenen Sandbänke nach Hause zu manövrieren. Sicherlich war sie noch bei Tageslicht losgesegelt – was bedeutete, daß sie mit den letzten Reparaturen an der Stringbag ein gutes Stück weitergekommen sein mußte. Das Kampfflugzeug stand auf Wreck Cay, einer kleinen, unbewohnten Insel. Sie lag in der Nähe des Südendes der Inselkette, wo sie unvermittelt in den tiefen Abgrund des Meeres abfällt. Seit Bracken gezwungen war, sich von den Geschäften der Kanzlei zurückzuziehen, hatte er seine Zeit und das geringe Einkommen, das er noch aus der Kanzlei erzielte, darauf verwandt, die Stringbag zu restaurieren. Dann und wann flog er kurz nach Washington und ging die Experten des Smithsonian-Museums um Rat an, was Klebstoff, Maschinenteile, Tuch oder Holzteile betraf, die ersetzt werden mußten – tausend Kleinigkeiten, bei denen die Männer vom Wartungspersonal vor mehr als vierzig Jahren fassungslos den Kopf geschüttelt hätten. Diese Männer konnten sich den Tag, an dem die Stringbag-Baureihe ausgemustert werden und die Ersatzteile in alle vier Winde verstreut sein würden, gar nicht vorstellen.

Die Stringbag auf Wreck Cay hielt Bracken in Trab. Jedenfalls bildete er sich das ein. Er kletterte an Eisenkrampen, die in die steile

Wand der Klippe eingeschlagen waren, nach oben und konnte sich gar nicht mehr an die Gelegenheit erinnern, als er gehört hatte, wie die alte Kiste mit ihrer offiziellen Typenbezeichnung »Fairey Swordfish« benannt worden war. Die ersten Mannschaften, die sie flogen, behaupteten, sie werde nur von Strippen zusammengehalten – daher »Stringbag« (Einkaufsnetz). Schon bei ihrem Jungfernflug, 1935, war ihr Typ überholt. Dennoch hatte sie als unermüdliches Arbeitspferd der britischen Navy die Jahre des Krieges zur See überlebt. In die Stringbags hatte man eine tödliche Mischung von Torpedos, Raketen, Spreng- und Leuchtbomben und Maschinengewehren aus dem Ersten Weltkrieg gepackt – dazu die absonderlichsten Charaktere, die in den engen und windigen Cockpits hockten und die jungen Nasen in den Wind steckten.

Für einen Piraten, überlegte Bracken, war sie einzigartig. Ihre Angriffsweise erinnerte an die von Piraten; sie war stark von der Überraschung abhängig. Von den Decks der Flugzeugträger aus hatten sie anders kaum zu erreichende Landstreifen in abgelegenen Gebieten angeflogen. Im Ärmelkanal hatten sie deutsche Schlachtschiffe angegriffen; dabei war zwar jede einzelne Stringbag abgeschossen worden, doch der Feind zeigte sich beeindruckt. Mit der Art und Weise, wie sie im Jahr zuvor die italienische Flotte außer Gefecht gesetzt hatten, hatten die Stringbags den Japanern vorgeführt, wie man Pearl Harbour angreifen konnte. Die Maschinen waren fürchterlich langsam. Doch das hatte sich als Vorteil erwiesen.

Bracken war Fähnrich und hatte gerade die Pilotenausbildung absolviert – wobei die Beförderung noch nicht bestätigt war –, als er zum erstenmal an der Seitenwand der Stringbag hoch ins vordere Cockpit gestiegen war. Er hatte sich immer nur als Fähnrich gesehen, selbst als er mit dreiundzwanzig Jahren eine Staffel befehligte. Aus Titeln hatte er sich ebenso wenig gemacht. Die Inselbewohner nannten ihn Lord John, weil sie seine Vorfahren bewunderten, die vom König geadelt worden waren. Sie waren mit Kaperbriefen ausgestattet worden. Es waren Piraten.

Die meisten seiner Kameraden, die Stringbags geflogen hatten, waren vor langer Zeit gefallen. Daran hatte er bis zu dem Augenblick, in dem er sein Gespräch mit dem Mann auf der Washington Mall führte, kaum gedacht.

Er fand Alison oben auf Wreck Cay. Im Licht der Hurricanelampen nähte sie Segeltuch zusammen. »Deine Arbeitswut übersteigt eine normale Begeisterung.«

»Ich tu's nur, um dein Leben zu retten«, meinte sie und blickte auf. Der lange Aufstieg hatte ihn nicht so außer Atem gebracht wie früher. Sie hatte seinen Arzt angefleht: »Jagen Sie Daddy bloß einen Schrecken ein, damit er vorsichtig ist!« Der Doktor war bald auf Probleme gestoßen, die drohten, Brackens Leben zu verkürzen – und das waren nicht nur die Trinkgewohnheiten der letzten Zeit. Der Arzt hatte ihm empfohlen, sich ein Hobby zu suchen, das ihn den ganzen Tag ausfüllen würde. Das Hobby wurde zur Besessenheit. Bracken wollte den großen, alten Doppeldecker, der gegen Ende des Krieges von all den attraktiveren Maschinen, den Messerschmidt-Düsenjägern, Sea Vampires, Hellcats und Corsairs, Sea Furies und Barracudas, ausgestochen worden war, perfekt in Schuß bringen – sogar die Typenbezeichnungen ließen die arme Stringbag alt aussehen.

Alison machte bei seinem zeitaufwendigen Hobby mit, weil es »dem alten Mann einen neuen Lebensinhalt« gab. Allerdings zog sie dann eine Grenze, wenn es darum ging, daß er die Maschine wieder fliegen wollte. Jetzt schnüffelte sie in die Luft. »Mein Gott«, stellte sie fest. »Du riechst ja wie eine Destille.«

»Äh, ja –« Bracken sah sich um. »Das ist absolut vertraulich, verstehst du?«

»Klar«, erwiderte Alison. »Vorausgesetzt, es handelt sich nicht um die absolut vertrauliche Entschuldigung dafür, daß du beschwipst bist.«

»Ich habe da einen Typen getroffen. Wir haben ein paar hinter die Binde gekippt«, gab ihr Vater zu. »Doch alles im Dienst der guten Sache.«

»Sache?« Alison war plötzlich hellwach. »Es gibt nur eine Sache, um die es mir geht. Und das ist, dich am Leben zu erhalten.«

»Genau darum geht es«, wich Bracken aus. »Es betrifft Zia Gabbiya. Ich soll ein Auge auf ihn haben.«

Alison lehnte sich auf der Bambusmatte zurück. »Gabbiya hält sich hier nicht auf.«

»Aber seine Killer.«

Alison grübelte einige Zeit über diese wenig präzise Aussage nach. »Ein Mann in Washington«, murmelte sie dann langsam, »bittet dich, ein Auge auf den Gevatter des Teufels zu haben? Das bedeutet CIA.«

»Falsch. Downwind Dalrymple.«

»Wer?«

»Vizeadmiral Dalrymple. Ist zu irgendeiner britischen Mission abkommandiert. Ich kannte ihn als jungen Rotzlöffel unter dem Namen Downwind.«

»Was«, fragte Alison, »ist ein Rotzlöffel?«

»So nannten die uns als Fähnriche. Wir trugen kleine Kupferbeschläge an den Aufschlägen, so daß wir die Ärmel nicht dazu benutzen konnten, den Rotz von unseren Nasen abzuwischen. Dalrymple wurde Downwind genannt, weil er das Unmögliche fertigbrachte und eine Notlandung bei Fallwind machte. War fast ein Sturm damals.«

»Und jetzt will dieser Ex-Rotzlöffel, daß du ihm Gabbiya vom Hals schaffst?«

»Das habe ich nicht gesagt!« protestierte ihr Vater. »Er fragt sich nur, ob zwischen Gabbiya und dem Mörder des Gouverneurs irgendwelche Verbindungen bestehen.«

»Dann bist du jetzt so etwas wie ein freiberuflicher Spion für einen Idioten namens Downwind?«

»So spricht man nicht über einen alten Kriegskameraden seines Vaters. Wenn London sich nicht um das kümmert, was hier passiert, dann kann uns niemand einen Vorwurf machen, wenn wir in die Bresche springen.«

»Nehmen wir mal an, andere haben dieselbe Idee?«

»Eine Geheimdienstoperation auf britischem Gebiet würde von einer amerikanischen Regierung nicht sanktioniert.«

»Ha, ha, ha!«

»Ein Regierungserlaß untersagt es der CIA, Exekutionen zu veranlassen.«

»Komisch, daß du jetzt von Exekutionen redest«, stellte Alison fest.

Ihrem Vater war Alisons Technik, ihm die Informationen aus der Nase zu ziehen, wohlbekannt. Manchmal, so überlegte er, gab es tatsächlich Sachen, die er gerne loswerden wollte. »Wenn er's verdient.« Unbewußt hatte er laut gesprochen.

»Was?«

»Hab' nur vor mich hingemurmelt.«

Alison und er standen sich sehr nahe. Sie sprang auf, und er erkannte sofort, daß sie wußte, was in ihm vorging. »Dann kommt dieser Schweinehund tatsächlich!« Sie sah ihn an, die Hände in die Hüften gestemmt. »Du wirst ganz schön in der Scheiße stecken, wenn du da hinein verwickelt wirst. Gabbiya würde es geradezu genießen, wenn alle Regierungen sich dazu entschlössen, mit äußerstem Widerwillen ihre Killerteams gegen ihn antreten zu lassen. Keine Gruppe wüßte von der anderen, und er würde sich einen Riesenspaß daraus machen, sie vor aller Welt bloßzustellen.«

»Das ist genau das, was wir auf Wunsch des alten Downwind verhindern sollen«, murmelte Alisons Vater.

2

Professor Rutgers war in seinen geheimen Schlupfwinkel in Washington zurückgekehrt.

»Ich weiß nicht, wen wir suchen«, stellte der eine Besucher klar. »Ich weiß nur, was wir nicht wollen.« Er nickte dem Controller der Personalabteilung zu, der dem Professor das Anforderungsprofil reichte.

»Der Mann darf kein Fanatiker sein«, erklärte der Vorgesetzte. »Keiner, der sich brennende Zigaretten an der Stirne ausdrückt, nur um zu zeigen, wie willensstark er ist.«

»Dann versuchen Sie es doch mal mit einer Frau«, schlug Rutgers vor.

»Grundsätzlich haben wir was gegen weibliche Killer«, erklärte der erste der beiden Besucher. Er war vom Direktor der Central Intelligence zu dieser schmuddeligen Wohnung in Georgetown geschickt worden, die an der Ecke Wisconsin und M-Street über einem Chinarestaurant lag. Dies so überaus elegante Viertel war als Umschlagplatz für Regierungsgeheimnisse bekannt. Ein Vorteil, den man gerne nutzte. Niemand nahm die Gerüchte allzu ernst, und die kleinen Männer in ihren unscheinbaren Büros waren zu zahlreich, als daß man sie besonders beachtet hätte.

Rutgers musterte aufmerksam die Akte. »Ich habe die weiblichen Vertreter dieses Gewerbes immer für gefährlicher gehalten als die männlichen. Doch zitieren Sie mich bloß nicht. Ich will nicht wieder im Lehrbetrieb landen, nur weil ich eine andere Auffassung vertrete als ›diejenigen, denen man Gehorsam schuldet‹.«

Der eine Besucher grinste. Er hatte seine Karriere als Rechtsanwalt begonnen und erkannte die Bemerkung als eine Anspielung auf Londons Old Bailey. Der Mann äußerte einige Worte der Ermutigung, denn ihm war bewußt, wie sehr Rutgers zwischen dem Haß auf die Bürokratie und dem Abscheu vor den Elfenbeintürmen der Wissenschaftler hin- und hergerissen wurde. Dann verabschiedete er sich zusammen mit seinem Begleiter. Rutgers lauschte den Schritten, die auf dem Weg nach unten im dunklen Treppenhaus widerhallten. Er stieß einen Seufzer aus und breitete das Profil des gesuchten Kandidaten unter seiner Schreibtischlampe aus. Es enthielt nur die allerdürftigsten Angaben dessen, was die Abteilung benötigte. Der Kandidat durfte in einer Menschenmenge nicht auffallen, mußte bürokratisches Vorgehen ablehnen, durfte keinerlei Kontakte zu den Medien oder zu politischen Kreisen haben... Voller Widersprüche, verriet die Akte kaum etwas von der Aufgabe, die zu bewältigen war – obwohl die erste Bemerkung, die der Controller gemacht hatte, die Worte »Ich habe gedacht, Sie hätten mehr Sonne abbekommen« gewesen waren. Das war immer der Ärger mit doppelt verdeckten Operationen: Um die *offiziellen* Beamten der CIA davor zu bewahren, dem Weißen Haus, dem Senatsausschuß, der für die Geheimdienste zuständig ist, und den verschiedenen Unterausschüssen innerhalb der Task Force zur Bekämpfung des Terrorismus peinliche Lügen erzählen zu müssen, war es notwendig, blöde Spielchen zu spielen.

Rutgers kaute gedankenverloren am Ende eines Bleistifts. Diesmal verlangte das Profil des geeigneten Kandidaten einen Mann mit gutem Urteilsvermögen, ohne Laster, ohne Neid und vor allem ohne familiären Anhang. Die geforderten Eigenschaften schlossen sich beinahe schon begrifflich aus. Wo fand man einen Mann, der alt genug war, um Verantwortung auf sich zu laden, eine kontrollierte Aggressivität an den Tag legte und keine Familie hatte?

Selbst das Ultra-A-Informationssystem, das akribisch wie ein alter Bibliothekar die Akten durchblätterte, mußte vor einer solchen Anforderung kapitulieren. Bei einer archäologischen Unterwasserausgrabung hätte ich mehr Erfolg, dachte Rutgers. Wenn ich überhaupt intellektuelle Brillanz für mich in Anspruch nehmen kann, dann besteht sie darin, aus wenigen Überresten die Geschichte rekonstruieren zu können. Wenn ich mit diesen mageren Informationen nach einem zweitausend Jahre alten Wrack tauchen würde, käme ich mit mehr substantiellen Ergebnissen an die Oberfläche, als dies hier und jetzt erwartet werden kann.

Das Telefon unterbrach ihn. Die Stimme eines Mannes sagte: »Der Chef will Sie sehen. Mir ist bewußt, daß Sie an einer fürchterlich wichtigen Sache sitzen. Aus diesem Grund will er, daß Sie sofort kommen.«

Endlich kam die Angelegenheit ins Rollen.

Der Chef machte es gnädigerweise kurz. »Diese Unterhaltung«, knurrte er, »fand niemals statt. In Ordnung?«

»In Ordnung«, erwiderte Rutgers und gab sich die größte Mühe, wie ein Mann auszusehen, der nicht einmal im Traum daran dachte, je seine Memoiren zu schreiben.

»Ihre Lageeinschätzung, weshalb die den Mord am Gouverneur unter den Teppich gekehrt haben, hat mir gefallen. Doch es war der Job eines Außenseiters. Sind Sie sich in dieser Beziehung vollkommen sicher?«

»Ich vermute es.«

»Als Wissenschaftler haben Sie sich mit Ihren Vermutungen einen Namen gemacht.« Das Lächeln des Chefs blitzte auf und erlosch. »JSOC würde die Sache gerne an sich reißen«, fügte er hinzu.

Rutgers sah unbeteiligt aus, doch sein Herz klopfte heftig. Das Joint Special Operations Command in Fort Bragg, North Carolina, hatte die sogenannte Delta Force gebildet, eine Einheit, die im freundschaftlich gesinnten Ausland zu Geiselbefreiungsaktionen eingesetzt wurde. Die wenigen Worte des Chefs bedeuteten, daß die JSOC auf den Inseln über dem Wind die Entwicklung einer Situation voraussah, die sich zu einem Einsatz der Delta Force entwikkeln könnte. Wenn die Rivalitäten zwischen Pentagon und CIA ausuferten und der mögliche Einsatz spezieller Eingreiftruppen gegen die eifersüchtigen Militärbosse ins Feld geführt werden konnte, dann bedeutete das, die Planungschefs der doppelt verdeckten Operationen konnten zwischen den rivalisierenden Gruppierungen operieren. Wenn die Politiker andererseits wegen unzureichender Abstimmung von Geheimdienstoperationen mit dem Weißen Haus nervös wurden, dann wurden die offiziellen Dienste gestoppt. Auch das bedeutete wieder mehr Bewegungsspielraum. – Sein Gedankengang wurde vom Chef unterbrochen.

»Oberst Gabbiya.« Der Name wurde mit schiefem Lächeln ausgesprochen. »Wenn wir den nicht aus dem Verkehr ziehen, dann könnte die JSOC diese Geschichte in ein weiteres Grenada verwandeln. Und wir könnten einpacken...«

Rutgers hörte nur mit halbem Ohr zu, als ihn plötzlich Gabbiyas Name aufhorchen ließ.

»Wenn irgendeine offene Aktion schiefläuft, dann wird das Außenministerium sofort kreischen, davor habe es uns gewarnt. Dann sind wir wieder bei der Münchner Theorie angelangt, der Abwiegelungspolitik, wie beispielsweise, daß Hitler ein netter Bursche sei, wenn man ihn richtig behandle...«

Rutgers ließ den Schwachkopf weiterreden. Er hatte schon begriffen, worauf das Gespräch hinauslief.

Schnappen Sie sich Gabbiya.

Schnappen Sie ihn sich mit so wenig Aufheben wie möglich, ohne das Meer mit Schiffen und den Himmel mit Flugzeugen zu bepflastern. Schnappen Sie ihn sich, ohne die Bürokraten oder die Schlangen aufzuscheuchen, die sich im Umfeld der Antiterrortruppe herumtreiben. Schnappen Sie ihn sich, ohne durch das Labyrinth der Ministerien zu stolpern, ohne dem Außen-, Verteidigungs- und Verkehrsministerium, den Direktoren des FBI, dem Finanzministerium, dem Nationalen Sicherheitsrat, dem Generalstaatsanwalt, dem Vorsitzenden der Vereinigten Stabschefs und dem Chef des Präsidialstabs auf die Füße zu treten – all jenen, von denen erwartet wird, daß sie ihren Senf zu jeder Geheimdienstoperation geben. Schnappen Sie sich den Bastard aus eigenen, ganz persönlichen

Gründen – ohne Energie und Zeit auf das Dutzend löchriger Ausschüsse zu verschwenden, das die Leitung der offenen/verdeckten Operationen beaufsichtigt.

Einfach Gabbiya zu fassen kriegen... Ihn schnappen, ohne groß nach dem Wie und Warum, den Wenns und Abers der Gesetze fragen zu müssen, die in glücklicheren Zeiten von Politikern geschaffen wurden, Zeiten, in denen niemand den feigen Krieg derjenigen vorhersah, die über die Leichen von Frauen und Kindern vorstürmten und Gefangene als Schacherobjekte ansahen.

Das machte Rutgers' Aufgabe, einen passenden Kandidaten zu finden, der dem Profil entsprach, sehr viel leichter. Normalerweise wollte er gar nicht wissen, für welche Aufgabe der Kandidat angefordert wurde. Diesmal war es so offensichtlich wie die von blauen Äderchen durchzogene Nase in seinem Gesicht.

Die suchten eine Vakuum-Persönlichkeit. Keinen Kriminellen, und doch einen Mann, der die besten Jahre seines Lebens verloren hatte. Das war der einzige Menschentyp, der keine Verantwortung trug und dennoch zwischen kühler Aggressivität und reifer Abgeklärtheit zu unterscheiden wußte.

Diesem Profil würde bald Leben eingehaucht werden. Doch nicht auf die Art und Weise, wie sich das der Chef vorstellte. Ich suche einen, so überlegte Rutgers, altmodischen amerikanischen Helden – die Art Mann, die man hier in dieser fashionablen Gerüchteküche überhaupt nicht mehr zu schätzen weiß.

3

»Ich bin nicht der Satan in Menschengestalt«, erklärte Oberst Zia Bel-el-bey Gabbiya.«

»Nein«, antwortete das Mädchen, »natürlich sind Sie das nicht.«

Er saß auf einem goldenen Stuhl, genau in der Mitte des mit blauem Marmor getäfelten Fußbodens. Weiße Säulen trennten ihn von der Wüste und der sternenfunkelnden Nacht. Die Pavillons des Palastes erinnerten an versteinerte Beduinenzelte.

Gabbiya trug seine elfenbeinfarbene Uniform – die, in der man ihn immer auf den Bildern in den Zeitungen sehen konnte – mit schweren Goldepauletten, die Brust voller Orden. Eine Militärmütze thronte auf seinen berühmten Locken, die ihm den Namen »Wirrkopf Gabbiya« eingebracht hatten. Diesen Spitznamen hatte er gehegt und gepflegt. Das konnte er sich leisten. Seine Haut war von einem tiefen Braun. Wenn führende schwarzafrikanische Politiker ihn mit Wirrkopf anredeten, dann taten sie das unter speichelleckerischem Gelächter, weil sie alle sein Geld nahmen, was besser war, als ihn zum Feind zu haben.

Im Augenblick sah er sich den letzten Stapel der Videobänder aus Washington an. Es handelte sich um Nachrichtensendungen der großen Fernsehgesellschaften. Er sprühte nur so vor guter Laune, bis die Stelle kam, an der ihn der Ratgeber des US-Präsidenten einen »Satan in Menschengestalt« nannte. Danach folgte in der ABC-Sendung »Nightlight« eine Debatte zwischen Ex-Premiers, Terrorismusexperten und verschiedenen westlichen Politikern. Das Hauptthema war, wie so oft in diesen Tagen, wie man sich am besten Gabbiyas, des Königs des Terrors, entledigen könnte. Sie rangen die Hände, ließen jedoch ganz offen ihre Angst vor einer direkten Aktion erkennen. Dann hörte er, wie Mrs. Thatcher erklärte, daß die faschistische Linke »mit Terroristen wie diesem Ungeheuer Gabbiya zusammenarbeitet«.

»Da hat sie sehr unrecht«, beklagte sich Gabbiya. »Was glaubt sie denn, was *sie* ist?« wollte er wissen.

Auf dem Band griff Mrs. Thatcher ihn weiter an. »Gabbiya finanziert Terroristenbanden innerhalb unserer Grenzen«, erklärte sie. »Er arbeitet mit den Familien des organisierten Verbrechens zusammen. Er unterminiert unsere Gewerkschaften.«

»Und ich könnte morgen deine Bank von England kaufen, wenn ich das wollte«, unterbrach Gabbiya.

Die Lippen des Mädchens kräuselten sich, während die Teilnehmer der Fernsehdiskussionsrunde ganz behutsam die Ausschaltung eines solchen Ungeheuers erörterten. Die Amerikaner zitierten die Anordnung des Präsidenten, die jegliches Attentat untersagte. Die Franzosen sannen lautstark darüber nach, wie zivilisierte Nationen so unzivilisierte, ja barbarische Akte begehen könnten. Die Briten hielten sich bedeckt.

»Ich verstehe nicht, wieso Sie auch nur einen Pfifferling darauf geben, als was die Briten Sie bezeichnen«, erklärte das Mädchen. »Die haben doch Angst zu handeln. In deren Wirtschaft spielt Sahara eine viel zu große Rolle. Die reden nur. Doch mit keinem Wort erwähnen sie die Ermordung ihres Repräsentanten auf den Inseln über dem Wind, oder? Die können sich doch gar nicht erlauben, Sie mit diesem Attentat in Verbindung zu bringen! Die Briten werden niemals wagen, Sie anzutasten.«

»Das mußte ich erst herausfinden.«

»Wie viele Tests müssen Sie denn noch durchführen?«

Gabbiya lachte. »Du bist ein kluges Mädchen, Lani. Beantworte *du* diese Frage.« Er hatte ein dunkelhäutiges humorvolles Gesicht, das rechteckig geschnitten war, sinnliche Lippen, von senkrechten Falten eingefaßt. Die Falten kräuselten sich, wenn er sich amüsierte. Tatsächlich amüsierte er sich die meiste Zeit. Anders als andere Menschen, gingen ihm nie die amüsanten Einfälle aus – und besonderes Vergnügen bereitete ihm jede einzelne Schlacht auf seinem Rachefeldzug. »Amerikanische Bestie! Du verängstigte Schwuchtel! Du hast auch nicht den Mumm, es mit mir aufzunehmen«, schrie er das Gesicht an, das im Augenblick den Bildschirm füllte. Er machte eine obszöne Geste. »Ich hab' euch alle an den Eiern.«

Er kannte alle ihre Winkelzüge. Sein Hauptquartier hatten sie unter dem Vorwand, Terroristen zu bestrafen, bombardiert; und als die Weltöffentlichkeit sich angesichts einer derartig brutalen Machtdemonstration gegen sie wandte, hatten sie es mit anderen Methoden versucht, die die Kritik der Amerikaner zu Hause wachrief. Jetzt würden sie versuchen, ihn in ein unbeteiligtes Land zu locken, wo eine gutbezahlte Mannschaft ihn umlegen konnte. Gabbiya hatte einen Artikel in der »Washington Post« gelesen, in dem dieser Vorschlag des Direktors der Central Intelligence an das Weiße Haus erörtert worden war, und das hatte ihn auf den Einfall gebracht. Er würde sich in ein Drittland begeben, und dann würde er *die* aus dem Gleichgewicht bringen. Die große amerikanische Bestie ein für allemal vernichten!

Er war kein Monster. Die Ungeheuer, das waren die weißen Imperialisten, die sein Land im Elend gefangen hielten. Früher einmal war er gezwungen gewesen, dumme Kunststückchen aufzuführen, nur um zu überleben. Als kleiner Zauberkünstler hatte er zusammen mit drei Kamelen, einem Pferd, fünf Ziegen und ein paar Gänsen in einer Lehmhütte gehaust. Sein Theater war eine Straße zwischen hohen Häusern mit weißen Wänden, unter roten Tüchern, die an Stangen hingen. Die Häuser hatten hölzerne Gitterfenster, geschnitzte Türen aus Teakholz mit schönen Messingangeln und Türklopfer aus Schmiedeeisen. Die Leute, die kamen, um Zia, dem kleinen Zauberer, zuzusehen, hatten vernarbte Gesichter und keine Bärte. Um die Schultern trugen sie Schals aus roter Baumwolle und auf dem Kopf Feze. Seine Kunst schlug sie in Bann, seine Worte verzauberten sie. Die Menschen liebten seine Vorstellungen so sehr, daß sie nicht anders konnten, als den Künstler ebenfalls zu mögen.

Das Mädchen, das er Lani nannte, kniete nieder, als Gabbiya sich erhob. »Kennst du die Antwort?« fragte er.

Einen Augenblick musterte Lani ihn durch halbverhangene Augen. »Ja«, antwortete sie. »Sie brauchen mich, um den letzten Test durchzuführen, bevor Sie sich persönlich auf die Inseln über dem Wind begeben.«

»Unglaublich!« Er starrte sie an, warf dann den Kopf zurück und brach in brüllendes Gelächter aus. »Mit unserer Magie hätten wir die Welt erobern können, du und ich! Wir hätten die beste Nummer im Gedankenlesen auf die Beine stellen können, die es je gab.«

»Wir *können* die Welt erobern«, flüsterte Lani.

Sie wartete, bis er den inneren Palast verlassen hatte, und wandte sich dann wieder den Journalen und Katalogen zu, die über dem großen Bett verstreut lagen. Sie blätterte die Seiten von Zias ganz privater Pornographie durch – Illustrationen modernster Waffen. Sie tat so, als läse sie die geschliffen formulierten Texte zu Exocet, Gabriel, Harpoon, Otomat und Shield. Es hätten genauso gut die Markennamen von Gummifabrikaten, von erotischen Hilfsmitteln sein können. Tatsächlich handelte es sich um Raketen und Lockangebote, die sich jeder Militär, der genug Bargeld hatte, zulegen konnte. Als sie sicher war, daß Gabbiya sich wieder in seine Magie versenkt hatte, zog sie einen Brief hervor, den sie noch einmal lesen wollte und der zwischen den Seiten eines schwedischen Waffenmagazins verborgen war. Er stammte von Gabbiyas Öl- und Gasgesellschaft in Ho-Chi-Min-Stadt – Saigon.

»Ich bin der Soldat des allmächtigen Gottes!« intonierte Zia Gabbiya. »Ich werde alle diejenigen vernichten, die nicht Allahu-Akbar rufen.«

»Gott ist groß!« kam die Erwiderung der Männer, die in der Bir-el-Abed-Moschee zum Gebet versammelt waren.

»Amerika den Tod!« rief Gabbiya.

»Lang lebe der Großprotektor des Glaubens!« hallte es zurück.

Ein paar Minuten später erschien Lani, tiefverschleiert. In geziemender Entfernung stand sie zwischen den Pfosten des schwarzen Eingangs. In diesem Augenblick erblickte sie in ihm einen Mann, der die arabische Revolution in einer Zeit zum Sieg führen konnte, in der es noch Stämme gab, die die Wüste auf dem Rücken ihrer Kamele durchquerten. In seiner weißen Seidenrobe mit dem braunen Kopftuch, das von einer goldrot gestreiften Kordel gehalten wurde, wirkte er wie eine schlanke Säule. Seine Hände ruhten auf dem Griff eines silberbeschlagenen Dolchs. Seine Augen lagen im Schatten, sein Gesicht war bleich wie eine Totenmaske. In diesem Augenblick war ihr sein Körper fremd. Die Gestalten im Gebetsraum schauten schweigend und restlos ergeben zu ihm auf.

Er ist kein Ungeheuer, dachte sie. Er ist ein hochbegabter Künstler. Die Aufmerksamkeit der Massen lenkt er mit der kleinsten Handbewegung in die gewünschte Richtung. Alles, was er tut, dient den Gläubigen – Menschen in Nordafrika, Persien, auf den indonesischen Archipelen und der Schwelle Australiens. Die Visionen, die von den Muezzin verbreitet werden und die ihm die Schlagzeilen in jeder Tageszeitung garantieren, erschafft er aus dem Nichts. Er will das ausgedehnte Reich des Islam nicht mit Gewalt beherrschen, obwohl er stark genug ist, das mächtige moslemische Schwert in aller Welt zu schwingen. Zia ist zu klug, ein zu begabter Mann. Er weiß, daß kein Reich dauerhaft sein kann. Weltreiche vergehen. Sie reißen ihre Herrscher mit sich. Hier in Sahara tut Gabbiya etwas anderes, fordert eine völlig andere Art von Gehorsam. Kein Bewohner des Landes leidet Mangel, und die Seele seiner Landsleute erfüllt er mit seinen grandiosen Träumen. Alle Probleme kann er mit dem Wissen, das er kauft, lösen.

Ehemalige Geheimdienstchefs hatte sie in seiner Gegenwart ergeben und kriecherisch erlebt – nur um an sein Gold zu kommen. Es kostete ihn weniger als eine Tageseinnahme aus seinen eher konservativen Anlagen, um die Staatsgeheimnisse, die in ihren Köpfen verborgen waren, zu kaufen. Ihr Verrat hatte nicht einmal die Bestrafung in ihren Heimatländern zur Folge, denn sie verschacherten ihr Wissen im Rahmen von Beraterverträgen.

Früher einmal war er vom Ölmarkt abhängig gewesen. Doch der spielte keine große Rolle mehr. Er hatte sich der Dienste der klügsten Köpfe der internationalen Finanzwelt versichert, und die hatten ihm den Kunstgriff beigebracht: wie man aus Geld mehr Geld machte. Seine Staatsgeschäfte wurden von Banken ausgeführt. Die Botschaften Saharas waren kaum mehr als kleine Läden, in denen Lakaien Gabbiyas Marotten erfüllten und seine unersättliche Gier nach dem, was die übrige Welt über ihn sagte, stillten.

Nein, er war kein Monster. Lani schickte sich an zu gehen. Sie hatte so lange in der mentalen und physischen Welt der Araberin gelebt, daß sie sich manchmal fragte, ob sie nicht den Kontakt mit der eigenen Kultur bereits verloren hatte. Dennoch wußte sie, daß es ihr unmöglich war, sich vollkommen in eine Araberin zu verwandeln. Sie hatte eine Aufgabe. Doch sie hatte zu lange mit denen, die sie instruiert hatten, keinen Kontakt mehr gehabt. Diese Leute hielten ihr Leben für zu wertvoll, als daß man es leichtfertig aufs Spiel setzen konnte. Sie brauchten sie für eine im Augenblick noch nicht erkennbare Aufgabe. Lani stand allein zwischen zwei Welten, und ihr Körper unterzog sich oftmals dem einen Teil der Aufgabe, während ihr Geist diese Vorstellung mit Verachtung betrachtete. Alles sah sie von zwei Seiten – durch seine Augen und durch die ihren. Sie erkannte, daß die wahren Ungeheuer die Menschen waren, die sein Volk korrumpiert und Jahrhunderte lang geknechtet hatten. Die Monster, das waren die Geschäftemacher, die ihm ultramoderne Kliniken, zusammen mit ärztlichen Söldnern, verkauften, deren Methode der Geburtenkontrolle auch die Tötung Neugeborener einschloß. Das alles hatte sie selbst miterlebt. Sie war mit Atomphysikern zusammengetroffen, die ihm, weil die Bezahlung stimmte, verraten hatten, wo er die Einzelteile für die Bomben zusammenkaufen konnte. Sie hatte die Veteranen von Untergrundarmeen in fremden Ländern gesehen, wie sie seinen jungen Terroristen neue Formen der Verstümmelung beibrachten. Das waren die Ungeheuer. Sie erzählten ihm, er könne ihre Eisberge in Grönland kaufen, sie in seine nordafrikanischen Häfen schleppen und so seinen Bedarf an Süßwasser sichern. Er war ein Zauberer, und der Ärger mit Magiern war immer der, daß sie am leichtesten an der Nase herumgeführt werden konnten.

»Doch ich arbeite für diese Ungeheuer, diese Betrüger«, rief sich Lani zur Ordnung, wie sie das mittlerweile beinahe jeden Abend tun mußte. Sie hatte ein warnendes Schlurfen und Fußgescharre aus dem Gebetsraum gehört und zog sich leise zurück.

Immer noch wirkte er jung. Er kam aus der Moschee und rief: »Bringt mir das Pferd, Szeik!«

Der Dokumentarfilm der Republik Sahara, den er am meisten liebte, zeigte ihn im Sattel des polnischen Hengstes Pterskow, der von dem dreimaligen US-Sieger Pritski gezeugt worden war. Er hatte sein eigenes Programm entwickelt, um die Araberzucht, die von den Amerikanern korrumpiert worden war, zu einer neuen Blüte zu führen. Amerika hatte alles auf der ganzen Welt korrumpiert. Auf dem Rücken von Pterskow hatte er die Erniedrigung der Lehmhütte, des Kameldungs abgeschüttelt und den heiligen Zorn des Islam beschworen. Auf Pterskow hatte er vor seinen Truppen paradiert, als sie dem Großen Islamischen Kreuzzug gegen satanische Einflüsse und dem Heiligen Krieg gegen Amerika Gehorsam geschworen hatten. Das Pferd hatte er deshalb geritten, weil er die Männer daran erinnern wollte, daß modernes Kriegsgerät sie der eigenen Vergangenheit gegenüber nicht blind machen durfte. Jeder Mann mußte morgens mit dem Wind um die Wette reiten.

Inzwischen dämmerte der Morgen, und der Wind erhob sich aus der Dunkelheit zwischen der Wüste und den verblassenden Sternen. Das Pferd wartete im dunklen, halbmondförmigen Eingang. »Allah hat dich ausgewählt«, flüsterte Gabbiya, als das Pferd erst ein Knie, dann das andere beugte und den weißen Schwanenhals senkte. »Fliege ohne Flügel«, rief der Großprotektor des Glaubens, als er in den Sattel sprang. »Sei siegreich ohne das Schwert!« Vom Wind getragen flog er dahin und lauschte den Stimmen seiner Vorfahren.

Er kehrte erfrischt zurück, sicher, daß nun der letzte Akt beginnen mußte. Das Mädchen wartete.

Er muß sich entschieden haben, dachte Lani.

Sie konnte in seinen Gedanken lesen wie in einem offenen Buch. Sie hoffte nur, daß sie nicht ebenfalls so verletzlich sei. Dieser Scherz, seiner Magie Gedankenlesen hinzuzufügen, war beunruhigend gewesen.

Sie wußte, was er nach diesen wilden Ritten in der Wüste am meisten schätzte, und hatte sich entsprechend vorbereitet – ein schrecklicher Kampf von körperlicher und Willenskraft und dann langsames Ergeben. Gabbiyas reichhaltiges Repertoire an Magie war ihr vertraut. Doch immer schaffte sie es, ihn durch einen eigenen, neuen Trick in Erstaunen zu versetzen. Heute würde sie all ihren Einfallsreichtum brauchen. Sie fühlte, wie seine Augen sie forschend musterten.

»Du wirst sofort, wenn deine Papiere in Ordnung sind, zu den Inseln aufbrechen«, erklärte er und überlegte, ob er ihr sagen sollte, daß es Monate dauern konnte, bis er ihr folgte. Er ließ sich aufs Bett zurückfallen. Einer der neuen Eunuchen, der nach seiner Rückkehr aus einem englischen Internat vor zwei Jahren kastriert worden war, zog Gabbiyas Stiefel aus. Gleichzeitig mit dem Abtrennen seiner Hoden waren ihm auch die Trommelfelle durchstoßen worden. Niemals würde er es wagen, die Worte von den Lippen des Protektors abzulesen. Dennoch war es im Augenblick das Beste, wenn Gabbiya seine Gedanken für sich behielt.

Er wälzte sich auf einen Ellenbogen und musterte Lani – eine Augenweide, nur zu seinem Vergnügen geschaffen. Sollte er sie in das große Geheimnis einweihen? Das würde sie zu neuen Höhen sexuellen Einfallsreichtums aufputschen. Sie wußte bereits, daß er mit den Inseln machen konnte, was er wollte. Er konnte für Panik sorgen, eine alles zerstörende Instabilität hervorrufen. Genau so hatten es ihm die klügsten Köpfe der Weltwirtschaft, die man für Geld kaufen konnte, beschrieben: »Stellen Sie sich die Weltwirtschaft als Flugzeug vor«, hatte ihm einer dieser Finanzjongleure geraten. »Nationale Schulden und Defizite sorgen für den Auftrieb. Wenn dieser Auftrieb an einem beliebigen Punkt der Flügel abbricht, gerät sie, weil das Gleichgewicht bereits zu empfindsam ist, ins Trudeln und stürzt ab. Die Inseln über dem Wind könnten ein solcher Ort sein, an dem die Wirtschaft absackt und in eine verheerende Instabilität abgleitet.« Selbst auf der größten Landkarte waren die Inseln kaum sichtbare Punkte. Freibeutertum und Forschermut hatten sie früher zu einem bedeutenden Handelszentrum werden lassen. Heute boten sie nicht mehr goldbeladenen Schiffen einen sicheren Hafen, sondern Großunternehmen, die darauf aus waren, Steuern zu hinterziehen. Eine an dieser Stelle ausbrechende Panik würde sich wie eine Epidemie ausbreiten. Gabbiya wußte genau, wie er das anstellen mußte. Soviel hatte er Lani bereitwillig mitgeteilt.

Doch jetzt gab es da ein noch größeres Geheimnis. Sollte er es ihr verraten? Ein reizvolles Dilemma. Das Wasser lief ihm im Mund zusammen.

Und wenn sie eine Spionin war?

Wenn schon, dann würde dies nur zum exquisiten Gang der Dinge beitragen. Wenn die Vereinigten Staaten tatsächlich gegenwärtig das beste Geheimdienstsystem ihrer Geschichte besaßen, dann mußten sie wissen, daß Gabbiya die Inseln bereits am Wickel hatte – und zwar durch seine Banker, seine Auslandsgesellschaften, Rückversicherungsunternehmen, Reedereien, Trusts und Börsenmakler. Wenn die amerikanische Regierung erst von der noch größeren Gefahr erfuhr, konnte sie nie im Leben entsprechend darauf reagieren, nicht mit all den Medien und Politikern, die ihr am Rockschoß hingen, gegen Zia Gabbiya losschlagen, den Nachkommen von Kriegern, die Nomadenstämme und Piratenschiffe kommandiert hatten. Ihn hinderten keine kreischenden Mütter, und keine feigen Politiker legten ihm Steine in den Weg. Er hatte die Macht, in den Gewässern rund um die Inseln über dem Wind einen neuen Seekrieg zu entfachen, einen Krieg, den die Amerikaner seit langer Zeit beendet glaubten. In jener phantastischen Zeit, in der die Briten gemeint hatten, Sahara zu beherrschen, hatte er seine Ausbildung als Seekadett genossen und hatte ein Jahr lang auf Kriegsschiffen der Royal Navy gedient. *Er* wußte, daß der wahre Wert der Inseln im Meer lag, das sie umschloß.

Wenn das Mädchen eine Spionin war, dann konnte es allenfalls noch dazu beitragen, daß die pompöse Präsidentschaftsclique der Vereinigten Staaten auf den Arsch fiel. Dem Eunuchen gab er einen lässigen Tritt, der ihn entließ. Der Bursche schob sich mit reizvoll wackelndem Hintern davon.

»Halt«, signalisierte Gabbiya. Der Junge hielt inne. Verschiedene Überlegungen schossen Gabbiya gleichzeitig durch den Kopf. Er drehte sich zu Lani um. »Er soll uns zusehen.«

»Damit er die ganze Geschichte im Dienstbotentrakt weitertratschen kann?«

»Das wird er nicht können, nicht, wenn ich mit ihm fertig bin.« Gabbiya bemerkte ein kurzes Aufblitzen von Gefühl. Furcht? Mitleid? »Er hat bereits seine Eier und die Trommelfelle verloren.« Gabbiya hob eine Hand. »Wie sagt Shakespeare noch zum letzten Stadium des Menschen? Ohne Haare, ohne Zähne, sans alles.«

Armer, kleiner Eunuch, dachte Lani und täuschte eine ekstatische Bewegung ihrer Hüften vor. Armer Junge! Und ich kann mir auch leidtun. Wieder eine meiner Kommunikationslinien unterbrochen.

Sie wagte nicht, für den Jungen zu bitten. Vielleicht konnte sie Gabbiya dazu bringen, ihm lediglich die Zunge herauszuschneiden.

4

Die Suche nach dem Mann, der dem Profil Gestalt geben mußte, ließ Professor Rutgers zur Hochform auflaufen – so mußte es zumindest denen vorkommen, denen man Gehorsam schuldete. Mit einer Unregelmäßigkeit, die, wie er wußte, eventuelle Beschatter anderer Regierungsstellen zur Verzweiflung treiben mußte, tauchte er in dem heruntergekommenen Büro in Georgetown auf. *Wenn* er überhaupt beschattet wurde. Dennoch mußte er das Risiko, daß andere von einer doppelt verdeckten Aktion Wind bekommen haben mochten, auf sich nehmen. Das Irrsinnige an der Situation war, daß der knappe Befehl »Erledigen Sie Gabbiya« mit beinahe absoluter Sicherheit verwässert werden würde. Rutgers spürte die Tendenz bereits. Er spürte, daß ihm der Wind ins Gesicht blies und man eine Lösung durch reguläre irreguläre Dienste vorzog. Die Geheimdienste hatten das Capitol wieder einmal auf die Palme gebracht. Jetzt wurde an einer Lösung durch die Special Forces gehäkelt. Eine Eliteeinheit SEALS (Sea, Air and Land Soldiers) hatte sich auf einem U-Boot eingeschifft, das dafür gerüstet war, die Männer unter Wasser auszusetzen und wieder aufzunehmen. Die Task 160, eine nicht sonderlich geheime Helikoptereinheit der Armee, wurde umgruppiert. Talon-Kampfhubschrauber verließen Forth Worth mit unbekanntem Ziel. Rutgers hatte überall Freunde sitzen. Er kannte die Anzeichen.

Er hoffte, doch ohne allzu großes Vertrauen, daß sich die ganze Sache nicht zu einer Operation der einzelnen Waffengattungen auswuchs, die in gegenseitigen Anklagen gipfelte, weil der War Powers Act erneut verletzt worden war. Wenn Gabbiya das Ziel war, dann würden die Konsequenzen diesmal ernster sein. Der Präsident von Sahara war beileibe nicht der Dummkopf, für den ihn das Pentagon hielt. Gabbiya würde mit Sicherheit dafür gesorgt haben, daß ein neuerlicher Angriff amerikanischer Streitkräfte ernsthaft mit den Interessen der Alliierten der USA kollidierte. Doch wenn jemand außerhalb der Streitkräfte auf diesen Effekt hinwies, dann würde man das nur als ein typisches »Kneifen der Zivilisten« ansehen. Abgesehen davon bestand Rutgers' Aufgabe nicht darin, derartige Rivalitäten beizulegen. Je mehr offensichtliche Geheimniskrämerei, desto besser. Je mehr Informanten, desto besser. Eins kam zum anderen. Je größer ein offenes Geheimnis war, um so mehr fühlten sich Politiker und Journalisten veranlaßt, es in die Welt hinauszuposaunen. Das Ergebnis machte es denen leichter, die tatsächlich etwas zu verbergen hatten. Die Klienten der Informanten verloren dann das Interesse, tiefer unter der Oberfläche wühlen zu lassen. Sie wurden dadurch ausgeschaltet, daß ihnen offiziell nicht bestätigte Geheimnisse von nichtexistenten Quellen auf einem silbernen Tablett serviert wurden. Dieselben Quellen würden glattweg alles abstreiten, wenn man sie vor einen Kongreßausschuß zitierte.

»Man kann alles erreichen, vorausgesetzt, es ist einem egal, wer die Lorbeeren erntet oder den Schwarzen Peter zugeschoben bekommt«, tröstete er sich. Dieser Rat stammte von einem früheren Vorgesetzten, einem unauffälligen Außendienst-Analytiker im Geheimdienst. Er hatte Codes geknackt, von denen es in Washington geheißen hatte, sie seien nicht zu entschlüsseln. Die Bosse des Dienstes hatten diesen Agenten jedesmal um seine Anerkennung gebracht, wenn er einen größeren Sieg zu vermelden hatte. Wie ein Schmetterling war er von eifersüchtigen Karriererivalen aufgespießt

atte er
mand
für zu
eimen

dieser
Beim
egten,
, stieß
n be-

nnen.
weise
artet,
inein-
auch
n wer-
imlich
n.
te, das
n Wa-
en alt-

über-
hlecht
ischen
Harri-
lassen
kyrai-
ds be-
gerade
ibrige,
einmal
daß sie
ambo-

In der Gegend
haltung geschätzt
darüber, daß Spa
trieb. Nur wenige
nicht-Stiftung«, ü
Brauerei halfen; u
henden davon zu
Ort wegen des f
sucht, Bingo hinge
reits in Terrassen
anbau betrieben w
lung dieser Fragen
sprächsstoff liefer
ßenwelt. Washing
doch in der Vorste
war der eigentlich
leigh, Virginia, au
Casey war hoch
den Gang – Folge
schirmabsprung üb
war er dünn wie ei
der Entlassung au
mönchischen Disz
Bambuskäfigen au
grau geworden un
frühen Kindheit z
dafür konnte er ni
Er befand sich
sprechanlage sum
»Mr. Casey?«
»Ja, Carol.«
»Hier ist ein H
Rutgers?«
Casey zögerte. P
ich sei beschäftigt.«
blickte zu den neb
leichter Nieselrege

und zum Trocknen beiseite geschoben worden. Dennoch hatte er sich sein Selbstbewußtsein erhalten. Am Ende konnte ihn niemand davon abhalten, seinen Beitrag für sein Land zu leisten und dafür zu sorgen, daß die Vereinigten Staaten auf dem Gebiet der geheimen Nachrichtendienste reüssierten.

Der Mann, der das Vakuum füllen sollte, mußte etwas von dieser sturen Integrität besitzen. Er durfte nicht überwacht werden. Beim Gedanken an die ehrgeizigen Männer, die in einer groß angelegten, offenen Intervention eine Chance zur Beförderung witterten, stieß Rutgers einen Seufzer aus. *Denen* würde es ähnlich sehen, ihn beschatten zu lassen.

Er konnte keinerlei Anzeichen für eine Beschattung erkennen. Rutgers verlor sich in Phantasien über das, was notwendigerweise Teil einer doppelt verdeckten Aktion war. Von ihm wurde erwartet, daß er sich in die vielen möglichen Aktionen des Feindes hineindachte, und es war nur verständlich, daß seine Phantasie sich auch mit den Schachzügen beschäftigte, die von seiner Seite gezogen werden konnten. Er glaubte einfach nicht, daß seine Seite so dämlich sein konnte, wirklich die Inseln über dem Wind zu besetzen.

Dennoch näherte er sich dem Mann, den er ausgewählt hatte, das Vakuum auszufüllen, mit Vorsicht. Unter seinen Freunden in Washington legte er falsche Fährten. Er wußte bereits, wo er seinen altmodischen amerikanischen Helden finden würde.

Pete Casey blätterte seine Bestellungen durch. Wieder einmal überstieg die Nachfrage nach Spad-Bier das Angebot. Gar nicht schlecht für eine kleine, neugegründete Firma im Land der gigantischen Brauereiriesen. Er hatte das Geschäft zusammen mit Bingo Harriman gestartet, nachdem sie aus dem Hexenkessel Hanoi entlassen worden waren. Den Markennamen hatten sie von den A-1-Skyraiders geklaut, die bei ihren Pilotenkollegen der Navy als Spads bekannt waren. Die beiden Männer entzogen ihrem Geschäft gerade soviel Geld, um ihren Lebensunterhalt zu bestreiten. Alles übrige, die Gewinne, wurden in die Brauerei reinvestiert, um später einmal den Kameraden helfen zu können, von denen sie wußten, daß sie lebten, und die gegen ihren Willen in Vietnam, Laos und Kambodscha festgehalten wurden.

In der Gegend wurden die beiden Freunde wegen ihrer Zurückhaltung geschätzt. Die Menschen in Raleigh, Virginia, waren froh darüber, daß Spad-Bier die örtliche Beschäftigtenziffer nach oben trieb. Nur wenige im Ort wußten von der geheimen »Vergiß-meinnicht-Stiftung«, über die andere Veteranen bei der Finanzierung der Brauerei halfen; und diese wenigen sahen keinen Grund, Außenstehenden davon zu erzählen. Nach offizieller Version hatte Casey den Ort wegen des frischen, sprudelnden Appalachenwassers ausgesucht, Bingo hingegen wegen des billigen Landes, dessen Hänge bereits in Terrassen angelegt waren, auf denen ein bescheidener Reisanbau betrieben wurde. Wie Casey und Bingo sich in der Beurteilung dieser Fragen geeinigt hatten, mochte den Einheimischen Gesprächsstoff liefern. Doch kein Flüstern darüber drang an die Außenwelt. Washington war zwar nur zwei Autostunden entfernt, doch in der Vorstellung der Menschen hier waren es Lichtjahre. Das war der eigentliche Grund gewesen, weshalb Casey und Bingo Raleigh, Virginia, ausgewählt hatten.

Casey war hochgewachsen, mit langen Beinen und einem zögernden Gang – Folge der grausamen Tortur, die er nach dem Fallschirmabsprung über Nordvietnam zu erdulden hatte. Noch immer war er dünn wie eine Bohnenstange. Andere Gefangene waren nach der Entlassung aufgegangen wie Hefeklöße. Casey blieb bei der mönchischen Disziplin, die man ihm während der zehn Jahre in Bambuskäfigen aufgezwungen hatte. Sein dunkles Haar war zuerst grau geworden und hatte sich dann in das Schmutzigblond seiner frühen Kindheit zurückverwandelt. Einen medizinischen Grund dafür konnte er nicht nennen.

Er befand sich gerade in seinem kahlen Büro, als die Gegensprechanlage summte.

»Mr. Casey?«

»Ja, Carol.«

»Hier ist ein Herr, der Sie besuchen möchte. Ein Professor… Rutgers?«

Casey zögerte. Professor? Er wurde vorsichtig. »Sagen Sie ihm, ich sei beschäftigt.« Er wirbelte von seinem Schreibtisch herum und blickte zu den nebelbedeckten Bergen hinüber. Immer herrschte leichter Nieselregen. Manchmal sehnte er sich regelrecht nach

Sonne. Manchmal erinnerte ihn die feuchte Düsternis zu sehr an den dichten Dschungel. Doch gerade dieser das ganze Jahr andauernde Regen sorgte für das weithin berühmte Quellwasser.

Professor? Professoren, die ohne Vorwarnung auftauchten, wollten seiner Erfahrung nach alle das Gleiche. Sie hatten damit angefangen, in seiner Psyche herumzugraben, nachdem er aus der Gefangenschaft nach Hause gekommen war. Er warf sie mit den Eierköpfen in Washington in einen Topf, die den Krieg in der Niederlage hatten enden lassen. Die redeten sich nun um Kopf und Kragen. Wenn dann die Zeit für entschiedenes Handeln kam, dann erfanden sie Dutzende von Gründen, lieber doch nichts zu tun, statt die Verantwortung für ein neues Vorgehen zu übernehmen. Die Erfahrungen, die die Männer im Feld machten, zählten nicht.

Die Tür zu seinem Büro öffnete sich. Er drehte sich um. Seine Augen blitzten kalt. »Es tut mir leid«, erklärte Carol. »Der hätte mich einfach überrannt, wenn ich nicht nachgegeben hätte.« Ihre Stimme war leise. »Er ist ganz harmlos, und ich bleibe hier.«

Obwohl er schlecht gelaunt war, lächelte Casey. Carol konnte jede Unterhaltung unter strategischer Zuhilfenahme ihres Notizblocks abwürgen. Er erhob sich, vollkommen unvorbereitet auf die unordentliche Gestalt, die da hereingeplatzt kam.

Rutgers trug eine Tweedjacke über Hosen, deren Muster eine entfernte Ähnlichkeit mit ausgeblichenen Nadelstreifen aufwies. Ein knallroter Schlips, ein rotweiß gestreiftes Hemd mit abknöpfbarem weißen Kragen, der im Nacken vom Knopf abstand, vervollständigten die Aufmachung. Er trug die grauen Locken und die verwitterten kampfeslustigen Züge eines Oberbootsmanns der Navy. Nichts an ihm, so schien es Casey, paßte zueinander. Er war weder muskulös noch pummelig. Entweder war er, was seine Kleidung anging, sehr erfinderisch, oder er scherte sich einen Dreck darum.

»Was für ein Professor sind Sie?« erkundigte sich Casey ungehalten.

»Der Ozeanographie. Und der Geschichte.«

Casey setzte sich, bemüht, beides auf die Reihe zu kriegen. »Diese Fächer gehören natürlich zusammen.« Doch ihm war sofort klar, daß sein Sarkasmus an diesem Mann wie Wasser auf geölter Haut abperlen würde.

Rutgers nahm auf einem Stuhl Platz. »Stimmt«, sagte er.

»Sie sehen nicht gerade wie einer aus, der viel Zeit unter Wasser verbracht hat«, stellte Casey fest und suchte immer noch nach einem Weg, den Mann aus dem Gleichgewicht zu bringen.

»Doch, das tue ich. Unter dem Meer liegt eine ganz neue Welt der Historie. Ich rekonstruiere eine Ära aus den Scherben, die in alten Wracks gefunden werden. Prosopographie nennt man das.«

»Proso –?«

»Ein Kunstwort, der Geheimdienstarbeit während des Krieges entliehen. Die haben es wiederum von alten Geschichtsprofessoren wie mir.« Rutgers lehnte sich vor und spielte den exzentrischen Gelehrten. »Man nimmt einen Bösewicht aus der Geschichte, verstehen Sie? Aus den kleinen Informationsfetzen seiner Umgebung baut man ein Profil auf. Langsam erhält man ein Bild seines Verhaltens, des Temperaments, wie er seine Lakaien behandelt hat. Eine Kunst. Wenn man das dann auf Tyrannen der Gegenwart überträgt, kann man vorhersagen, wie sie handeln werden, wie sie reagieren und was man tun kann, damit sie ihren Hals vorstrecken.«

Der Professor hatte genug gesagt. Casey gab Carol, die in einigem Abstand in einer Ecke saß und sich Notizen machte, mit einem Nikken zu verstehen, daß sie entlassen war.

»Danke«, meinte Rutgers und entspannte sich.

»Wieviel wissen Sie?« fragte Casey.

»Was die ›Vergiß-mein-nichts‹ angeht, so haben wir von ein paar Tyrannen in Hanoi gehört, die immer noch im Dunkeln tappen. Ich glaube, ich weiß, warum.«

Casey bemerkte den Wechsel von »wir« zu »ich«. Er wartete.

»Was die Ozeanographie angeht, weiß ich, daß Ihr Partner und Sie, kurz bevor Sie in den Golf von Tonkin versetzt wurden, das Navy-Ausbildungsprogramm in der Scripps Institution in Kalifornien durchlaufen haben. Sie beide haben sich im Lager in eine Phantasiewelt zurückgezogen, um zu überleben. Ihre Phantasiewelt entstammte dieser kurzen Periode der Unterwasserforschung.«

Casey wartete immer noch.

»Sie bewahrten Ihren Verstand auch dadurch, daß Sie geistige Arithmetik betrieben. Als Ihr Partner in den Käfigen zu Ihnen stieß, errechneten Sie natürliche Logarithmen in vier oder fünf Iterationen bis auf zwei Stellen genau mit einem Stock im Sand. Mr. Harrimans Spitzname Bingo stammt zufälligerweise von seinem Verhalten, den Treibstoff über Bingo – was den Punkt bezeichnet, von dem aus man noch zum Flugzeugträger zurückfliegen kann – hinaus zu strecken. Bingo flog mit Geschwindigkeiten und Reichweiten, die für sein Flugzeug gar nicht vorgesehen waren. Er tat es nur einmal zu oft; aus diesem Grund leistete er Ihnen im Lager Gesellschaft.«

Rutgers' Stimme klang wie ein leiser, pedantischer Singsang. Casey mußte sich vorbeugen, um ihn zu verstehen – es war, als ob er wieder Anweisungen lauschte. Der Mann schien über alle Informationen zu verfügen, bis hin zu der Art und Weise, wie Bingo und Casey ihre bescheidenen Möglichkeiten auszunutzen suchten, als die Kommunisten fürchteten, den Krieg zu verlieren, und die Bedingungen der Gefangenschaft leicht verbesserten. Die beiden Piloten hatten gelernt, wie Reis angebaut wird, und Casey hatte bereits etwas darüber gewußt, wie das japanische Bier seinen ganz besonders herben Geschmack durch Reiszusatz bekommt. Wie viele langjährige Piloten der Navy hatten die beiden ein Ingenieurstudium abgeschlossen, Physik belegt und kamen für die Auswahl der Astronauten in Frage. Doch als sie endlich entlassen wurden, begriffen sie, daß der Weltraum doch etwas für die jüngeren unter den Fliegern war. Sie wollten lieber die vernachlässigte Welt in ihrer Umgebung erforschen. Aus Gründen, die mit den zehn Jahren im Gefängnis zusammenhingen, konzentrierte sich ihr Interesse auf die Unterwasserkommunikation. Sie waren nach Amerika zurückgekommen und arbeiteten an einem neuen Sonar und an der Verwendung von Schallwellen, als die ersten glaubhaften Nachrichten aus Indochina eintrafen, daß noch weitere amerikanische Gefangene am Leben waren.

An diesem Punkt unterbrach ihn Casey. »Sie haben Ihr Wissen hinreichend demonstriert. Jetzt will ich Ihnen mal erzählen, was ich diesem Geschwätz entnehme. Sie gehören zu diesem gottverdammten Establishment, das sich wegen der Vermißten die Hände in Unschuld wäscht.«

»Männer, die man für vermißt hält, können lebenslängliche Gefangene sein«, unterbrach ihn Rutgers. »Ich gehöre nicht zu denen, die die Wahrheit zu unterdrücken suchen. Meine Karriere gründet sich nicht auf Lügen, die vor Jahren als offizielle Fakten verbreitet wurden. Ich habe Satellitenaufnahmen von dem Gebiet gesehen, in dem unsere Männer immer noch gefangengehalten werden. Ich habe Berichte zu Gesicht bekommen. Und ich brauche Ihre Hilfe.«

Caseys Lachen klang hohl. »Das ist wohl ein Scherz! Unsere Veteranen haben Präsidenten, Nationale Sicherheitsberater und CIA, vielleicht sogar Jesus Christus selbst um Hilfe angefleht. Jetzt, so eben mal, ganz spontan, verlangen Sie, daß wir Ihnen helfen – und das, nachdem Sie uns immer wieder zurückgewiesen haben?«

»Ich nicht.«

»Kommen Sie!« knurrte Casey. »Ihr steckt doch alle unter einer Decke.«

Rutgers starrte auf seinen fleckenverschmierten Schlips. »Vor drei Monaten«, sagte er leise, »haben Sie die Inseln über dem Wind besucht.«

Casey zuckte zusammen.

»Was Sie dort getan haben, war nicht illegal«, fuhr Rutgers fort, »aber es war auch nicht ganz legal, oder?«

»Ich habe mich über die Gründung einer Auslandsgesellschaft informiert. Daran ist nichts auszusetzen. Einige der größten Unternehmen der Welt unterhalten dort ihren Hauptsitz.«

»Doch die besitzen keine Geheimfonds«, gab Rutgers zurück, »Dollars, die nur darauf warten, nach Asien transferiert zu werden, sobald Hanoi sich entschließt, ins Geschäft zu kommen.«

»Ich kann mir nicht vorstellen, daß irgendein Gefangener von uns verlangt, die amerikanische Ehre zu verschachern, um ihn zurückzubringen«, protestierte Casey. »Das Geld, das wir ausgeben, wird nur dazu verwendet, Flucht und Rettung zu finanzieren.«

Die beiden Männer sahen sich in die Augen. Rutgers musterte die schmale, feste Schläfe, die scharfen blauen Augen und das sie umgebende Weiß, das nicht das geringste Anzeichen von Krankheit widerspiegelte. Ja, dachte Rutgers, das ist mein Mann.

Eine Stunde später verließ der Professor das Büro des Brauers. Er hatte Regeln gebrochen, nach Gefühl gehandelt und dies höchstpersönlich, und ohne dazu autorisiert zu sein, getan. Er kletterte gerade in seine schwarze Limousine, als jemand, den er für Bingo Harriman hielt, eilig das Gebäude betrat.

»Was hatte dieser schmuddelige Priester denn hier zu suchen?« fragte Bingo Casey.

»Hat mich eher an ein ungemachtes Bett erinnert«, gab Casey nachdenklich zurück. »Obwohl er was von einem Beichtvater hat, jetzt, da du es erwähnst. Ich wünschte bei Gott, wir wären uns nie begegnet.«

»Ich wußte es!« Bingo hob die Hände, als ob er schlechte Neuigkeiten abwehren müßte. In den Tagen, als sie von ihren Marinebasen aus gestartet waren, war es immer der Kaplan in seiner schwarzen Limousine gewesen, der die Nachricht von einem tödlichen Absturz überbracht hatte. »Ich bin aufs Schlimmste gefaßt«, sagte Bingo. »Erzähl schon.«

Doch Casey war es unmöglich, alles zu erzählen. Noch nicht.

Der Professor wußte, daß es Leute gab, die ihn Rotspon nannten. In ihrer Gesellschaft, weil er so wenig für sie übrig hatte, kultivierte er die Ähnlichkeit mit einem nur teilweise aufgeblasenen Heißluftballon. Er war jedoch beileibe kein Windbeutel. Niemals tauchte er im Capitol auf und nur gelegentlich bei den Zusammentreffen auf der gegenüberliegenden Seite des Flusses. Wann immer es ihm möglich war, zog er sich in das ozeanographische Institut in Kalifornien zurück, wo er sich in Ruhe seinen Forschungen widmen konnte.

Seine Unabhängigkeit bewahrte ihn auch vor dem Zorn Gottes – wie man jedwedes Zeichen von Mißbilligung nannte, das Charles de Wrathe, der Koordinator der doppelt verdeckten Operationen, äußerte.

»Ihre Aufgabe besteht nicht darin, in der Weltgeschichte herumzuflitzen und Märchen zu erfinden«, grollte Wrathe.

»Die Erfindung war notwendig«, erwiderte Rutgers. »Ihr Jungs überlaßt mir ein Profil, das mit einer Persönlichkeit ausgefüllt werden muß. Ich schnüffle herum und finde den Passenden. Schließlich bin ich doch Ihr Experte, wenn es darum geht, mir Zugang zu den Köpfen von Leuten zu verschaffen, die als unzugänglich gelten.«

»Sie haben ein Psychogramm von Augustus erstellt, wie er Julius Caesar ausmanövriert hat. Doch es gibt keine lebende Seele, die Ihnen widersprechen könnte«, stellte Wrathe fest. »Jedenfalls haben Sie damit zwei Sommer lang bezahlten Tauchurlaub im Mittelmeer herausgeschlagen. Ich bin immer noch nicht sicher, ob diese Wracks zu unserem Wissensstand beigetragen haben.«

Auf Rutgers' Gesicht erschien ein schmerzlicher Ausdruck. »Alles trägt dazu bei. Jede Tonscherbe erzählt eine Geschichte.« Der Kunstgriff, mit dem Chef fertig zu werden, bestand darin, ihn mit der Wissenschaft zu blenden. »Bei Pete Casey war der Ansatzpunkt ein winziges, zufälliges Stückchen Information. Wer dem Profil entsprach, mußte so hochmotiviert sein, daß ihn nichts zurückhalten konnte. Als ich erst mal wußte, wo ich den Hebel ansetzen mußte, habe ich etwas erfunden – nein, verdammt, ich habe nur etwas frisiert, was wir bereits wissen. Was immer Gabbiya auf den Inseln über dem Wind plant, geschieht im Zusammenwirken mit Hanoi.«

»Das gibt Ihnen aber nicht das Recht zu behaupten, daß Vermißte da hineinverwickelt sind.«

»Das sind sie aber«, erklärte Rutgers. »Ich kann es nicht beweisen, doch es ist bestimmt der Fall!«

Wrathe tastete sich auf gefährlichem Terrain vorwärts, und er wandte den Blick ab. »Am allerschlimmsten ist«, stieß er hervor und wandte sich Rugers zu, »daß Sie ihn auf gar keinen Fall persönlich hätten aufsuchen dürfen.«

»Ich bin nur mit Casey zusammengetroffen«, erklärte Rutgers kühl. »Und das war notwendig. Es war die einzige Möglichkeit, an dieses winzige, zufällige Stückchen Information zu kommen.«

»Der Ansatzpunkt. Wie? Also was war der Ansatzpunkt?«

»Das brauchen Sie gar nicht erst zu fragen«, erwiderte Rutgers hochmütig.

Wrathe bezwang seinen Ärger. Im Augenblick konnte er nichts dagegen tun. Wenn Rotspon eine Vollkraft der Agency gewesen wäre, wenn er nur davon gelebt hätte und mit Drohungen, was die Höhe seiner Pension anging, zur Räson hätte gebracht werden können, dann wäre das ein Thema gewesen, auf das man sich vielleicht hätte einlassen können. Doch Rotspon war freier Mitarbeiter, und an dieser Sache war er aus persönlichen Gründen beteiligt. Aus dem Blickwinkel seiner Vorgesetzten gehörte er damit zu den unberechenbarsten Agenten überhaupt. Der Mann hatte Alternativen. Für Wrathe hingegen gab es nur einen Weg: Er würde Rotsporn benutzen und dann dafür sorgen, daß er ihn loswurde.

»Vielleicht gestatten Sie mir dann folgende Frage«, bemerkte Wrathe. »Welches sind Caseys Motive?«

»Er ist es leid mitanzusehen, wie sein Vaterland herumgeschubst wird«, erklärte Rutgers. »Seiner Meinung nach setzte die Fäulnis damals ein, als wir unsere Gefangenen im Stich ließen. Alle unsere amerikanischen Werte werden korrumpiert, wenn wir mitansehen, wie unsere Landsleute im Ausland terrorisiert und unsere Botschaften bombardiert werden, ohne daß man zu Vergeltungsmaßnahmen greift, wenn unsere Interessen verletzt werden, weil kein Politiker das Rückgrat hat, die Verantwortung zu übernehmen, wenn der Karren im Dreck sitzt.«

»Das hat er Ihnen gesagt?«

»Ich kenne den Mann. Er brauchte es mir gar nicht erst zu sagen.«

»Dann erlauben Sie mir eine weitere Frage«, bat Wrathe in seinem umgänglichsten Ton. »Casey hat einen Partner. Wie können Sie sicher sein, daß er seinen Partner nicht ins Vertrauen zieht? Schließlich wird die Legende doch darin bestehen, daß Casey in Geschäftsangelegenheiten auf die Inseln über dem Wind zurückkehrt.«

»Casey wird schon was einfallen, was er Bingo Harriman erzählen kann.«

Wrathe stieß einen Seufzer aus. »Kein Wunder, daß Veteranen so lausige Geschäftsleute abgeben.«

»Sie sind verläßliche Freunde«, gab Rutgers zurück und überlegte, was ein lebenslanger Bürokrat wie Wrathe schon tatsächlich darüber wußte, wie man ein Geschäft führte, das nicht von gefälschten Spesenabrechnungen und Geldspritzen der Regierung abhängig war. »Wenn ich zugelassen hätte, daß Sie einen dickarschigen Wunderknaben hinschickten«, fügte er plötzlich wütend hinzu, »glauben Sie, daß Casey dem überhaupt zugehört hätte? Der Mann hat Piloten befehligt, die mit Katapulten in den Tod geschossen wurden. Die starben, als sie die Ziele angriffen, die von denselben Wunderknaben ausgemacht worden waren – Tausende von Meilen entfernt, ohne Kenntnis des Terrains und ohne jede Flugerfahrung. Das einzige, was die von der Fliegerei kannten, war doch, wie man Papierklammern mit Gummis, die von der Regierung gestellt wurden, in die Luft schoß.« Er lehnte sich zurück, faltete die Hände über dem Bauch und trotzte dem Fluch Gottes.

Wrathe war angelegentlich damit beschäftigt, die mittlere Schublade seines Schreibtisches aufzuziehen. »Soviel ich weiß, sind beide nicht verheiratet.«

»Sie *waren* verheiratet.« Rutgers sah zur Decke auf. »Caseys Flugzeug wurde beobachtet, wie es nach einem Angriff auf Nam Dinh explodierte. Es gab etwas Streit, ob man ihn vermißt oder tot melden sollte. Die Staffelkommandeure vermieden normalerweise aus verschiedenen Gründen die Meldung, daß ein Pilot getötet wurde –«

»Ich dachte, Casey war Staffelkommandeur.«

»Das war er. Mit anderen Piloten hatte er das Dilemma diskutiert. Wenn gemeldet wurde, daß ein Pilot tot war, dann konnte der Feind mit ihm anstellen, was er wollte. Doch andererseits war seine Frau, wenn er als gefallen gemeldet wurde, automatisch Witwe. Sie konnte die Pension beanspruchen, wieder heiraten, ihr Leben weiterführen. Casey und Bingo erklärten, daß sie, wenn sie jemals abstürzten, als tot gelten sollten.«

»Eine kaltschnäuzige Entscheidung.«

»Mir ist die Bezeichnung heldenhaft lieber.« Rutgers schluckte den Ärger hinunter. »Wenn man beim Einsatz gefallen war, dann entließ man die Regierung aus ihrer Verpflichtung, einen zurückzubekommen.« Er sah in das verständnislose Gesicht des Chefs. »Casey nimmt tiefen Anteil an den Vermißten. Das ist kein Wunder. Er würde Bingo nichts sagen, was die Sicherheit der lebenden Toten gefährden würde.«

Wrathe nahm einen Aktenordner aus der Schublade. Er sah, wie der Professor die Decke musterte. »Kein Wort, das hier gesprochen wird, dringt an die Öffentlichkeit«, erklärte Wrathe. »Ich habe ein ebenso großes Interesse an völliger Geheimhaltung wie Sie.« Ihre Augen trafen sich. »Jetzt hören Sie mal gut zu. Wenn Casey die Sache übernimmt, dann ist er auf sich selbst gestellt. Niemand wird etwas von ihm wissen wollen, wenn er gefaßt wird. Wenn sein Name genannt wird, werden wir ihn verleugnen. Und von uns erhält er keine Genehmigung, tödliche Waffen zu benutzen. Niemand wird bei dieser Aktion umgebracht.«

»Was soviel bedeutet, wie daß die uns töten dürfen, wir sie aber nicht!« gab Rutgers zurück. Er war sicher, daß in diesem Büro, das selbst die geheimsten Stellen der offiziellen Dienste nicht kannten, keine versteckten Mikrophone verborgen waren. »Na, Casey ist kein Unschuldsknabe. Er wußte von vorneherein, daß wir nur herausfinden wollten, wie viele von unseren Leuten Gabbiya umlegen lassen will, damit wir die richtige Anzahl an Särgen bereitstellen können.« Und mit dieser letzten beißenden Bemerkung verabschiedete sich Rutgers. Seiner Meinung nach hatte er bei dieser Gelegenheit sehr viel mehr erfahren, als er eigentlich hatte erwarten können. Das Wichtigste war, Casey mit genügend Rückendeckung in Marsch zu setzen. Casey würde seine eigenen Entscheidungen fällen, wer beim Einsatz getötet werden mochte – egal, wie seine Anweisungen lauteten.

Rutgers kam auf dem Weg nach draußen der Gedanke, daß Wrathe ganz ähnliche Überlegungen anstellen mochte. Das würde die Abteilung von jeglicher Verantwortung befreien.

»Rotspon denkt sich vielleicht, daß ich dir ohnehin die Wahrheit erzähle«, meinte Casey einige Tage später zu Bingo.

»Rotspon?«

»Ich habe ein paar Dinge überprüft«, erklärte Casey. »Dieser Professor Rutgers stellt in dem ozeanographischen Zentrum so etwas wie einen Sonderling dar. Dort nennt man ihn Rotspon. Meinem Gefühl nach spielt er den Einfaltspinsel nur. Der Mann ist in Ordnung. Er scheint zu verstehen, was mit der Gruppe gemeint ist.«

Die Gruppe, so bezeichneten einige Piloten sich selbst. Sie hatten den Ausdruck dem Werk Antoine de Saint-Exupérys entnommen, der lange Zeit, bevor Jets entwickelt wurden, über das Fliegen schrieb und bereits alles darüber gesagt zu haben schien. »Die Liebe zur Gruppe«, so schrieb er, »gibt meinem Leben Substanz. Ich gehöre zur Gruppe, und die Gruppe gehört zu mir.«

»Natürlich versteht der Professor das«, erklärte Bingo. »Sein Sohn war einer von uns, Trigger Tony.«

»Tony Rutgers?« Casey war völlig verblüfft. Trigger Tony hatte aus Washington den Befehl zu einem Einsatz erhalten, der vollkommen abwegig gewesen war. »Wie, zum Teufel, konnte mir das nur entgehen?«

»Ich bin auch nur dahinter gekommen, weil mir ein Bericht der

DIA zugespielt wurde.« Die Defense Intelligence Agency hatte ihre eigenen Quellen, was lebenslängliche Gefangene in Vietnam anging. Ein Oberst der DIA, der mit ihnen sympathisierte, hatte Bingo die neueste Liste zur Verfügung gestellt. »In der alten Aufstellung der Gefallenen hatte man hinter Tonys Namen ein Fragezeichen gesetzt, ihn dann auf die Liste der Vermißten übertragen und um Nachforschung ersucht.«

Der Oberst war ein großes Risiko eingegangen. Wenn sich in den Reihen der Veteranen herumsprach, daß Tony Rutgers möglicherweise noch lebte, dann gab es politisch böses Blut. Die Liste war nur deshalb an Bingo weitergegeben worden, weil sich der Colonel auf die Diskretion der »Vergiß-mein-nicht«-Organisation verließ. Casey war froh, daß er seinen Partner über alles in Kenntnis gesetzt hatte. Er hatte damit gewartet, bis er sich mit Bingo an einem Ort befand, wo sie frei, ohne Aufsehen zu erregen, miteinander reden konnten. Sie waren gerade mit dem Wagen auf dem Weg von der Brauerei nach Raleigh, als er die Gelegenheit ergriffen hatte. »Was hältst du denn davon, daß ich noch mehr Zeit auf den Inseln verbringe?« hakte er bei Bingo nach.

»Vom geschäftlichen Standpunkt aus gesehen, ist das durchaus sinnvoll. Doch weshalb hat sich Rotspon ausgerechnet an dich gewandt? Kommt mir irgendwie zu glatt vor.«

»Du kennst doch diese Typen.«

»Nein, ganz und gar nicht«, erklärte Bingo. Er war ein kleiner, rundlicher Mann, der aus einem schottisch geprägten Minenstädtchen in Pensylvania stammte. »Der einzige Kontakt, den ich zu diesen Typen hatte, war unsere eigene Geheimdienstabteilung der Navy. Die Jungs standen im Einsatz. Keine Schreibtischhengste, die zu Hause saßen. Das einzige, was für Rotspon spricht, ist, daß er einen Sohn hatte, der zu uns gehörte.«

»Vielleicht motiviert ihn das. Vielleicht hat er, als er die drohende Entwicklung auf den Inseln bemerkte, in der Vergangenheit gegraben. Seine Kollegen von den übrigen Dienststellen, dem FBI oder möglicherweise der Internen Kontrolle, haben die Namen der Amerikaner überprüft, die auf den Inseln ins Geschäft kommen wollen.«

Schweigend fuhren sie weiter, bis Casey sagte: »Er schien zu wissen, daß ich Informationen aus dem Lager geschmuggelt habe.«

Bingo runzelte die Stirn. Informationen aus dem Gefangenenlager zu schmuggeln, das war die gefährlichste Aufgabe, die ein Gefangener übernehmen konnte. Die Navy hatte eine Methode entwickelt, durch die Casey die Identität von Gefangenen nach Hause melden konnte. Wenn erst einmal bekannt war, daß ein Mann noch lebte, dann konnte man beim Internationalen Roten Kreuz vorstellig werden und darum bitten, daß er in Übereinkunft mit der Genfer Konvention behandelt wurde. Die vietnamesischen Kommunisten erkannten diese internationale Übereinkunft zwar nicht an, doch ihr Ansehen in der Weltöffentlichkeit hing davon ab, wie Hanoi einen Gefangenen behandelte, dessen Existenz weithin bekannt war.

Es war ein regelrechter Coup gewesen, die Informationen aus dem Lager zu schmuggeln. Die ganze Sache wurde mit Hilfe von Verwandten in den Vereinigten Staaten möglich – eine entsetzlich langwierige Operation, bei der man das wenige an Post, was man von den Gefangenen beförderte, als Informationsträger benutzte. Manchmal griff man dabei auch auf westliche Besucher zurück, die während des Krieges in der Hoffnung, Nordvietnam zur Mäßigung seiner Politik zu bewegen, Hanoi besuchten. Für die Gefangenen, die die Daten zusammentrugen, bedeutete eine Entdeckung den sicheren Tod. Casey hatte sich dieser schier unmöglichen Aufgabe vier Jahre lang unterzogen und die Fakten über neue Gefangene mit Hilfe eines ausgefuchsten Systems zusammengetragen, das bei den Navy-Piloten unter der Bezeichnung »Smitty Harris' Klopf-Code« lief.

Bingo wirkte äußerst unglücklich. »Wenn Rotspon weiß, daß du das durchgezogen hast, dann hält er dich für verrückt genug, alles Mögliche zu übernehmen.«

»Jetzt hörst du dich an wie die Gehirnschlosser«, meinte Casey. Nach dem Lageraufenthalt war er zu Hause in den Staaten von Psychiatern untersucht worden, die einfach nicht glauben wollten, daß sich jemand so wie Casey hatte benehmen und dabei seinen klaren Verstand behalten können.

»Ist vollkommen klar, daß Rotspon deshalb zu dir gekommen ist«, murrte Bingo.

»Der glaubt, ich schnüffle auf den Inseln herum und warte ab, was passiert, wenn Gabbiya auftaucht. Das ist alles.«

»Bis man dich bittet, auf den Abzug zu drücken.«
»Nie im Leben.«
»Du glaubst also nicht, daß Gabbiya unschädlich gemacht werden sollte?«
»Wenn ein Elefant Amok läuft und Menschen tötet, muß ihn jemand erschießen.« Die Wildheit in Caseys Stimme kam daher, daß er Bingos geschickt gestellte Frage unmöglich beantworten konnte. »Das einzige, was uns von Gabbiya unterscheidet, ist die Tatsache, daß wir seine Methoden nicht anwenden. Ich bin kein Schakal«, fügte er hinzu und spielte damit auf den legendären Attentäter des modernen Terrorismus an.
»Obwohl Gabbiya unsere alten Kameraden als Köder benutzt?«
»Das behauptet nur Rotspon.«
»Wenn das stimmt, glaubst du dann wirklich, Rotspons Bosse in der Regierung hätten das Rückgrat, deswegen irgend etwas zu unternehmen?«
»Nein.« Caseys Hände umklammerten das Lenkrad fester. »Die haben gar nichts wegen der Jungs unternommen, die wir in Vietnam zurückgelassen haben.« Die Anschuldigung hing in der Luft.
»Also passiert auch auf den Inseln nichts«, erklärte Bingo. Seine Laune besserte sich. »Ein Fuchs wie Gabbiya würde nicht das Risiko eingehen, sich in freier Wildbahn erlegen zu lassen. Worüber reden wir überhaupt? Über einen bezahlten Urlaub für eine Person.«
»Könnte Monate dauern.«
»Vollkommen egal«, meinte Bingo. »Wir müssen sowieso den Hintern lüften, um diese Auslandsgesellschaft zum Laufen zu bringen. Wie wär's denn, wenn wir dort eine neue Brauerei bauten? Auf den Inseln wird kein Bier gebraut. Doch wenn's da unten aussieht wie überall in der Karibik, dann wette ich, daß sie's faßweise saufen.«

5

Lord John Bracken leerte noch einen Humpen Bier, während er im Royal Windfalls Yacht Club auf seine Tochter wartete. Satte, grüne Wiesenflächen erstreckten sich bis hinunter zu den belebten Docks. Vor ihm breitete sich der Hafen aus; im Hintergrund waren kleine Inseln zu sehen. Bürogebäude gab es nicht, keine vulgären Zäune, nichts, was das Auge beleidigen konnte, wenn man von der Jacht des Obersten Zia Gabbiya absah. Sie war zurückgekehrt.

»Eine verdammte Schande.« Bracken wischte sich den Schaum vom Bart und winkte Alison zu, sie möge ihm Gesellschaft leisten.

Sie hatte bereits sein hochrotes Gesicht entdeckt und vermutete den Grund. »Du wirst dich noch wegen eines dämlichen Schiffs umbringen.« Sie warf einen Blick hinaus auf die See. »Das ist doch nur eine Jacht, kein Schlachtschiff.«

»Soviel ich weiß, hat sie mittschiffs eine Schleuse für Taucher.«

»Bargeflüster?«

»Ja«, gab er zu. »Doch Bargeflüster unter Seeleuten, mein Schatz!« Die Bar war ein wunder Punkt. Sie war Männern vorbehalten. Die Räumlichkeiten für Frauen waren deutlich mit »Damen-Annex« gekennzeichnet. Alison hatte nach ihrem ersten Versuch, das Jahrhunderte alte Tabu zu brechen, resigniert. »Ihr behandelt Frauen, als gehörten sie in einen Zoo.« Bracken war bei seiner Ansicht geblieben, daß Männer das Recht auf einen Zufluchtsort vor ihren Frauen hatten. Schließlich hatte der Club die Rasenflächen zum gemeinsamen Begegnungsort erklärt.

Er gab einem Ober einen Wink, Alison den Gin-Tonic zu bringen, den sie gewöhnlich vor dem Essen trank. »Einige Mitglieder haben sich die Sache genauer angesehen. Das Schiff da scheint so alt zu sein wie die ›Britannia‹, doch sie behaupten, es sei mit den modernsten Kommunikationssystemen nur so vollgestopft.«

»So eine Art Hilfskreuzer?«

Bracken dachte darüber nach. Hilfskreuzer oder Q-Ships, so die englische Bezeichnung, waren bewaffnete Handelsschiffe, auf deren Tarnung deutsche U-Boote in beiden Weltkriegen hereingefallen waren. »Ein treffender Vergleich«, gab er zu.

»Offensichtlich bewegt sich das Schiff in einem ziemlichen Radius. Es taucht auf und verschwindet, wie es ihm gefällt. Kümmert sich der Zoll denn gar nicht darum?«

»Der Eigner hat den Zoll Ihrer Majestät in der Tasche.«

»Tatsächlich?« Alisons juristische Instinkte meldeten sich. »Hast du mit jemandem darüber gesprochen?« »Jemand« war die Abkürzung für den Sitz der Regierung.

»Verlorene Liebesmüh. Außerdem überlasse ich heutzutage so etwas dir.« Bracken hob einen weiteren Humpen, blies den Schaum von der Oberfläche und nahm einen kräftigen Schluck.

»Da gibt es noch einen kleinen geschäftlichen Vorgang, den du nicht auf mich abwälzen kannst«, erklärte Alison. »Dieser Amerikaner, der in Virginia Bier braut, Peter Casey. Der möchte hier nicht nur ins Handelsregister eingetragen werden. Er ist drauf und dran, hier eine Brauerei aufzumachen.«

»Irre Idee!« Bracken strahlte übers ganze Gesicht.

»Da bin ich aber froh, daß dir das gefällt. Er möchte dich nämlich aufsuchen.«

»Nicht mich, meine Liebe. Der steht in Verbindung mit Bracken und Partner. Und da John Bracken sich zurückgezogen hat, bist du dran.«

»Du hast den Schriftverkehr begonnen.« Alison gab sich nicht die geringste Mühe, ihren Unmut zu verbergen. »Ich wollte mir morgen frei nehmen.«

»Morgen kommt er hierher? Gott im Himmel! Ist Monate her, seit ich mich zum ersten Mal mit ihm unterhalten habe. Seitdem habe ich praktisch nichts mehr von ihm gehört.«

»Ein weiterer Grund, weshalb du mit ihm zusammentreffen solltest. Irgend etwas stimmt da nicht.«

Bracken stieß einen Seufzer aus und sah in die kornblumenblauen Augen seiner Tochter. Manchmal schlug sie in Aussehen und Einstellung etwas zu stark ihrer lieben Mutter nach, als daß man sich dabei wohl fühlen konnte. »Was Caseys neuerwachtes Interesse angeht, so ist daran nichts Seltsames. Du weißt doch, daß die Regierung eine Quote für den Eintrag neuer ausländischer Unternehmen eingeführt hat –«

»Nein! Das bedeutet ja wirtschaftlichen Selbstmord.«

»Nicht für die Gesellschaften, die bereits registriert sind. Deren Geschäftswert steigert sich entsprechend. Gabbiya gehören davon eine ganze Menge, deshalb wird er nur um so reicher.«

»Mein Gott!« Alisons Hand fuhr zu ihrem Gesicht hoch. »Das erklärt die neuen Direktoren! Gabbiya hat die Minister der Regierung in die Aufsichtsräte seiner Gesellschaften übernommen. Auf diese Weise kauft er sich in die Legislatur ein. Kein Wunder, daß dieser Amerikaner angeflitzt kommt. Das kann nur ein weiterer von Gabbiyas Strohmännern sein.«

»Nun mach's mal halblang!« protestierte Bracken, der sich daran zu erinnern schien, daß er an dem Amerikaner einen Narren gefressen hatte.

Alison setzte ihre Spekulationen fort. »Er hat ein Telex geschickt, daß er ein Forschungsprojekt ankurbeln will. Das Ganze stinkt doch.«

»Wenn du einen so guten Geruchssinn hast, dann ist es sicher besser, wenn du dich selbst um ihn kümmerst.«

Alison setzte ihr Glas ab. »Na gut. Das werde ich. Ich werde den jungen Mann schon auf Null bringen.«

Bracken schauderte. Wenn seine Frau, Gott sei ihrer Seele gnädig, so in Fahrt war, dann hatte er sich immer schleunigst in die nächste Bar verzogen. »Ich glaube, ich genehmige mir auf die Schnelle noch ein Glas.« Er stand auf.

»Ich dachte, du wolltest mich zum Mittagessen einladen?«

Bracken tat einen bedächtigen Schritt nach hinten. »Ich sehe gerade, daß der Neuzugang unserer Kanzlei auf dich zukommt. Ich nehme an, daß er liebend gerne einem der Juniorpartner Gesellschaft leisten möchte. *Er* wird dich zum Mittagessen einladen.« Gutgelaunt winkte er dem jungen Mann mit der Brille auf der Nase zu, der über den Rasen kam. »Guten Morgen, Forsyth-Smith! Tut mir leid, daß ich nicht bleiben kann!« Er drehte sich um und schenkte Alison, die ihr Gesicht verzog, ein gehässiges Grinsen. »Dein Spiel, meine liebe Tochter... Ach! Nebenbei, Casey ist kein *junger* Mann. Er ist ungefähr in dem Alter, in dem du sie schätzt.«

Während der folgenden Tage ging Bracken jedermann aus dem Weg. Er kümmerte sich um seine eigenen Angelegenheiten. Ein paarmal rief er Downwind Dalrymple an und wurde dann mit dem Besuch eines Kuriers der Botschaft Ihrer Majestät in Washington beehrt.

»Ihr Jungs habt's gut hier«, bemerkte der Mann. »Am Potomac ist es so kalt, daß einem die Zehen abfrieren.«

»Schluß mit dem Gewäsch, wir heben einen«, befahl Bracken.

Der Kurier war in seinem Alter und plauderte im Tausch gegen den Whiskey die neuesten Gerüchte aus. »In Washington drehen sie, was Titel angeht, jetzt vollkommen durch. Herzöge, Prinzen, Ritter... Die Concorde befördert die Bande auf Kosten der amerikanischen Steuerzahler ins Land. Kostet die sechs Millionen Dollar, um ein Dutzend Herzoginnen samt ein paar ehrwürdigen Ruinen zu Ausstellungszwecken rüberzuholen.«

Bracken ließ ihn weiterplaudern, während er Dalrymples handschriftliche Warnung überflog. »...beinahe sicher, daß Gabbiyas Männer die Überseetelefongespräche abhören... Wir müssen den Bastard auf seinem eigenen Feld schlagen, nicht mit High Tech, sondern mit Bombenanschlägen.« Vizeadmiral Dalrymple hatte während des dritten Dschungelkriegs auf Malaysia Truppen befehligt. Das war der letzte Krieg gewesen, den England größtenteils deshalb gewonnen hatte, weil niemand etwas davon erfuhr. Der Krieg in Vietnam hingegen war vor einem weltweiten Fernsehpublikum verloren worden. So jedenfalls sah es Dalrymple. Seine Sicht der Dinge machte ihn nicht beliebt: Auch London war dem Trend gefolgt, seine Kriege in aller Öffentlichkeit auszutragen. Alles, was Dalrymple im Augenblick unternahm, um Bracken zu helfen, war strikt inoffiziell. Sogar der Kurier Ihrer Majestät war auf einem Routineflug mit Geheimdokumenten nach London einfach zwischengelandet. »Es ist wahrhaftig eine Ironie«, endete Dalrymples Anmerkung, »daß wir uns bei allem technologischen Fortschritt wieder auf persönlich überbrachte Botschaften stützen müssen.«

Von Zeit zu Zeit erschien Alison vor Brackens täglicher Segeltour nach Wreck Cay zum Frühstück. Sie schien anderweitig stark in Anspruch genommen. Bracken lächelte innerlich. Er kannte Alison.

Zwei Sonntage, nachdem er Dalrymples Nachricht erhalten hatte, leistete sie ihm in der Kirche Gesellschaft. Bracken genoß die Ruhe des alten schottischen Kirchleins, die Sicherheit, die die weißen

Steintafeln ausstrahlten, auf denen die Namen der Familien standen, die wie seine eigene eng zusammenhielten. Er liebte es geradezu, die alten Hymnen zu schmettern. Ihm machte sogar die Predigt Spaß, die mit dem sanft rollenden schottischen R vorgetragen wurde. Er schätzte das Gefühl der Kontinuität, die Abkehr von einer modernen Welt, die angesichts der verlorengegangenen Werte immer haltloser wurde. Als sie in die heiße Glut des späten Vormittags hinaustraten, sprudelte Bracken, ganz wie Alison das vorausgesehen hatte, vor guter Laune nur so über.

»Ich habe gerade an Casey gedacht«, sagte sie. »Es macht dir doch nichts aus, wenn ich ihn nach Wreck Cay mitbringe?«

Abrupt blieb ihr Vater auf dem Kiesweg stehen und brachte für einen Moment die anderen Gläubigen aus dem Tritt. »Ich dachte, dem wolltest du die Zähne ziehen.«

»Na ja.« Alison gestand die Niederlage ein. »Er ist tatsächlich in dem Alter, in dem ich sie mag.« Sie schob ihn weiter. »Zufrieden?«

Bracken genoß kurz seinen Triumph. »Aber... Wreck Cay?«

»Ich möchte gerne, daß er dich besser kennenlernt.«

»Aha.«

»Und an allen anderen Orten führst du dich wie ein Ungeheuer auf.«

»Tatsächlich?«

Sie zogen ihre Mopeds hinter der Hecke hervor. »Er hat ziemlichen Respekt vor dir«, erklärte Alison. »Er hat dich nur hinter dem Schreibtisch gesehen. Und jeder, der während des Krieges diese alten Mühlen flog, muß ihm so vorkommen... wie...«

»Ein Relikt?« Bracken grinste. »Dann darf ich annehmen, du verdächtigst ihn nicht länger, daß er für jemand Bestimmten arbeitet.« Er deutete mit dem Daumen auf den Boden.

Alison sah zum Himmel hoch. »Meine einzige Sorge ist, daß er vielleicht etwas zu viel von einem Engel an sich hat.«

Bracken zog den Sturzhelm über den Kopf und hielt dann inne. »Kommst du mit nach Hause?«

»Ich habe Casey versprochen, ihm das Schiffahrtsmuseum zu zeigen.«

Er zurrte den Helm fest. »Dann magst du ihn möglicherweise?«

»Er ist ein riesig netter Kerl.«

»Na, dann bring ihn um Gottes willen mit nach Wreck Cay«, gab Bracken nach und warf das Moped an. Aus der Art und Weie, wie er seiner Tochter zuwinkte und davonbrauste, wußte sie, daß er sich über irgend etwas irrsinnig freute.

Casey kam sich vor wie ein Faulenzer. In Virginia herrschte tiefster Winter. Bingo tat ihm leid, denn gleichzeitig war es dort nun später Morgen in der Mitte einer arbeitsreichen Woche. Casey mußte sich daran erinnern, daß er bei der Arbeit war, sogar jetzt, als er gemütlich auf dem Rasen des Jacht-Clubs saß und auf Alison wartete, mit der er verabredet war. Das legale Procedere, eine Niederlassung von Spad-Bier auf den Inseln über dem Wind zu gründen, war bereits Monate früher von Alisons Vater in Angriff genommen worden. Casey hatte sich gewundert, als er erfuhr, daß die Geschäfte, die seine Brauerei betrafen, dem Mädchen übertragen worden waren. Sie schien zu jung, zu gutaussehend für eine Rechtsanwältin, obwohl sie sich bei ihrer ersten Besprechung als recht geschickt erwiesen hatte, was das Brauereivorhaben anging. Sie hatte auch einige intelligente Fragen zum Meeresforschungsprojekt gestellt, das provisorisch den Titel INSPAD, Inner Space Development, erhalten hatte und unter Professor Rutgers' Einfluß vorangetrieben wurde.

Als Casey beschrieben hatte, wie INSPAD als Traum begonnen hatte, den er in der Gefangenschaft mit seinem Partner entwickelt hatte, meinte Alison: »Ich war immer im Glauben, daß die Gefangenen in Hanoi keinen Kontakt zueinander hatten.«

»Wir fanden Möglichkeiten, uns zu verständigen. Eine Art Morse-Code.« Caseys Antwort war absichtlich vage ausgefallen. Als Geheimagent war er nicht gerade erste Besetzung.

Alison hatte das scharfe Ohr ihres Vaters geerbt, wenn es um Schwindel ging. Vorsichtig holte sie ihn weiter aus. Wenn Casey ihre häufigen Essen als das übliche Pflegen einer Gschäftsbeziehung ansah, dann machte ihm dieses Geschäft mehr und mehr Spaß. Und Alison entwickelte ein schlechtes Gewissen, weil sie ihr Zusammensein sehr viel mehr genoß, als es ihren Pflichten entsprach.

Aus diesem Grund tauchte Alison, zwei Tage nachdem sie vor der Kirche mit ihrem Vater gesprochen hatte, in einem alten Hemd über abgetragenen Jeans auf dem Rasen des Clubs auf.

»Heute steht Segeln auf der Tagesordnung«, sagte sie unschuldig und bemerkte einen seltsamen Ausdruck in Caseys Augen. »Also habe ich mich in meine alten Klamotten geschmissen.«

»Haben Sie nicht später noch einen Gerichtstermin wahrzunehmen?« Casey versuchte krampfhaft sich von seiner Überraschung zu erholen. In Sack und Asche sah Alison immer noch besser aus als ein New Yorker Modell in Pelzen und mit Schmuck behängt. »Keine Delikte aus der Welt zu schaffen? Keinerlei Verleumdungsklagen und Übeltäter, die in flagranti erwischt wurden?«

Sie grinste. »Nein. Weder Verfahren noch Klagen, noch beeidete Falschaussagen. Nur ein Tag mit dem alten Cat's Eye.« Sie merkte, wie er zusammenzuckte. »Vater hat Ihren Spitznamen bei der Navy herausbekommen. Deshalb möchte ich, daß diese Unterhaltung auf dem Wasser stattfindet. Hier kann man nichts lange geheimhalten, jedenfalls nicht auf dem Trockenen.«

Casey seufzte. »Mein Partner hat mir prophezeit, daß das passieren würde.«

»Was?«

»Auf dem Meer rumgondeln. Verträumtes Nichtstun. In der Hängematte faulenzen.« Er folgte ihr hinunter zu den Booten, die im Hafenbassin dümpelten. Die Inselbewohner waren begeisterte Wasserratten. Die Docks waren ein einziges Chaos von Spieren, kieloben liegenden Dinghies und Segeln, die repariert wurden. Casey sagte sich, daß dies nicht die schlechteste Art und Weise war, sein Leben zu vertun – sich von der Sonne verbrennen zu lassen, im Bier zu schwimmen, und das in Gesellschaft einer attraktiven Blondine. Bingo würde niemals glauben, daß diese Szene echt war – das Mädchen in abgetragenen Jeans, die oberhalb der Knie abgeschnitten worden waren und braungebrannte Beine enthüllten, wippende Brüste, die offenbar das Hemd ihres Vaters sprengen wollten. Alison gab in der Robe eine ernstzunehmende Figur ab. Jetzt war sie nur noch – na, Figur eben.

In Alison erkannte er die erfahrene Seglerin. Mühelos wurde sie mit dem Drachen fertig. Das Boot selbst war schäbig, der Holzrumpf viele Male übergestrichen. Segel und Rig würden in keiner eleganten Regatta einen Preis gewinnen, doch im ureigentlichen Sinn war es ein schönes Boot und vor allem praktisch. Casey schien diese Beschreibung auch auf das Mädchen zuzutreffen. Vorne im Cockpit hatte Alison einen Picknickkorb verstaut. Ein gefaltetes Exemplar der New York Times war oben draufgeschnallt. Plötzlich erkannte er, daß er seit einiger Zeit keine amerikanische Zeitung mehr zu Gesicht bekommen hatte.

Sie bemerkte, wie er das Boot musterte, und sagte: »Der Drache ist Daddy von einem Klienten überschrieben worden, der die Rechnungen nicht bezahlen konnte. Das Boot war in einem erbärmlichen Zustand, doch es war alles, was er besaß.«

»War sicher Knochenarbeit, das wieder hinzukriegen?«

»Knochenarbeit ist genau das richtige Wort. Bevor er mit der Juristerei aufhörte, war mein Vater kein großartiger Handwerker.«

»Und warum tat er das?«

»Das ist wichtig für Sie, nicht wahr?«

»Wenn Spad-Bier hier eine Zukunft haben soll, würde ich es wirklich gern wissen.« Diese Bemerkung hatte er sich bisher verkniffen. Doch wenn Alison diesen Ausflug in der Absicht geplant hatte, sich frei unterhalten zu können, dann konnte er auch damit anfangen. »Hat der Ruhestand Ihres Vaters irgend etwas mit den politischen Umwälzungen auf der Insel zu tun?«

Sie waren in Lee von Gabbiyas Jacht gesegelt. Der Wind flaute ab. Die Segel flatterten. Ein kleines Stirnrunzeln kräuselte Alisons Brauen, und sie gab sich ganz offensichtlich große Mühe, den Drachen durch den Streifen ruhigen Wassers zu bringen. Eine leichte Strömung trug sie zur Brise, die im Hafen wehte, zurück. Einen Moment trieb das Segelboot klein und hilflos unter dem schwarzen Rumpf dahin. Am Heck trug die Jacht eine Inschrift: »Qurqur«. Der Name wurde in tanzenden goldenen arabischen Lettern wiederholt. Das einzige Lebenszeichen bestand im kurzen Aufblitzen von Ferngläsern über ihnen.

Casey wußte, daß das Mädchen die Ablenkung benutzte, um auf seine Frage nicht antworten zu müssen. Das konnte warten. Auch er war an der Jacht interessiert. Aus der Nähe schien sie die Größe eines Yankee-Clippers zu haben. Es gab mehrere Decks. Rotspon hatte erklärt, daß »Qurqur« die arabische Bezeichnung eines alten Schiffstyps war, und auf Zia Gabbiyas Bemühen hingewiesen, sich dadurch mit den großen islamischen Imperien eines anderen Zeitalters zu identifizieren. Das riesige Schiff ragte über Casey auf, und er hatte das unbestimmte Gefühl, daß ihn aus dem lähmenden Schweigen Augenpaare, die er nicht sehen konnte, beobachteten.

Dann frischte der Wind auf, und das Hauptsegel füllte sich. Alison holte dicht und schrie: »Lee-oh«, damit Casey sich ducken sollte, als der Baum herumkam. Für weitere Gespräche war jetzt zu viel zu tun, und sie nahmen die Unterhaltung erst wieder auf, als sie vor dem Wind auf eine Kette kleiner, kahler Inseln zuliefen.

»Ich nehme Sie mit nach Wreck Cay«, erklärte Alison, als er ihr am Ruder Gesellschaft leistete. »Das ist der Ort, an dem mein Vater heute die Knochenarbeit leistet. Auf diese Weise kann ich Ihre Frage am besten beantworten.«

Er wußte, mehr würde er nicht aus ihr herausbringen. »Wie lange liegt Gabbiyas Schiff schon im Hafen?« erkundigte er sich statt dessen.

Alison warf ihm einen amüsierten Blick zu. »Woher wissen Sie denn, daß es ihm gehört?«

»Darüber spricht doch jedermann«, gab er eilig zur Antwort.

»Tatsächlich? Meinem Eindruck nach vermeidet beinahe jeder dieses Thema.« Sie räkelte sich. »Früher ließ es sich auf diesen Inseln sehr frei und ungezwungen leben.«

»Das scheint mir immer noch der Fall zu sein.«

»Ja, doch Sie sind ein Außenstehender.«

»Sie meinen, ein Fremder?«

»Außenstehender. Von außerhalb. Normalerweise ist das schon ein schlimmer Begriff, doch hier beinhaltet er weit mehr. Wir halten zusammen und sind uns enorm verbunden. Wir rotten uns zusammen, wenn Gefahr droht.«

»Und die droht im Augenblick?«

»Die Gefahr wird mit jedem Tag stärker.« Sie wies mit einem Zeh auf die »New York Times«. »Freunde haben mir die Zeitung mitgebracht. Hier kann ich sie nicht mehr kaufen.«

»Weshalb nicht? Zensur?«

»In gewisser Weise. Vor einer Woche haben zwei Zeitschriftengrossisten die Lieferung verschiedener ausländischer Publikationen eingestellt, weil angeblich nicht genug Nachfrage danach herrschte. Beide Grossisten wurden vor einem Monat von einer anderen, auf den Inseln ansässigen Firma übernommen, die kürzlich zwei neue Direktoren in den Vorstand aufgenommen hat. Die können die übrigen Mitglieder der Geschäftsleitung überstimmen. Die beiden neuen Direktoren sind angesehene Bewohner der Inseln, denen es geschäftlich nicht gut ging. Ich war überrascht, daß sie das Geld auftreiben konnten, um die Mehrheit der Gesellschaft zu übernehmen. Sie haben sich an einen Außenstehenden verkauft.«

»Einen Außenstehenden mit Namen Gabbiya?«

»Gabbiya kann damit nicht direkt in Zusammenhang gebracht werden. Diese Jacht symbolisiert seine Vorgehensweise. Sie kommt, und sie verschwindet wieder.«

»Und wann wird *er* kommen?«

»Ich nehme an, Sie sind hier, um genau das festzustellen.«

Die Herausforderung war nicht zu überhören. Casey musterte sie und erinnerte sich an Rotspons Rat: »Halten Sie sich bei der Geschichte so nah an die Wahrheit wie möglich. Wenn Sie sicher sind, einen möglichen Verbündeten gefunden zu haben, vertrauen Sie auf Ihr Urteil.« Casey hatte das Gefühl, Alison so gut zu kennen, wie das bei einer Frau möglich war. Für Schwärmereien war er zu alt. Hübschen Gesichtern mißtraute er instinktiv. Dennoch, wenn er einen Verbündeten nötig hätte, der ihn decken sollte, fiele seine Wahl auf sie. Einen guten Kameraden hatte er immer sofort erkannt. Ein höheres Lob gab es für ihn nicht.

Er lehnte sich zurück. Alison war plötzlich angestrengt mit einer Wende beschäftigt und kümmerte sich um Vor- und Hauptsegel.

Ihr hatte er es zu verdanken, wenn er sich schnell an die Denkweise der Inselbewohner gewöhnte. Die Besucher, die keinen Blick unter die Oberfläche warfen, argwöhnten, daß die Bewohner der Inseln über dem Wind nur auf Geld aus waren. Dieser Instinkt, so wurde erzählt, führte in die Zeit zurück, als ein betrunkener englischer Captain von einer Flotte von Nachschubschiffen getrennt worden war, die die Siedlungen in Virginia versorgen sollte und hier Schiffbruch erlitt. Die Überlebenden lockten später Schiffe auf dieselben Riffe, plünderten die Wracks aus und schufen so die Anfänge einer blühenden Wirtschaft. Während des amerikanischen Unabhängigkeitskrieges verkauften die Inselbewohner den Amerikanern Schießpulver und ließen die britische Marine, die hier ihre Schiffe, die gegen die Amerikaner segelten, verproviantierte, heftig dafür bluten. London, Washington und allen Bürokraten brachten sie ein gesundes Mißtrauen entgegen. Diese Einstellung hatten sie von ihren Vorfahren geerbt, die früher einmal die Küsten der Neuen Welt als Agenten der City of London's Company of Adventurers and Planters befahren hatten. Sie waren Abenteurer im wahrsten Sinne des Wortes gewesen, die vom Virginia Council beherrscht wurden – obwohl dem englischen König ein Vetorecht zustand. Dieser Geist kam auch in einem alten Dokument zum Ausdruck, das sie in ihrem jahrhundertealten Parlamentsgebäude aufbewahrten: im Bericht der Mannschaften, die im Jahre 1609 vor den Inseln Schiffbruch erlitten. »Im Atlantik gelegen, entspricht diese angenehme Gegend eher der angrenzenden Karibik. Obwohl es kein Süßwasser gibt, kann genügend Regen aufgefangen werden. Auf den Inseln findet man keine Schlangen und anderes giftiges Getier. Es gäbe genug angenehm duftende Zedern und Gelbholz, um ein Schiff zu bauen, wenn genügend von uns überleben sollten. Nahrung ist reichlich vorhanden: Schildkröten, die süßes Öl liefern, und Schweine, die von den Beeren fett geworden sind, Eier von Seevögeln und Palmen mit Nüssen, so groß wie Kohlköpfe. Wenn es irgendein Hindernis gibt, für die Zukunft Hoffnung zu fassen, dann nur, daß wir weitab jeglicher Hilfe gestrandet sind und fast alle von uns verletzt und krank darniederliegen...«

Alison, deren Vorfahren ebenfalls Laternen geschwenkt haben mochten, um mit wertvoller Fracht beladene Schiffe auf die versteckten Riffe zu locken, hatte ihren Klienten nach und nach mit dem geheimen Denken und Fühlen ihrer Landsleute vertraut gemacht. Als Casey schließlich vorsichtig auf das Rätsel des ermordeten Gouverneurs zu sprechen kam, war ihre Antwort kurz und bündig. »Unsere besonderen Verbindungen zu England erforderten, daß wir Scotland Yard einluden, bei den Nachforschungen behilflich zu sein. Das Innenministerium hat uns für die Tätigkeit der Behörde im ersten Monat eine Rechnung geschickt. Wir haben es abgelehnt, sie zu begleichen, und Scotland Yard zog seine Leute ab. Wir sagten, das ist nur fair, schließlich habt *ihr* den verstorbenen Gouverneur ernannt, also kümmert ihr euch auch um den Fall. Wenn es euch egal ist, wer ihn getötet hat, dann ist es uns das auch.«

»Aber Sie haben mit Ihren eigenen Nachforschungen weitergemacht?« fragte Casey.

»Natürlich, obwohl unsere Polizei kaum für Untersuchungen bei Aktionen des Terrorismus ausgerüstet ist.«

»Terrorismus?«

Alison nickte. »Es war ein Anschlag von außerhalb – zielte darauf ab, uns klarzumachen, daß die Inseln über dem Wind in einer Krise auf sich gestellt sind.«

Casey erkannte, daß es um die britischen Besitzungen in dieser Region nicht zum Besten bestellt war. Die amerikanischen Sicherheitskräfte drängten Washington, die Verantwortung für entsprechende Verteidigungsmaßnahmen zu übernehmen. Die Operation auf Grenada hatte jedoch ein peinliches Nachspiel gehabt, denn die Briten betrachteten sie als direkten Eingriff in ihre Souveränität. Also fanden sich die Inseln zur Zeit in einer gefährlichen, instabilen Lage wieder. »Es gibt einen Präzedenzfall«, erklärte Alison. »Auf den Bermudas wurde vor ein paar Jahren ein britischer Gouverneur mit seinem Militärberater erschossen. Die Mörder wurden gefaßt und gehenkt. Alle gingen zur Tagesordnung über und widmeten sich dem Geldverdienen. London präsentierte die übliche Rechnung für die Dienste von Scotland Yard, doch ich glaube nicht, daß diese bezahlt wurde. Die Inselbewohner der Bermudas müssen die Auffassung vertreten haben, ihre eigenen Nachforschungen hätten vollkommen zufriedenstellende Resultate ergeben. Keine ausländischen Terroristen. Keine Panik. Kein Rückgang des Touristenstroms.«

Casey hatte den Eindruck, daß Alison, während sie ihn von den Vorfällen in Kenntnis setzte, ebenfalls neue Informationen über Gabbiya sammelte. Wieder blieben Caseys Augen an dem zusammengerollten Exemplar der »New York Times« hängen, das oben auf den Picknickkorb geschnallt war. Eigenartig. Telephone angezapft. Ausländische Zeitungen nicht erhältlich. »Was ist mit Fernsehen und Radio?« fragte er laut.

Alison, den Arm über das Ruder gelegt, lächelte, als wüßte sie, in welche Richtung sich seine Gedanken bewegt hatten. »Der Sender auf der Insel wird von einer Rundfunkkommission betrieben, und eine Zensur der Nachrichten ist nicht schwer zu erreichen. Eine

Fernsehsatellitenempfangsanlage versorgt die Inseln über Kabel, und die Programme, die eingespeist werden, unterliegen ebenfalls der Überwachung durch die doppelgleisige Kommission. Die Kommissare bekommen ein großzügiges Gehalt dafür, daß sie als Direktoren verschiedener Strohfirmen von Gabbiya nichts tun. Und der Privatbesitz von Satellitenantennen ist verboten – aus ersichtlichen Gründen...« Sie brach den Satz ab. »Wreck Cay voraus.«

Casey blinzelte zu einer Insel hinüber, deren Lavaklippen von Pflaumenbäumen gekrönt waren.

»Wir müssen sie umsegeln«, erklärte Alison, und Casey schlüpfte wieder in seine Rolle als Matrose. Wreck Cay wurde von einem äußeren Klippenring geschützt. Auf der anderen Seite der rautenförmigen Insel markierten Mangroven ein Sumpfgebiet, von dem ein übler Geruch herüberwehte. »Während des Burenkrieges«, erklärte Alison, »hielten die Briten hier Kinder aus Südafrika gefangen. War unmöglich für die, von hier aus zu entkommen.«

Die Mangrovenbäume waren mehrere Fuß hoch, und ihre dicken Blätter schimmerten in dunklem Grün. Der Geruch, der mit der Brise herübergetragen wurde, stammte von der feuchten schwarzen Erde. Casey bedauerte es ganz und gar nicht, als helle Sandstrände auftauchten.

Alison lief einen Liegeplatz an. Er half ihr, die Segel einzuholen. »Ich hab' Lust zu schwimmen«, erklärte sie und bestätigte daraufhin seinen von Anfang an gehegten Verdacht, daß sie unter ihren Segelklamotten nichts weiter anhatte. »Wir schwimmen hier immer nackt«, meinte sie und hechtete über den Bootsrand.

Er hatte sich soweit in der Gewalt, daß er bemerkte, daß ihr Körper von Kopf bis Fuß dunkelbraun gebrannt war. »Heul mit den Wölfen«, sagte er sich und sprang hinterher.

Nichts schien selbstverständlicher. Nackt schwamm er neben ihr durch das warme Wasser einer kleinen Bucht. Nach den stinkenden Mangroven war das hier das reinste Paradies. Sie geleitete ihn in flaches Wasser, das von der Sonne bis auf den Grund, wo Seegras wuchs, angenehm erwärmt war. Alison streckte sich aus. Das Wasser bedeckte kaum ihre Figur. Casey trieb neben ihr. Er hatte das Gefühl, als suhle er sich auf einem Samtbett in heißem Quellwasser.

»Du hast gefragt, weshalb mein Vater so plötzlich in den Ruhestand getreten ist.« Alison rollte sich auf den Rücken und stützte sich auf die Ellenbogen. Sie schien das Wasser, das ihre Brüste umspielte, überhaupt nicht wahrzunehmen. Aus gutem Grund hielt Casey sich etwas entfernt; das reflektierende Sonnenlicht blendete ihn beinahe. Die Stimme des Mädchens fuhr leise fort. »Er war der erste, der die Möglichkeiten der Inseln im Geschäft mit Auslandsgesellschaften erkannte. Es ist Jahre her, da wollte er junge englische Unternehmer vor der rigorosen Besteuerung durch die sozialistischen Regierungen in London bewahren. Auf seine Veranlassung wurden Gesetze geschaffen, die eine lukrative Alternative zu unserer gefährlichen Abhängigkeit vom Tourismus boten.«

Ein Schwarm kleiner Fische drang in ihre kleine Welt ein und kräuselte das Wasser in auseinanderfließenden Ringen, die Casey vorkamen wie Finger, die über seinen Körper strichen.

»Er hatte nicht die Absicht, die Inseln zum Hafen für Betrüger und Gauner werden zu lassen«, fuhr Alison fort. »Da mußt du meinen Vater recht verstehen: Er ist grundehrlich. Er wollte, daß die Inseln einen Zweck erfüllten – sagen wir, wie Hongkong, als Knotenpunkt der Wirtschaft, natürlich in bescheidenem Rahmen. Da irrte er sich. Orte wie Hongkong wurden politisch instabil. Große internationale Unternehmen verlagerten ihre Hauptsitze hierher. Plötzlich wurde durch die moderne Elektronik alles möglich. Unzählige Geschäftsvorgänge können durch eine einzige Sekretärin über Telex erledigt werden. Voraussetzung ist natürlich, daß ein Schild draußen an der Tür einen Hinweis darauf gibt, daß sich dahinter der Hauptsitz der – na, sagen wir mal Worldwide Waffle Trades, Inc., befindet. Du erkennst doch, was das für Möglichkeiten eröffnet?«

Casey, der in Alisons Richtung blinzelte, antwortete ja und versuchte nicht allzu zweideutig zu klingen.

»Lange Zeit haben wir die ausländischen Firmen streng überwacht.« Alison wechselte die Lage. »Dann strömte zu viel Geld zu schnell herein, und wir sind nicht stark genug, um uns mit Haien anzulegen. Schmutzige Dollars flossen auf die Insel, um hier gewaschen zu werden. Für einige Inselbewohner wurde die Versuchung zu groß. Daddy hatte den Eindruck, daß die Bücher der Auslandsgesellschaften nur Schall und Rauch waren und daß die ganze Angelegenheit sich zu einem Drama entwickelte.«

»Wäre es nicht besser, wenn er etwas dagegen unternähme?«

Sie zuckte die Schultern, und ihre Brüste schimmerten golden im klaren Wasser. »Die Schlinge hat sich schon zu sehr zugezogen. Selbst ich habe das bis jetzt nicht erkannt. Es ist zu spät.« Mit einer Fingerspitze berührte sie seinen Arm. Es war wie ein elektrischer Schlag. »Um etwas Legales zu unternehmen«, fügte sie hinzu.

»Und Illegales?«

»Oh«, sie sah ihn an, und ihre eindringlichen Augen wechselten die Farbe vom Grün des Meeres zum Blau des Himmels. »Als Rechtsanwältin kann ich dazu nichts sagen. Doch die Geschichte dieser Inseln –«

»Beruht auf Piraterie, Plünderungen und eigenen Gesetzen«, erwiderte Casey. »Das hast du mir schon klargemacht.« Er erinnerte sich gleichfalls an Rotspons Worte: »Vierzig Räuber, so werden die führenden Familien auf den Inseln genannt. Die Vierzig Räuber erhalten von jedem Unternehmen, das auf den Inseln registriert wird, ihre Prozente. Die Vierzig Räuber machen die Gesetze, und wenn irgendein gerissener Yankeeanwalt ein Loch findet, dann ändern sie diese Gesetze. Man kann ein Tor nicht treffen, wenn dauernd die Pfosten verschoben werden.« Casey grinste zu dem Mädchen hinüber. »Wenn dein Vater befürchtet, daß Gabbiya letzten Endes die Dinge durch diese Gesellschaften kontrolliert, weshalb bringt er die Vierzig Räuber dann nicht dazu, ein paar neue Regeln aufzustellen?«

»Weil Gabbiya schon zu viele von denen in der Tasche hat.« Die Antwort wurde hervorgestoßen. Alison ließ ihren Finger an seinem Arm entlang über die eine Schulter wandern und folgte einer gezackten Narbe. Es war die längste der Verbrennungsnarben, die er sich zugezogen hatte, als er über Vietnam abgesprungen war. Seine Häscher hatten die Verbrennungen ab und zu mit Matsch verbunden und den Verband so lange angelegt gelassen, bis sich die Maden darunter vermehrt und das zerstörte Fleisch weggefressen hatten. Ein Französisch sprechender vietnamesischer Arzt hatte behauptet, daß er diese ekelhafte Behandlungsmethode, die immer noch von den Bauern angewandt wurde, von den früheren Kolonialherren in Paris erlernt hatte.

»Lassen wir mal Gabbiya beiseite«, schlug Alison vor, »ich

möchte, daß du den Tag genießt. Als du ankamst, da warst du wie alle Amerikaner, die keinen Augenblick Ruhe haben. Ich hatte den Wunsch, dich da runterzuholen... Oh! Entschuldige! Runterholen klingt nicht sehr schmeichelhaft.«

Er hatte ihr niemals genau erzählt, wie er in Gefangenschaft geraten war. Doch das wußte sie offenbar. Schnell sagte er: »Dein Vater. Kommen wir noch mal auf ihn zu sprechen.«

Sie zog ihre Hand zurück. »Er ist da oben. Wir treffen ihn noch früh genug. Zuerst wollen wir mal was essen.« Sie krabbelte auf die Beine und lief auf das tiefere Wasser zu. Als Casey näher kam, rief sie: »Um die Wette!« und kraulte schnell auf das Boot zu.

Zu gleicher Zeit erreichten sie den Liegeplatz. Sie klammerte sich an die Boje. »Casey?«

Er hielt sich am Bug des Bootes fest und drehte den Kopf um.

»Casey. In meinen Augen klingt das besser als Cat's Eyes. Ich will dich nicht anmachen. Als wir gerade zurückgeschwommen sind, dachte ich plötzlich, du könntest diesen Eindruck haben. Ich habe das Gefühl, wir kennen uns schon lange. Alle meine Freunde und meine ganze Familie haben hier nackt geschwommen, seit wir Kinder waren. Aber ich möchte nicht, daß du denkst –«

Er streckte die Hand aus und zog sie an sich. »Wir wollen das Ganze nicht noch komplizierter machen«, antwortete er und küßte sie.

An Bord zog sie dickbelegte Sandwiches und Bier aus dem Korb. Sie war unter Männern aufgewachsen, soviel war klar.

»Was ist mit deinem Vater?« fragte Casey.

»Der brät seine Würstchen und sein Essen dort oben auf einem Herd. Er wird uns wissen lassen, wenn er uns empfangen will. Hat sich zu einem schrecklichen Eremiten entwickelt.«

Sie wickelten sich in Badetücher, aßen und wurden in der Hitze langsam müde.

»Ein weiterer Grund, weshalb es so lange dauert, deine Gesellschaft ins Handelsregister einzutragen«, murmelte Alison nach einer Weile, »ist der, daß sie versuchen herauszufinden, wie geduldig du bist.«

Er schlug ein Auge auf. »Ich hab' mir das Backgammonspiel von diesem Südafrikaner für sechs Monate geliehen. So geduldig bin ich.«

»Hm. Macht dir doch nichts aus, übers Geschäft zu reden?«

»Deswegen sind wir hier. Eigentlich.«

»Ich begreife nicht, wozu dieses INSPAD-Projekt gut sein soll. Hast du nicht mit dem Bau der Brauerei alle Hände voll zu tun, wenn du jemals dazu die Erlaubnis bekommst?«

Casey wurde vorsichtig. »Unser Interesse daran habe ich doch erklärt.«

»Ehrlich gesagt, ich glaube, das dient einem anderen Zweck.«

Casey erwiderte nichts.

»Mein Vater glaubt auch, daß du aus anderen Gründen hier bist. Er spielt im Augenblick ein bißchen verrückt. Meint, es handele sich um Synchronismus. Weißt du, was das ist?«

»Gleiche Abläufe, die nicht durch Ursache oder Wirkung verbunden scheinen.«

»Mein Gott!« sagte Alison.

»Wie in ›E.T.‹«, führte Casey weiter aus. »Erinnerst du dich an den Außerirdischen, der mit dem kleinen Jungen, Elliott, befreundet war? Als E.T. in Elliotts Haus im Fernsehen sah, wie ein Junge ein Mädchen küßte, hörte Elliott in der Schule auf mit einem Mädchen herumzualbern und küßte es.«

»Meine Güte!« sagte Alison.

»Natürlich könnte es sich um Telepathie gehandelt haben.«

»Daddy glaubt an etwas anderes.«

»Ich auch.« Casey lachte, als Alison verblüfft die Augen aufriß. »Zu diesem Thema gibt es eine ganz beträchtliche Grundlagenforschung. Wolfgang Pauli, beispielsweise. Er hat das Ausschließlichkeitsprinzip der Quantenmechanik entdeckt – und hat eine Monographie zum Thema Synchronismus geschrieben.«

»Du hörst dich an wie mein Vater. Was, zum Teufel, interessiert *dich* daran?«

»Als ich bei der Navy war, haben wir uns lang und breit über gedankengesteuerte Cockpits unterhalten. Reines Hirngespinst. Doch später, in der Gefangenschaft, habe ich weiter darüber nachgedacht. Da gab's nicht allzu viel, was ein ausgetrocknetes Hirn beschäftigte. Eines Tages bekam ich das wertvollste Geschenk in Form einer mathematischen Gleichung, die im Gefangenen-Code durchgegeben wurde...« Er unterbrach sich. »Ich werd's dir später einmal erklären. Im Augenblick steht ein großes, bärtiges Skelett auf der Spitze der Klippen und grinst zu uns herüber.«

Alison machte sich nicht mal die Mühe, sich umzudrehen. »Das ist er«, erklärte sie. »Vater.«

Der Mann auf der Klippe stieß einen Pfiff aus.

»Wir müssen schwimmen«, erklärte Alison. Sie wühlte in einer Tasche. »Badehosen für dich. Bikini für mich.«

Casey fand es aufschlußreich, daß sie die Sachen nicht vorher erwähnt hatte.

Je mehr sie den beiden Männern zuhörte, desto unheimlicher kam ihr die Ähnlichkeit der beiden vor. Alisons Vater war natürlich viel älter – wie er da gleich einem alten Seebären auf der Spitze der Klippe saß. Eine unangezündete Zigarre stach aus dem Bartgestrüpp hervor, auf dem grauhaarigen Kopf thronte eine Fischermütze. Casey wirkte daneben wie ein Kind. Was Alison jedoch faszinierte, war die Art und Weise, wie ihr Geist sich ergänzte.

Casey genoß ganz offensichtlich dieses erste Zusammentreffen seit damals, als er John Bracken wegen der Errichtung einer Auslandsgesellschaft von Spad-Bier konsultiert hatte. Damals hatte Lord Bracken wenigstens einige Zugeständnisse an sein Äußeres gemacht. Er hatte einen ungebügelten Anzug, einen zerknitterten Schlips des Jacht-Clubs und Slipper ohne Socken getragen. Jetzt trug er bloß verblichene Shorts und schien nur aus Knochen und Bart zu bestehen. Obwohl er sich zurückgezogen hatte, war er doch bereit, die Probleme von Spad-Bier zu diskutieren, und begleitete seine Ratschläge mit sorgenvollen Bemerkungen, daß die Inseln über dem Wind, wie das bei anderen Steueroasen bereits der Fall war, in den Ruf kommen könnten, von den dreckigen Dollars des organisierten Verbrechens infiziert zu sein. »Dann«, erklärte Bracken, »wird man international scharf vorgehen. Wir verlieren unsere Möglichkeit zum Geldverdienen *und* unsere Selbstachtung.«

»Legt Gabbiya es darauf an?«

Bracken wandte Casey Augen zu, in denen Neugierde stand. »Haben Sie das in Erfahrung gebracht?« schoß er zurück.

»Ich weiß praktisch gar nichts.«

Bracken nickte. Das Gespräch der beiden Männer steckte in einer Sackgasse.

»Ich glaube, ihr beide vertraut einander noch nicht genügend«, stellte Alison fest. Ihr Vater warf ihr einen ärgerlichen Blick zu. Sie beachtete ihn nicht und sprang auf. »Ich möchte, daß du dir etwas ansiehst, in das sich mein Vater flüchtet, Casey.«

»Flüchtet?« wiederholte Bracken und stand auf.

»Ja, flüchtet. Du flüchtest dich in eine zweite Jugend.«

»Du hast immer gesagt, das würde mein Leben retten!« widersprach Bracken.

»Es hält dich auch vom politischen Kampf ab«, gab Alison zurück und ging weiter.

Während er ihnen ins Innere der Insel folgte, lauschte Casey dem Wortwechsel. Sie schienen sich nur seinetwegen zu streiten. Als ob sie ihn auf diese Weise in eine Richtung drängen wollten. Vielleicht war dieser ganze Tag sorgsam geplant. Vielleicht waren Alisons Bemerkungen über die Art und Weise, wie man Probleme auf den Inseln anging, nur auf diese Begegnung gezielt. Mußte er damit rechnen, daß Bracken möglicherweise selbst an Gabbiya verkaufte und jetzt hoffte, ihn auf seine Seite zu ziehen?

Das war kaum vorstellbar. Bracken war zu einem knorrigen Einsiedler geworden, der über die Klippen kletterte und sich mit seinem Stock einen Weg durch das Dornengestrüpp bahnte. Er bewegte sich behende wie eine Bergziege, rückte mit der Entschlossenheit eines Menschen vor, der Ärger erwartete und nicht wie ein Mann, der Schwierigkeiten aus dem Weg ging.

6

»Mein ganz persönlicher Dinosaurier«, sagte Bracken stolz.

Casey hielt den Atem an. Das Flugzeug stand in einem schmalen Einschnitt, oben auf der Insel. Die vier olivlackierten Flügel waren unter den karminroten Blüten und den breiten, glänzenden Blättern der Bäume verborgen. Auf den ersten Blick wirkte es wie eine gepanzerte Libelle von absurden Ausmaßen. Die Nase wies in Richtung eines ausgetretenen Pfades. Der Dreiblattpropeller war zu hoch, als daß man ihn vom Boden aus von Hand anwerfen konnte.

»Was, abgesehen von einem Dinosaurier, ist das?« fragte Casey.

»Ursprünglich wurde die Maschine als Aufklärer und Torpedoflugzeug entworfen. Wir nannten sie Stringbag.«

»Wie, zum Teufel, ist die hierher gekommen?«

»Ich habe die Teile an der Stelle, an der ich vor langer Zeit abgestürzt bin, aus dem Meer gefischt. Das ist ein Seilpfad.« Bracken deutete auf den im Schatten liegenden Weg. »Damals, zur Zeit der Windjammer, haben die Inselbewohner Taue hergestellt, indem sie mit den einzelnen Strängen da entlangliefen und sie unter Zug unten an der Helling zusammenflochten. Ich habe den Prozeß umgekehrt und habe so die Teile und Stücke vom Meer hier heraufgebracht.«

»Sie haben aber das Flugzeug nicht an dieser Stelle zusammengebaut?«

»In einem Schuppen, der im Unterholz versteckt liegt.« Bracken wedelte mit der Hand zum dichten Gestrüpp hinüber. »Ich hab' das alte Mädchen nur mal rausgeholt, damit es ein bißchen Luft schnuppert.«

»Dann kann die Maschine aus der Luft entdeckt werden?« fragte Alison.

Casey witterte, daß irgend etwas Unausgesprochenes zwischen Vater und Tochter hin- und herflog, und Bracken sagte: »Hier schnüffelt niemand herum.«

»Der Seilpfad ist für eine Startbahn lang genug«, bemerkte Alison. »Die Nachfrage nach Tauen endete mit den Tagen der Segelschiffe. Später versuchte man mit Wasserflugzeugen einen Zubringerdienst zu den Inseln einzurichten. Die Flugzeuge lagen in der geschützten Bucht, wobei der Schuppen über eine Rampe, die ins Meer führte, erreicht werden konnte. Der Zweite Weltkrieg hat all dem ein Ende gesetzt. Man sagt, daß die Hoffnungen der Menschen auf Wreck Cay Schiffbruch erleiden wegen –«

»Wegen des Namens der Insel«, unterbrach Bracken schnell.

Wieder spürte Casey die Spannung, die in der Luft lag.

»Sie sind der erste Außenstehende, der das Flugzeug zu Gesicht bekommt.« Bracken ging langsam um den großen Doppeldecker herum, trat gegen die Reifen des Fahrwerks, überprüfte die Halteseile und die Streben, die der Bespannung der Tragflächen in der Luft Steifheit verliehen. »Ich bekomme etwas Hilfe von der Werft und von Ihren Jungs im Smithsonian-Museum. Doch bisher hat noch niemand von denen die Maschine gesehen.« Er blieb stehen und sah Casey scheinbar gleichgültig an. »Sie wissen doch über die Stringbag Bescheid?«

»Eigentlich nicht.«

»Nein, natürlich nicht. Eure Navy hatte ja in diesen Jahren auch alle Hände voll zu tun. Aber es kam noch schlimmer. Wenn ihr Jungs aufgepaßt hättet, dann hätte es kein Pearl Harbour gegeben.«

»Wieso das?« fragte Casey höflich.

Bracken schilderte die Attacke der Stringbags gegen die italienische Flotte im Jahr vor Pearl Harbour. »Die Japaner von der Berliner Botschaft sind runter nach Italien gefahren, haben sich den Schaden angesehen und sich ausgerechnet, wie wir's gemacht haben. Der deutsche Geheimdienst sandte sogar Spezialisten zu den Agenten, die er in Amerika besaß. Gestützt auf die Operation der Stringbags sollten sie herausbekommen, ob und wie ein solcher Angriff gegen Hawaii durchgeführt werden könnte.«

Er prahlte nicht. Casey verstand vollkommen den Stolz, der Bracken erfüllte, das Verlangen, die Ehre dieses Kampfflugzeugs aus Holz, Segeltuch und Drahtseilverspannung hochzuhalten.

»Ist die Maschine flugtauglich?«

»Aber sicher«, antwortete Bracken. »Das ist der Grund, weshalb ich sie hier verborgen halte. Die braucht zuerst etwas Flugwind um die Nase.«

»Und wenn plötzlich ein Sturm aufkommt?«

»Stringbags werden mit jedem Wetter fertig. Die hier ist verzurrt, weil sie bei einer Böe wie ein Drachen davonsegeln würde. Früher, wenn ich auf Deck landete, habe ich manchmal Männer an beiden Flügelspitzen benötigt, die sie festhalten mußten.« Bracken rüttelte an einer Strebe, um die Zähigkeit des Flugzeugs zu demonstrieren. »Sie ist in tadellosem Zustand... und bereit.«

Bereit, wozu? Casey wollte die Frage schon stellen, doch er überlegte es sich anders.

Sie ließen John Bracken, der an dem riesengroßen Acht-Zylinder-Bristol-Pegasus-Motor herumbosselte, zurück. Verglichen mit den schlanken Turbinen, die Casey kannte, glich der Motor eher einer Dampfmaschine. Bracken mußte auf eine Leiter steigen, um dranzukommen.

»Glaub bloß nicht, daß er ein alter Spinner ist«, warnte ihn Alison, als sie mit dem Drachen wieder losgesegelt waren.

»Ich bin selbst einer.«

»Und halt auch die Stringbag nicht für ein altes Schlachtroß.« Sie brachte den Drachen herum, in den Wind, um mit dem nächsten Schlag durch die Riffe zu kommen. Alison wirkte eigenartig defensiv.

»Da wir gerade von Schlachtrössern reden«, meinte Casey, um sie aufzuheitern, »war das wirklich eine Armbrust, die da an den – wie heißen sie noch – Treidelstufen lehnte?«

Alison lachte. »Das Vokabular hast du wirklich schnell drauf.«

»Dein Vater hat mir sehr ausführlich gezeigt, wie man die Maschine fliegt. Hat mir jedes sichtbare Teil erklärt.«

In Alisons Mundwinkeln zeigten sich winzige Grübchen des Triumphs. Casey hatte all die seltsamen Bezeichnungen behalten. Er mußte einfach am Haken hängen. Sie sagte: »Er wird dir zeigen, wie du sie fliegen kannst. Wenn sie bereit ist.«

Bereit? Wieder schluckte Casey die Frage, die ihm auf der Zunge lag, hinunter. Statt dessen fragte er: »Und die Armbrust?«

»Oh, die fällt in mein Gebiet. Auf den Inseln sind Schußwaffen nicht gestattet. Eine Armbrust gilt nicht als Schußwaffe. Ich habe sie zum Schutz.«

»Wogegen? Die Leute hier verschließen ja nicht mal die Haustüren.«

»Aber kleine Inseln wie Wreck Cay sind wie geschaffen für eine Terroristen-Landung. Und HMG will diese Gefahr nicht wahrhaben.«

»HMG?«

»Her Majesty's Government, die Regierung Ihrer Majestät. Die taugt heutzutage zu nichts anderem mehr, als gelegentlich einen Besuch der königlichen Familie zu organisieren. Ein Gouverneur, den man uns geschickt hat, wurde später wegen Unregelmäßigkeiten in seinem Repräsentationsfond angeklagt. Die einzigen, die uns im Vereinigten Königreich wirklich verstehen, sind die Leute von der Navy; und die wurden von den Inseln abgezogen. Die Navy machte hier tatsächlich die eigentliche Politik. Daddy ist in gewisser Weise ein Fossil. Seine Ahnen besaßen Kaperbriefe, und der Adelsbrief gehörte zu denen, die James Stuart damals, im 17. Jahrhundert, wie Bonbons austeilte. Ein billiger Preis für eine billige Waffe. Es liegt in unserem Blut. Amerikaner werden das nie begreifen.«

»Einige schon«, murmelte Casey. »Diejenigen unter uns, die miterlebt haben, wie eine Wirtschaft, deren Transportkapazitäten Fahrräder darstellten, die Angriffe unserer Bomber einsteckte. Die Fahrräder kosteten den kommunistischen Vietminh so gut wie gar nichts. Gott weiß, was wir für die Bombardierungen ausgegeben haben. Doch ich bezweifle, ob man die Stringbag deines Vaters als einfache Waffe bezeichnen kann. Mir kommt die Maschine eher wie ein komplizierter, schwerfälliger Lastwagen vor. Wenn sie irgendein kleines Teilchen verliert, dann stürzt das ganze Flugzeug ab.«

»Da liegst du falsch, Casey. Kompliziert, nein. Handarbeit, ja. Man kann sie mit einem Rolls Royce vergleichen – Chassis und alles Drumherum wurde liebevoll zusammengebaut.«

Verwirrt bemerkte er die Tränen in ihren Augen. Der Wind hatte aufgefrischt, und sie tat so, als müsse sie die Augen gegen die schäumende Gischt schützen.

»Tut mir leid, wenn ich die Sache mit der Stringbag zu sehr dramatisiere«, sagte sie nach einer Weile. »In gewisser Weise war sie die Rettung meines Vaters. Er war sehr krank. Dann bekam er angesichts dessen, was hier vor sich geht, Depressionen, und das hat ihm beinahe seinen Lebenswillen genommen. Er ist eine Kämpfernatur, doch er sah keine Möglichkeit, gegen Gabbiyas Reichtum und Schlitzohrigkeit vorzugehen.«

»Bisher scheint Gabbiya noch keine Gesetze gebrochen zu haben.«

»Das wird er erst, wenn er zum Handeln bereit ist.«

»Zu was für einem Handeln?«

»Unmöglich zu sagen.«

»Die Inseln über dem Wind gehören ihm nicht. Wenn er sich hier als König des Terrors gebärden würde, dann bekäme er seine wohlverdiente Strafe.« Casey klang flapsig. »Er hätte die Queen gegen sich.«

»Nein, das hätte er nicht«, widersprach Alison. »Die Geschichte der Inseln ist eine Historie der Piraterie. Was uns gehört, das behalten wir. Das ist auch das Motto der britischen Navy. Na, die Navy wurde von hier vertrieben, die behält also die Inseln nicht mehr. London schenkt unserem Parlament Gehör, mischt sich aber nicht ein. Dem Parlament geht's nur ums Geld. Und Geld hat Gewicht. Wenn Gabbiya bereit ist loszuschlagen, wird er sein finanzielles Gewicht auf den Inseln offenbaren – und zeigen, wie leicht es wäre, eine Wirtschaftskrise anzuzetteln, die die ganze Welt in Mitleidenschaft ziehen würde.«

»Synchronismus«, meinte Casey.

»Du bist zum selben Schluß gekommen?« Alison warf einen unbewußten Blick ins Cockpit, wo die »New York Times« unter der Blende festgeklemmt war. Ungeduldig rief sie aus: »Komm schon, Casey! Du hast ganz genau gewußt, was ich gemeint habe, als ich das erste Mal von Synchronismus sprach... Ähnliche Ereignisse und ähnliches Denken, die nicht durch Ursache und Wirkung verbunden zu sein scheinen.«

Casey merkte, wie er auf die Zeitung starrte, die Alison jetzt hervorzog. Sie hatte das Blatt so gefaltet, daß eine von »Harper's« übernommene Kolumne zu sehen war, die vom Herausgeber des Magazins, Lewis Lapham, geschrieben worden war. Die CIA, so schlug er in vorsichtigen Wendungen vor, hatte in letzter Zeit so geschlampt, daß die Zeit dafür reif war, das ganze Geschäft privatwirtschaftlich zu organisieren. Wenn Amerika seine Größe dem unternehmerischen Geist verdankte, wieso überließ man dann die Sorge um die Sicherheit des Landes weiter stumpfsinnigen Bürokraten?

Casey hob langsam die Augen und überlegte, was er dazu wohl sagen sollte.

»Dein kühles Äußeres täuscht. Innerlich kochst du«, stellte Alison fest. »Du gleichst meinem Vater.«

»Dein Vater weiß nicht, wie er einen Terroristen wie Gabbiya bekämpfen soll, hast du gesagt.«

»Bis jetzt nicht«, gab Alison zu. »Als er die Stringbag wieder aufgebaut hat, hat er sich damit nur beschäftigt wie ein Kind mit einem

Spielzeug. Jetzt glaubt er, daß er die einzige Waffe gefunden hat, die Gabbiya nicht zu kontrollieren vermag.«

»Ach du meine Güte!« Casey starrte sie an.

Alison grinste ihn verschmitzt an. »Ich habe nicht die Absicht, ihm das zu gestatten. Ich bin einfach zu froh, daß er wieder aufgeblüht ist.« Ein Schauer durchfuhr sie. »Es ist spät. Ich muß heute abend an einem Abendessen der Anwaltskammer teilnehmen.«

Mit Einbruch des Abends hatte der Wind gedreht und wehte nun vom offenen Meer in Richtung Nelson's Harbour. Der Rest der Fahrt, bis zum Club, war ein Kinderspiel. Der Wind fiel genau von achtern ein, und man empfand die Geschwindigkeit gar nicht. Caseys Gedanken überschlugen sich. Warum nur hatte sie ihm die Kolumne Laphams gezeigt? Glaubte sie, irgend etwas Verrücktes würde sich ereignen? Daß die CIA aus dem Spiel war und Spad-Bier Teil einer verdeckten Operation war, die von freien Unternehmern in Szene gesetzt worden war?

Wußte sie mehr als er selbst?

Am nächsten Tag wurde er vor ein Regierungskomitee geladen, das herausfinden wollte, ob die Pläne von Spad-Bier, eine neue Brauerei zu bauen, die Unabhängigkeit der Inseln über dem Wind beeinträchtigen würden. Wenn Gabbiya denen tatsächlich die Inseln unter den Füßen wegkaufte, dann war dies wirklich eine komische Darbietung. Eine Dreimannkommission befragte ihn im weiträumigen Auditorium des Rathauses. Bis auf Alison war sonst niemand zugegen.

»Wir fragen uns«, erklärte der Vorsitzende mit dem feisten Gesicht, »warum ein Brauereibesitzer sich etwas so Hochwissenschaftlichem wie der Ozeanographie verschreiben sollte.«

Casey war verwirrt. Warum konzentrierten sie sich auf die Forschungsvorhaben von INSPAD, die doch in einem späteren Hearing verhandelt werden sollten? Er warf Alison einen Blck zu, doch die kritzelte etwas auf ihren Block.

»Warum haben Sie sich ausgerechnet die Inseln für Ihr Vorhaben ausgewählt?« erkundigte sich ein anderes Mitglied des Komitees.

»Das große Meteor-Unterwassergebirge, südlich der Azoren, weist verschiedene Übereinstimmungen mit Phänomenen dieses

Gebiets auf«, erklärte Casey. »Entlang der Kammlinien im mittleren Teil des Ozeans treten Lavaeruptionen auf, die magnetische Mineralien freisetzen. Mein Partner glaubt, daß auf dem Meeresboden in dieser Gegend eine Fülle konzentrierter Mineralien gefunden werden könnten. Ich gebe zu, daß, was das betrifft, kaum eine Verbindung mit dem Brauereigeschäft besteht –« Er schwieg und hoffte zumindest auf ein unterdrücktes Auflachen hier und da, doch es gab keinerlei Reaktion. »Im Augenblick bedeutet dieses Forschungsvorhaben für uns so etwas wie ein Hobby«, beendete er unbeholfen den Satz und sah Alisons Notiz, die besagte: »Du mußt nicht antworten.«

Das rote Gesicht des Vorsitzenden verschwand unter lautem Geschnaube hinter einem großen Taschentuch.

»Können wir uns dem gegenwärtig vordringlichsten Anliegen meines Klienten zuwenden?« fragte Alison verbindlich. Sie sah umwerfend aus. Jedes Mitglied des Komitees konnte sich unmöglich ihrem Charme entziehen, dachte Casey.

»Unsere vordringlichste Sorge gilt dem Wasser«, stellte ein weiteres Mitglied fest. »Jeder Tropfen muß in Zisternen aufgefangen werden.«

»Dessen bin ich mir absolut bewußt, Sir«, gab Casey zurück. »Regenwasser ist für Spad-Bier ideal.«

»Die Steuerzahler wären in Dürreperioden bestimmt nicht damit einverstanden, wenn Sie das Wasser zum Bierbrauen verwendeten.«

Casey hätte fast gefragt, auf welche Steuerzahler er in einem Land, das keine Einkommensteuer kannte, anspiele. Er hätte sich beinahe die Bemerkung nicht verkniffen, daß die Inseln nur der Ausländer wegen, zu denen auch er gehörte, so florierten. Statt dessen sagte er in ruhigem Ton: »Wir haben eine Zisterne geplant, wie auf Plan D dargestellt.«

»Unsere Leute interessiert Ihr Plan D nicht«, widersprach der Vorsitzende. »Die werden schlicht und einfach feststellen, daß der Brauerei Wasser zur Verfügung steht und ihnen nicht.«

»Ganz bewußt haben wir die Versorgung der Öffentlichkeit in Zeiten der Not berücksichtigt«, gab Casey geduldig zurück. »Unser Ziel ist es, Sir, als Unternehmen zu gelten, dem das öffentliche Wohl sehr am Herzen liegt.«

Schweigend starrten sie ihn an. Schließlich warf der Vorsitzende einen Blick in die Akte und murmelte: »Abfüllanlage. Die Verwendung Ihrer unzerbrechlichen Flaschen wird von den Umweltschützern abgelehnt...«

Um die Mittagszeit wußte Casey, daß er in Schwierigkeiten steckte. Nur die Anwesenheit Alisons rettete ihn: nicht ihres Charmes wegen, sondern wegen des Respekts, den das Komitee dem scharfen Bracken-Verstand zollte. Die Männer zogen sich zur Beratung zurück, obwohl die Entscheidung bereits feststand: Das Gesuch zum Bau einer Brauerei würde abgelehnt werden.

Alison wollte die Pause nutzen, um im Büro einige Routinearbeiten zu erledigen. Casey nahm die Gelegenheit wahr, Bingo in Virginia anzurufen. Die Verbindung schien ungewöhnlich schlecht. Casey drückte sich in eine unbelüftete Zelle in einer Ecke des Rathausvestibüls und blickte nach oben ins weite Treppenhaus, an dessen Wänden die Portraits früherer Bürgermeister in einer langen Reihe hingen. Jeder dieser Männer schien ihn mit den gleichen ernsten Augen anzustarren, die zu sagen schienen: »Versuch bloß nicht, uns reinzulegen.« Der erste Bürgermeister, der ihm am nächsten hing, führte ein »Bracken« in seinem Namen und sah aus wie Alisons Vater. Er mußte seit dreihundert Jahren tot sein, doch in seinen Augen lag ein lebendiger Schimmer. Casey konnte die Namensschilder unter den übrigen Portraits nicht entziffern, doch es waren einige darunter, die das piratenhafte Aussehen der Brackens hatten.

»Bingo?« Schweiß rann über Caseys Gesicht. Die Klimaanlage im Gebäude schien ausgefallen zu sein. »Du mußt in meinem Auftrag den Professor konsultieren.« Er mußte seine Worte vorsichtig, wie ein Kriegsgefangener, wählen. »Es ist dringend. Wenn wir die Genehmigung für Spad erhalten wollen, müssen wir vielleicht das Forschungsprojekt fallen lassen.«

Die beiden Partner waren alte Hasen, wenn es darum ging, mit wenigen Worten viel auszudrücken. Bingo verstand ihn ganz genau. »Nur eines«, warnte Bingo.

Casey hörte zu. Er brauchte einen Augenblick, um das, was Bingo ihm mitzuteilen versuchte, zu entwirren. Ihr gemeinsamer technischer Berater war bereits vor einer Woche abgereist, um Casey aufzusuchen.

Es gab nur einen einzigen technischen Berater: Professor Rutgers. Und der hielt sich seit einer Woche hier auf?

Die Verbindung brach zusammen. Casey schob sich aus der Telephonzelle und schnappte nach Luft. Er war klatschnaß geschwitzt. Er hatte das Gefühl, wieder im Isolationsloch zu stecken, das ihm die Zelle vermittelt hatte – nur sein Kopf ragte noch aus dem Boden, und das vertraute Tonkin-Delta lag dampfend und verlassen vor seinen Augen. Er mußte tief durchatmen. Er lehnte sich unter dem spöttischen Blick von Generationen von Bürgermeistern gegen eine Säule.

Die Wände kamen auf ihn zu, und die Mienen auf den Portraits verwandelten sich in hagere Gesichter unter blauen Mützen. Big Vien kreischte etwas auf vietnamesisch. Big Vien! Der Mann, der im einen Augenblick über französische Philosophen diskutierte und sich im nächsten in einen wütenden Marxisten verwandelte. Casey roch wieder den ganz eigenartigen Gestank des Lagers, den menschlichen Schweiß, den roten Tonkin-Schlamm, die Räucherstäbchen, die selbst in Hos Paradies nicht verschwunden waren. Klaustrophobie, hatte man ihn auf dem Rückflug gewarnt. Das würde eine der Langzeitfolgen seiner Gefangenschaft sein. Klaustrophobie. Wenn sie zuschlägt, entspann dich. Finde dich damit ab wie mit einer Erkältung. Mit der Zeit wird sie verschwinden.

Er ließ sich auf der untersten Stufe der weitläufigen Treppe nieder und senkte den Kopf. Die Brandnarben schmerzten wieder, doch die Wahnvorstellungen waren verflogen. Er befand sich im Rathaus in Nelson's Harbour, nicht in Einzelhaft, wurde nicht gefoltert. In der Zelle klingelte das Telephon. Mühsam kam er auf die Beine und gab sich einen Ruck, um den Hörer abzunehmen. Niemand war zu sehen, es war Mittagszeit, und im ganzen Gebäude war es entsetzlich heiß.

»Ja?«

»Alles in Ordnung?«

Es war Bingo. Der alte Halunke. Immer zur Stelle, wenn man ihn brauchte. »Klar, mir geht's gut.«

»Die Verbindung war unterbrochen, deshalb habe ich bei der Vermittlung Zeter und Mordio gebrüllt.«

»Es war schon alles gesagt, was zu sagen war.«

Bingo schwieg. Nur Bingo Harrimans Schweigen vermochte Bände zu sprechen.

»Gut«, sagte Casey endlich, »spuck's aus.«

»Die Ente«, erklärte Bingo.

»Verstanden.« Casey merkte, wie sein ganzer Körper plötzlich zu Eis erstarrte. Eine unsichtbare Hand berührte leicht seinen Nacken. Die Ente, so hatten sie unter sich den Oberfolterknecht im Lager genannt: Big Vien.

»Laß das INSPAD-Projekt auf keinen Fall sausen«, erklärte Bingo. »Das wird uns ein großartiges Entenhaschee liefern.«

»In Ordnung.«

»Nur für den Fall, daß du den Professor nicht triffst.«

»In Ordnung.«

»Gut.« Bingo brach das Gespräch ab.

Schweratmend trat Casey aus der Telephonzelle. Reiner Zufall? Synchronismus? Hatte keinen Zweck, Phantasien nachzuhängen. Ihre Gedanken hatten sich absolut parallel bewegt, und die Gestalt, die logischerweise am Ende ihres Weges auf sie wartete, war Big Vien: Nguyen Khac Vien, dessen gebräuchlicher mittlerer Name und dessen Stimme auf französisch oder vietnamesisch wie das Quaken einer Ente klang.

Er stand eine ganze Weile da und starrte mit leeren Augen auf ein Poster. »Kunstfestival«, stand darauf. »Unter der Schirmherrschaft des amtierenden Gouverneurs...« Quer darübergeklebt war ein Zettel, auf dem nur die zwei Worte »Fällt aus« standen. Zu schade.

Big Vien unter einer Decke mit Zia Gabbiya? Das mußte es gewesen sein, was der Professor Bingo mitgeteilt hatte. Das mußte es sein, worüber sich der Professor mit Casey unterhalten wollte. Doch damit verbunden war weit mehr. Professor Rutgers hatte immer das lebenswichtige Erfordernis, direkte Kommunikation unter allen Umständen zu vermeiden, betont – ganz besonders persönliche Gespräche, außer in wirklichen Notfällen.

Nach dem ersten Telephongespräch heute mußte Bingo gemerkt haben, daß er Informationen hatte, die noch nicht zu Casey durchgedrungen waren, weil er Rutgers hier noch nicht getroffen hatte.

Als Bingo klar wurde, was das bedeutete, hatte er schnell die Verbindung wieder aufgenommen. Er wollte Rutgers' wegen nicht, daß

Casey dem Komitee gestattete, das INSPAD-Projekt abzuschmettern.

Die großen Türen knarrten und öffneten sich quietschend. Alison kam hinter einem Mann, der einen Bund großer Schlüssel trug, ins Vestibül. Sie bemerkte Casey und eilte herbei. »Die haben dich eingeschlossen! Das tut mir leid.«

»Warum sollte dir das leid tun?« Angesichts seiner Gedankenschlüsse war er immer noch wie vor den Kopf geschlagen.

»Heute wird dicht gemacht – Donnerstag. Ich hätte dich daran erinnern sollen. Die Geschäfte und die Büros der Verwaltung schließen. Deshalb hatte es das Komitee so eilig. Die Mitglieder haben keine Lust zu arbeiten –« Sie brach ab. »Mein Gott, Schatz, du bist ja vollkommen durchgeschwitzt. Alles in Ordnung?«

Er erkannte jetzt, daß ein besonders diensteifriger Beamter die Klimaanlage abgeschaltet haben mußte. In gewisser Weise war das tröstlich. Zumindest wußte er jetzt, daß er nicht wieder in diese schweißtreibenden Perioden nach seiner Gefangenschaft mit ihren Panikanfällen und den Alpträumen zurückgefallen war.

»Du hättest hier drin sterben können«, sagte Alison halb im Scherz. Die Sonne, die durch das hohe Glasdach des geschlossenen Vestibüls fiel, hatte die Temperatur schier unerträglich aufgeheizt. »Laß mich –«

Er unterbrach sie. »Können wir eine Vertagung erreichen?«

»Wahrscheinlich.« Sie sah ihn überrascht an. »Ich war der Meinung, daß es dir sehr eilig sei, die Genehmigung für Spad-Bier zu bekommen.«

»Nicht ohne INSPAD«, stellte er grimmig klar. »Das Komitee hat damit angefangen, beide Projekte gleichzeitig zu bearbeiten. Daran wollen wir festhalten.«

Ihr Blick glitt über die offene Tür der Telephonzelle. »Verstehe.« Sie ging fort, und er hörte, wie sie mit dem Mann sprach, der die Schlüssel hatte. Dann fing das Summen der Klimaanlage an.

Immer noch fühlte er sich wie gerädert. Vielleicht hatte die Furcht vor einem Aufleben der früheren Ängste dafür gesorgt, daß seine Knie nachgaben. Big Vien! Der hatte lange gewartet, um Casey erneut zu quälen. Die ganzen Jahre. Jahre weiterer Gefangenschaft für die Männer, die Casey und Bingo zurückgelassen hatten.

Worauf hatte es Rotspon nur abgesehen?

Casey kehrte in einer Laune zum Hearing zurück, von der er selbst erkannte, daß sie selbstzerstörerisch war. Alison hatte gesagt, er sei unter der ruhigen Oberfläche ein zutiefst wütender Mann. Sie hatte ihn bis jetzt noch nicht richtig kennengelernt. Vor allem war er in diesem Augenblick wütend auf sich selbst, weil er die Dinge zu sehr hatte schleifen lassen, weil er sich dem Kreis der Lotosesser angeschlossen hatte.

Was den Unwillen des Komitees anging, hatte Alison recht gehabt. Die Mitglieder tauchten nach einigen Flaschen zum Mittagessen mit erheiterten Gesichtern wieder auf. Die ersten Fragen waren kurz. Casey war in seinen Antworten noch kürzer. Das schien sie nervös zu machen. Vielleicht hatten sie erwartet, er würde kriechen. Er wurde immer ungehaltener. Der Vorsitzende unterstrich, daß Spad ursprünglich nur um einen Firmensitz ersucht habe. Jetzt wollte die Firma »an Ort und Stelle« Bier brauen. Was verbarg das Unternehmen wohl sonst noch in seinem Ärmel?

»INSPAD«, erklärte Casey.

»Das haben wir bereits heute morgen abgehandelt«, knurrte der Vorsitzende.

»Ganz und gar nicht, nein, Sir. Sie haben das Thema heute morgen zum Tagesordnungspunkt gemacht.«

»Dennoch geht es dabei um einen weiteren Punkt.«

»Das stimmt, Herr Vorsitzender, bis Sie das Thema zur Diskussion gestellt haben.«

»Mr. Casey, dies hier ist eigentlich keine Diskussion. Meine Beisitzer und ich haben eine sehr schwerwiegende Entscheidung zu fällen.«

»Dann darf ich höflichst vorschlagen –« Casey wurde von Alisons Hand auf seinem Arm zum Schweigen gebracht. Er drehte sich um, um die Hand abzuschütteln, doch bevor er weitersprechen konnte, unterbrach sie ihn.

»Eine Vertagung um eine Woche«, sagte sie. »Ich glaube, das würde im gegenseitigen Interesse liegen, Herr Vorsitzender. Das Komitee hat für diesen Tag noch nichts auf der Tagesordnung –«

»Eigentlich wollten wir die Angelegenheit heute erledigen, Miss Bracken.«

»Ich darf darauf hinweisen, daß mein Klient hinsichtlich seines Antrags noch gewisse Änderungen erwägt«, schnappte Alison zurück.

Die Männer knurrten und unterhielten sich murmelnd, doch sie konnten einen Antrag auf Vertagung nicht so ohne weiteres ablehnen. Nicht, wenn er von jemandem gestellt wurde, der, wie Alison Bracken, zur besten Gesellschaft der Insel gehörte.

»Was für Änderungen?« erkundigte sich Casey, als sie wieder draußen waren.

»Weiß ich nicht.« Alison schlug die Richtung zum Ufer ein. »Da drin hättest du es beinahe vermasselt! Was, zum Teufel, ist bloß in dich gefahren? Und sei bloß nicht eingeschnappt! Diese Schweinehunde waren drauf und dran, dich auflaufen zu lassen. Die haben nur Angst, es allzu offensichtlich zu machen. Dies hier ist, wenn du den Ausdruck entschuldigst, eine parlamentarische Demokratie. Die wollen nicht, daß in aller Öffentlichkeit nachgehakt wird.« Sie kochte vor Wut. Casey ebenso. Plötzlich war er diese Spielzeugwelt des britischen Empire mit ihren komischen Old English Pubs und Namen wie Ye Olde Ram's Bottom und den Mitgliedern des Komitees in ihren Shorts, den Kniestrümpfen und Schnallenschuhen und ihrem salbadrigen Gehabe gründlich leid. Er verlor langsam die Geduld mit den Lotosfressern, die einen ermordeten Gouverneur unter den Teppich kehrten und ein Schild mit »Fällt aus« über die Ankündigungen seines Nachfolgers klebten. Er blieb stehen.

»Aus welchem Grund fällt eine Veranstaltung des amtierenden Gouverneurs aus?«

Alison, deren wütende Gedanken sich in eine ganz andere Richtung bewegt hatten, fuhr zu ihm herum. Sie standen an der Stelle, an der ein Verkehrspolizist mit dem hohen Helm des Londoner Bobby auf einem Schemel stand, an der Kreuzung von Palace Rise und Harbour Road. Es gab zwar keinen Verkehr, den er hätte regeln können, aber dennoch stand er da, in voller Wichs mit weißen Handschuhen. In diesem Moment schien es Casey, als sei dieser Mann die Verkörperung seiner sämtlichen Frustrationen.

»Ich werd' dir verraten, weshalb der amtierende Gouverneur etwas ausfallen läßt«, erklärte Alison. »Dieser verdammte Gabbiya ist angekommen.«

Caseys Herz machte einen Sprung. »Hier, meinst du, auf der Insel?«

»Mein Vater hat es mir eben gesagt«, gab Alison zurück. »Er hat sich ziemlich aufgeregt. Einer seiner Freunde beim Zoll hat ihn davon in Kenntnis gesetzt. Einzelheiten wußte er nicht.« Sie unterbrach sich. »Ich glaube nicht, daß wir hier stehen bleiben und uns unterhalten sollten.« Sie veranlaßte ihn, die großen Steinkais zu überqueren. »Du darfst dich nicht im Nichts verlieren.« Sie sah besorgt zu ihm auf.

Über diese absurde Redewendung mußte er lachen. »Dort ist das Nichts.« Er nahm sie bei den Schultern und nickte zu dem flachen Streifen Meer hinüber, der zwischen dem verlassenen Kai und einer Buhne gefangen war und wie ein Finger in den Hafen zeigte. »Sehe ich aus, als ob ich mich da verlieren würde?«

Sie stimmte in sein Lachen ein. »Ich habe mir deinetwegen Sorgen gemacht. Als ich nach der Mittagspause wiederkam, da schienst du... vollkommen fertig. Zum ersten Mal hast du deinem Ärger Luft gemacht. Mir jagte es Angst ein.«

Er drückte sie fester an sich, und sie gingen auf die Buhne zu. Sie bot kleinen Booten Schutz vor dem Sturm. Es war später Nachmittag, und in der Luft hing eine drückende Stille. Wolken, die einen Sturm ankündigten, sammelten sich jenseits der Hafeneinfahrt und verdeckten die Sonne. Die erste Brise trug den starken Geruch von Gewürzen mit sich. Einen Augenblick sah Casey sich nach seiner ersten Vernehmung im nordvietnamesischen Hafen Haiphong. Der Augenblick ging vorüber. »Ich nehme an, ich schulde dir eine Erklärung«, sagte er.

»Nur wenn du willst.«

»Komm, gehen wir ein paar Schritte.«

Sie liefen langsam über die Buhne. Wollte er? Was konnte er ihr eigentlich erzählen? Sie hatte ihm bereits so gut wie vorgeworfen, daß er hier eigentlich mehr an Gabbiya als an der Zukunft Spads interessiert sei... Er dachte: Eigentlich weiß ich wirklich nicht viel. Ich weiß nicht, wieso Rutgers die Idee mit INSPAD hatte. Alison mochte mehr wissen als er selbst. Diese zweite Möglichkeit war ihm schon vorher durch den Kopf gegangen. Vielleicht ließ sie sich auf einen Handel ein? Jede Versuchung, die Verhandlung zu eröffnen, wurde in seinem Innern durch das plötzliche Auftauchen einer Frau verdrängt.

»Die Irin!« rief Alison. Sie sprach leise, obwohl die Frau, die auf sie zukam, noch ein ganzes Stück entfernt war.

Casey nahm an, daß sie nur wegen des seltsamen Lichts, das den Himmel überstrahlte, so unvermittelt vor ihnen aufgetaucht war. Die Irin bewegte sich in ihrer eigenen Wolke flatternder Schleier. Hinter ihr breiteten sich die dunklen Wolken schnell aus, ihre Spitzen schimmerten rosa. Sie trug ein weißes, langes Kleid aus feinem Musselin. Der schlanke Körper, das verriet das Licht in ihrem Rükken, war offensichtlich nackt. Casey dachte unwillkürlich an die Wüstennomadin auf einem Stich von Sir Richard Burton. Die Frau wirkte ebenso aufreizend wie unschuldig. Sie trug ihr langes schwarzes Haar offen, und es flatterte hinter ihr her. Wildheit umgab sie, ebenso eine gewisse Zartheit. Wenn die Buhne breiter gewesen wäre und sie ohne Gruß an ihnen hätte vorbeigehen können, dann, so Caseys Eindruck, hätte sie dies liebend gern getan. Er war völlig überrascht, als er Alison sagen hörte: »Miss Blake?«

Die Frau blieb stehen. Ein Lächeln huschte über ihre gebräunten Züge.

»Ich gehöre zu Bracken und Partner«, erklärte Alison, ohne sich selbst vorzustellen. »Ich habe Sie von den Photographien der Einwanderungsbehörde erkannt.«

Die Frau schien auf dem Sprung, jederzeit fluchtbereit.

Alison wandte sich an Casey. »Darf ich dir Melanie Blake aus Killarney vorstellen?«

»Das war vor langer Zeit.« Die Frau musterte Casey aufmerksam. »Heute nennt man mich Lani.«

Casey nahm ihre Hand. »Ich bin Pete Casey, und meine Begleiterin ist Alison Bracken.«

»Ja.« In ihrer sanften Stimme schwang keinerlei Neugierde mit. Sie wandte den Blick ab und sah zu der Stelle hinüber, an der sich kleine rosa Wölkchen im ruhigen Wasser spiegelten. Mitten im Hafen bemühten sich einige Windsurfer, die letzten Windstöße zu erhaschen; ihre Segel in allen Regenbogenfarben hoben sich gegen die aufkommende Dunkelheit der Riffe ab. Dort, wo sich am Horizont die Gewitterwolken auftürmten, drohten stille Blitze.

»Nun«, sagte die Irin, »ich will weiter.« Sie entschwebte.

»Warum hast du sie ›die Irin‹ genannt?« fragte Casey einen Augenblick später.

»Sie hatte Ärger mit der Einwanderungsbehörde.« Alisons schnelle Worte verrieten Mißfallen. »Sie reiste mit einem irischen Paß, als sie hier vor einigen Wochen eintraf. Forsyth-Smith, einer unserer jungen Anwälte, wurde mit der Angelegenheit betraut. Er hat den Fall recht lange bearbeitet. Er wurde immer blasser und verträumter. Er sagte, ihr Boß in Übersee nenne sie ›die Irin‹. Die ganze Zeit über singt er ›When Irish Eyes Are Smiling‹. Hat sich zu einer richtigen Nervensäge entwickelt.«

»Wer hat denn den Anwalt beauftragt?«

»Irgend jemand in Beirut. Das dürfte ich dir gar nicht erzählen. Ist vertraulich.«

»Dann erzähl's halt nicht.«

Sie waren jetzt dicht an der Spitze der Buhne. Nach einer Pause meinte Alison nachgiebig: »Für dich ist es wohl wichtig, oder?«

»Ich könnte mir vorstellen, daß es eher für dich wichtig ist.« Casey drehte sich um. Die Irin beobachtete sie von den Stufen des Kais aus.

»Nun«, sagte Alison, als habe sie sich plötzlich entschieden, »Forsyth-Smith heißt in unserer Kanzlei Mr. Vierfünfsechs. Es heißt, er kümmert sich um diese Zahl nahöstlicher Unternehmen im Handelsregister. Die Irin flog für eines dieser Unternehmen ein, die gemeinschaftlich – was niemand weiß – von Zia Gabbiya und Edgar Geld kontrolliert werden.«

»E. P. Geld, unser amerikanischer Wirtschaftsboß?«

»Sonst gibt es niemanden dieses Namens.«

»Warum dann die Schwierigkeiten?«

»Nicht jeder hier«, erklärte Alison bedächtig, »ist korrumpierbar. Die einfachen Leute sind sich des möglichen Ausverkaufs nur zu bewußt. Die rangniedrigen Beamten der Zoll- und Einwanderungsbehörde sind absolut ehrlich. Sie sind sich nicht so sicher, was den neuen Einwanderungsminister angeht. Sie haben die Irin auf Eis gelegt, um ›weitere Nachforschungen‹ anzustellen. Sie stand auf der Beobachtungsliste von Interpol. Zuerst haben sie in Paris zurückgefragt. Dann hat der Minister interveniert.«

»Und Forsyth-Smith hat sich mit ihrem Boß in Beirut unterhalten?«

»Mehrere Male. Der Mann betonte, daß sämtliche notwendigen Papiere bereits vor einiger Zeit eingereicht worden seien. Wir haben hier verschiedene Möglichkeiten, um Außenseiter zu kontrollieren, wie du bemerkt haben wirst.«

»Du meinst, die Reichen fallen in die eine Kategorie, Facharbeiter in eine andere und portugiesische Tagelöhner in eine dritte?«

»Mehr oder weniger. Wenn man den mörderischen Preis einer Aufenthaltserlaubnis ›für Ausländer‹ aufbringen kann, dann ist man reich genug, um geduldet zu werden. Wenn du beweisen kannst, daß niemand der Inselbewohner deine Arbeit verrichten kann, dann fällst du in die zweite Kategorie. Wenn du ein dusseliges Stück Dreck von den Azoren bist, niemandem zur Last fällst und einen Arbeitsvertrag hast, dann findest du dich in der dritten Kategorie wieder. Die Irin gehört zur zweiten Kategorie als –« Alison zögerte und lachte dann. »Das muß man sich mal vorstellen! Sie ist hier als professionelle Tiefseetaucherin.«

»Vielleicht ist sie das tatsächlich?«

»Hast du nicht ihr Gesicht gesehen, ihren Körper? Überall tief gebräunt. Professionelle Taucher haben kaum einmal das Gesicht in der Sonne. Nein«, erklärte Alison mit fester Stimme, »man hat einen Beruf für sie ausgesucht, bei dem es aller Wahrscheinlichkeit innerhalb der Einheimischen keine Konkurrenz gab. Die sind streng nach der Vorschrift vorgegangen. Haben die Stelle dreimal in der Inselzeitung angeboten und damit der Einwanderungsbehörde bewiesen, daß es hier niemanden gibt, der diese spezielle Aufgabe übernehmen kann.«

»Hast du die Annoncen gesehen?«

»Nein. Die Behörde begnügte sich mit der Versicherung des Ministers.«

»Hast du herausgefunden, weshalb sie auf der Liste von Interpol stand?«

»Ja«, erwiderte Alison. »Doch diese Unterhaltung ist unfair. Sie verläuft reichlich einseitig.« Sie ging die letzten Stufen zur Spitze der Buhne hinunter und sah auf das Sportboot hinab, das an einer Leine vor sich hindümpelte.

»Was kann ich dir im Gegenzug anbieten?« fragte Casey. Im hinteren Teil des Bootes entdeckte er Taucherflaschen. Sie waren mattschwarz und rollten mit der Bewegung des Bootes sanft hin und her. Zwischen den beiden Flaschen war ein größerer Gegenstand eingeklemmt.

»Sag mir nur eines«, bat Alison. »Auf welcher Seite stehst du?«

»Auf deiner.«

»Irgend etwas treibt dich an. Mit mir hat das nichts zu tun.«

»Da irrst du dich. Es hat mit dir und mir zu tun. Mit all dem, was wir schätzen.«

»Das sagt nicht viel!« Alison schwieg und starrte wieder in das Boot. »Ist das nicht – ist das nicht ein Mann da?«

Casey hielt sich am Poller fest und versuchte den Schatten zwischen den Flaschen auszumachen. Der Himmel hatte sich verdunkelt. In der Ferne dröhnte der Donner. Er sprang die steinernen Stufen hinunter und ging zur Bugleine des Bootes, die an einem Eisenring festgemacht war. Das Heck war an einer weißen Boje vertäut. Er zog an der Bugleine, und die Boje tauchte unter, als das Boot voranglitt. Alison hielt die Leine, während Casey sich zum Sprung bereithielt. Sie stand eine Stufe unter ihm, und das Wasser schäumte über ihre Schuhe. Die Steinmauer des Wellenbrechers war mit winzigen Muscheln bedeckt, die wie Dornen hervorstachen, und Krabben flitzten schnell über sie hinweg und gaben leise klickende Laute von sich.

»Laß uns gehen!« rief Alison plötzlich aus.

Doch Casey war bereits gesprungen. Er arbeitete sich zum Heck vor. »Du hast recht, es ist ein Mann«, rief er zurück. »Doch er ist tot! Der Schädel wurde eingeschlagen.«

»Dann laß ihn da!« Alison warf einen Blick zur Buhne. Niemand in Sicht. »Du kannst doch nichts unternehmen. Laß uns gehen. Bitte!«

Das sah Alison ganz und gar nicht ähnlich. Casey konnte sich nicht von der Stelle bewegen. »Wir können nicht einfach... davonlaufen«, antwortete er ruhig.

»Nein. Nein, natürlich nicht.« Alison klammerte sich an die Leine, als hätte sie die Verbindung zu Casey dringend nötig. »Aber mach schnell. Dann laß es mich auf meine Weise regeln.«

Für den Augenblick waren diese Worte an Casey verschwendet. Der Mann lag mit dem Gesicht nach unten im Boot. Er trug einen schwarzen Neoprenanzug, und seine Füße steckten noch in Flossen. Die Taucherkappe war vom Kopf gezogen worden. Sein Haar war mit Blut und Seewasser getränkt, und Casey hatte das Gefühl, er sehe weiße Knochen durchschimmern. Er drehte die Leiche um. Selbst im fahlen Licht zwischen Dämmerung und Dunkelheit erkannte er Professor Rutgers, den alten Rotspon, den Mann, der die ganze Affäre ins Rollen gebracht hatte.

7

»Ausgerutscht, und ist dann mit dem Kopf auf das Ventil des Lufttanks geknallt«, stellte der schwarze Polizeisergeant ohne ein einziges Wimpernzucken fest.

Casey starrte ihn ungläubig an. »Wenn Sie das glauben, dann glauben Sie auch an den Weihnachtsmann.«

Alison spürte seinen Arm. »Sergeant Winston versteht seinen Kram.«

»Gehen Sie jetzt nach Hause, Sir«, wies Winston ihn an. »Wir kümmern uns um alles weitere.«

Der Regen hatte begonnen. Zwischen dem Polizeiboot und den Steinstufen bewegten sich die Männer in bedrückendem Schweigen. Casey ließ sich von Alison mitziehen. »Das Opfer stammt nicht von hier«, sagte sie. »Ist viel besser, das Ganze als Unfall zu behandeln.«

»So sieht also die britische Justiz aus?«

»Was haben wir denn für eine Alternative? Sollen wir alles in Flammen aufgehen lassen?« Alison wies auf den weißen Turm des alten Rathauses, als sie am verlassenen Fischmarkt den Berg hinaufgingen. Im Flutlicht schimmerte die Farbenpracht des botanischen Gartens, an dem eine Inschrift seine Gründung durch Sir John Brakken MacAlison-of-that-Ilk im Jahre 1757 verkündete. Casey fühlte sich von Ahnenverehrung umgeben.

»Der Sergeant«, erklärte Alison, »ist gerade von einem Antiterrorkurs zurückgekommen. Er will hier nicht das erleben, was in

Grenada passiert oder in Zentralamerika oder auf früheren britischen Besitzungen in dieser Gegend.«

»Weshalb nimmt er die Irin dann nicht einfach fest?«

»Das ist vielleicht genau das, was Gabbiya will.«

Caseys Kopf wirbelte. Vom Anblick Rotspons im Licht der Polizeischeinwerfer hatte er sich noch nicht wieder erholt. Der rosa Körper war aufgedunsen wie der eines gestopften Truthahns und lag auf dem aufgeschnittenen Taucheranzug. Alison hatte sich lange in ruhigem Ton mit dem Sergeant unterhalten, während Casey die Zeit fand, sich zu fragen, was wohl mit der Nadelstreifenhose des Professors passiert sein mochte. Wieso nur war er in dieser seltsam bizarren Verkleidung aufgetaucht? »Sie kennen ihn, nicht wahr, Sir?« hatte der Sergeant schlitzohrig gefragt, und Casey hatte sich beeilt zu antworten: »Hab' den Typen nie in meinem Leben gesehen.«

Alison nahm ihn mit zum Parkplatz. An diesem Tag fuhr sie einen Wagen der Kanzlei. »Komm mit nach Hause«, sagte sie. »Du brauchst einen Drink.« Als sie Nelson's Harbour hinter sich gelassen hatten, fügte sie hinzu: »Du hast ihn doch erkannt, stimmt's?«

Er wußte, daß dies nur die professionelle Frage der Anwältin war, doch jetzt war er ganz sicher, daß er von ihr mehr Informationen brauchte, als er im Gegenzug anbieten konnte. »Ja«, seufzte er. »Ich kannte ihn.«

Alison preßte die Lippen zusammen. Das würde sie Stück für Stück aus ihm rausholen müssen. »Hat er irgend etwas mit eurem Spezialfonds zu tun gehabt?« fragte sie knapp.

Er fuhr auf. »Fonds?«

»Dem Vergiß-mein-nicht-Fonds. Nur daß er hier in der Bank unter einem anderen Namen läuft. Ziemlich viel Geld für so ein normales Privatkonto mit so einem gewöhnlichen Namen: James Jonathan J. Smith.«

»Das war kein gewöhnlicher Mann«, meinte Casey traurig.

»In Vietnam gestorben?«

»Gefangen, entkommen, gefoltert und erneut entkommen. Das letzte Mal zwei Jahre nach dem Krieg gesehen worden. Es ist tatsächlich ein Fonds... Woher wußtest du das?«

»Ich hab' dir doch gesagt, Winston ist ein sehr guter Mann.«

»Was wird er also wegen des... dieses neuen Mordes tun?«

»Wir werden die Angelegenheit auf unsere Weise regeln.«

Er bemerkte das »wir« und sagte: »Auf dieselbe Weise wie beim Mord des Gouverneurs?«

Alison lenkte den Wagen um ein Pferd und einen Karren, die die Hälfte der schmalen Fahrspur einnahmen. »Vielleicht.«

»Vielleicht?« brummte Casey. »Vielleicht habt ihr zu viel Angst um euer Touristikgeschäft, als daß ihr etwas unternehmen würdet.«

»Das behalten wir im Auge, ja«, erwiderte Alison. »Ebenso wie die übrigen Länder in dieser Ecke hier haben wir uns, was die Sicherheit anging, immer auf Mütterchen Britannien verlassen. Du magst ja über die kalten kolonialen Bande lächeln, aber die Königin hat *ihre* Verpflichtungen eingehalten. Jetzt liegt unsere einzige Sicherheit in dem Vertrauen, das man uns in Übersee entgegenbringt. Andere Inseln haben das verloren und sind bankrott gegangen. Sieh sie dir bloß an – verbrannte Erde!«

Bei der Gehässigkeit, die in den letzten Worten lag, fuhr Casey auf. Sie beschrieben genau das, was Hos Erben bekommen hatten, nachdem die Amerikaner Saigon verlassen hatten. Hos Männer hatten in Vietnam ganz gewiß verbrannte Erde vorgefunden.

Alison warf ihm einen schnellen Blick zu. »Dein toter Freund war Dr. Earle Rutgers«, sagte sie sanft.

Aufmerksam beobachtete Casey, wie sie eine Kurve schnitt. Der Wagen holperte jetzt unter Bäumen her. Es goß wie aus Eimern, und die Scheinwerfer tanzten zwischen Geißblatt- und Oleanderhecken.

»Dieser Dr. Rutgers war in der Unterwasserforschung tätig«, fuhr Alison in neutralem Ton fort. »Er ist durch seine Arbeit als Historiker draufgekommen. Für die CIA war er von enormem Nutzen. Er konnte einen Tyrannen über weite Entfernungen hinweg, was Ort und Zeit anging, beurteilen und aufgrund seines Gefühls erstaunlich zutreffende Profile entwerfen.«

»Aha.« Casey ließ sich nichts anmerken.

»Ja.« Alison kurbelte ihr Fenster herunter. Der Tropenregen hatte einen plötzlich Temperaturanstieg mit sich gebracht, und im Wagen war es heiß. »Ich zitiere einen vertraulichen Bericht, den ich Sergeant Winston verdanke.«

»Das alles hast du eben erst erfahren?«

»Nein. Ich wußte bereits seit einigen Tagen von Dr. Rutgers' Aufenthalt auf der Insel.«

Innerlich fluchte Casey. »Das hättest du mir sagen sollen!«

»Ich wußte nicht, daß du ihn kanntest.«

Die Fragen standen zwischen ihnen. Casey ließ sein Fenster herunter. Zusammen mit dem strömenden Regen drang ein berauschender Duft in den Wagen und man hörte das Quaken von Baumfröschen.

»Der Sergeant«, fuhr Alison fort, »stellte die Verbindung her, weil er erfahren hatte, daß Dr. Rutgers eine beachtliche Summe auf das Konto eures Mr. Smith eingezahlt hat. Der Sergeant wußte bereits, daß du die Kontovollmacht besitzt.«

»Soweit ist es also mit dem Bankgeheimnis her.« Casey kauerte sich tiefer in seinen Sitz. »Mein Gott, ich wußte gar nicht, daß Rutgers auf das Konto einzahlte.«

»Ich bin froh, daß du das zugibst. Eine Weile dachte ich, du würdest für Gabbiya arbeiten. Dann hatte ich Angst, du seist eine Art Söldner. Du nanntest ihn... Rotspon?«

»Hört sich jetzt nicht mehr sonderlich komisch an«, meinte Casey unbehaglich. »Wie hat er das Geld eingezahlt?«

»In Hundertdollarnoten. Wozu dient der Fonds?«

Casey dachte an Rotspons Sohn, Trigger Tony Rutgers, vielleicht tot, vielleicht verrottete er auch in irgendeinem Käfig in Vietnam. »Du hast doch über die Fonds zur Erhaltung des Wildtierbestandes gehört? Na, und dieser dient zur Erhaltung unserer Leben. Unserer Lebensweise. Unserer Freunde, derer, die dachten, sie schützten unsere Lebensweise... Ich nehme an, das alles klingt in deinen Ohren reichlich verwaschen, doch einige von uns glauben immer noch an so etwas.«

Sein Gesicht war naß. Er sah in den Regen hinaus. Im Licht, das aus dem Cottage fiel, wogte hohes Pampasgras hinter rotblütigen Weihnachtssternen. Im Norden hatte der Winter Washington unter einem Mantel von Eis und Schnee begraben. Er grübelte, ob es dort jemanden gab, der den alten Rotspon betrauerte.

Lord John Bracken überließ es seiner Tochter, die Fakten zu ordnen. Er hatte eine Flasche alten Rum aus Proviantbeständen geöffnet. »Abgefüllt für die Marine Ihrer Majestät« war auf dem Etikett zu lesen.

Der Rum besänftigte Caseys Magen. Es mußte ein sehr guter, alter Rum sein. Er glaubte nicht, daß die Briten auf See noch Rum ausgaben. Eine weitere Kapitulation vor der amerikanischen Seemacht. Wie die alten Seebären vom Schlage eines Bracken das hassen mußten! Hinter seinem Kopf hing das Ölgemälde eines Kaperschiffs der Royal Navy, das während des Krieges von 1812 eine amerikanische Prise zu den Inseln über dem Wind eskortierte.

Casey hatte das Cottage noch nie zuvor gesehen. Der Name, Pretty Penny, kam ihm ebenso gekünstelt viktorianisch vor wie die Maskerade der Insel als kleines Stück unverfälschten Englands. Er betrat das Cottage über die traditionelle Treppe, die zu einer offenen Veranda führte. Das Dach war in der üblichen Bauweise der Inseln errichtet und bestand aus ausgewaschenem Kalkstein, um das Wasser zu reinigen, das in engen »Stufen« gesammelt wurde, die zu Dachrinnen und Leitungen führten und weiter unten in einem Wassertank mündeten.

Im Innern rechtfertigte Pretty Penny seinen Namen. Der warme Geruch von Zedernholz erfüllte den mit Bücherwänden gesäumten Raum, der rund um einen Kamin gebaut worden war, in dem ein Holzfeuer prasselte. Eine getäfelte Decke bewahrte die Hitze des Tages, denn die Nächte waren oft kalt. Nachdem der Sturm nachgelassen hatte, war die Temperatur gefallen.

Der Schein des Feuers tanzte im polierten Messing und schimmerte auf den gewachsten Eichenpanelen. Bracken saß in einem großen Sessel mit glänzenden Lederarmlehnen und geschweiften Füßen. Alison hatte sich in der Nähe des Feuers zusammengekauert.

Caseys Gedanken hatten sich ruhelos im Kreis bewegt. Jetzt kamen sie zur Ruhe, als er in einem bequemen, hohen Lehnstuhl saß, der mit hellgeblümtem Chintz bezogen war. Das mit Messing eingefaßte Schiffschronometer tickte leise und vermittelte das Gefühl unendlicher Ruhe.

Doch Rotspon war umgebracht worden. Caseys Gedanken rasten wieder, und wieder hatte er Schuldgefühle.

»Geht doch nichts über einen anständigen Schluck Rum, wenn man trübe Gedanken zu vertreiben hat«, stellte Bracken fest und musterte Casey durch das Gestrüpp seines Vollbarts, die langen Koteletten und das wuschelige Haar hindurch. »Als die Lords der Admiralität die Rum-Ration absetzten, verbannten sie den Sonnenschein.«

Casey hörte nicht zu. Wer waren die Vorgesetzten von Rotspon? In Washington mußte es doch jemanden geben, der Bescheid wußte, wie Rotspon INSPAD einsetzen wollte. Hatte er selbständig gearbeitet oder mit unabhängigen Agenten? Wurde eine privatisierte CIA tatsächlich von Kreisen der freien Wirtschaft geleitet?

Alison kam zum Ende ihres Berichts. Lord Bracken fragte: »Wo kam diese Irin her?«

»Vom Tauchboot«, erklärte Casey, jetzt wieder konzentriert.

»Sie hätte auch auf der Buhne spazierengehen können, genau wie wir«, protestierte Alison.

»Sie ist eine Taucherin«, sagte Casey.

»Normalerweise gehören die nicht zu der Sorte, die einem Menschen den Schädel einschlägt«, stellte Lord Bracken klar.

Caseys Gedanken wirbelten wieder. Er streckte die Hand mit dem Glas aus, um noch einen Schuß Rum zu bekommen, und trank einen kräftigen Schluck. Jetzt machte er sich Vorwürfe, daß er zugelassen hatte, daß die lockere Lebensart auf den Inseln ihn von seiner eigentlichen Aufgabe hatte ablenken können. Seine Aufgabe war nicht gewesen, sich um die Belange von Spad-Bier zu kümmern – auf die normalen Geschäfte der Brauerei hatte er viel Zeit verwandt –, sondern um die von Rotspon. Bei Rotspon hatte er versagt. Er fühlte sich wie ein Pilot, der den Sekundenbruchteil verschlafen hatte, in dem sein Kamerad verwundbar gewesen war und einen Treffer abbekommen hatte.

»Melanie Blake«, erklärte Bracken, »hat gestern vor Wreck Cay getaucht.« Er genoß die Verblüffung. »Ich habe sie zusammengestaucht, weil sie ohne Begleitung tauchte.«

»Diese Riffe sind gefährlich«, meinte Alison. »Aus welchem Grund sollte sie dort allein tauchen?«

»Um eine neue Ausrüstung auszuprobieren. Sagte sie.«

»Mit was für einem Boot war sie da?« wollte Casey wissen.

Bracken beschrieb es.

»Klingt nach dem, in dem die Leiche gefunden wurde.« Caseys

Gedanken schwirrten wieder. Dann sagte er kurz angebunden: »Wenn Sie entsprechend aussagen, dann sitzt die Irin in der Tinte.«

»Und vielleicht ist das genau das, was Gabbiya bezweckt«, gab Bracken zurück.

Casey überlegte angestrengt und sah dann erst den Vater, danach die Tochter an. »Das hat Alison eben auch schon gesagt. Wieso?«

Bracken stieß einen tiefen Seufzer aus. Er stand auf. Sein Haar stand so wirr vom Kopf ab, daß es bis zu den Zedernbalken zu reichen schien. Der Lord trug alte Khakihosen, die er in die Schäfte seiner Stiefel gestopft hatte, und ein weites Safarihemd. »Alison stimmt mit mir überein, daß wir nichts Voreiliges unternehmen sollten.« Er schnappte sich die Rumflasche und stellte sie auf den Beistelltisch neben Casey. Casey bemerkte zum erstenmal die kraftvollen, verarbeiteten Hände des Mannes. »Ich muß noch etwas erledigen«, erklärte Bracken. »Fühlen Sie sich wie zu Hause.«

Das war eine Aufforderung, der man leicht nachkommen konnte. Das Zimmer war gemütlich. Das Feuer hatte einen Teil der eiskalten Angst aus Caseys Knochen vertrieben. Schlichter Terror hätte sein Selbstbewußtsein nicht derartig angreifen können. Doch die Angelegenheit war komplizierter. Er hatte das Gefühl, wertvolle Zeit verschwendet zu haben, während andere – Rotspon, die Männer in Vietnam – sich auf ihn verließen. Casey hatte zugelassen, daß er sich wegen Fragen, die mit seinem Unternehmen in Zusammenhang standen, zu sehr in die lokale Politik verstrickt hatte. Andererseits, so fiel ihm ein, mochte das Vorantreiben der Vorhaben von Spad-Bier genau das sein, was der alte Rotspon gewollt hatte. ... Kann es sein, daß unsere eigenen Leute ihn getötet haben? Dieser Gedanke, der ihm unvermittelt kam, veranlaßte ihn aufzuspringen, um seine innere Erregung zu verbergen. Draußen, vor dem Cottage, wurde das Knattern von Brackens Moped immer leiser.

Alison deutete Caseys Aufregung falsch. »Er kommt bald zurück. An dieser Sache sind noch andere beteiligt.«

Er dachte über ihre Worte nach. Natürlich! Es mußte noch andere außer den beiden geben, die sich verschworen hatten, Gabbiya zur Strecke zu bringen. Wie sonst hätte der Polizeisergeant schon so viel über Professor Rutgers wissen können? Er hörte, wie Alison ihm anbot, ihm das Cottage zu zeigen, so als erinnere sie sich plötzlich ihrer Pflichten als Gastgeberin. Irgend etwas in ihrer Stimme bewog ihn, seine Ungeduld zu bezähmen. Freunde hatte er dringend nötig. Rotspons Tod bedeutete, daß er von jeglicher Hilfe von außen abgeschnitten war. Das einzige Motiv, das er sich hinter der Ermordung Rotspons vorstellen konnte, konnte auch das Motiv sein, ihn, Casey, umzubringen. Er hatte keine Furcht vor dem Tod, doch er hatte Angst, daß Big Vien den endgültigen Sieg davontragen würde. Und Big Vien steckte in dieser Sache mit drin. »INSPAD könnte tolles Entenhaschee auf den Tisch bringen.« Das waren Bingos letzte Worte gewesen. Entenhaschee von der Ente, von Big Vien.

Er hörte, wie Alison höflich ihre Einladung, ihm den Besitz zu zeigen, wiederholte. »Sehr gerne«, antwortete er, und plötzlich war ihm bewußt, daß sie ihm mehr von sich erzählen wollte. »Offenbar verbirgt sich hinter diesem Cottage mehr, als man auf den ersten Blick wahrnimmt.«

Sie führte ihn durch die angrenzenden Räume. Unter den Zedernbalken der Türen mußte er den Kopf einziehen, obwohl sich in den Zimmern die Balken im Schatten verloren. Laternen an Wandhaltern sorgten für Licht. Alison erklärte: »Es hat eine Stromunterbrechung gegeben. Daddy wollte nie einen Generator installieren. Insgeheim mag er Öllampen lieber.« Tatsächlich verstärkte das flakkernde Licht nur den seltsamen Eindruck, mit einer sicheren und unveränderbaren Vergangenheit im Einklang zu leben. Dies alles erklärte, so vermutete Casey, die Selbstsicherheit von Vater und Tochter angesichts einer so ernsten Krise. Auf ihre ganz eigene, kühle Art kämpften sie beide um ihr Leben. Das erkannte er in diesem Augenblick.

Es war nicht so, daß die beiden ihr Leben nicht einfach dadurch zu retten vermochten, daß sie die Insel verließen. Das konnten sie natürlich. Wenn man die weltlichen Besitztümer berücksichtigte, hatten sie nur wenig Ballast mitzunehmen. Ihre Lebensweise war nicht aufwendig. Die meisten Amerikaner hätten sie wahrscheinlich langweilig gefunden. Kein Fernsehen. Keine Küchengeräte, die jüngeren Datums waren als die Kaffeemühle, die hundert Jahre alt aussah. Die Böden bestanden aus breiten Zedernplanken. Sie wurden von einigen schönen, alten Teppichen bedeckt. Er vermutete, daß einiges von der Einrichtung antiquarischen Wert haben mochte, obwohl vieles davon schlicht war und woanders hingehören mochte. Die Brackens verbrachten die meisten Zeit an der frischen Luft und beschäftigten sich mit ihren Booten.

Alison führte ihn zum großen Kamin zurück und machte ihn auf das Gemälde aufmerksam, das ein Kaperschiff zeigte, das ein amerikanisches Kriegsschiff eskortierte. »Das sind die Docks«, erklärte Alison und deutete auf die Marinebasis unten auf dem Bild. »Beinahe sechzehntausend amerikanische Kriegsschiffe wurden in Westindien und auf den großen Seen als Prisen genommen, als dein und mein Vaterland sich feindlich gegenüberstanden. Heute sind wir Verbündete, zumindest theoretisch, und man hat die Docks geschlossen.« Sie wandte sich ab. »Ihr Amerikaner habt uns dazu gezwungen. Eines Tages werdet ihr erkennen, daß das ein Fehler war.«

»Du liebst dieses Haus, nicht wahr?«

»Es macht nicht viel her, doch es bedeutet mir alles. Pretty Penny ist von einem Kaperkapitän während der Regierungszeit Elisabeths I. gebaut worden. Zu einer anderen Zeit hätte man ihn als Piraten bezeichnet.« Alison nahm im Sessel ihres Vaters Platz, und diesmal saß Casey auf dem Stuhl in der Nähe des Feuers. »Diese Wände bestehen aus Korallenriff und Sandstein, sämtlich handbehauen. Der Steinbruch wurde zum Wassertank; wir benutzen ihn bis zum heutigen Tag. Die Decken baute er wie Schalen, die nach oben hin offen waren. Sie dienen dazu, das Regenwasser aufzufangen, das wir benötigen. Er hat das Haus für ein Leben gebaut, wie wir es heute noch führen.«

»Wie hieß denn dieser Freibeuter?«

»Sir John Bracken.«

»Hätte ich mir denken können«, erwiderte Casey.

»Eigentlich nicht. Ein nachfolgender Kaperkapitän, soviel ich weiß, ein Sohn, hat sich seinen Weg ins Oberhaus gekauft – oder was es damals gab. Daddys Titel stammt nicht von einem ehrwürdigen Abenteurer, deshalb ignoriert er ihn. Er wäre liebend gern ein Freibeuter. Das würde ihm spezielle Rechte verleihen, wenn nicht von Gesetzes wegen, so doch aufgrund der Tradition. Er fühlte sich mit Hawkins und Drake, Walter Raleigh, Frobisher und Grenville verbunden. Ihnen verdankt Amerika angelsächsisches Recht, obwohl sie die Gesetze brachen, um ihm zum Bestand zu verhelfen. Sie haben die Präzedenzfälle geschaffen, und sie rechtfertigen jede Maßnahme, die mein Vater jetzt ergreift, um das Erbe, das sie uns hinterließen, zu verteidigen.«

»Was wir besitzen, behalten wir auch«, erinnerte sich Casey des stolzen Ausspruchs. »Seid ihr alle in diese Sache verstrickt?« fragte er. »Sämtliche Inselbewohner?«

»Nicht alle.« Ein vorsichtiger Unterton schwang in ihrer Stimme mit. »Offensichtlich haben sich einige Leute an der Spitze heimlich verkauft. Und ich versuche verdammt mein Bestes, daß Daddy sich da außen vor hält.«

Das war überraschend! Casey zog die Hände, die er sich vor dem Feuer gerieben hatte, zurück.

»Ich möchte nicht, daß er an der Spitze steht, wenn es zur Entscheidungsschlacht kommt«, erklärte Alison.

»Und dazu wird es kommen, glaubst du?«

Sie zuckte die Achseln. »Euer Präsident hat schon mal einen militärischen Schlag gegen Zia Gabbiya geführt. Scheint nicht funktioniert zu haben. Ich glaube, daß Gabbiya der nächsten Herausforderung auf seine Weise begegnen will.«

»Und was ist mit uns?«

»Ich habe dir bereits gesagt, daß ich befürchtete, du stündest entweder auf seiten Gabbiyas oder seist ein Söldner. Ich habe Nachforschungen über dein Unternehmen, das in Virginia, angestellt. Weißt du, was ich herausgefunden habe?«

Casey wartete ab.

»Natürlich weißt du das. Die Direktoren und Aktionäre sind alle ehemalige Piloten der Navy, die in Vietnam gedient haben, abgesehen von ein paar Frauen. Und diese Frauen sind Witwen oder Frauen von Männern, die getötet wurden oder vermißt sind.«

»Das ist doch kein Verbrechen.«

»Gabbiya würde es genau dafür halten. Seine Agenten können dieselben Informationen herausfinden wie ich. Die müssen den Eindruck gewinnen, daß euer Unternehmen nur der Deckmantel einer von der CIA beeinflußten Neuauflage des britischen SOE, wie man ihn im Zweiten Weltkrieg kannte, darstellt.«

»SOE?«

»Special Operations Executive.« Alison fuhr mit dem Finger über ein Bücherbrett. »Die Agenten dieser Dienststellen waren Amateure, was Sabotage und Subversion anging. Doch im wirklichen Leben waren sie Profis – keine Bürokraten, die sich allzu viele Sorgen um Pensionen und Beförderungen machten.« Sie zog ein Buch in einem schlichten braunen Umschlag heraus, das keinen Titel trug. »Das hier ist eine Zusammenfassung der Operationen der SOE im Krieg, in ganz kleiner Auflage erschienen. Ich kann mir gar nicht vorstellen, wie so etwas überhaupt gedruckt werden konnte. Inselbewohner neigen von Natur aus zur Geheimhaltung – sowohl hier als auch auf den Britischen Inseln.« Sie warf ihm das Buch zu. »Hier, Bettlektüre.«

Er faßte ihre Bemerkung als Hinweis auf, er möge jetzt gehen, doch Alison hielt ihn zurück. »Bist du in diesem großen Haus ganz allein?«

»In Backgammon? Ja. Personal hält sich dort nur tagsüber auf.«

»Sei vorsichtig.« Sie hob die Augen. »Gabbiya hat sich hier niemals direkt eingemischt. Bis jetzt.«

Casey blickte schnell auf. Es war so viel passiert, daß er das beinahe vergessen hatte. »Bist du sicher, daß er hier ist?«

»Mein Vater ist losgefahren, um sich zu vergewissern. Er traut dem Telefon nicht. Langsam traut er überhaupt niemandem mehr, bis auf einen ganz kleinen Kreis.«

»Ich hoffe, ich gehöre zu denjenigen, denen er vertraut.«

Alison antwortete nicht. Statt dessen sagte sie: »Er weiß nicht, daß ich dir von Gabbiyas Anwesenheit erzählt habe, und ich bin mir nicht sicher, ob er will, daß du darüber Bescheid weißt. Na, jedenfalls nicht durch mich.«

»Zia Gabbiya ist niemand, den man so einfach verstecken kann.«

»Zia, der Zauberer, so wird er genannt. Er kann sich unsichtbar machen. Zu diesem Zweck besitzt er zwei Schiffe: die Jacht und ein Forschungsschiff, die ›Ultima Thule‹.«

»Der Zauber seiner Unsichtbarkeit ist mir schnuppe«, erklärte Casey. »Ich weiß bloß, daß er auf Ärger aus ist.«

»Stimmt genau! Mit voller Absicht. Um seine Feinde ans Licht zu locken.«

»Das kann nicht die einzige Erklärung sein.«

»Rutgers hat er schon hierher zurückgelockt.«

»Zurück?« Casey stellte sein leeres Glas ab. »Ich gehe jetzt besser.« Er befürchtete, zu viel von dem zu verraten, was er wußte – und von dem, was er nicht wußte.

»Aus den Unterlagen der Einwanderungsbehörde geht hervor, daß Rutgers sich schon früher hier aufgehalten hat. Ich bin überrascht, daß du nicht mehr über ihn erfahren willst. Wo er sich aufhielt. Und wann er ankam.«

Casey ging über diese Provokation hinweg, wobei er dachte, daß er irgendwie die Antworten schon von Bingo erhalten würde. Er wiederholte: »Ich muß gehen.«

»Ich fahre dich. Ich möchte Winston aufsuchen. Vielleicht weiß *er* über Rutgers' Bewegungen Bescheid.«

Er war froh, daß sie ihn fuhr. Der Regen hatte wieder eingesetzt, und das Haus, das er gemietet hatte, lag an der Nordküste, zwei Meilen entfernt. Als sie im Wagen saßen, sagte er: »Gabbiya ist ein Dummkopf, wenn er sich auf neutralem Gebiet seinen Feinden stellt.«

»In einem dritten Land. Das wäre die korrekte Bezeichnung. Es heißt, es gebe einen geheimen Plan der Amerikaner, Gabbiya in ein drittes Land zu locken. Statt dessen wählt er dieses dritte Land, um eure Agenten ans Licht zu ziehen. So wie Rotspon.«

»Rotspon war nicht mein Agent.«

»Das sagt ihr doch alle. Standardmäßiges Vorgehen. Fallen lassen, wenn einer geschnappt wird.« Alison fuhr vor Backgammon vor und legte die Hand auf seinen Arm. »Ich bin vollkommen verschwiegen. Diesen Krieg führen wir Seite an Seite. Doch unser mächtigster Verbündeter – die Regierung deines Landes – kann keine verdeckte Aktion unternehmen, ohne daß sie in alle Welt hinausposaunt wird, bevor sie noch beginnt. Die Quellen und die Zeitungen, die das Ganze publizieren, kümmern sich nicht im geringsten um den Schaden, der dadurch entsteht. Gerade jetzt haben sie Gabbiya die bisher beste Gelegenheit gegeben, Amerika angesichts des Terrorismus völlig hilflos aussehen zu lassen.«

Die Wischer quietschten auf der Windschutzscheibe hin und her. Regen trommelte auf das Wagendach. Ein Hund bellte. Casey zog die Schultern ein und fühlte sich vollkommen hilflos. Wie sollte er erklären, daß er tatsächlich kaum etwas wußte, daß er nur hierhergekommen war, weil Rotspon ihn gebeten hatte, sich im Rahmen des Unternehmens hier umzusehen? Er machte sich bereit, ins Trokkene zu laufen.

»Casey?«

Er wandte sich um.

»Du bist anständig«, sagte Alison und beugte sich zu ihm hinüber, um ihn zu küssen. »Sei bloß vorsichtig –«

Das Haus lag im Dunkeln. Wie so viele Anwesen, die an den Küsten der Inseln lagen, orientierte sich auch dieses Haus zum Meer hin und zeigte auf der Landseite nur eine massive weiße Wand, von runden Fenstern durchbrochen und einer Tür, die zu klein für die, wie es das Immobilienunternehmen bezeichnet hatte, »außergewöhnlich luxuriöse Unterkunft« war. An den meisten Tagen ging Casey um das Haus nach »hinten«, wo Rasenflächen und ein großer Swimmingpool über dem steilabfallenden Stück des kleinen Privatstrandes lagen. Heute abend zog er es aus irgendeinem Grund vor, das Haus durch die Vordertür zu betreten. Dieses leicht ungewöhnliche Verhalten mochte ihm das Leben gerettet haben.

Casey fühlte sich nicht so recht wohl. Er war sich nicht sicher, ob seine Beurteilung Alisons nicht von seiner wachsenden Zuneigung zu ihr getrübt wurde. Es gab Augenblicke wie eben, in denen es ihm schien, als wolle sie ihn zu Indiskretionen verleiten. Wenn sie argwöhnte, daß er so etwas wie ein freier Mitarbeiter der CIA war, dann mußte sich hinter dem Gerede von der Unfähigkeit Washingtons, Geheimnisse zu bewahren, eine Absicht verbergen.

Das Gebell des Hundes ging ihm langsam auf die Nerven. Plötzlich fiel ihm ein, daß das Tier zum Haus gehörte und er dafür mitverantwortlich war. Es handelte sich um einen weißen Elsässer, eine Hündin, die im Innern eingeschlossen war. Im selben Moment, in dem er aufschloß, schoß die Hündin an ihm vorbei in die Dunkelheit hinaus. Er sah den weißen Schatten um die Hausecke verschwinden, zuckte die Achseln und trat ein. »Josh? Mary?« Er erwartete keine Antwort. Auch das ältere Ehepaar war im Mietpreis inbegriffen. Angesichts der Vollbeschäftigung auf den Inseln betrachteten die beiden die Arbeit als Haushälter nur als Zubrot zu einer viel besser bezahlten Tätigkeit im nahe gelegenen Golfclub.

Casey ging auf die Bibliothek zu. Der Raum bildete das Zentrum des Hauses. Der Eigentümer, ein Südafrikaner, der Millionen mit Diamanten verdient hatte, hatte sich einen natürlichen Instinkt für die Verschwiegenheit bewahrt, über deren Nichtvorhandensein in Washington sich Alison so beschwert hatte. Die Bibliothek war eine Art riesiger Safe. Um dorthin zu gelangen, mußte Casey ein System holzverkleideter Stahltüren hinter sich bringen. Im Innern standen Bücherregale, teilweise Attrappen. Die Wände waren aus Stahl, der sich hinter einer Walnußtäfelung verbarg. Fenster gab es nicht. Schwach leuchteten einige Lichtschalter. Casey fuhr mit der Hand über einen Schalter, und der Raum wurde in indirektes Licht getaucht. Diese Bibliothek war der perfekte Schlupfwinkel. Ihm kam sie nicht wie ein gepanzerter Zufluchtsort vor, sondern eher wie ein Zimmer, in dem man sich hinsetzen und nachdenken konnte, ohne daß man abgelenkt wurde. Heute nacht jedoch hatte er das eigenartige Gefühl, von irgend jemandem, einem nicht wahrnehmbaren Schatten, beobachtet zu werden.

Was war, wenn Alison recht hatte?

Wenn Zia Gabbiya Amerika wirklich in großem Stil bloßstellen wollte? Offizielle Kreise in Washington dementierten, daß der Präsident verdeckte Aktionen gegen Gabbiya auf dem Boden eines dritten Landes gebilligt haben sollte. Alison hatte sich nur zu gut vorstellen können, wie Gabbiya gesagt haben mochte: »Diesen Dementis glaube ich nicht. *Ich* werde dieses dritte Land auswählen und Washington zu einer absolut selbstmörderischen verdeckten Operation provozieren. Daraus wird sich eine derartige innenpolitische Krise entwickeln, daß die Regierung in großem Maßstab militärisch intervenieren muß. Dann ziehe ich der Wirtschaft den Teppich unter den Füßen weg, und Amerika wird von der ganzen Welt für die Konsequenzen verantwortlich gemacht werden.«

Doch welche Rolle spielten Big Vien und Hanoi dabei?

Ruhelos ging Casey im Zimmer auf und ab. Immer noch hielt er das in Pappdeckel gebundene Buch in der Hand, das Alison ihm gegeben hatte. Es handelte sich um ein Memorandum der britischen Regierung: »Anweisungen für Special Operations 1943.« Die letzten Seiten, die nach dem Krieg geschrieben worden waren, schienen einen Kommentar des SOE-Chefs General Sir Colin Gubbins zu enthalten. Caseys Auge fiel auf eine Passage: »Ich stieß als Berufssoldat, als Angehöriger einer Truppe, in der einer dem anderen vertraute, zu Special Operations. Schon bald erkannte ich, daß die besten Agenten Amateure waren, die im Dschungel des Zivillebens überlebt hatten, weil sie niemandem trauten.« Ein bißchen weiter las Casey: »Die besten Saboteure stammten aus dem Zivilleben. Der Sachbearbeiter einer Versicherung beispielsweise weiß genau, worauf er bei der Bearbeitung der Ansprüche aus einem Brandschaden zu achten hat, und erfährt dadurch im Lauf der Zeit, was beim Brandlegen zu beachten ist, damit man nicht erwischt wird. Für subversive Aktionen in Friedenszeiten ist jemand wie ein Journalist bestens geeignet; der Mann erkennt genau die schwachen Glieder im politischen Panzer einer Nation.« Der letzte Satz war unterstrichen.

Caseys Neugierde war entfacht. Er entschloß sich, in die Küche zu gehen und sich ein Sandwich zu machen. Im selben Augenblick, als er die Abgeschiedenheit der Bibliothek verließ, hörte er die durchdringenden Schreie.

Die Schreie kamen aus dem Garten auf der dem Meer zugewandten Seite. Sie hörten sich an, als habe ein Kind entsetzliche Schmerzen. Casey schoß durch das vordere Wohnzimmer. Die großen Glasschiebetüren standen noch weit offen. Er eilte über die Terrasse. Dort war der Krach beinahe nicht zu ertragen. Die Lichter des Pools brannten noch und warfen einen grünen Schimmer, der unter diesen Umständen eher geisterhaft als dekorativ schien. Es gab keine weitere Lichtquelle, die das Funkeln des Pools überstrahlt hätte. In der Nähe des knorrigen Lorbeerbaums, neben der Steinmauer, die am oberen Rand der Klippe entlanglief, zuckte etwas.

Casey machte einen schnellen Schritt näher, als die Kiefer zuschnappten und Zähne den Ärmel seines Hemdes zerrissen. Der Hund war in seinem Schmerz bereit, alles zu zerfetzen, was in seine Nähe kam. Das weiße Fell zuckte in Krämpfen hin und her, doch es blieb festverhaftet an der Stelle des Gartens, wo der geflieste Pfad von der Einfahrt her an einer kleinen Holzbrücke endete. Jeder, der das Haus auf diesem Weg betrat, mußte die kleine Brücke überqueren, um zur Terrasse zu gelangen.

In der Garage gab es Taschenlampen. Casey holte sich eine und richtete sie auf den Hund. Das weiße Fell war blutüberströmt. Der schöne Kopf war nach hinten gebogen und entblößte eine Kehle, die aussah, als stecke sie voller Stachelschweinborsten. Eine Lanze hatte die Brust vorne, zwischen den Vorderläufen, durchbohrt. Es war unmöglich, sich dem Tier aus irgendeiner Richtung zu nähern, ohne Gefahr zu laufen, von dem verzweifelt hin- und herzuckenden Kopf und den schnappenden Zähnen erfaßt zu werden. Das Geheul war herzzerreißend.

Soweit Casey wußte, gab es keinerlei Schußwaffen im Haus. Er selbst besaß auch keine Waffe. Doch die Hündin mußte von ihren Schmerzen erlöst werden. Es gab nur ein Haus, in dem er anrufen konnte: Pretty Penny. Die Stimme, die sich meldete, gehörte John Bracken. Casey erklärte eilig, er benötige eine Schrotflinte. »Ich komme sofort«, antwortete Bracken. Er konnte die Schreie des Hundes hören.

Kurz darauf tauchte er auf seinem Moped auf. Er hatte eine Armbrust dabei. Es dauerte nur einen Moment, den Pfeil in den Hinterlauf des Tieres zu schießen. Sekunden später brach der Hund zusammen. Bracken ging näher heran und berührte die schaumbedeckte Schnauze mit dem Schaft seiner Armbrust. Der Hund wimmerte, und rund um die Nasenlöcher platzten Blasen.

»Armes Vieh«, sagte Bracken. »Kann man da noch was tun?«

»Ich bezweifle es.« Casey kniete neben dem ohnmächtigen Tier. Seine Stimme klang angespannt. »Das sieht aus wie ein Panji-Speer.«

Bracken versuchte, den Hund beiseite zu wälzen.

»Ich würde die Hände davon lassen«, warnte Casey. »Das sind Bambusspitzen. Die sind mit ziemlicher Sicherheit infiziert. Dem Hund ist sowieso nicht mehr zu helfen.«

»Glaube ich Ihnen.« Bracken lud die Armbrust erneut und schoß dem Hund einen Bolzen zwischen die Augen. Er kniete neben dem Hund, wandte sich dann ab und fragte gepreßt: »Was ist das, ein Panji-Speer? Klingt indisch.«

»Stammt ursprünglich aus Indien. Aus dem Punjab. Der Bambus wird über dem Feuer gehärtet, wird hart wie Stahl und dann mit Exkrementen eingeschmiert. Die Fallen gab's in verschiedener Form und Größe. Als Blechdosen. Als Fußangeln mit Widerhaken, so daß es noch mehr schmerzte, die Schäfte herauszuziehen als hineinzutreten. Wenn ein Mann da hineingetreten wäre, hätte sich der

Hauptspeer genau zwischen seinen Beinen in den Hodensack gebohrt.«

»Und wo sind Sie den Dingern schon begegnet?« erkundigte Bracken sich.

»In Vietnam«, sagte Casey.

Bracken blieb nur so lange, um sich zu vergewissern, daß das Haus sicher war, und um am Telefon in der Küche eine kurze Unterhaltung mit Sergeant Wilson zu führen. »Sie ist bei Ihnen? Gut. Und denken Sie dran, behandeln Sie den Vorfall diskret.« Er legte auf und drehte sich zu Casey um. »Alison ist zur Polizeistation gefahren. War gerade dabei, mit Winston einen Kakao zu trinken. Ich glaube nicht, daß es einen Sinn hätte, sie zu beunruhigen.«

Casey war erleichtert, daß das Mädchen in Sicherheit war, doch seine Stimme klang sarkastisch. »Wieder ein Fall, der unter den Teppich gekehrt wird?«

Bracken wich seinem Blick aus. »Im Augenblick, ja.«

»Dann muß ich dem Eigentümer in der Zwischenzeit erklären, wie sein Wachhund ums Leben gekommen ist. Außer natürlich, ich finde, wenn er zurückkommt, heraus, daß auch er an Zia Gabbiya verkauft hat.«

»Was soll denn das heißen?« Der hochgewachsene Engländer fuhr herum.

»Ich weiß nicht.« Casey ließ hilflos die Hände fallen. »Immer wenn hier etwas Schlimmes passiert, regt sich zwar jeder auf, doch niemand unternimmt etwas dagegen.«

»Vielleicht sollten Sie und ich uns mal privat unterhalten«, erklärte Bracken. »Nur wir beide. Drüben auf Wreck Cay. Ich komme in aller Frühe vorbei. Morgen. Wir treffen uns unten am Strand.«

Casey stand noch lange da, nachdem Bracken gegangen war, und sah auf den Strand hinunter. Wenn man mit dem Boot kam, konnte man diesen Strand selbst in dunkler Nacht nicht verfehlen. Bracken schien ihn gut zu kennen. So gut, daß er sich nicht einmal die Mühe gemacht hatte zu betonen, er komme mit dem Boot.

Wer auch die Falle mit dem Panji-Speer, das Markenzeichen des Guerrillakriegs in Vietnam, aufgebaut hatte, war vom Meer her gekommen. Und die waren nicht hinter dem Wachhund her gewesen. Sie hatten es auf Casey abgesehen. Warum sonst war der Hund in einem Teil des Hauses eingeschlossen gewesen, während die Türen der Zimmer, die auf den Pool und zum Meer hinausgingen, weit offenstanden?

8

Das hohe Summen eines Außenborders, der im Rückwärtsgang voll aufgedreht wurde, riß Casey aus dem Tiefschlaf. Die Dämmerung brach schon herein, als er sich endlich unruhig und frustriert auf der Terrasse auf ein Sofa geworfen hatte. Der Aufenthalt im Haus hatte das vertraute Gefühl von Klaustrophobie ausgelöst. Auf seine Versuche, Bingo Harriman anzurufen, bekam er immer nur dieselbe Antwort: »Wir haben Schwierigkeiten mit den Leitungen nach Übersee...« Am Ende hatten die Leute in der Telefonzentrale überhaupt nicht mehr reagiert.

Über der Gartenmauerbrüstung tauchte der zerzauste Schopf John Brackens auf. »Ein wunderschöner Morgen, Casey!« Ein langes Bein wurde über die Mauer geschwungen, gefolgt von einem zweiten. »Mein Gott! Haben Sie die ganze Nacht hier draußen geschlafen?« Bracken folgte Casey durch die Küche zum Personalbad, in dem Casey den Kopf unter die Kaltwasserpumpe hielt. »Verdammt, ich hätte Sie mit nach Hause nehmen sollen.«

»Schon in Ordnung.« Casey rieb sich trocken. »Ich brauchte etwas Zeit für mich.«

»Aber wenn die zurückgekommen wären?« Bracken wedelte mit der Hand in die Richtung, wo der tote Hund lag.

»Darauf habe ich gehofft«, knurrte Casey wütend. »Kaffee?«

»Ich habe Verpflegung und Getränke an Bord.« Bracken ging auf den Pool zu. »Eigentlich sollten wir zuerst das arme Tier begraben.«

»Daran habe ich auch schon gedacht. Ich habe«, fügte Casey knapp hinzu, »an eine Menge Dinge gedacht.«

Bracken drehte sich um. Er trug Shorts, Sandalen und ein verblichenes Strandhemd; doch mit der Morgensonne im Rücken und dem wehenden Bart und Haupthaar wirkte er beinahe bedrohlich.

»Und eine Sache, über die ich nachgedacht habe«, fuhr Casey fort, »war, daß ich hier besser die Gesetze beachte.« Er zeigte auf den Hund. »Das da muß der Polizei gemeldet werden.«

»Da kümmert man sich schon drum«, gab Bracken gutgelaunt zurück. »Jetzt los, kommen Sie, mein Junge.« Er war schon wieder halb über die Mauer geklettert.

»Vor einem Augenblick haben Sie noch daran gedacht, den Hund zu begraben. Weshalb plötzlich diese Eile?« Casey ging langsam zur Mauer hinüber und warf einen mißtrauischen Blick auf das alte Schlauchboot, das auf den Sand gezogen worden war.

»Ich hab' gern ein bißchen Wasser um mich, wenn's kritisch wird.« Bracken zögerte. »Sehen Sie, ich will Sie nicht antreiben. Alison kümmert sich um die Polizei, und sie muß den heutigen Tag im Gericht verbringen. Ich hielt das für eine gute Gelegenheit, mich mit Ihnen zu unterhalten.«

In Brackens Stimme klang eine Bitte durch.

»In Ordnung«, nickte Casey.

Es kam ihm so vor, als seien sie beide Jungen, die die Schule schwänzten. In den Klamotten, die er bereits am Vortag getragen hatte, fühlte er sich schmuddelig, doch das war der Schmutz der Rebellion. Er warf Schuhe und Socken in das Schlauchboot und half Bracken, es ins Wasser zu ziehen. Während sie die Landzunge umfuhren, saßen sie da und schlürften heißen Kaffee aus einer Thermoskanne. Gischt und Wind schlugen ihnen ins Gesicht, und zwischen ihnen beiden auf der Holzplanke lagen Brackens riesengroße Corn-Beef-Sandwiches. Keiner sagte ein Wort, bis sie das Schlauchboot an der Steinpier von Wreck Cay vertäut hatten.

»Ich wollte Alison nicht beunruhigen, doch die Irin ist hier nie im Leben zufällig aufgetaucht«, erklärte Bracken, während sie langsam den Seilpfad hinaufstiegen. »Die ist hergekommen, um zu spionieren.«

»Warum hat sie sich ausgerechnet Sie ausgesucht?« Casey mußte die Stimme heben, um sich in Gegenwart der herumflatternden Kiskaden, deren schwarze und leuchtendgelbe Flügel zwischen den Bäumen blitzten, verständlich zu machen.

»Ich sehe das so –« Bracken atmete schwer und mußte sich auf einem Baumstumpf ausruhen. »Vor ungefähr drei Wochen gab es einen Helikopter, der hier herumgebrummt ist. Es ist Ihnen doch bekannt, daß das Überfliegen der Inseln verboten ist? Die Luftfahrtgesellschaften müssen über dem Meer einfliegen und in Richtung Meer starten. Deshalb wurden in der Öffentlichkeit Fragen laut, als dieser Hubschrauber den ganzen Tag hier herumschwirrte. Die Regierung ließ verlauten, man habe eine PR-Agentur aus New York damit beauftragt, Bilder der Inseln für Werbefeldzüge in Übersee zu schießen. Das war eine Lüge. Es handelte sich um eine Sicherheitsmaßnahme, bevor Gabbiya hier eintraf.«

Bracken kramte ein Zigarettenetui hervor und bot es Casey an, der gegen den Vorsprung eines Lavafelsens gelehnt dastand. Casey schüttelte den Kopf. »Kluger Mann«, meinte Bracken gleichgültig und warf einen Blick auf die Zigarren, bevor er sie wieder wegsteckte. »Ich muß zugeben, daß ich eine Zeitlang gedacht habe, Sie wären möglicherweise der Pilot. Das war, bevor Alison mich bewog, meine Meinung über Sie zu ändern. Der Helikopter unternahm einen Erkundungsflug für Gabbiyas ›Ministerium der Erleuchtung‹, was bloß eine Tarnbezeichnung für den Sicherheits- und Spionagedienst Saharas ist. Alison hat keine Ahnung davon.«

Casey fragte sich, wie ein Vater und eine Tochter, die einander so nahe standen, derartig viele kleine Geheimnisse voreinander bewahren konnten.

»Ich nehme an, meine Stringbag war auf den Luftaufnahmen zu erkennen«, erklärte Bracken. »In Gabbiyas ›Ministerium der Erleuchtung‹ wurden die Aufnahmen wahrscheinlich eine ganze Weile nicht von Experten ausgewertet; und selbst wenn das der Fall war, hätten die meine Maschine nicht auf Anhieb entdeckt. Die war an dem Tag, an dem der Helikopter hier rumflog, nicht besonders gut auszumachen.« Er stand auf und setzte seinen gemächlichen Aufstieg fort.

»Schieben Sie bei allem und jedem die Schuld auf Gabbiya?« Casey hatte sich die ganze Nacht mit der Vorstellung herumgeschlagen, daß man irgendeinen besonders teuflischen Experten in vietnamesischer Kriegsführung haben mußte, um den Hund umzubringen.

»Man sollte Zia Gabbiya erschießen.« Bracken stieß die Worte hervor. »Genauso, wie Hitler hätte erschossen werden sollen, bevor es keine Möglichkeit mehr gab, ihn aufzuhalten. Tut mir leid, Casey. Gehört sich heutzutage nicht, so etwas zu äußern. Nicht in Amerika und auch nicht in England.«

Casey murmelte irgendeine passende Antwort. Er versuchte sich daran zu erinnern, wieviel er bereits von Alison erfahren und wie sie ihn gebeten hatte, Bracken nichts zu verraten. Es war sehr verwirrend.

Bracken hielt die nichtssagende Antwort für reine Skepsis. In aufgebrachtem Ton sagte er: »Ihr Amerikaner seid die Hauptopfer. Jedes Jahr wird es schlimmer. Hunderte wurden in selbstmörderischen Einsätzen durch Lastwagenbomben getötet. Wir haben auch unseren Teil abbekommen. Wir hatten einen Scharfschützen in der Botschaft von Sahara in London, der unsere Polizisten erschoß; unsere Landsleute wurden in Beirut entführt. In Sahara wurden Briten gefangengehalten, bis Gabbiyas verbrecherische Diplomaten in London freigelassen wurden. Nach einer gewissen Zeit verschwimmt die Erinnerung. Gekaperte Schiffe. Bombenanschläge gegen Einrichtungen der Vereinigten Staaten in aller Welt. Schießereien zwischen Flugzeugentführern und Antiterroreinheiten. Und immer sind es dieselben Fanatiker, die, so Gabbiya, im Namen des Glaubens kämpfen.«

Sie waren am Ende des Seilpfads angekommen. Casey sagte ruhig: »Es ist wirklich nicht nötig, daß Sie mich in dieser Hinsicht aufklären. Wir standen in Vietnam vor demselben Problem. Die Bürokraten wollten den Tatsachen niemals ins Auge sehen. Heutzutage besteht nicht einmal Einigkeit darüber, was Tatsache ist.«

»Was denn?«

»Daß Gabbiya jahrelang dafür bezahlt hat, daß seine Leute in Vietnam ausgebildet wurden.« Als er das sagte, erkannte Casey plötzlich den Zusammenhang, der die ganze Zeit über offensichtlich gewesen war. Vietnam hatte die Kunst des Terrors als psychologische Waffe zur höchsten Feinheit entwickelt. Das hatte er selbst miterlebt. Die methodischen Prügel, die die Amerikaner bezogen, die Folter, das anscheinend ziellose Vergnügen, mit dem man die Leiden mancher Gefangener verlängert hatte, und der gewaltsame Tod anderer hatten immer einen praktischen Zweck verfolgt. Das Ziel hatte darin bestanden, das Bewußtsein der Überlebenden unter

Kontrolle zu bringen. Jetzt trug das Regime von Hanoi seine psychologische Kriegsführung in der Person Gabbiyas näher an die Küsten Amerikas heran.

Casey bemerkte Brackens gespannten Blick. Noch immer war er nicht bereit, freiwillig mehr herauszurücken, als er unbedingt mußte. Er sagte: »Wenn Sie glauben, daß Gabbiya über Ihre Stringbag Bescheid weiß, sollten Sie dann nicht etwas unternehmen, um die Maschine zu schützen?«

Bracken warf den Kopf in den Nacken und brach in dröhnendes Gelächter aus. »Das habe ich schon, mein lieber Junge. Sehen Sie mal!«

»Sie haben sie in den Hangar zurückgebracht?«

»Nein«, erwiderte Bracken, ganz offensichtlich hochzufrieden mit sich selbst. »Die Maschine steht direkt vor Ihnen.«

Sie stiegen in die Senke hinab, und Casey erkannte, wie es gemacht worden war. Was wie dicht belaubte Weinstöcke aussah, waren präzise angeordnete, horizontale Vierecke. »Tarnnetze. Woher...?«

»Von den Docks. Gehört zu dem Zeug, das dort nach dem Falklandkrieg gelagert worden ist. Die Jungs von der Navy waren nicht allzu begeistert, als die Basis offiziell geschlossen wurde. Also haben sie nach diesem Kurzkrieg beschlossen, daß man sie nie mehr so weit von zu Hause entfernt ohne Nachschub erwischen würde. Es gibt da noch einen Feldwebel, der Material verwaltet, das noch aus dem Zweiten Weltkrieg stammt, und die haben seinen kleinen Schatz einfach aufgestockt, ohne die Bürohengste in London mit lästigen Einzelheiten zu langweilen.«

Diese Erklärung kam Casey uncharakteristisch ausführlich vor, und er überlegte, was Bracken ihm damit wohl sagen wollte. »Hätten Sie die Maschine nicht in den Hangar zurückschieben können?« erkundigte er sich. »Das wäre doch Deckung genug gewesen.«

»Nein. Die Maschine ist voll einsatzbereit. Und im Innern des Hangars besteht immer das Risiko eines ausbrechenden Feuers.« Bracken sah ihn jetzt gespannt an. »Wir brauchen nur noch einen Torpedo und Raketen.« Er setzte sich auf einen umgestülpten Eimer, der halb im Gras verborgen lag, nahm sein Zigarrenetui heraus und steckte sich eine Zigarre zwischen die Lippen. Doch seine

Augen blieben auf Casey gerichtet. »Ein Vorhaben wie dieses beinhaltet seine eigene Logik«, erklärte er. »Diese Tarnnetze sind ein Beispiel für die ganze eigenständige Kraft der Kausalität.«

Casey starrte ihn an.

»Wir glauben, daß die Dinge zufällig passieren, doch oft entwikkeln Ereignisse sich parallel. Die Harrier-Piloten von den Falklands, die mir den Tip mit den Tarnnetzen gegeben haben, sind ihrer eigenen Logik gefolgt.« Brackens Stimme wurde schärfer. »Die mußten sich mit der Dummheit in der Heimat und mit gerissenen Feinden in der Luft herumschlagen. Die haben die Sache selbst in die Hand genommen.« Bracken biß ein Ende seiner Zigarre ab und fügte abrupt hinzu: »Alison hat mir gesagt, daß auch Sie ein Anhänger des Synchronismusgedankens sind.«

Casey antwortete, jetzt vorsichtig, mit einem simplen »Ja«.

»Wissen Sie, was Schopenhauer gesagt hat? Er hatte natürlich unrecht, doch jeder kennt diesen Satz. Er hat gesagt: ›Koinzidenz besteht im Zusammentreffen kausal nicht miteinander verbundener Ereignisse.‹«

Casey war stark in Versuchung, eine Antwort hinzuzufügen, die er auf eine solche Bemerkung hin früher einmal Big Vien gegeben hatte. Dann, zu seinem Erstaunen, sprach Bracken seine Gedanken aus. »Ein deutscher Philosoph hat in der Welt moderner Technologie keinen Platz.« Diese Worte waren ein fernes Echo auf die Tage, die er, zusammen mit Big Vien, im Dschungel verbracht hatte und in denen Vien die Brutalität mit derartig seltsamen Gesprächen gewürzt hatte. Am Ende war Casey diese Art Unterhaltung überhaupt nicht mehr eigenartig vorgekommen. Er hatte ihren Sinn und Zweck erkannt. Gleichzeitig war ihm Big Viens eigene große Schwäche bewußt geworden: intellektueller Hochmut.

Doch Lord John Bracken hatte mit seiner Identität keinerlei Probleme; er hatte es nicht nötig, einem Gefangenen gegenüber seine Überlegenheit beweisen zu müssen. Bracken hatte ein altes Kriegsflugzeug mit enormem Geschick und harter Arbeit wieder aufgebaut. Jetzt brachte er nur zum Ausdruck, daß es irgendein natürliches Gesetz geben mußte, das ihn dazu veranlaßt hatte. Er sprach jetzt über das Paradox gewisser Tests außersinnlicher Wahrnehmung – das »EPR-Paradoxon«. Ein berühmtes, 1982 in Paris durchgeführtes Experiment bewies, daß zwei Partikel, die sich irgendwann einmal nahe gewesen waren, immer wieder dahin tendierten, sich einander erneut zu nähern – gleichgültig, wie weit entfernt sie später voneinander waren. Die philosophischen Gespräche Big Viens hatten dieses Experiment vorweggenommen, doch in diesem Augenblick kam in Casey das eigenartige Empfinden auf, daß man Big Vien und ihn selbst als zwei solche Partikel bezeichnen konnte.

Und Bracken glaubte, die alte Strindbag und er seien gleichfalls zwei solche Partikel. Sie hatten zusammen im Krieg gekämpft. Vierzig Jahre lang hatte die Stringbag unter den Fluten gelegen... Plötzlich war Casey klar, was Bracken über die Bestimmung des alten Kampfflugzeugs dachte.

»Sie wissen, daß Gabbiya hier ist?« Brackens unvermittelte Frage riß Casey aus seinen unbehaglichen Gedanken. Er dachte kurz darüber nach und entschied sich, besser bei der Wahrheit zu bleiben. »Ja. Alison hat es mir gesagt.«

»Aber sie wollte nicht, daß ich wußte, daß Sie's Ihnen gesagt hat, stimmt's?« Bracken musterte sein Gegenüber aufmerksam. »Sie hat Angst, ich werde versuchen, etwas dagegen zu unternehmen –«

Casey hatte den Wunsch, Brackens Vertraulichkeiten zu entfliehen. Er drehte sich um und sagte, er könne das Kampfflugzeug jetzt unter seiner neuen Deckung erkennen.

»Damals hab' ich nie darüber nachgedacht, weshalb ich die Maschine wieder aufbauen sollte«, sann Bracken nach. »Doch bald wird sie wieder fliegen. Nur noch für einen Torpedoabwurf.«

Casey überging Brackens letzten Satz und marschierte weiter. Die olivfarbene Stoffbespannung der Stringbag war mit Khaki und Dschungelgrün übermalt worden. Sie schien sich gegen die Leinen, gegen die Halteseile zu stemmen.

»Wir exekutieren Mörder«, hörte er Bracken hinter sich sagen. »Warum bringen wir Männer wie Hitler nicht um, bevor das Abschlachten beginnt? Männer wie Gabbiya. Wir schleichen auf Zehenspitzen durch die Gegend und erfinden Verdrängungsbegriffe wie ›begrenzter Konflikt‹, wo es doch in Wirklichkeit um einen Diktator und um dessen Schreckensherrschaft geht. König Zia!«

»Ich muß zurückfahren«, erklärte Casey. »Ich muß meinen Partner anrufen.«

Bracken warf ihm einen verschmitzten Blick zu und stand auf. »Aus der Richtung werden Sie kaum Unterstützung bekommen«, stellte er fest. »Der Präsident Ihres Landes hat heute, nach dem Bekanntwerden in den Zeitungen, die Auflösung einer Geheimabteilung bekanntgegeben. Außerdem werden von nun an sämtliche Leitungen nach Übersee unterbrochen sein.«

Die Ungeheuerlichkeit des Ganzen wurde Casey erst bewußt, als er wieder allein in Backgammon war.

Der ehrenwerte Lord hatte nicht alle Tassen im Schrank. Wenn Lord John Bracken mit dieser alten Kiste Zia Gabbiya aus der Luft angriff, dann konnte das nur in einem Fiasko enden. In einer Sache hatte Alison recht: Ein Fehlschlagen des Attentats würde der Schreckensherrschaft König Zias unermeßliche Vorteile bringen. Doch es waren nicht die Amerikaner, die die damit verbundene Demütigung herbeiführen würden; es war ihr eigener Vater.

Zia Gabbiya bot sich selbst als Ziel an. In diesem Fall mußte er sichergestellt haben, daß er dem Anschlag entgehen würde. Die Empörung der Öffentlichkeit würde folgen, und natürlich gäbe man den Geheimdiensten der Vereinigten Staaten die Schuld. Angesichts sensationeller Enthüllungen über nicht genehmigte verdeckte Aktionen würden die Politiker entsetzt sein. Die Antiterroreinheiten kämen unter Beschuß und wären gezwungen, jede Kleinigkeit ihrer Arbeit zu enthüllen. Wieder gäbe es eine jener brutalen, überstürzten, selbstmörderischen Entlassungen von Profis, diesmal mit noch verheerenderen Folgen als bei der Säuberung der CIA während einer früheren Hysteriewoge Anfang der siebziger Jahre. Die Tragödie, die die Folge solcher Erschütterungen war, lag darin, daß die wirklich guten und motivierten Agenten angesichts der unverdienten Einschränkungen, die ihnen von ängstlichen Bürokraten auferlegt werden würden, vollkommen frustriert wären.

Für Gabbiya wäre dies ein beachtlicher Sieg.

Doch Gabbiya hatte noch mehr vor. Seine Allierten saßen in Vietnam. Big Vien. Die Ente.

In der Bibliothek von Backgammon versuchte Casey erneut mit einem Anruf nach Raleigh, Virginia, durchzukommen. Diesmal war das Fräulein vom Amt auf den Inseln, als er mit ihr verbunden war, noch kürzer angebunden als zuvor. Es gab »wegen technischer Schwierigkeiten« keinerlei Verbindungen. Bracken hatte recht gehabt.

Casey ließ sich in den Fernsehsessel seines Vermieters fallen und drückte ungeduldig auf die Knöpfe der maßgefertigten Radio-Tonband-Fernseh-Kombination des Hausbesitzers. Brackens Tochter hatte gesagt, sämtliche Nachrichten, die zu den Inseln gelangten, würden unauffällig zensiert. Bracken hatte gesagt, der Präsident der Vereinigten Staaten mache am heutigen Tag Schlagzeilen, die Gabbiya eigentlich Spaß machen müßten. Also sehen wir uns das mal an, dachte Casey. Mal sehen, ob etwas nach Gabbiyas Geschmack die Zustimmung des lokalen Zensors gewinnt. Er wechselte vom Bandgerät aufs Radio und dann aufs Kabelfernsehen über. Ein großes Fernsehgerät schob sich aus der Wandvertäfelung.

Zunächst mußte er ein paar Werbespots und den Teil einer Serie abwarten, was ihm Zeit zum Nachdenken ließ.

Die Vorstellung der Stringbag, die mit stattlichen achtzig Meilen in der Stunde durch die Luft sauste, um dann einen rostigen Torpedo auf Gabbiyas schwimmendes Hotel abzufeuern, war zum Heulen. Alle Chancen standen gegen Bracken, selbst wenn er einen Torpedo auftrieb. Wahrscheinlich würde der Torpedo nicht einmal funktionieren. Und selbst wenn das Unternehmen durchführbar war, hatte Gabbiya mit Sicherheit eine ganze Tonne Elektronikspielzeug an Bord der »Qurqur«, nur zu dem Zweck entwickelt, jeden Angriff abzuschlagen.

»Ich habe schon früher mal den Henker gespielt«, hatte Bracken bemerkt und in der Dämmerung auf Wreck Cay wilde Blicke um sich geworfen. Jetzt, da man diesen Exzentriker mit seiner Haarpracht nicht mehr vor sich hatte, klangen seine Worte ausgesprochen vernünftig. »Ich habe eine Nazigröße vom Himmel geholt; sie befand sich in einem Transportflugzeug auf dem Flug von Hamburg nach Oslo. Man hat mir genau angegeben, welche Route er nehmen würde. Ihr Jungs habt so was auch gemacht. Erinnern Sie sich noch an die amerikanischen Jäger – Ihre Navy, Casey –, wie die den japanischen Admiral Yamamoto abgeschossen haben? War das kalter, vorsätzlicher Mord oder ein Schlag, der weiß Gott wie viele junge amerikanische Leben rettete? Yamamoto war Oberkommandierender der vereinigten Pazifikflotte, und sein Tod wurde dringend notwendig. Die Nachrichtenoperationen waren brillant, der Langstreckenluftangriff präzise, und Yamamoto hat nie mitbekommen, was es war, das ihn da getroffen hat. War er nicht damals die Verkörperung des Bösen gewesen, so wie jetzt Gabbiya? Versuchen Sie heute bloß mal, so was diesen auf ihrem breiten Arsch sitzenden Bürohengsten klarzumachen! Die bemühen erst ihre Astrologen, Wahrsager und Seher, die in Hühnereingeweiden die Zukunft lesen. Wenn die mit dem Nachgrübeln fertig sind, ist der passende Moment verstrichen und die Geschichte längst durchgesickert...«

Das Wort »durchgesickert« kam als Echo aus dem Fernsehgerät. Irgend jemand – Dan Rather? Peter Jennings? Casey war so sehr in seine Gedanken versunken gewesen, daß es ihm nicht mehr einfiel –, irgend jemand hatte etwas von einem Pressebericht gesagt, der durchgesickert sei. Dann wurde der Bildschirm schwarz, bevor eine lokale Reklamesendung gezeigt wurde. Casey wartete. Das Ende eines weiteren Nachrichtenspots, dann kommentierte ein Reporter vor dem Weißen Haus: »...am schlimmsten betroffen war eine Abteilung, von der die meisten Amerikaner noch nie gehört haben und die unter der Bezeichnung ›Double D-C‹ (Deep Deep Cover) lief. Offensichtlich hatte sich unter dem Druck der Öffentlichkeit die Abteilung eines unserer Geheimdienste so tief vergraben, daß sie völlig aus dem Blickfeld geraten war. Hochrangige Beamte der Agency erklärten heute, daß sie nichts über die verdeckten Operationen von Double D-C gewußt hatten, wie beispielsweise von der, die unter dem Codenamen Meeresgischt gelaufen war. Der Vorsitzende des Senatsausschusses für die Geheimdienste verlangte eine sofortige öffentliche Untersuchung.« Der Senator tauchte auf dem Bildschirm auf: »Wir können die Dementis des Weißen Hauses nicht akzeptieren... Nichtwissen ist keine Entschuldigung...«

In der Nachricht, die nun folgte, ging es um einen hochrangigen sowjetischen Diplomaten, der übergelaufen war und dessen Spionageaktivität in den USA zu einigen aufsehenerregenden Geständnissen geführt hatte. Jetzt war er auf einer Woge der Publizität nach Moskau zurückgekehrt, und dies hatte Zweifel geweckt, sowohl was seine Enthüllungen anging als auch die Kompetenz der CIA. Wieder eine Schlappe für Amerika. Der Bericht wurde in voller

Länge gezeigt, doch der unsichtbare Zensor schaltete schnell zu einer weiteren regionalen Reklamesendung um, bevor der Kommentator den Satz »Ein weiteres Opfer der Flugzeugentführung wurde heute in Arlington beigesetzt –« beenden konnte.

Casey stemmte sich aus dem Sessel. Die Zensur war grob. Dennoch mußte der Zensor beträchtlichen Einfluß ausüben. Warum gab es keinen öffentlichen Protest? Alison hatte erklärt, die Bewohner der Inseln über dem Wind seien an amateurhafte Übertragungen gewöhnt, und vielleicht schoben die meisten von ihnen derartige Schnitte auf schlecht ausgebildete Techniker. Die wohlhabenderen Exilanten auf den Inseln erhielten ihre Nachrichten wohl immer noch durch andere Kanäle und kümmerten sich nicht um die schlecht aufbereiteten lokalen Sendungen. Doch selbst wenn das so war, mußte der Zensor hinter dem Bildschirm auf der Insel Unterstützung genießen.

Casey ging in den Wohnbereich, der zum Meer hin lag, und überprüfte die Riegel an den Schiebefenstern. Es war lange nach Sonnenuntergang. Er schaltete die Beleuchtung außerhalb des Hauses ein. Dann unternahm er einen weiteren Rundgang durch das Haus und vergewisserte sich, daß Türen und Fenster geschlossen und verriegelt waren. Immer wieder hatte man ihm versichert, daß die Leute auf den Inseln ihre Häuser nie verschließen mußten. Eine Nachricht, die er in der Küche gefunden hatte, hatte ihn jedoch gewarnt: »Bitte seien Sie vorsichtig. Während der Nacht wird eine Polizeistreife in regelmäßigen Abständen die Umgebung überprüfen.« Sie war von dem schwarzen Sergeant, Winston, unterschrieben. Er hatte eine überraschend schöne Handschrift und unterschrieb mit »Churchill S. Winston«. Casey hatte schon in Erfahrung gebracht, daß die Mutter des Sergeant ihm diesen eindrucksvollen Namen gegeben hatte, um ihn für das Nichtvorhandensein eines Vaters zu entschädigen. Bei dem Gedanken mußte Casey lächeln: Einige der Inselbewohner mochten zwar insgeheim Gabbiya unterstützen, doch es war ziemlich sicher, daß Sergeant Churchill Spenser Winston, zusammen mit seiner Mannschaft, auf seiten der Guten stand.

Polizeistreifen... Das mochte zu einem Problem werden. Casey brütete über einem Plan, der so unvorstellbar war, daß er selbst argwöhnte, jede Entschuldigung, ihn nicht in die Tat umzusetzen, komme ihm gerade gelegen. In einem Bootshaus am Strand lag ein Rettungsboot. Damit konnte er im Dunkel der Nacht hinüber nach Wreck Cay fahren, und dort – Die Idee war empörend.

Dort konnte er die Stringbag anzünden.

Das wäre nicht weiter schwer. Bracken hatte ihm das alte Kampfflugzeug gezeigt, und Alison hatte ihm die verschiedenen Zufahrtswege nach Wreck Cay gezeigt.

Es wäre, als stieße er den beiden einen Dolch in den Rücken – nachdem sie ihm Informationen anvertraut hatten, die niemand sonst kannte.

Dennoch – die Nachrichten und alles, was er daraus und aus den letzten Ereignissen auf den Inseln in Erfahrung gebracht hatte, verrieten ihm ganz deutlich, daß Gabbiya eine Falle gestellt hatte. Die Stringbag würde dafür sorgen, daß sie zuschnappte.

Casey ging in die Bibliothek zurück und lief unruhig auf dem riesigen Perserteppich hin und her. Seine Gedanken rasten, während seine Augen die hübschen Muster in sich aufnahmen, die so kunstvoll in das dicke Vlies gewebt waren. Ihm fiel Alisons Unentschlossenheit ein, ihre Angst um den Vater, und ihm schien es, als könnte sie die Einmischung sogar begrüßen. Aber – einen Gegenstand anzünden, den ihr Vater so liebevoll und langwierig restauriert hatte? Augenblicklich schlugen seine Gedanken die entgegengesetzte Richtung ein. Lord Bracken hatte diese Maschine im Kampf geflogen. Er hatte beschrieben, wie junge Männer, noch keine zwanzig, darin gestorben waren, als er abgestürzt war. Die Stringbag war das Flugzeug eines Kampfpiloten. Sie war zu einem Teil von Bracken selbst geworden. Sie ähnelten sich sogar in gewisser Weise!

Nein, nein, dachte er. Er ließ sich von seiner Einbildung davontragen. Da gab es eine klare und offensichtliche Bedrohung amerikanischer Interessen, und Lord John Bracken verkörperte sie.

Was würde er darum geben, wenn er mit jemandem darüber sprechen könnte! Das war schließlich der Grund seines Herkommens gewesen. Alles in Erfahrung zu bringen und Bericht zu erstatten. Doch an wen? Rotspon? Aber Rotspon war tot. Und seine Mitarbeiter waren aufgrund der Direktiven des Weißen Hauses mit ziemlicher Sicherheit in alle Winde verstreut. Es gab niemanden, mit dem er reden konnte. Bis auf Bracken.

Wieder lief er auf und ab, und die Argumente, die ihn bewegten, gingen im selben Rhythmus hin und her. Bracken mußte unschädlich gemacht werden. Dennoch lag in diesem Gedanken eine gewisse Ironie, denn Bracken und er liefen – wenn man es wie Bracken formulierte – synchron. Sie beide bildeten die Spitze. Die Spitze eines Flugzeugs schnitt in die Elemente. Die Spitze Amerikas im Krieg bildete die Navy Task Force, und die Spitze dieser Einheit war der Kampfpilot.

Und wir stehen an vorderster Front, hier und jetzt, in einem Krieg gegen den Terror, dachte Casey. Es gibt nicht genug Männer wie Bracken, die gewillt sind, den Kampf aufzunehmen. Ich kann ihn nicht einfach ausschalten.

Der Teppich war enorm groß, und die Muster wiederholten sich. Die Hängenden Gärten von Babylon, so erkannte er, erstreckten sich auch auf der anderen Seite, wenn man die Richtung änderte. Bäume und Blumen wuchsen an blaßblauen Strömen entlang, die in jede Richtung flossen, die man einschlug. Das Bild reflektierte sich selbst, und die Bäume und Blumen wuchsen plötzlich auf dem Kopf. Seine Füße folgten den klassischen Formen, bis sie vor dem Schnapsschrank anhielten. Anstatt sich umzudrehen, öffnete er diesmal das Schränkchen und goß sich einen großen Bourbon ein. Es mußte dieser geistige Aufruhr gewesen sein, der Bracken zum Trinken trieb. Das war zwar nicht klug, aber verständlich.

Es hatte keinen Zweck, es zu leugnen: Er brauchte diesen Drink. Argumente zu finden, die gegen ein Verbrennen der Stringbag sprachen, wurde immer schwieriger. Ein Teil seines Gehirns war schon dabei auszuarbeiten, wie man das anstellen konnte. Halsstarrigkeit machte einen Teil von Caseys Wesen aus. Er wußte das, und ihm war auch bekannt, daß diese Sturheit gleichzeitig seine Schwäche war. Wenn er sich erst einmal auf etwas versteift hatte, dann konnte er nur schwer davon ablassen.

Er goß sich einen weiteren Drink ein und schritt wieder quer über den Teppich. Irgend etwas in dem dicken Vlies glitzerte kurz auf. Er kniete nieder. Was es auch sein mochte, es war zwischen die Glocke eines Kamels und den Haram, den heiligen Bezirk, gefallen. Er spürte einen kurzen Stich und bemerkte ein winziges Stück Silberdraht, das in einer seiner Fingerspitzen stak. »Das Klingen einer Kamelglocke.« Die Zeile huschte durch seine Gedanken. Während des Dienstes am Mittelmeer hatte man einen Kurs in Arabistik belegen können. Er hatte, um die Langeweile zu verdrängen, arabische Poesie und Geschichte gewählt und sein Interesse daran entdeckt. Er erkannte, daß Kette und Schuß des Teppichs ein einziges berühmtes Gedicht bildeten, wie das Bild eines Wandteppichs aus dem Mittelalter. Es gab jede Menge Perserteppiche, nachgebildete, hastig produzierte Stücke, die mit der Geschicklichkeit eines Zauberers auf den boomenden Markt der jüngsten Vergangenheit abzielten. Dieser hier war echt, selten, von jener Art, wie man sie nur in den Behausungen von Sultanen fand. Was hatte er nur hier zu suchen, dieses Originalstück des Islam?

Er nahm ein dünnes Stück Papier aus der Tasche und wickelte den Fussel des Silberfadens darin ein. Es gab keinen besonderen Grund für seine Handlungsweise. Das Stückchen Papier war der Fahrschein seiner letzten Fahrt auf der Fähre, quer durch den Hafen. Manchmal ging es schneller, wenn man die Fähre nahm, statt mit dem Auto den ganzen Weg herumzufahren. Dann dachte er: Ich schaue lieber nach, wann die Fähre geht. Wenn ich heute nacht in einem Rettungsboot hinüberfahre, dann kann ich es nicht riskieren, von geschwätzigen Fischern entdeckt zu werden.

Er erkannte, daß die Entscheidung gefallen war. Na, wenigstens der Entschluß, nach Wreck Cay zu fahren. Er konnte das Undenkbare immer noch bleiben lassen, wenn er erst einmal dort war.

Besser, er ließ sich eine Erklärung einfallen. Angeln in der Nacht? Die Inselbewohner sagten, daß in so hellen und mondbeschienenen Nächten, wie man sie in der letzten Zeit erlebt hatte, die dicken Fische bis in die Hauptkanäle kamen. Neben einer Sammlung alter Bücher über Afrika stand ein tiefes Regal des unbekannten Vermieters, das Angeln und sonstige Sportausrüstung barg. Casey bediente sich. Dann ging er mit einem unangenehmen Gefühl in der Magengegend in die Küche weiter, auf der Suche nach Streichhölzern. Er nahm drei große Schachteln der langen Küchenstreichhölzer, wie man sie in Kolonialwarenläden findet, an sich. Für das, was er im Sinn hatte, benötigte man allenfalls ein billiges Feuerzeug oder ein Streichholzheftchen. All diese Ersatzstreichhölzer mitzunehmen bedeutete Overkill. Overkill war der Fluch eines Piloten, der sich seiner Aktionen nicht sicher war, dachte Casey. Er nahm sie dennoch alle mit.

Wenn man sich dem Sporttauchen verschrieben hat, verliert die alte, ehrwürdige Kunst des Angelns mit Rute und Schwimmer irgendwie an Reiz. Man weiß, wie sich die Fische da unten tummeln. Irgendwie hat man sie dadurch ins Herz geschlossen.

Casey wußte auch, daß dabei eine mysteriöse Macht ins Spiel kam. Telepathie, wenn man so wollte. Wenn der Wunsch, den Fisch zu fangen, erst verklungen war, dann bissen die Fische auch nicht an. Vielleicht waren sie der Meinung, das ganze Spiel sei es nicht wert, wenn der Angler nicht mit Leib und Seele bei der Sache war.

Er tuckerte an einigen Riffen entlang – in seinem Rücken schnurrte der Fünfunddreißig-PS-Außenbordmotor – und tat so, als fische er. Doch er machte sich nichts vor. Was zählte, war einzig und allein, nach Wreck Cay zu gelangen.

Der Gedanke an ein weiteres Puzzleteilchen, das er den übrigen zufügen mußte, lenkte ihn ab. Sein Vermieter. Er hatte ihn nie kennengelernt. Dieser südafrikanische Diamantenmillionär existierte vielleicht überhaupt nicht. In dieser Beziehung hatte er sich auf die Aussage eines einheimischen Maklers verlassen. Die Vermietung war über einen Anwalt am Ort abgewickelt worden. Er versuchte sich zu erinnern, wer ihm das Haus empfohlen hatte. War mit diesem Arrangement irgend etwas Ungewöhnliches verbunden, das eine Erklärung dafür liefern mochte, wieso Rotspon niemals versucht hatte, mit ihm Verbindung aufzunehmen? Konnte er überhaupt davon ausgehen, daß Rotspon es nicht doch versucht hatte? Und was, zum Teufel, trieb Rotspon mit dem »Vergiß-mein-nicht«-Fonds? Wäre es nicht besser, ich bemühte mich, Antwort auf diese Fragen zu finden, statt mich mit Gedanken an Brandstiftung und an einen hirnrissigen Angelausflug zu tragen? Er fand keine Zeit mehr, sich mit dieser letzten Frage zu beschäftigen. Ein frischer Wind fegte durch den Sund, und das Wasser peitschte gegen das Riff. Casey hielt auf den Kanal zu, wo es zwar kabbeliger war, jedoch keine verborgenen Klippen gab. Am Licht des Leuchtturms von Needham's Point erkannte er, daß er geradewegs durch den Sund auf Wreck Cay zuhielt. Reiner Zufall. Natürlich.

Er war nicht mehr allein auf dem offenen Meer gewesen, seit – na, seit dem Golf von Tonkin. Er lachte vor sich hin und kauerte sich im Heck des Rettungsbootes nieder. Die Wellen liefen den Sund entlang und trafen den stumpfen Bug des Bootes von vorne; bei jedem Wellenkamm hob er sich. Der Wind trieb die Kämme vor sich her und drückte bei jeder Welle unter den Bug des Bootes. Jedesmal fühlte Casey, wie das Heck unterschnitt. Einmal schien es ihm, als tanze das Boot mit seinem hinteren Ende auf Eis. Das Herz schlug ihm bis zum Hals, er nahm Gas weg und schob den Ruderknüppel am Motor hin und her, um zu vermeiden, seitwärts in ein Wellental abzugleiten. Damals, in seiner Black Knight Squadron, war es wesentlich leichter gewesen, den Eisenfresser zu spielen, als man in stürmischer Nacht vom Träger in den Golf von Tonkin katapultiert wurde, als es das jetzt mit einem ausgedienten Außenbordmotor war, der den einzigen Schutz vor der Gewalt der Elemente bot.

Das Boot geriet nun außer Kontrolle und trieb seitwärts auf eine riesige Welle zu. Es war wesentlich anstrengender, den Fiberglasrumpf durch den Ozean zu zwingen als mit voller Kraft durchzustarten, nachdem man die Fangseile auf dem Deck des Flugzeugträgers verfehlt hatte. Bei Piloten, bei denen mit den Wundermitteln der Psychiatrie der Angstfaktor gemessen wurde, waren die Nadeln nicht bei der Vorstellung ausgeschlagen, einer Rakete ausweichen zu müssen oder sich in den Luftkampf zu stürzen, sondern beim Gedanken an Nachtlandungen auf einem Träger. Casey überlegte, wie stark die Nadeln im Augenblick wohl bei ihm ausschlagen würden.

Es war leichter, Courage zu entwickeln, wenn man am Funksprechnetz hing, den Zuhörern eine Vorstellung der Situation gab oder von anderen Piloten beobachtet wurde. Er vermißte den Haufen. Er vermißte den Schrecken, der einem in die Glieder fuhr, und die Ekstase beim Katapultstart, die atemraubende Beschleunigung, bei der sich die Sicht bis zur Bewußtlosigkeit verdunkelte, und dann das langsame Erwachen im Schoß des Cockpits, am Nabel der Sauerstoffzufuhr, mit den beruhigenden Stimmen der Leitzentrale. Man hatte Angst, doch der Finger lag am Abzug. Man balancierte auf einem Grat zwischen Vorsicht und Tollkühnheit. Als Pilot stellte man das absolute Paradoxon dar: einen Ritter in voller Rüstung, der sich ganz vorsichtig bewegte, einen Helden auf der romantischen Suche nach einer Maid in Not. In diesem Augenblick gab es keinen sicheren Schoß, keine Stimmen, nur ihn selbst, den Wind und den Regen. »Einer für alle, alle für einen. Über sich hinauswachsen. Teil des Haufens sein.« Casey blickte zu den Sternen auf, die sich langsam durch die aufreißende Bewölkerung schoben, und empfand kurz ein Gefühl von Nostalgie. Er vermißte das Geplänkel. Er vermißte den Haufen.

Die Ruderpinne des Außenbordmotors zuckte heftig, als wolle sie sagen: »Paß auf!« Der Motor raste, als sich die Schraube in der Luft drehte, dann setzte die Maschine mit einer so gewaltigen Fehlzündung aus, daß Casey sicher war, sein Herz bleibe augenblicklich stehen. Kaltes Wasser umspülte seinen Körper. Das Boot sackte nach hinten ab, schob sich dann jedoch durch eine weitere Welle und sauste krachend nach unten in ein Tal ruhigen Wassers. Casey drückte den Motor nach hinten, fühlte, wie die Schraube wieder griff, und hörte, wie ein jämmerlich schwaches Maschinchen mit leisem Schnurren die Arbeit wieder aufnahm. Er versicherte sich selbst, diese Bootskonstruktion sei unsinkbar, allein er glaubte es nicht.

An der Leeseite von Wreck Cay war es ruhig. Die Tide war aufgelaufen und erlaubte ihm, geradewegs durch den Einschnitt im Riff zu fahren, den Alison ihm gezeigt hatte. Der Mond schimmerte schwach, und der silberne Lichtschein wies ihm den Weg zum Strand. Er stellte den Motor ab, sprang aus dem Boot und zog das leichte Gefährt auf den Strand. Er griff nach der Bugleine und befestigte sie am Stumpf einer Palme. Der Weg zum Klippenrand, an dem Bracken schwarze Eisenhaken in den Fels getrieben hatte, war ihm bekannt. Er griff nach dem ersten Haken, doch dann ließ er sich wieder nach unten fallen. Die Zündhölzer! Er ging zurück zum Boot und kramte in der Staukiste nach den großen Schachteln. Als er wieder nach dem ersten Haken griff, dachte er daran – doch nur einen Augenblick –, damit fortzufahren, sich etwas vorzumachen: Winde, die Tide, ein Angelausflug, der schiefgelaufen war, hatten ihn durch Zufall hierher verschlagen. An diesem Punkt hätte er beinahe die Zündhölzer weggeworfen.

Haken für Haken mußte er sich seinen Weg nach oben ertasten.

Der Lavafelsen hatte scharfe, manchmal rasiermesserscharfe Kanten. Dornen und nadelspitzer Kaktus stachen in seine Haut. Nahe der Kante hob er eine Hand über den Kopf, um wieder einmal nach dem nächsten Haken zu tasten.

Eine Hand umklammerte die seine wie eine Stahlzange.

Zu der unbekannten Hand gesellte sich eine zweite, direkt oberhalb von Caseys Handgelenk. Der Arm wurde ihm schier aus dem Schultergelenk gerissen. Er hob ein Bein, fand einen Felsvorsprung und drückte sich ab. Er schoß so blitzartig über den Klippenrand, daß eine der ihn umklammernden Hände loslassen mußte, um sich seiner zu erwehren. Mit gesenktem Kopf katapultierte Casey sich nach vorne, und sein Schädel bohrte sich in einen Bauch. Der Gegner stieß ein Grunzen aus. Casey schlug einen Haken in die Gegend unterhalb des Magens, und aus dem Grunzen wurde ein Schreien. Jetzt hatte er den Nachbrenner eingeschaltet und zielte auf den bleichen Fleck eines Gesichts. Irgend etwas knackte. Der Mann brach zusammen. Einen schrecklichen Augenblick lang dachte Casey, er habe seinen Widersacher über den Klippenrand gehen lassen. Statt dessen fand er ihn, völlig weggetreten, flach auf dem Rücken in einem Farnbeet liegen. Im Dunkeln konnte man wenig erkennen bis auf eine zusammengekrümmte Gestalt. Dann sandte der Leuchtturm seinen Lichtstrahl in langsamem Bogen über den Sund. Das Licht, verstärkt durch die aufgerissene Wolkendecke, bot ausreichend Helligkeit, um Casey erkennen zu lassen, daß der Mann, der ihn angegriffen hatte, die Gesichtszüge, das kurze schwarze Haar, die flachen breiten Füße und die schwarze Baumwolljacke und -hose eines Vietnamesen hatte.

Casey lief weiter landeinwärts; jetzt plagten ihn keinerlei Zweifel mehr. Selbst wenn Big Vien leibhaftig vor ihm aufgetaucht wäre, hätte er nicht überzeugter sein können, daß Hanoi bis zu den Ohren in der Sache drinsteckte. Wenn die Ente hier Männer hatte, dann mußte sie über die Stringbag Bescheid wissen. In diesem Fall konnte das nur heißen: Soll der Freund unseres Feindes doch seine Stringbag benutzen, um unseren Feind zu vernichten!

Hals über Kopf bahnte er sich seinen Weg durch das dichte Gebüsch, schlitternd und stolpernd, und verfluchte sich, daß er sich den Zugang vom Strand her nicht besser gemerkt hatte. Er stolperte in die Senke, in der die Stringbag vertäut war, fand sie an der Stelle, wo sie sie am Nachmittag zurückgelassen hatten, und stürzte sich auf eine der unteren Tragflächen. Hier hielt er sich an einer Strebe fest, fand dort Halt für einen Fuß, fühlte, wie die Drähte der Verspannung sich in seine Hände schnitten, als er sich auf der feuchten Oberfläche der Tragfläche rutschend vorwärtsbewegte und sich langsam zur Verkleidung des Doppelcockpits emporrangelte, wo er sich an einem Handgriff in der Mitte der oberen Tragfläche festhalten konnte. Wenn er sich genau an Brackens Beschreibung erinnerte, dann war dort, im Mittelteil der oberen Tragfläche, ein Fünfzig-Liter-Tank eingebaut. Er spreizte die Beine, stand mit den Füßen auf den beiden Seiten des offenen vorderen Cockpits und fand den Tankverschluß. Ein Mondstrahl teilte die Wolken und durchbrach das über ihm liegende Tarnnetz. Er sah nach unten. Wenn er das Feuer im Tank anfachte, dann hatte er einen langen Weg nach unten, bevor er sich in Sicherheit bringen konnte: hinunter, an den sargähnlichen Cockpits vorbei, zwischen den massiven Stützen hindurch, die aus dem Rumpf hervorstachen, und durch einen Alptraum von Spanndrähten. Er hatte Glück, wenn er sich darin nicht selbst aufhängte oder wie eine Rinderhälfte über seinem eigenen Barbecue baumelte.

Seine Hand glitt über die feuchte Bespannung der Tragfläche. Mit dem Fingernagel kratzte er über den geriffelten Rand des Tankverschlusses. Er drehte die Kappe auf, immer noch mühsam balancierend, und legte die Zündhölzer bereit. Unsicher schwankte er hin und her, während er ein Taschentuch hervorzog, es mit Benzin tränkte und es zu einer Lunte zusammendrehte, die er ausgebreitet auf den Flügel legte. Das konnte ihm die Zeit verschaffen, die er brauchte, um zum Boden zu gelangen, bevor das alte Schlachtroß in die Luft flog. Er fühlte sich wie ein Westgote, der drauf und dran ist, ein Kunstwerk zu zerstören.

Das erste Streichholz flammte auf. Der Wald hielt den Atem an, es war gar nicht nötig, die Flamme zu schützen. Selbst das sanfte Säuseln des Windes in den hohen Bäumen bewegte hier unten keinen Windhauch. Der Geruch des Kampfflugzeugs war überwältigend: diese ganz spezielle Mischung von Öl und Metall.

Ich kann's nicht! Die Flamme erstarb.

Ein Marinekampfflugzeug ist wie eine Frau, die man immer lieben wird. Es besitzt ein ganz besonderes Aroma, eine ganz eigenartige Magie. Je älter die Maschine ist, desto stärker die Anziehungskraft. Sie besitzt eine eigene Persönlichkeit, die von Hingabe kündet. Sie war Teil von anderen Männern gewesen, aber diesen Männern würde man sein Leben anvertrauen. Man war ihr dankbar, daß sie ihnen gedient hatte, sie in Sphären geführt hatte, die normale Sterbliche niemals erreichen würden. Ein Marinekampfflugzeug zu zerstören, das war schlimmer, als ein Schlachtschiff zu versenken. Andere Flugzeugtypen mochten bei anderen Piloten ähnlich starke Gefühle wecken. Casey wußte nur, daß er als alter Marinesoldat von Gefühlen beherrscht wurde, die er nie ablegen würde, Gefühlen, die von einer Maschine geweckt wurden, die er noch nie geflogen hatte, die aber einer Tradition verbunden war, deren Macht auch heute noch sein Blut in Wallung brachte.

Er beugte sich vor und preßte das Gesicht gegen die feuchte Bespannung der Tragfläche. Da hörte er ein leises Pfeifen, als sei etwas an seinem Ohr vorbeigeflogen. Ein sanftes »Plop« folgte.

»Keine Bewegung!«

Alison! Ihre knappen Worte waren klar und unmißverständlich. Ein Lichtstrahl fuhr die Unterseite der oberen Tragfläche entlang, verharrte zitternd und blieb dann an seiner vorsichtig ausbalancierten Gestalt hängen. Er blinzelte in den Lichtschein.

»Berühr bloß nichts!«

Er zog die Hand vom Tank. Niemals in seinem Leben hatte er sich so lächerlich gefühlt. Er wollte eine lockere Bemerkung machen, brachte jedoch kein Wort über die Lippen.

Eine andere Stimme. »Kommen Sie auf Steuerbord herunter. Langsam.« Es war Lord John Bracken. Casey hätte es niemals für möglich gehalten, daß die Stimme eines Menschen soviel Wut beinhalten konnte, ohne ein Flüstern nennenswert zu übertönen.

Vorsichtig ging er in die Knie. Er verspürte nicht die geringste Lust, noch einmal dieses bedrohliche Wispern eines Pfeils zu hören, der an seinem Ohrläppchen vorbeizischte. Behutsam verlagerte er sein Gewicht und zog jede Bewegung in die Länge, damit man seine Absicht nicht mißverstehen konnte. Er konnte sich gar nicht vorstellen, wie er in der Dunkelheit dort so schnell hatte hochklettern können. Die Rückkehr zum Boden war selbst ohne die wachsamen Blicke zweier Zuschauer eine verflixt kitzlige Angelegenheit. Er hatte das Gefühl, sich wie ein erschöpfter Schimpanse zu bewegen.

»Sie verdammter Schweinehund!«

Unbehaglich schwankte Casey auf dem festen Boden und wartete auf den Segen, der jetzt folgen mußte. Ihm war bewußt, wie blöd die dusselige Phrase klingen mußte, als er sagte: »Ich kann's erklären.«

Bracken stieß einen mörderischen Fluch aus.

Verzweiflung trieb Casey an. Er schrie: »Ich habe beinahe einen Mann umgebracht, um hierher zu gelangen.«

»Einen Mann? Was für einen Mann? Hast du das gehört, Alison?«

»Hab' ich.«

»Sie und ich!« stieß Bracken hervor. »Wir sind die einzigen Männer auf dieser verdammten Insel –«

»Pst, Vater!« zischte Alison.

Zweige schlugen. Casey drückte sich gegen den untersten Fußhalt, der unter dem Rumpf hervorragte. Alisons Taschenlampe spießte ihn auf, wie die Motte im Licht.

Das Licht erlosch. Irgend jemand brach durchs Unterholz, als sei er betrunken. Casey konnte Bracken im Dämmerlicht erkennen, doch Alison war verschwunden. Die Sekunden verrannen. Der Lärm hörte nicht auf. Casey hatte das Gefühl, die Sehne schwirren zu hören, und fuhr zusammen. Dann hörte er etwas, zweifellos ein Grunzen. Ein vertrautes Geräusch. Das mußte der Vietnamese sein.

»Ich hab' ihn«, drang Alisons ruhige Stimme aus den Schatten.

Casey machte einen Schritt vor.

»Nein, tun Sie's nicht!« Brackens Arm versperrte ihm plötzlich den Weg. Er war erstaunlich kräftig.

Es entstand eine weitere Pause, während der man hören konnte, wie Alison sich bewegte. Dann ging die Taschenlampe wieder an. »Ich habe ihn getroffen. Er ist bewußtlos«, erklärte sie.

Erst jetzt erlaubte Bracken Casey, sich zu bewegen. Ein Teil seiner Wut war verebbt. Casey war entlastet.

Sie standen da und sahen auf den Mann hinunter, der im Lichtkreis von Alisons Lampe dalag. »Ich habe ihn beinahe umgebracht, als er mich angriff«, stellte Casey fest. »Was hat ihn denn diesmal getroffen?«

»Ein ganz schwacher Betäubungspfeil.« Alison hob die Armbrust und Casey erkannte, weshalb sie so gut gezielt hatte. Die Taschenlampe war wie ein Zielfernrohr auf die Waffe montiert.

»Und damit hast du auch auf mich gefeuert?«

»Mit einem ganz leichten Betäubungsmittel«, gab Alison zurück. »Du wärst im Nu wieder zu dir gekommen.«

»Nachdem ich von da oben runtergefallen wäre?« Casey deutete mit der Hand zur Stringbag hoch.

»Von da oben fällt niemand im freien Fall nach unten«, versicherte ihm Bracken eilig. »Mir ist mal ein Mechaniker da runtergefallen. Hat sich in der Bespannung verfangen. Hat sich darin verwickelt, und ich war so in Eile, daß ich mit ihm gestartet bin, als er noch in den Strippen hing.«

Casey war baß erstaunt, daß der Lord plötzlich so sanft flöten konnte wie ein Zeisig. »Erstaunlich«, stellte er fest, »was ein Besucher aus Hanoi doch für Einsichten vermitteln kann.«

»So einer ist das also!« Bracken sah deutlicher hin.

Der Mann, um den es ging, hatte die breiten, flachen Gesichtszüge des Annamiten und den dicken Bauch des orientalischen Potentaten. Casey hatte mit der Stärke im Griff dieses Mannes bereits Bekanntschaft gemacht. »Fesselt ihn«, warnte er.

»Dort drüben liegen Seile«, sagte Bracken. »Auf dem Boden des Rumpfs.«

Casey stolperte zur Maschine zurück. »Da, wo die Ballastgewichte liegen!« rief Alison.

Casey fand ein Seil, kehrte zurück und sah, daß die beiden anderen über dem Mann knieten. Das Licht der Armbrust zielte genau auf seine Brust. Der Mann erhob sich halb und kippte dann langsam um, wie ein Kind, das zu kriechen versucht. Bracken fiel auf ihn, die Hände auf den Schultern, die Beine um den Körper geklammert, und nahm das Seil entgegen. Schnell und geschickt fesselte er den Mann. Er schlang das Seil über die Oberarme, den Hals und dann um die Fußgelenke, zog Schultern und Arme dicht zusammen, bis der Gefangene mit schmerzerfülltem Grunzen völlig zu Bewußtsein kam.

»Nicht so fest«, protestierte Casey. Im Gefangenenlager von Hanoi hatten Männer wie dieser mit ihm dasselbe gemacht. Die Erinnerung war grauenhaft.

Bracken erhob sich, mußte an Caseys Erfahrungen denken und empfand ähnlich. »In Ordnung«, sagte er. Er atmete heftig. Er packte das eine Ende des Seils und schlang es um einen Baum. »Gehen wir außer Hörweite.«

»Möglicherweise spricht er gar kein Englisch«, sagte Casey, denn seiner Erfahrung nach sprachen die Leute aus Hanoi zwar Französisch, doch kaum jemals Englisch – und wenn, nur mit größter Anstrengung. Doch irgend etwas, vielleicht die Art und Weise, wie er es sagte, ließ Brackens früheren Ärger wieder aufflammen.

»Darauf will ich es nicht erst ankommen lassen«, erklärte Bracken knapp. »Aber Sie sprechen Englisch. Und von Ihnen will ich jetzt was hören.«

9

Casey hatte die Absicht, die Wahrheit zu sagen. Daran wurde er nicht durch irgendwelche Schweigepflicht gehindert. In Geheimdienstaktivitäten war er offiziell nicht verstrickt. »Jetzt ist es ganz klar«, erklärte er. »Als Rotspon mich zum erstenmal aufsuchte, gehörte er einer Dienststelle des Geheimdienstes an. Die scheint inzwischen aufgelöst worden zu sein, so daß mich, selbst wenn ich auf eigene Faust handeln wollte, niemand unterstützen würde.«

»Auf eigene Faust?« fragte Bracken mißtrauisch.

»Ich war der Meinung, ich hätte mich klar genug ausgedrückt«, antwortete Casey. »Rotspon war auf der Suche nach dem geeigneten Mann, der Gabbiyas Pläne in Erfahrung bringen konnte. Rotspon wählte einen Kandidaten aus, von dem er annahm, daß er darüber hinaus –« Er unterbrach sich. »Verstehen Sie denn nicht? Er und seine Bosse haben erwartet, ich würde so reagieren, wie Sie das beabsichtigen. Sie kämpfen in derselben Schlacht...«, und dann trat Casey ins Fettnäpfchen, »auf welch ungeschickte Weise auch immer.«

»Ungeschickt!« explodierte Bracken. »Sie hätten beinahe unsere einzige Waffe vernichtet.«

An diesem Punkt schwenkte Casey ein bißchen vom ehrlichen

Weg ab. »Nachdem ich den Mann dort hinten ausgeschaltet hatte, war ich der Meinung, ich sollte doch besser mal die Stringbag überprüfen«, log er.

»Indem Sie Streichhölzer anzündeten?« Bracken stand kurz vor dem nächsten Wutanfall.

Alison mischte sich ein. »Casey, weshalb bist du hierher gekommen?«

»Ich habe mir eine Nachrichtensendung angesehen. Darin hieß es, diese geheime Dienststelle – Rutgers, nehme ich an – sei erledigt, aufgelöst! Ich hatte ein ungutes Gefühl. Ich habe versucht, im Cottage anzurufen. Dort wart ihr nicht.« Das schien einigermaßen sicher zu sein, eine weitere geschickte Lüge. Ganz offenbar hatten die beiden sich auf Wreck Cay aufgehalten. »Ich war beunruhigt.« Das stimmte. »Ich habe gedacht, ich würde euch hier finden.«

»Sie haben vielleicht Nerven!« stellte Bracken klar. »Sergeant Winston hält sich im Cottage auf. Wenn Sie angerufen hätten, dann hätte er Ihnen gesagt, wir seien im Jachtclub.«

»Komisch.« Jetzt konnte Casey nur noch Unverschämtheit helfen. »Da hat sich niemand gemeldet… Ihre Nummer ist doch 44050?«

»Du hast eine Zahl vergessen«, sagte Alison. Sie drehte sich zu ihrem Vater um. »Und du fängst allmählich an zu spinnen –«

»Ich hätte niemals erwartet, einen Navy-Piloten beim Schnüffeln zu erwischen, beim Spionieren.«

»Bei dieser Nummer sind Sie auch nicht gerade ein Kind von Traurigkeit«, gab Casey zurück. »Freunde beim Zoll, Kumpels in der Polizei, Banker, die Einzelheiten über vertrauliche Fonds offenbaren.«

»Ihr verdammter Vergiß-mein-nicht-Fonds hat ja geradezu nach Nachforschungen geschrien!« schimpfte Bracken.

»Den Zweck habe ich Alison doch erläutert.«

»Diese Erklärung genügt mir nicht«, stellte Bracken fest. »Wieso sollte Rotspon zwanzigtausend Dollar in den Fonds einzahlen? Das ist doch schließlich keine Kleinigkeit.«

Casey sah eine neue Möglichkeit. »Kleinigkeit? Genau damit füttert ein Geheimdienst die Agenten der Gegenseite, um sie in die Irre zu führen. Rotspon hat nie Kontakt mit mir aufgenommen. Warum bloß? Weil er herausgefunden hat, daß mich die Leute von Gabbiya überwachten. Vielleicht hatte er dieses Geld zu einem ganz anderen Zweck bei sich. Er hat möglicherweise das Geld erst eingezahlt, als er merkte, daß Gabbiyas Männer auch den Fonds überwachten. Kleinigkeiten würden sie von der richtigen Spur abbringen. Sie würden glauben, der Fonds diene dazu, eine CIA-Operation zu finanzieren.«

»Und tut er das etwa nicht?« fragte Bracken.

»Natürlich nicht!« warf Alison ein. Sie ließ den Lichtkegel über den Gefangenen, der in einiger Ferne lag, gleiten, doch ihre Aufmerksamkeit wandte sich augenblicklich wieder den beiden zu. »Eine Zeitlang habe ich mir Gedanken gemacht, ob der Fonds und Spad-Bier beides Deckmäntel seien. Doch das ist Unsinn. Dennoch – Casey stellt nur Vermutungen an –«

»Ich stelle Vermutungen an, und mir stehen nur wenige Informationen zur Verfügung«, gab Casey zu. »Die Wahrheit ist, daß ich auf mich selbst gestellt bin. Ich kann nicht einmal mit meinem Partner Verbindung aufnehmen. Und ich scheine mich einem alten Feind gegenüberzusehen. Gabbiya können Sie vergessen – verglichen mit Hanois Lager ist er eine Friedenstaube.«

»Verdammt, mein Junge«, murmelte Bracken. »Sie stehen nicht allein.«

Die Aufregung legte sich wieder. Alison, die die Ablenkung begrüßte, flüsterte: »Sieht so aus, als habe unser Gefangener etwas zu sagen.«

Dieser hatte sich, soweit es ging, herangewälzt und zog so heftig an dem Seil, daß der Baum, an dem er festgebunden war, sich bewegte. Alison ging zu ihm, und die beiden begleiteten sie. »Der versucht, sich selbst umzubringen«, stellte sie erschrocken fest.

Casey kniete nieder. Dem Mann war es gelungen, sich das Seil um die Kehle zu schlingen. Casey lockerte es. Er sagte etwas auf vietnamesisch, die Worte fielen ihm automatisch wieder ein. Dann schwieg er. Es war besser, wenn der Mann nicht ahnte, wer Casey war. Er wechselte zu Französisch über.

Der Gefangene konnte sein Gesicht nicht sehen. Er hörte zu und antwortete in dem Französisch, das von den Schülern gesprochen wurde, die in Vietnam eine katholische Schule besucht hatten; er sprach nicht wie die Vietnamesen, die in Paris ausgebildet worden waren. Die beiden Männer unterhielten sich ruhig, während Bracken unruhig zappelte. Schließlich erhob sich Casey. »Der Pfeil hat ihn erschreckt«, erklärte er an Alison gewandt. »Er glaubt, er sei von einer Schlange gebissen worden.«

»Die Droge verfliegt schnell. Er dürfte eigentlich nichts mehr spüren.«

»Er bildet sich das Gegenteil ein. Diese Leute sind in ihrem heimatlichen Dschungel harte Burschen. Doch dieser Dschungel hier ist ihm unbekannt, und er hat große Angst. Er erklärt, er habe eine schreckliche Vision gehabt, ein Ungeheuer –« Caseys Augen flogen dorthin, wo der riesige Schatten der Stringbag in tiefer Dunkelheit kauerte. »Ich habe ihm gesagt, wir würden ihm eine Medizin geben, die ihn wieder gesund macht.«

»Ich habe kein Gegenmittel –«, begann Alison und wandte sich dann ab, verärgert angesichts ihrer Begriffsstutzigkeit. »Ja, natürlich.« Sie lief zur Stringbag hinüber und kramte in einer Segeltuchtasche, die unter dem Schwanz der Maschine lag. Dann kam sie mit einer Spritze aus dem Erste-Hilfe-Kasten zurück. Bevor der Gefangene sich wehren konnte, stach sie die Nadel in seinen Arm. »Sag ihm, gleich wird es ihm besser gehen.«

Casey sah, wie sich das Gesicht des Mannes langsam entspannte. Der graue Schimmer der Angst verschwand aus seinen Augen.

»Wenn du noch Fragen hast, beeil dich«, empfahl Alison leise.

Casey folgte dem Rat. Er wußte, daß dicht unter der Oberfläche marxistischer Doktrin der Aberglaube alter Traditionen lauerte. Angesichts eines brutalen Verhörs hätte die Ergebenheit der neuen Religion gegenüber dem Mann die Kraft gegeben zu schweigen. Die Einbildung jedoch, er sei in der Fremde von einer unbekannten Schlange gebissen worden, ließ die alte Furcht vor Schwarzer Magie wieder aufflammen. Casey unterhielt sich ruhig mit ihm. Nach einer Weile ließ er ihn allein und gesellte sich zu den beiden anderen. »Was hast du ihm gespritzt?« fragte er Alison.

»Eine Ampulle Morphium. Genug, um ihn ruhigzustellen, mehr nicht.«

Casey nickte. »Bindet ihn los. Dann stecken wir die Stringbag an.«

»Wie bitte?« Bracken schien kurz vor einem Schlaganfall zu stehen.

»Zumindest erwecken wir in ihm den Eindruck von dem, was ihr zuerst geargwöhnt habt.«

»Sie sind verrückt.«

»Nein. Kommen Sie hier herüber.« Casey führte sie zu der dunklen Höhle von Bäumen, die dem Kampfflugzeug Deckung gaben. Er hatte den Gefangenen so gefesselt, daß dieser sich nicht selbst verletzen konnte. »Er gehört zur Besatzung des Forschungsschiffs ›Ultima Thule‹. Ich glaube, daß er, was Gabbiya angeht, die Wahrheit sagt. Er hat nie von dem Mann gehört. Die Besatzung des Schiffes besteht aus Vietnamesen, doch Offiziere und Kapitän sind weiß. Er behauptet, es seien Russen, doch ich bin mir nicht sicher, ob wir ihm da trauen können. Er ist hierhergeschickt worden, um mehr über das Flugzeug in Erfahrung zu bringen. Er ist zur benachbarten Insel gerudert und den Rest der Strecke geschwommen.«

»Was hat das mit… mit…« Bracken schaffte es nicht, die Worte auszusprechen. Hilflos wedelte er mit der Hand nach oben. Er lehnte sich ans Heck der Maschine.

»Ich habe nicht gesagt, wir müssen die Maschine verbrennen«, wiederholte Casey.

»Da haben Sie verdammt recht, das werden Sie auch nicht! Mit diesem Ding werde ich einen Akt der Selbstverteidigung begehen.« Bracken ließ die flache Hand gegen die Maschine krachen.

»Das wirst du nicht«, erklärte Alison.

Bis zu diesem Moment war Casey für ihre Gegenwart dankbar. Sie wirkte besänftigend auf den Jähzorn ihres Vaters. Doch ihre letzten Worte brachten Bracken wieder auf. »Ich flieg' die Maschine, verdammt noch mal. Und wenn's mich umbringt.«

»Das wird es«, versicherte Alison ihm. Sie wandte sich an Casey. »Mein Vater ist heute nacht hierher gekommen, um sie aufzutanken. Ich bin mitgekommen – tut mir leid, Daddy, aber du mußt begreifen, daß es mir ernst ist –, um mit ihm zu reden. Er darf die Stringbag auf keinen Fall fliegen. Er ist nicht gesund. Nehmen wir mal an, er würde mitten im Einsatz schlapp machen –«

»Bei welchem Einsatz?« Casey hatte das Gefühl, den Verstand zu verlieren.

»Gegen Zia Gabbiya«, flüsterte Alison. »Mein Vater weiß nicht, wann oder wie, doch er glaubt, daß er genügend Feuerkraft hat. Er muß die Waffen nur noch hierher befördern.«

»Ich weiß nicht, was Gabbiya Ihnen antun könnte«, erklärte Casey, »doch ich weiß, daß Ihre eigenen Gesetze –«

»Ha!« knurrte Bracken. »Ich übertrete keine Gesetze. Das ist Selbstverteidigung.«

»Selbstverteidigung?« Casey schüttelte den Kopf.

»Eine Überlieferung Ihres Landes. Jemand, der sich verteidigt, darf den Angreifer töten. Ich werde den Angreifer zur Strecke bringen, Casey. Dazu werde ich einen Kaperbrief heranziehen. Dieser erlaubt es einem Schiff Ihrer Majestät, feindliche Schiffe anzugreifen. Dies hier –« Bracken stieß gegen die Bespannung »– ist ein Fahrzeug der Royal Navy.« Und tatsächlich, an der Stelle, an der sich Brackens Hand befand, las Casey im Schimmer der Taschenlampe die Worte »Royal Navy« und die Seriennummer des Flugzeugs.

»Unglücklicherweise hat er recht«, bemerkte Alison. »Die Krone kann einen Kaperbrief ausstellen, der jedes Schiff in einen Kaperfahrer, ein legales Kriegsschiff, verwandelt. Weiß Gott, wann das zum letzten Mal gemacht wurde.« Ihr Ton veränderte sich. »Casey?«

»Ich kann und will dieses Ding nicht fliegen«, brach es aus Casey heraus, der ihr damit zuvorkam.

»Also willst du das Werk meines Vaters tatsächlich in Flammen aufgehen lassen?«

»Nein!« Verzweifelt warf Casey einen Blick nach oben auf das Gewirr von Spanten und Drähten. »Soll der Gefangene doch denken, ich hätte das getan, was ich ursprünglich im Sinn hatte. Er sah mich an Land schleichen. Wir tun so, als stritten wir untereinander. Dann lassen wir ihn entkommen. Er wird berichten, die Stringbag sei zerstört.« Casey schwieg und lauschte den neuerlichen Schreien des Vietnamesen. »Also los, tun wir es jetzt! Bevor er vor Angst gestorben ist.« Ihm war klar, daß die einzige Möglichkeit, Bracken und das Mädchen das tun zu lassen, was er wollte, darin bestand, schnell zu handeln.

In der Morgendämmerung, das Feuer immer noch vor Augen, kehrte er nach Backgammon zurück. Alison und ihr Vater hatten den Gefangenen weiter fortgeschafft, so daß man mit den Werkzeugen aus dem Hangar eine Feuerschneise schlagen konnte. Casey war über die Sammlung von Ausrüstungsgegenständen, die er dort vorfand, verblüfft. Sie wies darauf hin, daß Bracken von irgendwoher logistische Unterstützung bekam.

Sie hatten ein Handgemenge inszeniert, in dem Lord Bracken seine Rolle als wütender Pilot gespielt und auf den niederträchtigen Casey eingeschrien hatte, der »entkam« und zufällig über den Gefangenen stolperte, als die ersten Flammen durch das Gebüsch flakkerten. Der Vietnamese hatte vor Angst gezittert. Casey hatte Mitleid geheuchelt und ihn befreit. Der Mann mußte durch einen schmalen Kanal bis zur nächsten Insel schwimmen, wo er ein kleines Ruderboot versteckt hatte. Alles lief wie am Schnürchen. Das Feuer schien verheerende Folgen auf die Stringbag zu haben, beschränkte sich jedoch in Wirklichkeit auf ein kleines Areal und nährte sich von dem Benzin aus den Fässern, die Bracken herübergebracht hatte, um das Flugzeug aufzutanken.

So wie Alison und ihr Vater brüllten und schimpften – Casey grinste bei der Erinnerung daran –, mußten sie den Gefangenen von der Echtheit ihrer Panik überzeugen. Die beiden waren erschrekkend tüchtig. Es war schwer, diese kühle Kompetenz mit den Piratenplänen, die sie hegten, in Einklang zu bringen. Kaperbriefe? Sie wollten es mit einem Topterroristen aufnehmen, und vielleicht sogar mit Vietnam, der marxistischen Macht, die schon den heftigen Angriffen der amerikanischen Kriegsmaschine widerstanden hatte. Bracken hatte tatsächlich vor, gegen Gabbiyas Technologie und die fanatischen Kämpfer Vietnams mit Kaperbriefen zu Feld zu ziehen. Casey lief schnurstracks durch das Haus zur Bibliothek und suchte die Regale ab. Dort stand es, Bartletts Begriffslexikon: Kaperbrief – ein Begriff, der seine Wurzeln im Altfranzösischen und Niederdeutschen hatte und die staatliche Lizenz »zur Aufbringung feindlicher, Konterbande führender neutraler Handelsschiffe« beinhaltete. Nur ein hoffnungsloser Romantiker konnte sich der Illusion hingeben, aufgrund solch einer dubiosen Genehmigung mit der Stringbag in den Kampf zu segeln – nein, zu fliegen! Und wer würde sie fliegen? Der herzkranke Bracken jedenfalls nicht. Und ich, dachte Casey, werde mich auch hüten.

Jetzt wünschte er sich, er hätte Alisons Einladung, in Pretty Penny zu frühstücken, angenommen. Ihr Vater hatte nicht darauf bestanden. Als Alison vorgeschlagen hatte, Casey solle aus Sicherheitsgründen in ihr Cottage umziehen, hatte Casey die Gefahren heruntergespielt. Bracken, immer noch wütend, hatte geschnappt: »Na schön, dann spielen Sie eben den Helden!«

Casey lief durch die Küche auf die Veranda zurück und rief nach Josh und Mary. Keiner der beiden hatte sich seit dem Zwischenfall mit dem Hund gezeigt. Seine Nerven fingen wieder an zu vibrieren.

»Commander Casey?«

Er fuhr zusammen.

»Entschuldigen Sie mein Eindringen.« Der Mann, der vorsichtig um die blühenden Rhododendren kam, war groß, und seine Kleidung hatte die lässige Eleganz der wirklich Reichen. Abgetragene Segelklamotten. Ausgelatschte weiße Treter aus Ziegenleder, mattweiße Segeltuchhosen. »Ich hab's vorne an der Haustüre versucht. Aber Sie wissen ja, wie das hierzulande mit Haustüren ist. Niemand benutzt sie.«

»Haben Sie«, erkundigte sich Casey beiläufig, »mal an die Klingel gedacht? Gleich an der Auffahrt. Kaum zu übersehen.«

Der Mann starrte ihn an, als sei diese Frage an sich bereits ein Bruch der Etikette. »Mein Name ist Fetherstone«, bemerkte er nach einer bewußt eingelegten Pause.

»Tatsächlich? Und was wünschen Sie von mir?«

Angesichts dieser groben Unhöflichkeit runzelte Fetherstone die Stirn. »Ich überbringe Ihnen eine Einladung«, sagte er gedehnt mit einem Akzent, der eine Mischung aus Boston und Oxford war. »Von Edgar P. Geld.«

Casey schob das Kinn vor. »Fehlt da nicht irgend etwas? Ein Fanfarenstoß vielleicht? Wer, zum Teufel, ist Geld?«

Fetherstones Reaktion konnte man nur als tief schockiert bezeichnen. »Sie scherzen natürlich, Commander.« Er lachte. »Mr. Geld ist bereit, Sie zu empfangen. Jetzt.«

»Aber ich bin es nicht.«

»Nicht bereit?« Fetherstone warf einen mißbilligenden Blick auf Caseys schlammverschmierte Kleider. »Unter den gegebenen Umständen würde das Mr. Geld nichts ausmachen.«

»Sie verstehen mich nicht. Ich habe nicht die Absicht, Mr. Geld aufzusuchen.« Casey wußte nur zu gut, um wen es sich im Falle des Mr. Geld handelte. Er hatte keineswegs den dringenden Wunsch, zu einem Mann in persönlichen Kontakt zu treten, für den er nichts als Verachtung empfand.

Fetherstone schluckte schwer, sein Adamsapfel tanzte. »Mr. Geld ist nur für einen Tag hier. Er hat keine Zeit zu verlieren.«

Casey lächelte. »Dann verlieren Sie seine Zeit nicht für ihn, um Himmels willen.«

Es konnten kaum Zweifel daran bestehen, daß Fetherstone oder irgendein anderer Speichellecker wiederkommen würde. Von der Seite des Gartens aus beobachtete Casey, wie der Mann in einem weißen BMW mit getönten Scheiben davonfuhr. Das bedeutete, daß Gelds Firma über eine Ausnahmegenehmigung für Autos verfügte, für die es, was Größe und Herkunft anging, strenge Vorschriften gab. Vermutlich – jedenfalls wenn die Gerüchte zutrafen – verdankte Geld seine Privilegien der verborgenen Macht Gabbiyas. Das Ganze schien ein seltsames Bündnis zu sein.

Alison hatte von einer Verzahnung wirtschaftlicher Interessen gesprochen. Casey ging zum Haus zurück und wollte sie anrufen. Doch dann änderte er seine Meinung. Er konnte es ebenso gut noch einmal bei Bingo Harriman versuchen. Das Mädchen in der Vermittlung war diesmal beinahe unverschämt und verfiel in den Inseldialekt: »Nein, Sir. Es gibt keine Leitung in die Vereinigten Staaten, auch keine nach London oder Europa...«

Diese Antwort verstärkte sein Gefühl der Isolation. Ärgerlich ging er vom Telefon weg, dem Gerät, das ihn so schnöde im Stich ließ. Er ging in die Garage, in der ein alter Aston Martin stand, der im Mietpreis des Hauses inbegriffen war. Er traute dem Wagen nicht und rollte das Moped, das er sich gemietet hatte, ins Freie. Er knatterte damit quer über die Insel und stellte den winzigen Motor ab, bevor er das Fahrzeug am Ende des Weges, der nach Pretty Penny führte, stehen ließ. Ihm war eingefallen, daß Alison Schlaf aufzuholen hatte.

Das war wohl nicht der Fall. »Mein Gott, hast du mich erschreckt!« Die Verwirrung schien nicht zu ihr zu passen. Alison hatte an einem kleinen Tisch auf der offenen Veranda gesessen und schob schnell einige Papiere zusammen, als er die Stufen hochstieg.

»Ich habe gerade eine noch größere Überraschung erlebt«, erklärte Casey. »Ein Kerl namens Fetherstone hat mich aufgesucht.« Er erzählte ihr, was passiert war.

»Jeff Fetherstone! Diese Ehre! Weder Master Geld noch seine Lakaien, so heißt es, stehen vor Mittag auf.«

»Wieso *Master* Geld?«

»Der ist nie richtig erwachsen geworden, oder?«

»Ich weiß es nicht. Wenn du es sagst.«

»Ein Oberarschloch!« meinte Alison. »Kaum zu glauben – schickt der doch in der Morgendämmerung einen Windbeutel wie Fetherstone zu deinem Haus. Da muß es um etwas wirklich Dringendes gehen. Setz dich, ich mache uns Tee. Dann erzähle ich dir –« Sie drehte sich um. »Tee, oder lieber etwas Stärkeres?«

»Tee, bitte. Die Sonne ist ja gerade erst aufgegangen. Wenn sie über der Rahnock steht, liege ich in der Koje.« Casey entdeckte ein Glitzern in den Augen des Mädchens, das ihn verunsicherte. Um diese Zeit vermochte er sich noch nicht in weibliche Gedankengänge hineinzuversetzen, sonst wäre ihm vielleicht klar geworden, daß Alison vielleicht eigene Vorstellungen davon hatte, wie man sich die Zeit bis Sonnenuntergang in Kojen vertreiben konnte.

»Ich wette, du hast noch nicht gefrühstückt.«

»Nein. Aber, bitte, mach dir keine Mühe«, beruhigte er sie. »Mit leerem Magen kann ich besser nachdenken.«

Er lehnte sich in den großen, altmodischen Gartenstuhl zurück und legte seine Füße auf das Geländer der Veranda. Jetzt hatte er einen herrlichen Blick durch den wogenden Oleander aufs Meer. Warum konnte nicht jeder in einem bescheidenen Cottage wohnen, wo man die Beine hochlegen und dem Gesang der Nachtigallen lauschen konnte, statt dem Geheul von Polizeisirenen? Hier sproß das Gras, der Garten war ein wahres Blumen- und Gemüseparadies. Hier bestand auch nicht die Gefahr, daß Landschaftsplaner den Frieden störten, um die Rasenflächen mit denen der Nachbarn in harmonischen Einklang zu bringen. Casey warf einen kurzen Blick zur Seite und fragte sich abwesend, womit sich Alison wohl beschäftigt haben mochte, was er nicht hatte sehen sollen.

Sie kam mit einem Teetablett zurück, auf dem auch eine Schale mit Früchten stand. »Daddy ist fest eingeschlafen, sonst würde er uns Gesellschaft leisten. Er sagt, wer jeden Tag einen Apfel ißt, braucht keinen Arzt. Wäre zu schön, um wahr zu sein.«

»Du sorgst dich sehr um ihn, nicht wahr?«

»Ja, ganz schrecklich.« Ein Schleier legte sich über ihre Augen. Dann setzte sie sich und fragte knapp: »Milch und Zucker? In Ordnung. Also, kommen wir auf den schrecklichen Master Geld zurück.«

»Nein, bleiben wir noch einen Augenblick bei deinem Vater«, beharrte Casey. »Warum hast du eigentlich zugelassen, daß er mit der Restaurierung des Flugzeugs so weit kam?«

»Ich habe dir doch schon erzählt, daß das Ganze völlig harmlos begann. Er war regelrecht versessen darauf, und ich hielt es für eine gute Therapie.«

»Du bist sicher, daß er damals keine Ahnung von Gabbiyas Absichten hatte?«

»Von Gabbiya war nicht bekannt –« Alison unterbrach sich und kniff ein Auge zu, während sie ihre weiteren Worte überlegte. Casey wußte inzwischen, was diese unbewußte Geste zu bedeuten hatte. Sie signalisierte, daß Alison sich in diesem Moment vorsichtig auf juristisches Glatteis begab. »Na, Gabbiya hat damals sicher im Verborgenen agiert. Wenn man jetzt, da wir über einige seiner Firmen Bescheid wissen, zurückblickt, muß man sagen, daß seine Wühlarbeit eine ganze Weile gedauert haben muß.« Sie schlug wieder beide Augen auf. »Vielleicht hat mein Vater geargwöhnt, daß hier etwas Seltsames vorging. Man sollte seinen Vater nie unterschätzen, Casey.«

»Hab' ich nie«, erwiderte Casey und dachte an seinen eigenen Vater, der sein Blatt auch inmmer gut verdeckt gehalten hatte.

»In den letzten Jahren«, fuhr Alison grüblerisch fort, »hat Gabbiya eine ganze Reihe angesehener amerikanischer Unternehmen vor den Karren seiner Operationen gespannt. Ich kann das im Handelsregister verfolgen, verstehst du? Daher ist mir auch Edgar Geld bekannt. Ich hatte das zweifelhafte Glück, die Rechtsgeschäfte seiner Unternehmen auf den Inseln wahrnehmen zu müssen. Die Parasiten-Inseln nennt er uns. Nicht Paradies, sondern Parasit. Parasiten sind Steuerschwindler und Inselbewohner so wie ich. Seine eigenen Anwälte konnte er nicht mitbringen, weil wir im Rahmen unserer Gesetze die Kontrolle nicht aus den Händen geben. In den Staaten schirmen ihn diese Anwälte, die ihn umgeben, von jedem normalen menschlichen Kontakt ab. Die haben ihn davon überzeugt, daß ein Dschungel voller menschlicher Raubtiere existiert, die es alle nur auf sein Geld abgesehen haben. Ist wirklich zum Lachen, daß Geld uns den Schimpfnamen Parasiten gibt! Sein Reichtum stammt von Vorfahren, die während der beginnenden Industrialisierung Amerikas geschickt in Land und Eisenbahnen investierten. Mit diesem Vermögen, das sich alle paar Jahre verdoppelt, leistet sich der Mann sämtliche Experten, die er benötigt.«

Casey fiel ein, daß man von Gabbiya behauptete, er rühme sich ebenfalls, die besten Köpfe der Welt für sich arbeiten zu lassen. Vielleicht bestand tatsächlich kein so großer Unterschied zwischen den beiden. Casey sagte: »Zia Gabbiya macht mir Sorgen, doch Geld macht mir Angst.«

Darüber war Alison ganz offensichtlich verblüfft. »Geld ist ein viel zu großer Feigling, als daß er irgend jemandem direkt ein Leid zufügen würde. Er hat viel zu viel Angst, er könne bei einem Racheakt an Besitz verlieren. Der hat sich gegen jeden menschlichen Kontakt abgeschottet – wenn man von den Speichelleckern absieht, die ihn umgeben. Er kommt einmal im Jahr auf die Inseln, doch nur für einen einzigen Tag. Nur zu diesem Zweck unterhält er sein Anwesen Rose Hall – eine prächtige alte Plantage, die ihn eine mächtige Stange Geld kosten dürfte. Er braucht hier einen Wohnsitz, um den Anforderungen der Steuergesetze zu genügen und um einen Teil seiner in internationalen Geschäften gemachten Gewinne durch seine hier ansässigen Firmen zu schleusen. Er fliegt hierher, kommt bei Tagesanbruch an, schläft tagsüber und fliegt nachts in seinem Privatjet wieder davon.«

»Warum könnte er für Gabbiya von Nutzen sein?«

»Um die Anzahl der Firmen, die der hier besitzt, zu verschleiern, zum Beispiel. Die Partnerschaften der beiden laufen unter verschiedenen Firmennamen, die mit Edgar P. Geld assoziiert werden. Ich nehme an, Gabbiya hat die Absicht, auf den Inseln jedes aufkommende Mißtrauen zu vermeiden. Gelds Bekanntheitsgrad füllt die

Klatschspalten der Magazine mit diesem High-Society-Quatsch über die Reichen und Berühmten, die jedes Jahr hierher kommen. Das wiederum lockt amerikanische Mittelklassefamilien an, die sich vom Charme der Alten Welt, Tennis und Snobismus angezogen fühlen. Gabbiya will, daß die Inseln weiterhin äußerst respektabel wirken –« Alison brach ab, als habe sie Angst, zuviel zu sagen.

»Aber wenn ihm die Inseln doch jetzt gehören?« stieß Casey nach.

»Sie gehören ihm, wenn man sein Geld mit all den anderen Anlagen vergleicht. Sein Geld kauft Einfluß, beugt Gesetze, doch die Regierung hier hat ausgedehnte Befugnisse. Es handelt sich zwar um eine Kolonialregierung, doch ihr Amerikaner begreift nicht so recht, daß eine alte Kolonie wie diese hier eine weitreichende Unabhängigkeit besitzt. Wenn die Regierung hier Edgar Geld von seinem Besitz vertreiben wollte, hätte sie ihn einfach deportiert. Dagegen hätte es früher keine Berufungsmöglichkeit gegeben. Heute, in Verbindung mit Gabbiyas Milliarden, ist das nicht mehr so einfach. Die Zahl der korrupten Politiker und Beamten ist groß genug, um Gabbiya und Geld das Leben so angenehm wie möglich zu machen.«

»Willst du damit sagen, daß es eine zu große Herausforderung gewesen wäre, wenn Zia Gabbiya selbst die Macht übernommen hätte?«

»Für London, ja. Auch für die Vereinigten Staaten. Sieh dir doch mal an, wie dein Land auf Grenada interveniert hat. Es handelte sich um eine britische Kolonie, doch eure Truppen sind dort gelandet, ohne den Angriff mit London abzuklären. Grenada hatte die Karten zu früh auf den Tisch gelegt – oder, anders ausgedrückt, die kommunistisch gestützte Regierung war nicht geschickt genug, die kubanische Hilfe zu verschleiern.«

»Gabbiya ist kein Kommunist.«

»Das muß er auch nicht sein.« Alison stand auf. Sie schien sich zu einer Entscheidung durchgerungen zu haben. »Ich hole dir noch Tee«, sagte sie.

Casey lehnte sich zurück. Das Summen der Zikaden im nahe gelegenen Zedernwald, das an Scherenschleifen erinnerte, begann, als die Sonne den Nebel über dem Wasser auflöste. Er kämpfte gegen das Gefühl wachsenden Wohlbehagens an. Die Erfahrung hatte ihn gelehrt, daß genau zu diesem Zeitpunkt der Ärger meistens anfing. Andererseits erzählte Alison ihm endlich mehr, als das zuvor der Fall gewesen war.

Alison kam zurück und brachte die Papiere mit, die er sie so schnell hatte wegräumen sehen, als er angekommen war. Sie breitete die Unterlagen vor ihm auf dem Tisch aus. »Sergeant Wilson hat mir diesen Bericht überlassen. Hat keinen Sinn, das vor dir zu verbergen.« Sie kramte einen Streifen 35-mm-Negative und einige Farbabzüge hervor. »Der Mann, der den Gouverneur erschossen hat«, erklärte sie, »hat sich auf einem Kreuzfahrtschiff als Seemann getarnt. Was Winston angeht, so erkläre ich dir das später. Im Augenblick mußt du nur die Tatsache akzeptieren, daß er gute Kontakte zu Übersee unterhält. Nach dem Anschlag hat er seine Männer angewiesen, die Passagiere zu befragen, ob irgend jemand den Attentäter zufällig fotografiert hat.« Ihr Fingernagel tippte auf die verschwommene Nahaufnahme eines Orientalen, der eine Pistole hob. »Das ist der Attentäter.«

Für die meisten Menschen mochte die Aufnahme unscharf sein, doch Casey brauchte nicht einmal genauer hinzusehen. »Hat der Sergeant dies hier noch jemand anderem gezeigt?« fragte er.

»Nein«, gab Alison ruhig zurück. »Innerhalb der Behörde traut Winston niemandem. Nur drei von uns wissen Bescheid – und jetzt auch du.«

Für Casey war der helle Sonnenschein verschwunden. Er blätterte den Rest der Touristenfotos durch. Der Mann in der Uniform eines Matrosen eines Kreuzfahrtschiffs – jemand, den man aus der Entfernung auch für einen Laskaren halten konnte – war der Vietnamese.

»Er hat versucht, dich mit dieser Panji-Falle zu erwischen«, meinte Alison. »Weshalb nur? Was hast du, das Hanoi nicht hat?«

Meine Ehre, dachte Casey. Doch das hätte zu melodramatisch geklungen, wenn er es Alison gegenüber ausgesprochen hätte. Er kannte Big Vien, der bei dem Versuch versagt hatte, seine Persönlichkeit im Gefängnis zu brechen, und der später einen tödlichen Zwang, aus der Entfernung seine Überlegenheit zu demonstrieren, an den Tag gelegt hatte. Big Vien betrachtete Casey als Symbol für die Willenskraft Amerikas. Wenn er Casey in die Knie zwingen konnte, dann schaffte er das auch mit Amerika. Dieser Gedanke erschien Casey jedoch zu aufgeblasen, als daß er ihn Alison mitteilen konnte. Er verlangte eine viel zu ausführliche Erklärung, denn sonst würde Alison ihn für einen Menschen mit maßlos übersteigertem Ego halten. Das Gegenteil war der Fall, gerade das Fehlen von Caseys Ego – das Unpersönliche, von dem es hieß, es zeichne allein den Kommunismus aus – war es gewesen, das Big Vien im Lager so gedemütigt hatte. Und jetzt wollte der Vietnamese seinen Rachegelüsten freien Lauf lassen – nicht nur gegen Casey, sondern auch gegen das amerikanische Volk, das er symbolisierte.

Dieser Betrachtungsweise neigte Casey jedenfalls in diesem Moment zu. Also schüttelte er, in Beantwortung ihrer Frage, nur verwundert den Kopf. Er sagte nur: »Laß uns doch mal herausfinden, wie ein bedeutender amerikanischer Wirtschaftskapitän in diese Gesellschaft geraten ist.«

10

»Ja, E. P., so ist es«, sagte die Irin. »Der Großprotektor des Islam will dich sehen. Jetzt.«

Edgar P. Geld starrte Melanie Blake schockiert an. Gerade hatte er Caseys unhöfliche Absage auf seine eigene Einladung erhalten, die ähnlich schroff formuliert gewesen war. Geld war nicht daran gewöhnt, daß man ihn abwies. Er war auch nicht daran gewöhnt, von anderen herumkommandiert zu werden. Und er war nicht an Lani in dieser Rolle gewöhnt. Das letzte Mal, als er sie gesehen hatte, war sie ein allzu bereites Betthäschen in Manhattan gewesen. Inzwischen hatte sie sich in einen Drachen verwandelt. Und was noch schlimmer war, in einen, der richtig Feuer spuckte.

»Gabbiya«, hatte sie ihm zu verstehen gegeben, »erwartet, daß du ihm Casey lieferst, diskret.« Und als Geld entgegnet hatte, das sei unmöglich, hatte sie als Antwort darauf eine Akte mit losen Blättern auf seinen Schreibtisch geworfen, deren Inhalt er sich jetzt mit entsetzlicher Neugierde nochmals ansehen mußte.

Wenn Geld sich in einer ruhigeren Gemütsverfassung befunden hätte, dann wäre ihm vielleicht die Ironie aufgefallen, die darin lag, hier in der weitläufigen Halle von Rose Hall einen Boten des Großprotektors des Islam zu empfangen – denn das Haus war einstmals ein Geschenk des Lord Protector und Diktators von England, Oliver Cromwell, gewesen. Die Geschichte von Rose Hall ging zurück auf die englischen Königsmörder, die Männer, die Karl I. im Jahre 1649 dem Henker ausgeliefert hatten. Der Besitz war einer von vielen, die sich auf den Inseln vor der amerikanischen Ostküste verteilten und die den Königsmördern für ihr finsteres Treiben überlassen worden waren. Diese Besitzungen hatten den zusätzlichen Vorteil, die Mörder in sicherer Entfernung von England zu halten und vor etwaigen Rachegelüsten zu schützen.

Geld saß in einem spanischen Ledersessel am Kopfende der Halle, vor dem riesigen Kamin. Die Halle, selbst das Haus waren um die Küche herum errichtet worden, die einen enormen Platz beanspruchte und mit Schlachtblöcken, schimmernden Tiegeln und Töpfen ausgestattet war, die an dicken Steinwänden hingen, hinter denen sich das benachbarte Treppenhaus für die Küchenbediensteten verbarg.

Lani saß auf einem gleichen pompösen Stuhl und legte eine seltsame Verachtung für den höfischen Glanz an den Tag, mit dem sich Geld einen Tag im Jahr umgeben mußte. Er saß über die Akte gebeugt, die sie ihm gegeben hatte, während sie die Halle musterte, die sich über drei Stockwerke erstreckte und an deren Ende sich Küche, Empfangs- und Speiseräume anschlossen. In früheren Zeiten mochte man auf dem gefliesten Boden Stroh verstreut haben, und es mochte Hunde gegeben haben, die sich um weggeworfene Knochen balgten. Eine Galerie für Musiker lief um das gesamte mittlere Stockwerk. Der Besitz wurde von einem Stab nahezu unsichtbarer Bediensteter in Schuß gehalten, so daß der Eigentümer den allgemeinen Steuervorschriften nachkommen konnte, denen sich jeder Präsident eines auf den Inseln registrierten Unternehmens unterwerfen mußte.

Wenn sie Geld nicht so von Herzen verabscheut hätte, dann hätte sie sein gegenwärtiges Unbehagen genießen können. In dieser Akte entdeckte er Daten, die ihm Einzelheiten über sein Handelsimperium verrieten, die nicht einmal er kannte, und seine Augen quollen aus den Höhlen. Er trug einen gestutzten schwarzen Schnurrbart, der so abgezirkelt wirkte, daß man es fast für möglich halten konnte, er klebe sich einmal am Tag einen neuen an. Das schwarze Haar war gefärbt. Er konnte für vierzig Jahre durchgehen, doch nackt konnte man ihn für sechzig halten. Seine Vorlieben, was Frauen, Einrichtungen und Kleidung anging, waren eine seltsame Mischung aus Vulgarität und Geschmack. Wie ein Potentat vergangener Zeiten verließ er sich auf das Urteilsvermögen anderer. Zwar war es ihm nicht möglich, die Sklaven, die seine Umgebung schufen, zu töten, also warf er sie statt dessen hinaus. Er besaß prächtige Häuser in einem Dutzend Ländern. Die Innenarchitekten, die er verpflichtete, wurden nach Fertigstellung eines jeweiligen Projekts entlassen. Immer gab es wieder andere, die darauf brannten, dem großen Geld zu dienen. Seine Gesichtszüge erinnerten an ein aus dem 16. Jahrhundert stammendes italienisches Portrait eines Kaufmanns: Einerseits waren die Züge dumm und gemein, andererseits wieder einfühlsam und beinahe durchgeistigt. Das Haar trug er in der Mitte gescheitelt, so als wolle er diese beiden Hälften scharf voneinander trennen – und das verlieh ihm das seltsame Aussehen eines abgetakelten Suitiers vergangener Zeiten. Schließlich blickte er auf. »Lani, glaub mir. Ich werde eine Möglichkeit finden, Casey vor Einbruch der Nacht zu euch zu bringen.«

»Oberst Gabbiya«, erklärte sie und wurde förmlich, »hat die Phase des Vertrauens verlassen. Er verlangt, daß du Casey persönlich ablieferst.«

Geld beugte sich mit der unbewußten Bewegung des Kurzsichtigen vor. Er trug neue Kontaktlinsen von unnatürlich hellem Blau. Die machten ihm zu schaffen. Er trug sich mit der Absicht, sowohl die Kontaktlinsen als auch den Optiker zu wechseln, wenn er nach New York zurückkam – auf keinen Fall jedoch die Farbe. Die Farbe wie auch der Schnurrbart, die Designerkleidung und die sorgfältige Tönung seiner Haut waren äußere Anzeichen seiner Unsicherheit, die Meinung der Umwelt bedeutete ihm einiges. Nur wenige Menschen wußten, daß er sich überhaupt etwas daraus machte. Lani hatte diese Entdeckung zwar gemacht, doch sie konnte sich immer noch nicht vorstellen, daß Geld durch irgend etwas in seiner

Arroganz zu erschüttern war. Es lag an diesem ganz bewußten Einsatz seines Reichtums bei der Auswahl seiner Trabanten, der ihn vor normalen menschlichen Kontakten abschirmte. Nicht zu vergessen die Anwälte, die ihn in dicken Trauben umgaben und die Abstauber abschreckten. Lani war die Ausnahme von der Regel gewesen, die er nach seiner vierten Scheidung für sich aufgestellt hatte: eine Frau, eine Nacht, keinerlei Wiederholung.

»Diese Dokumente besagen gar nichts«, sagte er mit einem Anflug von Courage.

»Versuch mal das dem Justizministerium klarzumachen.«

»Ich bin nicht für das verantwortlich, was ein kleiner Angestellter –«

»Peregrine Holdings Limited wird morgen aufgrund des Verdachts, als Geldwäscher für den Kokainhandel tätig zu sein, untersucht«, sagte Lani leichthin. »Du kannst dagegen halten, daß die Firma aus deiner Sicht ganz unwichtig ist. Du kannst dich auf Nichtwissen berufen. Du kannst dich eine Weile hinter einem Dutzend Verteidigungswällen verschanzen. Doch wenn das Justizministerium erst mal mit der Untersuchung angefangen hat, arbeitet es sich zwar langsam vor, doch es bleibt dabei kein Stein auf dem anderen. Man wird weitere Fragen zu anderen Firmen stellen und noch mehr Fragen, was den verdeckten Handel mit einer Regierung, die Amerika immer noch nicht anerkennt, angeht – der Regierung Vietnams –, ganz zu schweigen von Waffenlieferungen durch dritte Parteien.«

Geld warf einen hastigen Blick nach links und rechts. Er hatte Anweisung gegeben, daß man sie allein ließ. Lani gefiel die Vorstellung, daß Geld den Rest seines Lebens verstohlen um sich blicken mußte.

»Lani«, sagte er, »du verstehst nichts von Geldangelegenheiten. Wenn Gabbiya mir das antut, wird er selbst dabei auch ganz schön zu leiden haben.«

»Ja«, erwiderte Lani, »aber er ist kein Amerikaner, und er untersteht den amerikanischen Gesetzen nicht.«

Gelds Gesicht schimmerte schweißglänzend. »Peregrine genießt den Schutz des britischen Rechts.«

Das Mädchen lachte. »Wer hier Schutz genießt, wird bald vom

Protektor abhängen. Die Briten werden alles unterschreiben, was er anordnet, denn auf dieser Insel verabschiedet das Parlament die Gesetze.«

Sie schwiegen beide. Auf dem Grundstück draußen hielten Gelds Leute Wache und wunderten sich.

Es war noch nie passiert, daß Edgar P. Geld irgend jemanden besucht hatte. Ebenso wenig hatte er je zuvor das Transportmittel eines anderen benutzt, noch hatte er je auf die Wünsche eines anderen Rücksicht genommen. Geld hatte allenfalls anderen Männern die Frauen weggenommen; jeder damit verbundene spätere Ärger konnte finanziell geglättet werden. Jetzt war es ganz offensichtlich, daß er sich ein Mädchen zuviel unter den Nagel gerissen hatte.

Der einzige Trost, dachte er, als er steif in Zia Gabbiyas Helikopter stieg, bestand darin, daß er, als er mit Melanie Blake diese vielen Male in Manhattan ins Bett gegangen war, die Domäne des Großprotektors in unerwarteter Weise durchbrochen hatte. Jetzt sah es so aus, als wäre das Geld-Empire enger in die ganze Operation verstrickt, als er das vorher für möglich gehalten hätte. Niemand jedoch konnte ihn der Genugtuung berauben, daß die Freundin Gabbiyas sexuell in einer Weise auf ihn reagiert hatte, die seinem männlichen Ego schmeichelte. Noch nie hatte er sich zu solchen Höchstleistungen aufgeschwungen. Das war auch der Grund gewesen, weshalb er seine eigene Regel, was die Frauen anging, gebrochen hatte. In gewisser Weise war dies der Triumph schlechthin für jemanden, dessen Leistungen normalerweise nur mit dem Familiennamen in Verbindung gebracht wurden.

Das Mädchen, das neben ihm saß, brachte sein Blut erneut in Wallung. Ihre Hüfte drückte gegen seine angezogenen Beine. Er war viel zu eitel, viel zu beschäftigt mit selbstzufriedenen Erinnerungen an seine Eroberung, als daß er das Offensichtliche begriffen hätte: daß Lani ein Köder gewesen war.

Lani, der die kleinen Eitelkeiten der Männer nur zu vertraut waren, wartete darauf, daß die Generatoren ansprangen und kühle Luft in die Kanzel strömte. Die Sonne reduzierte die Persönlichkeit E. P.s wieder auf den kreischenden kleinen Jungen, der er im Schlafzimmer gewesen war. Selbst wenn die Kühle ihn schließlich zu Verstand zu bringen vermochte, bezweifelte sie, daß er hinreichend desillusioniert würde, um der Wahrheit ins Auge zu sehen und wütend zu werden. Es schien eher wahrscheinlich, daß er Gabbiya mit der interessanten Herausforderung kommen würde, Wackelpeter an die Wand zu nageln.

Sie beobachtete, wie Rose Hall zurückblieb, und musterte interessiert die bleichen Gesichter seiner Leibwächter. Sie waren E. P.s Kindermädchen. »Machen Sie weiter wie gewöhnlich«, hatte E. P. den erstaunten Majordomus angewiesen. Die Anweisungen betrafen in der Hauptsache ein winziges Eiland, das bei Ebbe durch einen schmalen Sandstreifen mit dem Anwesen von Rose Hall verbunden war.

Der Pilot umkreiste aus nur ihm bekannten, unerforschlichen Gründen die Insel. E. P., der nur wenig von fliegerischen Zwängen wußte, überlegte, ob das mit Absicht geschah. Er warf einen Blick nach unten auf die Sesselbahn, die das Grundstück mit dem Inselchen, seiner Achillesferse, verband. Er wünschte, er wüßte, wie Gabbiya das herausbekommen hatte. Die Fakten wurden in einem der Dokumente, die Lani an diesem Morgen mitgebracht hatte, dargestellt – eingehender, als das in irgendeiner früheren Mitteilung des Protektors der Fall gewesen war.

Oberst Zia Gabbiya, Großprotektor des Islam und selbsternannter Oberster Wächter der Republik Sahara, beobachtete den Helikopter, einen Bell Jet Ranger, der quer über den Hafen flog, der den Namen des großen englischen Admirals Lord Nelson trug. Es machte ihm Spaß, als er sah, wie sein Pilot die Flugvorschriften der Insel mißachtete. Die Zeit, da Nelsons Erben lernen mußten, nach Gabbiyas eigener, goldener Regel zu leben, rückte nun näher: Es regiert der Mann, der das Gold besitzt.

»Sehr vernünftig, daß Sie gekommen sind«, sagte Gabbiya, obwohl Edgar P. Geld buchstäblich in die Hauptkabine der »Qurqur« geschleift worden war. Die Gitterfenster, die mit dem Heck abschlossen, waren nach außen geöffnet, so daß das Sonnenlicht, das vom Meer reflektiert wurde, über die mit Blattgold verzierte Decke tanzte.

Gleichermaßen höflich erwiderte Geld: »Das war doch das mindeste, was ich tun konnte. Willkommen in meinem Hinterhof, Oberst.«

Lani, die sich auf zusammengewürfelten Kissen räkelte, beobachtete mit vorsichtigem Amüsement diese erste direkte Konfrontation zwischen zwei regierenden Herrschern. Der Protektor trug seine Sonntagsuniform: eine weiße Jacke mit ausgepolsterten, ausladenden Schultern unter einem weißen Umhang, den er zurückgeworfen hatte, um die roten Schulterklappen zu entblößen, deren senkrechte Streifen die goldenen Rangabzeichen des Oberkommandierenden der bewaffneten Streitkräfte von Sahara zeigten. Die Brust zierte ein wahres Sammelsurium selbstverliehener Orden für Tapferkeit und persönlichen Mut im Dienst, darunter ein unverdientes britisches Victoria-Kreuz und eine gleichermaßen unverdiente amerikanische Distinguished Service Medal, zusammen mit diversen Bronze Stars. Die Wirkung wurde durch die weiten, weißen Hosen und die bloßen Füße etwas in Mitleidenschaft gezogen. Gabbiya hockte auf einem riesigen goldfarbenen Kissen. Sein Besucher, bescheidener gekleidet, saß auf einem hohen Sessel aus der Zeit König Georgs I., der um 1700, ohne den gegenwärtigen, lächerlichen Bezug aus Leopardenfell, recht verbreitet gewesen war, und beugte sich vor, um besser zuhören zu können.

»Ihrem Hinterhof?« Gabbiya entblößte Reihen ebenmäßiger, verblüffend weißer Zähne.

»Man könnte sagen, daß die Insel mir gehört«, erklärte Geld. »Wenn ich mein Vermögen und meine Unternehmen dort abzöge, dann brächen die Inseln über dem Wind zusammen. Und das ist der Regierung bewußt –«

»Und innerhalb von ein paar Stunden wird ihr bewußt werden, daß Sie wiederum mir gehören.«

»Ihre Art, so ungeschminkt vorzugehen, mag in einiger Entfernung von Amerika Erfolg haben, doch hier, eine Flugstunde von Washington entfernt, sicher nicht.« Geld gewann langsam seine Haltung zurück. »Wenn Sie hier etwas anzetteln, wird man Sie ungespitzt in den Boden rammen.«

»Was soll das sein, eine Drohung? Oder eine Aufforderung?«

Geld ignorierte das Lächeln. »Zia, König des Terrors!« Er hielt die Hände ausgestreckt, als läse er eine Zeitung. »Unsere neunmalschlauen Herausgeber haben schon vor langer Zeit herausgefunden, wie Sie in einer Schlagzeile verarbeitet werden. ›Zia fordert Uncle Sam heraus.‹ Die werden die Öffentlichkeit so aufwiegeln, daß die Politiker zum Handeln gezwungen sind.«

Der Protektor warf den Kopf in den Nacken und lachte schallend. »Die haben nichts in der Hand – absolut nichts, weswegen sie mich in den Boden rammen könnten. Das Militär kann nichts unternehmen, ohne London auf den Plan zu rufen. Washington kann es nicht riskieren, seinen engsten Alliierten gegen sich aufzubringen, indem es eine weitere Invasion inszeniert wie auf Grenada.«

»Das war ungeschickt«, gab Geld zu. »Niemand in Washington hat die Position der britischen Monarchie auf der Insel ernst genommen.«

»Die englische Königin ist auch die Königin der Inseln über dem Wind. Und meine Informanten im Palast berichten, daß man von britischer Seite vollkommen klargestellt hat, daß jegliche Intervention von seiten der Vereinigten Staaten auf diesen Inseln als kriegerischer Akt angesehen würde. Dagegen ist meine Anwesenheit für die Krone finanziell nur von Vorteil.«

Geld saß steif da, und Lani verbarg ihre Überraschung, indem sie die goldenen Fäden in den Quasten des Kissens musterte.

»Geld«, erklärte Gabbiya, »kauft alles. Aber man muß rücksichtslos vorgehen, Mr. Geld. Rücksichtslos, wenn man die Hilfe derer haben will, die einem im Verborgenen dienen.« Dann erwähnte er den Namen eines alten Mannes, dessen Vermögen von einem Vater stammte, der Rußland in den frühen Tagen der Revolution mit dringend benötigter Technologie versorgt und auf Rechnung Rußlands die wertvollen Kleinodien verkauft hatte, die während des Wirtschaftsembargos des Westens hohe Preise erzielten und der Sowjetunion, die anderenfalls bankrott gegangen wäre, dringend benötigte harte Währung einbrachten. Pelze, Juwelen und Kunstschätze hatten den Kreml aus der prekären Lage gerettet und ein Handelsimperium geschaffen, das dieser alte Mann jetzt in Amerika mit demselben Ansehen leitete wie im Sowjet-Block. Ein alter Mann, der sich mit staatsmännischer Grandezza umgab und genau wußte, daß man sich den Respekt des Königshauses dadurch verschaffte, daß man ein paar Millionen in die Privatschatulle des Prinzen schaufelte... »Wir müssen erst noch eine Persönlichkeit finden, die nicht gekauft werden kann«, erklärte Gabbiya, als seien der alte Mann und er selbst Partner im Geschäft mit der Habgier. »Monarchen eignen sich am besten dazu, die Elite zu manipulieren, denn kaum jemand stellt deren Autorität in Frage. Eine Handvoll Silber verschafft mir königliche Autorität, auch wenn diese von Amerikanern nicht anerkannt würde.«

Unruhig rutschte Edgar Geld auf seinem Sessel hin und her. Eine Vorlesung über die Macht des Geldes war gewiß nicht das, was er jetzt brauchte. Gewaltsam nahm er sich zusammen und sagte: »Das Volk identifiziert Sie dennoch mit jedem verrückten terroristischen Anschlag. Wenn Sie in dieser Gegend entsprechend vorgehen, dann werden Sie erkennen, daß wir Amerikaner, was die Antiterroreinheiten angeht, neue Vorgehensweisen entwickelt haben.«

»Die würde ich zu gerne kennenlernen. Ich meine die, die die letzte Säuberung Ihres Präsidenten überlebt hat.«

Diesmal gab Lani nicht vor, desinteressiert zu sein. Zia Gabbiya hatte sich umgedreht und beobachtete einen großen Papagei, der in der Nähe der Fenster an einem Tau nach unten kletterte. Schnell warf sie Geld einen Blick zu. Wenn er aufgepaßt hätte, dann hätte er in ihren Augen so etwas wie eine stumme Bitte entdecken können. Statt dessen fragte Geld: »Was für eine Säuberung?«, und das Mädchen entspannte sich, als sei dies die Frage gewesen, die sie ihm am liebsten heimlich in den Mund gelegt hätte.

Gabbiya streckte den Arm aus. Der Papagei kam halb hüpfend, halb fliegend und krallte sich mit einem Wirbel bunter Federn dort fest. »Ihrem Land stehen keine Einheiten mehr zur Verfügung, mit denen es sich gegen meine Art der Kriegsführung verteidigen könnte«, sagte er verächtlich. »Ihre geheimen, im Dunkel operierenden speziellen Eingreiftruppen haben die Krallen verloren. Sie wurden ihnen bei einem typischen Exzeß amerikanischer Demokratie ausgerissen.«

Lani stand schnell auf und scheuchte den Papagei von Gabbiya weg. Er lächelte sie an. »Du hast Glück, daß du keine amerikanische Geheimagentin bist«, sagte er sanft. »Du hättest niemanden mehr, an den du dich wenden könntest.« Sie erwiderte das Lächeln mit undurchdringlichen Augen und nahm schnell wieder ihre vorherige

Haltung an, durch die sie zum Teil wie eine Vertraute, zum Teil wie eine Kurtisane wirkte. Diesmal waren Geld die schnellen Gesten nicht entgangen. »Auch ich kann Männer anheuern«, erklärte der Amerikaner. Ärgerlich sah er Lani an.

»Doch Sie können deren Ergebenheit an ein Ideal nicht bewirken«, gab Gabbiya zurück. »Ihr Präsident Johnson hat das plumpe Vorgehen der westlichen Technik einmal in Worte gefaßt. ›Wenn man sie erst mal bei den Eiern hat‹, glaube ich, hat er gesagt, ›dann beherrscht man auch ihre Herzen und Gedanken.‹« Gabbiya zuckte die Achseln. »Das mag für einige Menschen zutreffen, doch ich kenne bedeutende Wissenschaftler, die sich mir für einen Hauch Idealismus, ein bißchen Luxus und etwas Bewunderung zur Verfügung stellen würden... Der Preis könnte auch in der Beschaffung derzeit noch nicht zugänglicher medizinischer Technologie bestehen – nehmen wir mal an, beispielsweise für den verzweifelten Vater eines zurückgebliebenen Kindes.«

Die letzten Worte ließen eine häßliche Röte in Gelds Gesicht schießen. »Irgendwann«, stieß er gepreßt hervor, »haben meine Leute Ihren schwachen Punkt herausgefunden.«

»In der Zwischenzeit bin ich über den Ihren informiert. Ich will Casey haben.«

Lani wurde kreidebleich. Der Diktator spielte nicht mehr länger herum.

»Ich kann ihn« – Geld machte eine hilflose Geste – »nicht einfach entführen. Warum zaubern Sie ihn nicht einfach mit Hilfe der Zauberkräfte herbei, über die Sie angeblich verfügen?«

»Ihr guter Name ist in dieser Angelegenheit vonnöten«, erklärte Gabbiya.

»Haben Sie meinen guten Namen noch nicht genug ausgenutzt?« fragte Geld und dachte an die Partnerschaften, die zwischen Zweigen seines geschäftlichen Imperiums und dem Gabbiyas abgeschlossen worden waren. Lani hatte ihm an diesem Morgen einen Bericht über die Zusammenarbeit weiterer Tochterunternehmen vorgelegt, von denen Geld keinerlei Kenntnis gehabt hatte. Wenn man den Unterlagen Glauben schenken konnte, dann war es Zia Gabbiyas Finanzkünstlern gelungen, den Konzern von Geld zu infiltrieren und Geschäfte anzubahnen, die jetzt drohten eine bis dahin schier unangreifbare Festung der amerikanischen Geschäftswelt zu Fall zu bringen. Die Amerikaner schätzen es nicht, wenn kommunistischen Ländern ohne die entsprechende Genehmigung Ausrüstung verkauft wird. Sie haben auch nichts für Investment-Analytiker übrig, die sich plötzlich in Analytiker der amerikanischen Verteidigungspolitik verwandeln und ihre Berichte kommunistischen Ländern zur Verfügung stellen. Und sie mögen keine Großunternehmen, die den Händlern der neuen harten Drogen wie »Crack« als Deckmantel dienen und die den Stoff von ausländischen Tochtergesellschaften auf entlegenen Inseln hereinschleusen lassen. Zia Gabbiyas Agenten hatten dafür gesorgt, daß alle diese Anklagepunkte gegen Gelds Imperium anwendbar waren.

Das genaue Ausmaß des Schadens war Geld zu diesem Zeitpunkt noch nicht genau bekannt. Er mußte davon ausgehen, daß der Diktator nicht bluffte. Er wußte nur, daß etliche seiner Unternehmensaktivitäten mit denen von Gesellschaften verknüpft waren, auf die Gabbiya Einfluß nahm. Dadurch war es durchaus denkbar, daß dic Infiltration sich auf seine gesamten geschäftlichen Interessen ausbreitete wie eine dieser Seuchen, die in Nordafrika begann – war es nicht Bilharzia gewesen? – und die sich dann langsam, doch unaufhaltsam über Flüsse, Bäche und Ströme verbreitete, bis sie den gesamten Kontinent vergiftete.

Das schlimmste Gift jedoch war Gabbiyas Anspielung auf ein zurückgebliebenes Kind gewesen. Dort lag der Infektionsherd. Geld blickte auf. »Sie wollen also, daß ich Casey zu Ihnen bringe, damit Sie nicht direkt in die Angelegenheit verwickelt sind? Aber ich habe vor, die Insel heute nacht zu verlassen.«

»Sie brauchen allein schon mehr Zeit dafür, sich zu vergewissern, daß meine Leute Sie aufs Kreuz gelegt haben«, erklärte Gabbiya. »Sie werden feststellen, daß die Kommunikationsmöglichkeiten nach Übersee – na, unterbrochen sind. Bei Ihren Anrufen und Telexschreiben, die von Rose Hall aus erledigt werden, wird eine Ausnahme gemacht werden.«

»Sie sind verrückt. Sie können die Inseln doch nicht isolieren!«

»Ich habe nicht die Absicht, das zu versuchen. Ich beabsichtige nur, das Hereinkommende ein wenig zu filtern und das, was hinausgeht, ebenfalls«, erklärte Gabbiya.

Lani, die bei Geld einen letzten Funken Widerstand verspürte, sagte: »Der Großprotektor hat viel Zeit.«

Widerwärtiges Biest! dachte Geld und sah zu ihr hinüber. Die weiß genau, daß ich es bin, der keine Zeit hat.

»Ich habe es tatsächlich nicht besonders eilig, wie sie ganz richtig bemerkt hat«, bestätigte Gabbiya. »Einer dieser außerordentlich teuren Experten, die ich beschäftige, glaubt jedoch, mir stünden nur vierundzwanzig Stunden zur Verfügung. Also, obwohl ich es nicht eilig habe, muß Casey doch bis heute nacht hierhergeschafft werden. Und das können nur Sie bewerkstelligen.«

»Aber –«

»Ich mache ihm ein Angebot, das er nicht ausschlagen kann«, erklärte der Großprotektor.

Die Mittagszeit genoß Zia Gabbiya ganz besonders; danach schlummerte er. Sein Leben richtete sich nach dem Lauf der Sonne. Jetzt brannte sie auf den mittschiffs gelegenen Swimmingpool herab. Gabbiya liebte den Effekt, den ihre Strahlen auf das Marmormosaik auf dem Boden des Pools hatten. Es handelte sich um eine Kopie des Stierfreskos von Knossos. Jede Faser des Stiers und der muskulösen Gestalt auf seinem Rücken strahlte die gleiche kaum gebändigte Kraft aus.

Um die Mittagszeit bewegte sich Gabbiya gerne nackt. Manchmal konnte er minutenlang dastehen und seinen eigenen kräftigen Körper bewundern. Er gab ihm Selbstvertrauen. Gleichgültig, ob er ihn mit den Lumpen der Beduinen umhüllte oder eine Operettenuniform trug – er änderte sich niemals. Als armer Magier hatte er die Menschen mit seinen Zauberkunststückchen in Bann gezogen, so daß sie gar nicht anders konnten, als diesen Zauberer zu lieben. Welche Extravaganz er sich auch einfallen ließ, um die rauhe Wildheit seines Körpers zu verbergen, er war so von seinen eigenen Illusionen gefesselt, daß er gar nicht anders konnte, als sich selbst zu bewundern.

Lani kannte seine Vorlieben. Nackt stand sie auf der gegenüberliegenden Seite des Pools. In ihrer Nacktheit hätte man sie für einen Beduinenknaben halten können. Bis zu dem Zeitpunkt, an dem sie in Nordafrika aufgetaucht war, hatte Zia seine Jugendkraft bei Jungen und jungen Männern, die eine gewisse Unreife auszeichnete, erneuert. Er liebte ihre Reinheit, die Geschmeidigkeit und das Gefühl, sich selbst stets von neuem zu entdecken. Die mündlich überlieferten Legenden seines Volkes berichteten von einem speziellen Band zwischen mächtigen Kriegern und den Jungen, die sie erfrischten. Bis Lani kam, hatte Gabbiya Frauen nur auf eine gewisse animalische Lust genossen. Frauen waren ihm nicht wichtig gewesen, bis Lani auftauchte.

Sie tauchte in den Pool ein und kam wieder an die Oberfläche, als käme sie aus dem massiven Phallus des Stiers. Sie war betörend, sah jungenhaft aus, war klug; sie war eine Hexe.

Sie drückte ihr feuchtes Gesicht gegen seine Oberschenkel. Lani war wie eine der goldfarbenen, schwarzmähnigen Löwinnen, die im Gebirge seines Landes lebten. Sie war weder ein Knabe noch eine Frau. Manchmal, wenn er bei ihr lag, hatte er das Gefühl, sie erschaffen zu haben.

Ein melodisches Geläut durchdrang die Privatsphäre. Eine Stimme murmelte Artigkeiten und gab eine Botschaft in arabischer Sprache durch. »Nein«, sagte er, dem polierten Teakholz zugewandt. »Ich will den stellvertretenden Gouverneur nicht sprechen. Ich weiß, daß er heute abend nach London abfliegt. Ich wünsche keine weiteren Anrufe, bis ich gegessen habe.« Er schaltete die Gegensprechanlage aus und sagte zu Lani gewandt: »Er fährt mit genauen Anweisungen, was er tun soll, nach London und wird als reicher Mann zurückkehren. Warum, um alles in der Welt, riskiert dieser Dummkopf eine Entdeckung, indem er mich anruft?«

»Weil er nervös ist«, gab Lani zurück.

Der Pool war für niemanden einsehbar. Am Himmel war nichts, denn nur sein eigener Hubschrauber durfte hier fliegen.

»Und?« Gabbiya streckte sich auf einer weißen Matte hinter dem Springbrunnen aus. Lani kuschelte sich an ihn wie eine Katze.

»E. P. wird tun, was du von ihm verlangst«, erklärte sie. »Er war noch nie zuvor dem Licht der Sonne ausgesetzt. Er war vollkommen im Dunkel gefangen.«

»Und jetzt erblickt er das Licht?«

»Er wird davon geblendet. Er sieht keine Möglichkeit, wie er dich davon abhalten könnte, ihn zu ruinieren. Was Bilanzen angeht, kann ihm niemand das Wasser reichen, doch vom menschlichen Wesen versteht er nicht das Geringste. Er war der Ansicht, es wäre möglich, mit dir sichere, geheime Partnerschaften einzugehen. Geld hatte überhaupt keine Vorstellung davon, wohin das führen konnte.« Lani drückte ihre festen Pobacken gegen ihn. »Du hast ihn genau an der richtigen Stelle geblendet, obwohl er gewiß noch Reichtümer zu erkennen vermag. Ich gehe jede Wette ein, daß er den Marktwert jedes Gegenstandes, der sich darin befand, ziemlich genau abschätzen konnte, als er die Kabine verließ.«

Zia ließ seine Finger an ihren Schenkeln entlangfahren. Kein Mann hatte Lani je so zart berührt. »Wenn für ihn nur Zahlen eine Rolle spielen, warum verschwendet er dann Gefühle an ein idiotisches Kind? Mein Volk kennt keine derartigen Schwächen. Man setzt die Schwächlinge aus, damit sie sterben.« Er bemerkte ihre plötzliche Anspannung und die Anstrengung, mit der sie sie zu verbergen suchte.

»Gibt es denn Hoffnung? Ich meine, für das Kind?«

»Wenn dieser Dummkopf tut, was ich ihm sage.«

»Du bist immer noch ein Magier«, stellte Lani fest. »In diesen Dingen gaukelst du zu oft Illusionen vor.«

Gabbiya lachte gutgelaunt und tauchte seine freie Hand in ein Marmorgefäß, das warmes Öl enthielt. »Nein, diesmal ist es wahr. Ich kann einen Russen herbeischaffen, der, was Gedankenkontrolle angeht, Wunder bewirkt hat. Diese Art Idiotie –«

»Ein verrücktes Genie!«

»Gut, Genie. Es ist möglich, einem solchen Menschen den äußeren Anschein von Ausgeglichenheit zu geben oder ihn an den Rand des Wahnsinns zu treiben.« Er fühlte, wie sich bei diesen Worten ihre Muskeln spannten und fing an, wie eine Krankenschwester es bei einem Kind getan hätte, das Öl zu verteilen. Eine seiner Hände tauchte zwischen ihre glatten Schenkel wie ein kleines Pelztier.

Lani verlagerte ihre Konzentration. Lange Übung hatte bewirkt, daß sie ihre Gedanken von ihrem Körper trennen konnte. Noch einmal ließ sie die Unterhaltung der beiden mächtigen Männer Revue passieren. Gabbiyas Enthüllungen, daß die verdeckten Operationen der Amerikaner eingestellt worden seien, hatten sie erschreckt. Sie wußte, wie gerissen der Protektor war, doch in diesem Punkt, da war sie sich sicher, hatte er die Wahrheit gesprochen. Und Gabbiyas Quellen waren, so wie er selbst es immer behauptete, die besten, die man für Geld kaufen konnte. Diese Neuigkeiten hatten sie in einen Gemütszustand versetzt, von dem sie genau wußte, daß er gefährlich war.

Dennoch konnte sie nichts unternehmen. Vor langer Zeit schon hatte Zia sie angewiesen, sich um Edgar P. Geld zu kümmern. Das war nicht schwer gewesen. Innerhalb eines exklusiven Kreises in Manhattan war E. P. dafür bekannt, ein Frauenheld zu sein. Er stand nur zu gerne im Ruf, die umwerfendsten Mädchen flachzulegen. Ihn zeichnete das aus, was die Madame eines exklusiven Clubs in Manhattan als die Anspruchslosigkeit eines Kaninchens bezeichnet hatte. Als man Lani auf die Spielwiese der Stadt entsandt hatte, gelang es ihr schnell, E. P. in das unentwegt beschäftigte Karnickel zu verwandeln, das von Weibchen zu Weibchen flitzt, bis es auf ein kunstvolles, steinernes Hinterteil stößt – »Au! Goddammmm!« Lani war nicht aus Stein, doch sie wußte nur zu gut, wie man liebloses Rammeln in lustvollen Schmerz umwandelte – auf eine Art und Weise, die süchtig machte.

Das allerletzte, was Lani jetzt gebrauchen konnte, war, daß Zia erkannte, wie erfolgreich sie bei E. P. gewesen war. Einen Auftrag für Zia zu erledigen war eine Sache – doch etwas ganz anderes war es, wenn das Opfer immer noch nach einem hechelte. Zia gefiel sich in der Vorstellung, daß es seine wertvollen Dokumente gewesen waren, die ihr heute morgen die Privataudienz bei E. P. verschafft hatten. Vielleicht. Sie kannte E. P. gut genug, um sofort zu erkennen, daß dessen erste Reaktion von geheimem Ärger und Widerstand bestimmt war. Ihr Erscheinen hatte ihn aus der Balance gebracht; und das hatte, in einer ganz unerwarteten Weise, den verschleierten Drohungen Zias neues Gewicht gegeben.

Sie merkte, wie sich ihre Beine spreizten. Sie folgten jetzt ihrem eigenen Willen. Ihre Brustwarzen waren aufs Äußerste erigiert. Einer der weniger verabscheuungswürdigen Züge Zias bestand in seinem Vergnügen, Freude zu schenken, vorausgesetzt, er wurde dazu herausgefordert. Die Verführung anderer Frauen hatte für ihn immer in Enttäuschung geendet, vermutete Lani, weil sie allzu bereitwillig kapituliert hatten. Sie selbst kämpfte gegen jede Reaktion seiner Berührung an, berechnete jedes noch so geringfügige Nachgeben, um die Illusion einer starken Persönlichkeit, die sich gegen eine andere zur Wehr setzt, aufrechtzuerhalten. Nie sollte Zia vergessen, daß sie ihm physisch und psychisch gleichwertig war. Jede Begegnung war ein Duell, das im erneuten Beweis von Zias überlegener Geschicklichkeit enden mußte. Jedes Mal mußte er von neuem das Gefühl haben, eine wilde Stute zu zähmen. War sie erst einmal gebrochen, dann stieß sie die wilden kleinen Schreie aus, die für ihn das wirksamste Aphrodisiakum darstellten. Für ihn beschränkte sich die Herausforderung niemals auf die wimmernde Unterwerfung, die andere Männer, Schwächlinge, in ihren Beziehungen zu Frauen so verachtenswert machte.

»Was ist der eigentliche Grund dafür, daß du hinter Casey her bist?« fragte sie.

Den Augenblick hatte sie mit Bedacht gewählt, denn ihr war klar, daß er wußte, sie befand sich an der Schwelle ihres ersten klitoralen Orgasmus. Das war ihre Art, Willenskraft zu demonstrieren. Seine Hand hörte auf sich zu bewegen. »Ich möchte Washingtons Reaktion testen«, erklärte er und lachte leise vor sich hin. Was für ein außerordentliches Vergnügen. Wenn die Götter eine Gespielin für König Tantalus ausgewählt hätten, dann hätte es sich nur um diese Kreatur handeln können, deren Früchte sich entfernten, wenn man danach griff, und sich näherten, wenn man sich selbst zurückzog. Er rückte ein wenig von ihr ab und bemerkte, wie sie unmerklich näher kam. »Und dann«, fügte er hinzu, »geht es noch darum, die Grenzen von Mr. Geld auszuloten – doch das ist weniger wichtig. Was haben denn deine Informanten über das Kind gesagt?«

Diesmal konnte sie auf seine Frage eingehen. Damit verriet sie nichts. »Sie spielt wie immer ausgezeichnet, sowohl Klavier als auch Harfe. Dazwischen verliert sie sich in ihrer eigenen unglücklichen Welt. Eine absolut verlassene Seele.« Lani wandte den Kopf. »Kann dein folgsamer Russe mehr tun, als nur ihre Sinne unter Kontrolle zu bringen?«

Sanft massierte er ihren Rücken, und seine Hände machten sich auf den Weg zurück, dorthin, wo die ersten winzigen Spuren von Feuchtigkeit den nachlassenden Widerstand ihres Körpers verrieten. Diese vaginalen Zuckungen waren viel aufregender als der banale Samenerguß eines Jungen. Bei einer Frau hätte er etwas Derartiges nicht für möglich gehalten. »Mein Russe hat seine Kunst bei amerikanischen Gefangenen in Vietnam zur Vollkommenheit gebracht«, erklärte er. Dann legte er voller Absicht die, wie Lani sie nannte, emotionelle Rüstung ab und bestieg sie.

In solchen Augenblicken zog Lani sich in ihr Innerstes zurück, zwang sich, an ihre wahre Rolle zu denken. Die Heftigkeit, mit der ihr Körper reagierte, ermöglichte es ihr, ihre Reaktion auf die letzten Worte ihres Liebhabers zu verhehlen und ihn in der plausiblen Überzeugung zu bestärken, ihr überlegen zu sein und sie, ganz Frau, dazu gebracht zu haben, vollkommen die Kontrolle über sich selbst zu verlieren. Er trug sie auf einer Woge der Lust davon, und sie erlebte die erste Erschütterung der Wonne.

Die wirkliche Lani trieb davon wie ein Astralleib, der sich vom sterblichen Fleisch löste. Er brauchte Casey für die Vietnamesen, dachte sie. Casey bedeutete ihr nicht das Geringste. Sie hatte geglaubt, daß Gabbiyas Absichten genau denen entsprachen, die seine Geldexperten für ihn ausgearbeitet hatten, nämlich den Westen in ein finanzielles Desaster zu stürzen. Die Experten hatten darauf hingewiesen, daß die Weltwirtschaft infolge der Schulden von Grund auf erschüttert sei und ernste Symptome einer Mißspekulation in fremden Währungen eine Verschiebung von Bankeinlagen in New York anzeigten, die mit der Wirklichkeit wirtschaftlicher Gegebenheiten überhaupt nicht mehr im Einklang stand. Alles Mögliche konnte den Zusammenbruch auslösen. Dieses »alles« konnte in der absichtlichen Zerstörung der Finanzinstitutionen bestehen, die auf den Inseln ihren weltweiten Geschäften nachgingen. Sie erinnerte sich, wie einer der Finanzexperten Begriffe aus der Luftfahrt verwendet hatte, um die Folgen zu beschreiben: »Der Westen kann mit einem Flugzeug verglichen werden, das sich am Punkt des Abschmierens befindet, unmittelbar vor der absolut destruktiven Instabilität. Es spielt keine Rolle, wo die Luftströmung abbricht. Wenn sie erst einmal gebrochen ist, stürzt das Ding ab. Das ausländische Kapital, das durch diese Inseln fließt, kann mit einem Teil dieser Luftströmung verglichen werden, und wenn sie auf den Inseln abbricht, dann bricht sie überall ab, unweigerlich.«

Deswegen, so hatte Lani geschlossen, gab es gewisse Ziele, die Gabbiya mit den vietnamesischen Militärführern gemein hatte, die es immer noch nach Rache dürstete. Jetzt war sie sich dessen nicht mehr so sicher.

Zia wälzte sich von ihr fort. Schnell hielt sie ihn auf. Sie wußte, daß das, was sie jetzt vorhatte, gefährlich war. Doch ihr blieb keine Wahl. Sie ließ die Hand von seinem Arm auf seinen Rücken gleiten und hinunter zu seinem Beckenknochen. Mit der flachen Hand massierte sie sein Steißbein, und ihre Finger umfingen sanft seine feuchten Hoden. Ihre Bewegungen schienen stille Dankbarkeit auszudrücken; gefährlich wurde es, wenn er den Eindruck haben sollte, sie sei nicht befriedigt worden. Langsam erregte sie ihn von neuem. Ihre Willenskraft forderte die seine heraus. Sie merkte, wie er sich auf das Spiel einließ und die Gefahr schwand. Jetzt kam es auf ihre Fähigkeit an, ihn zu neuen Höhen wilder Lust zu tragen, wohingegen er seinen Stolz darauf setzte, auf der Gefühlswoge zu verharren und das Blatt zu wenden. Bald war die erste Ebene erreicht, und sie fühlte, wie neue Orgasmen ihren Körper erschütterten. Sie mußte Widerstand leisten und durfte sich erst, kurz bevor er nicht mehr konnte, vollkommen unterwerfen. Er lachte, genoß das Spiel und füllte sie mit kurzen Stößen ungezügelter Energie, die ihr beinahe Schmerz bereiteten. Jetzt war es an der Zeit, ein weiteres Risiko einzugehen. Immer hatte sie es vermieden, ihn zu Indiskretionen zu verleiten, besonders im Bett. Diesmal blieb ihr keine andere Wahl, und sie mußte das Schicksal riskieren, das seine neugierigen Knaben hatten erleiden müssen, wenn sie dumm genug gewesen waren, zum falschen Zeitpunkt eine Frage zu viel zu stellen. In Sahara wurden sie in Eisenkäfige gesperrt und blieben dort, um in der heißen Wüstenluft langsam zu sterben. Ihre verwesenden Körper verbreiteten die Kunde: »Tod den Spionen.« Lani hatte kaum Zweifel, daß Gabbiya diese Art von Bestrafung auch hier vornehmen konnte. In der Tatsache, daß irgendwo eine Akte existierte, in der sie als Besucherin der Inseln aufgeführt war, lag keinerlei Sicherheit – obwohl ihre Abfahrt bei der Zollbehörde registriert oder ihr Verschwinden erklärt werden mußte. Die Spitze der Zollbehörde stand bereits in der Schuld des Großprotektors, und zwar in einer Weise, die sich als äußerst peinlich herausstellen würde, sollte sie je bekannt werden.

Sie kämpfte gegen ihn an, während vor ihrem Auge das Bild eines Skeletts auftauchte, das sich in einem eisernen Käfig befand, der an einem Galgen baumelte. Sie rangen miteinander, bis sie merkte, daß er sich nicht mehr zurückhalten konnte. Dann ergab sie sich ihm unter kurzen ekstatischen Schreien. Er kauerte über ihr, ganz überwältigende mächtige Sexmaschine. Sein Gesicht strahlte vor Stolz. Er war gefangen. Sie nahmen das Spiel wieder auf. Nur selten glitt sie so oft von einem Orgasmus in den nächsten, daß sie sich ermattet fühlte. Sie trieb durch eine Anzahl kleinerer Höhepunkte, bis sie den Moment gekommen fühlte, indem sie sich erneut unterwarf. Es war, als habe sie die Kontrolle über eine Reihe einzelner kleiner Muskeln und könne sie auf Kommando allesamt gleichzeitig zukkend zusammenziehen. Ihr Körper genoß es, daran bestand kein Zweifel. Genau das machte ihre selbst gewählte Aufgabe so erfolgreich. Einen solchen Kampf würde sie auch mit dem Russen genießen, über den sie eben gesprochen hatten, dem, der seine Fähigkeiten im Bereich der Gedankenkontrolle in Vietnam zur Vollkommenheit gebracht hatte. Wenn es um Gedankenkontrolle ging, dann konnte sie ihm mit Sicherheit noch manches beibringen!

Und jetzt hing der Eisenkäfig direkt über ihr und verdeckte das Licht der Sonne. Sie spürte die Erschöpfung bei Gabbiya, der neben ihr lag. Jeden Augenblick würde er jetzt lachend und laut schreiend auf das Sprungbrett über dem Pool klettern. Der Kopfsprung war dann das Signal für die Mannschaft, daß die Männer ihren Dienst auf dem Hauptdeck wieder aufnehmen konnten. Die Zeit der Ungestörtheit wäre dann vorüber. Leise flüsterte sie Worte in sein Ohr, die sie nie zuvor ausgesprochen hatte. Sie wußte, wie schnell er den Motiven anderer mißtraute. Sie mußte jetzt die Chance wahrnehmen. Ihre Schmeicheleien ließen ihn lächeln, und er war bemüht, auf ihren geschickten Griff nicht zu reagieren, während sein verräterischer Körper bereits wieder schauerte. Er hatte die Augen gegen den hellen Glanz des Himmels geschlossen, so daß sie nicht in ihnen lesen konnte, als sie ihn schließlich im Laufe einer nebensächlichen Bemerkung über E. P. Geld fragte: »Dieser Amerikaner, von dem es heißt, daß er zufällig gestorben ist – hatte der irgendeine Verbindung zu Geld?«

Nur das leichte Zucken seiner Augenlider verriet, daß sie sich nicht geirrt hatte: Diese Frage war sehr gefährlich. Dann bildeten sich Grübchen in den Mundwinkeln Gabbiyas. »Was du wissen willst«, erklärte er, »ist folgendes. Der Name des Mannes war Earle Rutgers. Eine Verbindung zu Geld bestand nicht. Wenn Rutgers' Chefs auch nur zur Hälfte über Geld Bescheid wüßten, würden sie ihn an die Wand stellen. Doch es ist gut möglich, daß die Chefs von Rutgers ebenso erledigt sind wie er selbst. Zusammen bildeten sie eine Abteilung der CIA, die jenseits aller Kontrollausschüsse und jeglicher Form öffentlicher Aufsicht agierte.«

Lani lag regungslos da. Zia setzte sich abrupt auf und blickte in ihre Augen. »Ich habe dafür gesorgt, daß die Einzelheiten über diese CIA-Abteilung an die Presse durchsickerten. Aufgabe dieser Abteilung war es, meine Persönlichkeit zu studieren und mich aus dem Weg zu räumen. Statt dessen habe ich sie aus dem Weg geräumt. Die existiert nicht länger.« Er fing an zu lachen. »Wenn du eine amerikanische Spionin wärst, dann hättest du auch für sie gearbeitet. Wenn du eine amerikanische Spionin wärst, dann stündest du jetzt ohne jede Hilfe da. Nicht einmal Casey könnte dir helfen.«

»Du bist ein wundervoller Mann«, sagte Lani leise. Beim Gedanken an das zusätzliche Risiko, das sie jetzt einging, gefror ihr das Blut in den Adern, »aber du übertreibst. Wie könnte selbst ein Mann wie du, mit all deiner heimlichen Macht, eine Abteilung der CIA ausschalten?« Sie wartete und wagte dabei kaum zu atmen.

Doch der Protektor schien der Meinung zu sein, ihre Frage sei die einer naiven Bewunderin. »Die Amerikaner lassen sich mit untauglichen Mitteln auf einen Krieg im Untergrund ein. Die Hände sind ihnen gebunden, weil jegliche geheime Aktion sofort in ihren Zeitungen breitgetreten wird. Als Rutgers' Abteilung erst einmal Gegenstand der öffentlichen Debatte wurde, war sie erledigt.«

Ein Zittern durchfuhr Lani. »Sei vorsichtig«, bat sie. »Vielleicht gibt es noch weitere Abteilungen.«

Zia ließ die Fingerspitzen eine unsichtbare Linie entlanggleiten, die vom glitzernden flauschigen Dreieck über ihren festen goldbraunen Bauch weiter nach oben ins Tal zwischen ihren Brüsten führte. Dort verharrten seine Finger und setzten dann ihren Weg wieder nach unten fort. Lani schloß die Augen und wußte, daß das Pendel seiner Hand das Pendel seiner Gedanken verkörperte. Er mochte Frauen nicht, wenn sie ihn umklammerten. Sie hatte bisher sorgsam darauf geachtet, ihn niemals festzuhalten. Jetzt mußte sie Sorge um seine Sicherheit erkennen lassen, oder er würde damit anfangen, die andere und offensichtliche Erklärung für ihre Neugierde abzuwägen. Andererseits mochte diese Sorge ihn mit der Bedrohung quälen, ihr Besitz zu sein. Seine Finger bewegten sich weiter, die Liebkosungen wurden stärker. Sie wappnete sich gegen den Ansturm der Gefühle, die gleich wieder auf sie einstürmen würden. Sie seufzte. Ein kleines Gedicht wäre jetzt das Passende. »Ich bin dein Geschöpf«, flüsterte sie, angesichts der Extravaganz ihres Ausdrucks ganz verblüfft. »Wenn dir etwas zustieße, würde mein Körper verdursten. Es gibt keinen Mann, keinen Gott, der mich so bewegt, wie du mich bewegst. Ich bin stolz auf dich, wenn du deine geheimen Armeen in die Schlacht führst. Ich bitte dich nur, unterschätze niemals deine Feinde.«

»Das ist ein guter Rat«, sagte Zia nach einer kleinen Weile. Der Poesie konnte er nie widerstehen. Anders als persönliche Sentimentalitäten stellte sie keine wirklichen Anforderungen. »Aber mach dir keine Sorgen. Ich kenne meine Feinde besser als sie mich.«

Er erhob sich. Sie musterte ihn mit trägen Augen, immer noch die Löwin, ließ ihn ihre Unabhängigkeit spüren. Dann entdeckte sie einen Schimmer von Unentschlossenheit in seinen Zügen, etwas, das ihr nie zuvor aufgefallen war. Es machte ihr Angst. »Zieh dich an«, sagte er und streifte seinen Bademantel über.

11

Casey war immer noch mit dem Geheimnis beschäftigt, das sich um E. P. Geld rankte, als er zu Hause ankam und den weißen BMW entdeckte, der ebenfalls nach Backgammon zurückgekehrt war. Der Wagen stand im Schatten einer Poinciana, deren scharlachrote Blüten und hellgrünen, gefiederten Blätter sich wie ein riesiger Sonnenschirm über den Eindringling legten. In diesem Teil der Erde wurde die königliche Poinciana als flamboyant bezeichnet. Zia Gabbiya mochte flamboyant oder extravagant sein, doch der BMW war ein

Bote E. P. Gelds, dem dieser Stil ganz und gar nicht entsprach. Zum zweiten Mal an diesem Morgen empfand Casey das Gefühl einer schrecklichen, unerklärlichen Bedrohung. Wie er bereits zu Alison gesagt hatte: »Gabbiya macht mir Sorgen, doch Geld macht mir Angst.«

Er ging um das Haus herum zur Terrasse und blieb beim Anblick von zwei Männern, die an der Mauer auf der Klippe lehnten, stehen. Dann sah er zwei weitere Männer, die neben der Pergola standen. Die vier Männer trugen die gleichen kaffeebraunen Seersuckeranzüge. Jeder hatte die Hand in einer ausgebeulten Tasche stecken. Ein fünfter saß auf der Schaukel neben dem hölzernen Aussichtspunkt, an dem ein schwärmerischer Besucher über die unendliche Weite des Meeres nachgrübeln konnte. Doch keiner der ungeladenen Gäste grübelte an diesem Morgen über irgend etwas nach, außer Casey.

Der Mann auf der Schaukel war entsetzlich fett. Als er hörte, wie Casey seinem Ärger Luft machte, sagte der Fette: »Beruhigen Sie sich, Mann.« Sein Blick glitt über Caseys Schulter.

Casey fuhr herum. Fetherstone stand auf dem Weg und lächelte. »Eine Einladung, die Sie nicht werden ablehnen können«, erklärte er. Er hob die Aktentasche und schüttelte sie, als enthalte sie ein Geschenk und er sei der Nikolaus persönlich.

Casey musterte ihn von oben bis unten. Er trug denselben Seersuckeranzug wie die übrigen, dazu denselben schwarzrot gestreiften Schlips. »Habt ihr alle dasselbe englische Internat besucht?« erkundigte er sich.

Der Mann auf der Schaukel kicherte. »Ja, Mann. Wie nennen es die Tommys? Eton? Stimmt. Das ist's, Eton.«

»Dann müssen Sie der Präfekt sein«, vermutete Casey. »Sind das Ihre Schwuchteln?«

Der Fette spuckte aus. »He, hören Sie mal!«

»Beruhige dich, Herman!« sagte Fetherstone. Er wandte sich an Casey. »Setzen Sie sich.«

Casey blieb stehen.

Der Fette erhob sich aus der Schaukel. Die Ketten knarrten, und das Holzbrett gab einen Seufzer der Erleichterung von sich. »Ich bin der Sicherheitschef von E. P.«, erklärte der fette Mann. »Wenn er sagt, daß Sie sich setzen sollen, dann nehmen Sie gefälligst Platz.«

Casey zog sich einen hochlehnigen, schmiedeeisernen Stuhl heran. Es war ein gutes Gefühl, das Eisen im Rücken zu spüren.

Fetherstone legte die Aktentasche auf den runden Glastisch. »Werfen Sie einen Blick hinein«, bat er. »Handelt sich um ein Geschenk von Onkel Ho.«

»Ho ist tot!« Von plötzlichem Grauen getrieben, streckte Casey die Hand aus.

»Die Jungs da drin sind es nicht.« Fetherstones Worte waren kaum ein Flüstern und verloren sich im Wind, bevor sie die Ohren der übrigen erreichten, die sich vorbeugten, ganz fasziniert von der Leidenschaft, mit der Casey die Aktentasche zu öffnen versuchte. Er zog einen ordentlich zusammengebundenen Stapel Papiere hervor. Casey warf einen flüchtigen Blick auf die erste Seite, wandte sich der nächsten zu, blätterte um und ging die Seiten, eine nach der anderen, durch. Die Sonne brannte auf seinem Nacken. Ihr Licht war so grell, daß er die Augen gegen den hellen Schein, der von dem weißen Papier reflektiert wurde, zukneifen mußte. Seite für Seite blätterte er durch. Die Namen waren alle da. Es waren die Namen von Piloten, die man lange Zeit für tot gehalten hatte, die jedoch, wollte man Big Vien glauben, alle noch am Leben waren.

Dort, am Fuße jeder Seite, stand der Name: Pham Quac Vien. Big Vien!

Das EPR-Paradox. Wenn sich zwei Partikel einmal nahe gewesen sind, dann ziehen sie sich auch weiter an, wobei es keine Rolle spielt, wie weit sie voneinander entfernt wurden.

Big Vien, die weit entfernte Partikel.

Casey bekam sich wieder in den Griff – genau wie damals, als er im Lager außerhalb von Hanoi Big Vien gegenübergestanden hatte. Damals hatte er ihn im Duell ihrer beider Willen besiegt, und das würde er heute wieder tun.

Doch die Namen! Ihm stiegen die Tränen in die Augen. Trigger Tony Rutgers! »Claws« Cameron, Gurowsky von den Black Knights, Leslie »Baa-Baa« Lambe, Tex Grainer... Bis zu diesem Moment hatten nur Gerüchte, daß diese Männer gesehen worden seien, und der Klatsch über Dinge, die nur dem Pentagon bekannt waren, diese Männer im Gedächtnis der Gründer von »Vergißmein-nicht« am Leben erhalten.

Casey durfte das Leben dieser Männer auf keinen Fall gefährden, das erkannte er plötzlich.

Und genau darauf setzte Big Vien!

Casey ließ eine ganze Weile verstreichen, bevor er die Papiere wieder in die Aktentasche steckte. Dann sagte er mit unbewegter Stimme: »Wie soll ich wissen, ob das hier tatsächlich stimmt?« Er ignorierte den Fetten und sprach Fetherstone direkt an.

»E. P. verbürgt sich dafür.«

»Darauf gebe ich einen Sch-« Casey hielt inne. Alles, was er jetzt sagte oder tat, mochte den dünnen Faden durchtrennen, der diese Männer am Leben hielt. »– nichts, wenn die Quelle nicht die kommunistische Regierung von Vietnam ist.«

»Genau diese Quelle wird E. P. Ihnen zugänglich machen«, erklärte Fetherstone mit einem Gesichtsausdruck, der genau verriet, daß ihm nur zu bewußt war, daß Casey drauf und dran gewesen war, eine Majestätsbeleidigung gegen seinen Herrn und Meister zu begehen.

Die blauweiß gestreiften Polizeiwagen standen vor und hinter dem BMW geparkt, als Casey und seine Eskorte ums Haus bogen.

»Irgend etwas nicht in Ordnung, Mr. Casey?«

Casey blickte in die blauen Piratenaugen von Sergeant Winston.

»Ich danke Ihnen, nein«, erklärte Casey. »Wieso?«

»Ich habe den Land-Rover in der Auffahrt gesehen, Sir«, erklärte Winston. Doch seine Augen sagten etwas ganz anderes: Sei nicht so dumm. Dies könnte deine letzte Chance sein.

»Das ist unser Land-Rover«, erklärte der fette Mann.

»Und wer sind Sie, Sir?«

»Ich gehöre zum Stab von Rose Hall.«

»Soviel verrät mir schon mein detektivischer Scharfsinn.« Winston lächelte höflich. »Das steht auf der Tür. Jetzt die Frage, die ich gestellt habe. Wer sind Sie?«

»Darauf brauche ich Ihnen keine Antwort zu geben«, knurrte der fette Mann und versuchte um Winston herumzugehen. Schnell wie eine Viper schoß dessen Arm vor und hielt den Fetten auf. Der Mann schüttelte die Hand ab.

Winston leckte am Ende seines Stifts und machte eifrig weitere

Notizen in seinem Buch. »Motorfahrzeug, hat keine Nummer, darf nicht auf öffentlicher Straße fahren«, erklärte er gewichtig. »Besagtes Fahrzeug blockiert Auffahrt. Besagtes Fahrzeug hat keine Nummernschilder. Gehört besagtes Fahrzeug Ihnen, Sir?«

Die übrigen Männer drängten sich um den Fetten. Alle wirkten peinlich berührt und erhitzt. Hinter dem Steuerrad eines jeden Polizeiwagens saß ein Constable, den schwarzen Wollkopf auf die Lehne gestützt, den Mund offen, ein Arm hing aus dem Fenster.

»Ich besitze keinen Wagen«, erklärte der fette Mann nach einem Augenblick, in dem er ein Stoßgebet gen Himmel geschickt haben mochte. »Der BMW könnte jedoch möglicherweise auf meinen Namen registriert sein.«

»Und dieser Name, wie ist er?«

Der Fette blickte sich verstohlen um. Die einzigen Polizeibeamten, die er jemals in seiner Nähe toleriert hatte, waren entweder tot oder bestochen.

Fetherstone kam ihm zu Hilfe. »Mein Name ist Geoffrey Fetherstone. Man kennt mich auf der Insel. Ich bin Vizepräsident verschiedener Unternehmen, die hier registriert sind. Sie werden meinen Namen auf den wichtigsten Spendenlisten finden, einschließlich des Witwen- und Waisen-Fonds der Polizei. Der Land-Rover gehört zum Besitz von Rose Hall, und der BMW ist einer der diversen Wagen, die von den Sekretären benutzt werden.« Er schob sich zwischen den fetten Mann und den Sergeant. »Der Vorsitzende des Obersten Gerichts wird für uns bürgen. Ich werde ihm gegenüber Ihren Diensteifer betonen, wenn ich ihn heute abend im Club treffe. Soviel ich weiß, werden wir zusammen mit dem Polizeichef Billard spielen. Ich bin sicher, daß er meiner Empfehlung, daß Sie eine Erwähnung verdienen, nur zu gerne Folge leisten würde. Ich glaube, das würde einen Bonus bedeuten –«

Winston machte eine Pause, bevor er wieder an seinem Stift leckte. »Buchstabieren Sie das bitte.«

Doch Fetherstone hörte den warnenden Unterton aus dieser Bitte heraus. Der Sergeant gehörte nicht zu denen, die bereits geschmiert wurden. Der Sergeant war eines dieser dummen Arschlöcher und würde ihn möglicherweise wegen Bestechungsversuchs anzeigen. »Gern«, sagte er verbindlich. »Mein Name wird folgendermaßen buchstabiert: »F-e-t-h-e-r...« Er hielt inne, als er sah, daß der Sergeant nicht schrieb.

Winston wandte sich an den fetten Mann. »Wo ist der Führerschein?«

Der Fette war inzwischen, als Folge der Hitze, rot angelaufen. Schweiß rann über sein Gesicht. »Den habe ich nicht dabei.«

Winston notierte sich gewissenhaft mit dem Stift im Notizbuch: »Fahren... ohne... Führerschein.« Er sah auf. »Besitzen Sie ein Dokument, das zeigt, weshalb Sie die Inseln besuchen und einfach unsere Gesetze nicht beachten?«

Der Fette war in die Enge getrieben. Er hob ein dickes, haariges Handgelenk mit einem Goldarmband und zog das Display eines Minicomputers zu Rate. »Wir sind spät dran«, bemerkte er, zu Fetherstone gewandt. Dann sah er den Sergeant an. »Meinen Namen werden Sie im Einreiseverzeichnis unter der Rubrik ›Spezielle Aufenthaltserlaubnis‹ finden: Herman Schroeder.«

Der Name bewirkte, daß Casey sich den fetten Mann genauer ansah. Dünnes, rötliches Haar, dunkle Bartschatten, kleine braune Rattenaugen in tiefen Hautfalten. Gute Arbeit, Sergeant Winston! Sie haben's aus ihm rausgekitzelt, und ich bin gewarnt.

Winston sah Erkennen über Caseys Gesicht huschen. Ihm war es nur darum gegangen, daß Casey wußte, in welcher Gesellschaft er sich befand. »Das wär' dann alles«, erklärte er. »Bis Sie wieder von uns hören, wär' das dann alles.« Er trat beiseite, während ein aufgeregter Fetherstone Casey in den BMW schob.

Der erste Polizeiwagen rollte auf ein nicht wahrnehmbares Zeichen von Winston vor. Der zweite Streifenwagen setzte einen guten Meter zurück. Das wurde schnell bewerkstelligt. Jetzt konnte der BMW aus der Parklücke fahren. Casey war verblüfft, wie schnell die scheinbar dösenden Constables reagiert hatten.

Sergeant Winston lehnte sich mit einem Ellenbogen auf das Dach des zweiten Polizeiwagens. Es handelte sich um einen kleinen englischen Mini-Minor, doch man mußte immer noch recht groß sein, um sich in solcher Weise darauf stützen zu können. Er beobachtete den Land-Rover, der hinter dem BMW dahinschoß, und sagte vor sich hin: »Wir sind dir zu gar nichts verpflichtet, Schroeder, ganz egal, wie du unsere Bosse schmierst.« Er hatte vier Jahre im Dienst der London Metropolitan Police gestanden. Er hatte an einem Spezialkurs der U. S. Navy teilgenommen, der für Polizeieinheiten befreundeter Staaten veranstaltet worden war, die an Antischmuggeloperationen teilnahmen; Bestandteil war der härteste Tauchkurs gewesen, den es weltweit gab. Er wartete auf die Zuteilung eines Stipendiums für das Jurastudium. Wenn man auf den Inseln geboren war, konnte man seine Ausbildung überall in der Welt machen. Man konnte buchstäblich alles lernen, was die Welt jenseits der Inseln zu bieten hatte; aber man machte es dem Rest der Welt schwer, hierher zu kommen und etwas über das Leben auf den Inseln in Erfahrung zu bringen. Alles, was man da tun mußte, war, ein bißchen verworren mit den Ausländern zu reden.

Herman Schroeder! Das erklärte einiges, dachte Casey, während ihn der BMW nach Rose Hall brachte. Name und Gesicht waren nur zu bekannt. Irrtum ausgeschlossen. Der Name Schroeder war in die amerikanische Geschichte als Symbol für ein gewisses Vorgehen bei der Korruption von Gewerkschaften eingegangen. Arbeiter, die »geschroedert« wurden, waren die, deren Gewerkschaft im Franchise-Verfahren an jemanden mit genug Geld verschachert worden war, der den Wunsch hatte, auf diese Weise einen hübschen Gewinn zu machen. Dann war Schroeder zu weit gegangen; das Gesetz war ihm auf die Schliche gekommen, und er war ins Gefängnis gewandert, doch nicht lange. Casey hatte nie erfahren, wieso, doch plötzlich war Schroeder aus einem dieser hübschen Gefängnisse für reiche Gefangene wieder aufgetaucht und prompt aus der Öffentlichkeit verschwunden.

Das Herrenhaus von Rose Hall stand in krassem Gegensatz zu den Dschungelpflanzen, die es umgaben. Es wirkte wie die Kreuzung eines Hauses mit Stilementen aus der Zeit Elisabeths I. und dem kalifornisch-spanischen Stil. Den Haupteingang bildeten riesige Mahagonitüren mit großen Messingangeln. Die Steinwände waren so dick, daß die Temperatur um zwanzig Grad zu fallen schien, sobald man das Haus betrat. Die Fußböden bestanden aus gewienertem Mahagoni. Dobermänner strichen durch die Halle, von deren Musikempore sich blutrote Bougainvilleen aus riesigen Steinguttöpfen herabrankten.

Man geleitete Casey in eine massive Steinkammer, die vor zweihundert Jahren errichtet worden war, um den gelegentlichen Stürmen Trotz zu bieten – wie eine Buhne, die messergleich ins Meer einschneidet, um es mit den anlaufenden Wogen aufzunehmen. In diesem kleinen Raum hatten sich die ehemaligen Bewohner zusammengefunden, wenn sie vor Tropenstürmen gewarnt worden waren. Hier konnten die dicken Jalousien sofort verrammelt werden. In die Wände waren vertikale Schlitze eingelassen. Der Raum machte den Eindruck, als könne er einer Belagerung widerstehen.

In dieser festungsartigen Atmosphäre wurde Casey an einem Eichentisch sich selbst überlassen, um die Originaltelegramme durchzusehen, die zwischen Hanoi und einer bunten Vielzahl von Unternehmen ausgetauscht worden waren. Er hatte das eigenartige Gefühl, dabei zuzusehen, wie Big Vien seine Karten auf den Tisch legte. Das Spiel drehte sich darum zu erraten, welche Karten Big Vien zurückhielt.

Die ganze Angelegenheit war ein neuerlicher Trick Big Viens. Seinen Agenten in Amerika konnte es nicht schwergefallen sein, die Namen der Vermißten aus den Unterlagen der »Vergiß-mein-nicht«-Organisation herauszufiltern, die in der Lobby des Kongresses zirkulierten. Hier waren die Namen von Männern zu finden, deren Andenken von Veteranengruppen hochgehalten wurde, die der Ansicht waren, daß die Regierung dabei versagt hatte, den Beweis zu erbringen, daß diese Männer tot waren – aus welchem Grund auch das der Fall sein mochte. Es handelte sich um einen Trick der Vietnamesen, und zwar um einen raffinierten, der durchaus der psychologischen Meisterschaft entsprach, die Big Vien in der Blütezeit des Lagers hatte erkennen lassen. Big Vien hatte immer einen quälenden Hinweis auf Ereignisse außerhalb dieses Lagers fallen lassen, um sein Opfer noch fester an den Haken zu bekommen. Jetzt war Gabbiya der Haken. Casey hatte nicht die geringste Ahnung, welche Interessen von Big Vien und Gabbiya sich so weitgehend überschnitten, daß sie die amerikanischen Gefangenen ins Spiel brachten. Sollte Amerika erpreßt werden? Die Vorstellung schoß Casey in dem Moment durch den Kopf, als eine Gestalt aus einer Nische in der Wand trat und sagte: »Zufrieden?«

Ohne die Augen von den Formularen zu nehmen, antwortete Casey: »Ich muß direkt mit dem Mann verhandeln, der diese Telegramme unterzeichnet hat – äh, Pham… Vien, stimmt das?«

»Er trägt einen Titel.«

»Das sehe ich.«

»Und?«

»Was?« fragte Casey.

»Wollen Sie sich nicht an die Adressaten wenden?«

Casey reckte sich. Sein Blick traf den des anderen. Eine Vorstellung war überflüssig. Edgar P. Geld war der lebendig gewordene Schnappschuß aus irgendeinem beliebigen Skandalblättchen, der typische Wall-Street-Hai. E. P. erkannte man einfach, obwohl er nie Interviews gewährte und keinerlei Anteil am öffentlichen Leben nahm. Er lieferte nur Stoff für die Klatschspalten, war ein gefundenes Fressen für die Fotografen. »E. P. wiederholt sich niemals«, hatte eine rührselige Tussi einmal bemerkt. »Den braucht man nicht zusammen mit den anderen Damen, die beim Friseur unter der Haube sitzen, auf den Gesellschaftsseiten zu suchen. Wenn ein umwerfendes Mädchen vorbeikommt, dann ist E. P. nicht weit. Doch nie trifft man ihn zweimal mit demselben Mädchen.«

Geld war zu lange von Speichelleckern umgeben gewesen, um in Caseys Miene den Schimmer von Verachtung wahrnehmen zu können, selbst wenn er ihn gesehen hätte. Für verachtenswerte Menschen ist die Verachtung nichts weiter als ein unsichtbarer Bestandteil der Luft, die sie atmen, sie wird nicht wahrgenommen. Big Vien hatte es seinen Gefangenen in ihren stinkenden Zellen gegenüber so ausgedrückt: »Wenn man auf einem Fischmarkt lebt, dann riecht man den Fisch nicht.« Es hatte ein Trost sein sollen.

»Wer sind denn die Empfänger?« fragte Casey endlich und ärgerte sich darüber, daß E. P. ihn zu dieser Frage veranlaßt hatte.

»Zia Gabbiya hier. Vietnam da.«

»Ich würde gerne zuerst mit meinem Partner sprechen«, erklärte Casey und hoffte, daß E. P., so wie auch Gabbiya, von der Kommunikationssperre ausgenommen war.

Geld mußte diese Bitte erwartet haben. Er ging zu einem kastenähnlichen Gebilde. »Hier drin finden Sie einen Privatanschluß.«

Das Telefon hing in einem gepolsterten Tragestuhl aus der Regency-Zeit. Casey hatte einen solchen Stuhl, der als Telefonhäuschen diente, schon mal in einem Pub in der Nähe des Shepherd Market gesehen, in dem Freudenmädchen verkehrten. Vielleicht hatte E. P. genau diese Zelle erstanden – möglicherweise mit einer hochklassigen Hure dazu, die seinem Geschmack entsprach. Der Mann hatte schon immer alles gekauft, was er haben wollte. Das war etwas, was E. P.s offensichtliche Ergebenheit Gabbiya gegenüber in noch eigenartigerem Licht erscheinen ließ.

Ein Mädchen in der Vermittlung verband ihn mit der Spad-Bierbrauerei in Virginia. Casey erkundigte sich bei seiner Sekretärin Carol nach Bingo Harriman. Sie rief: »Mr. Casey, er hat sich solche Sorgen um Sie gemacht. Immer wieder hat er versucht, telefonisch zu Ihnen durchzukommen. Er hat auch Fernschreiben an das Firmenbüro auf der Insel geschickt –«

Casey unterbrach sie. »Wo hält er sich jetzt auf, Carol?« Er befürchtete, Bingo könne irgendeine Möglichkeit gefunden haben, auf die Insel zu gelangen, und wäre damit in eine Falle geraten. Seine Stimme hatte einen Unterton, den Carol kannte. Sie riß sich zusammen. »Mr. Harriman ist nach Washington gefahren, um die Firmenanwälte aufzusuchen.« Nach dem ersten Besuch von Rotspon hatte sie die Technik der diskreten Hinweise übernommen. Bei den Firmenanwälten in Washington konnte es sich nur um einige von Bingos Kontaktpersonen in Georgetown handeln: hochrangige Beamte, die mit der »Vergiß-mein-nicht«-Bewegung sympathisierten.

Die nächste Frage beantwortete sie, bevor er sie stellen konnte: »Eine Nummer, unter der ich ihn erreichen kann, hat er nicht hinterlassen.«

Das war eine deutliche Warnung, daß Bingo dort, wo er sich gerade aufhielt, nicht angerufen werden sollte. Vielleicht – Caseys Laune hob sich bei dieser Möglichkeit – befand er sich in Gesellschaft der Kollegen aus Rotspons Abteilung. Möglicherweise war der Beschluß des Präsidenten rein kosmetischer Natur gewesen, um die Öffentlichkeit zu beschwichtigen, die sich angesichts des durchgesickerten Berichts über eine Geheimoperation in einem abgelegenen Teil der Hemisphäre erregt hatte.

»Wenn er wieder zurück ist«, trug Casey ihr frohgemut auf, »dann sagen Sie ihm bitte, ich sei begeistert von diesem neuen Markennamen, den Tony vorgeschlagen hat: Donald Duck Drinks.«

Es spielte kaum eine Rolle, ob die Leitung abgehört wurde, dachte Casey, als er die Zelle verließ. Wenn die Gegenseite den Verdacht hatte, daß er eine Nachricht weitergegeben hatte, dann konnte sie jetzt nichts mehr dagegen unternehmen. Carol hatte die Nachricht ganz ruhig aufgenommen, obwohl sie sich angesichts der neuen Getränkeproduktion, die unter dem Namen Donald Duck laufen sollte, gewundert haben mußte. Sie gehörte zu den wenigen Sekretärinnen, die heutzutage noch Stenographie beherrschten. Er hoffte, daß sie »Tony« richtig umsetzen würde. Bingo würde diese Anspielung auf Rotspons Sohn sicherlich richtig verstehen. Bingo würde die richtigen Schlußfolgerungen ziehen. Er hatte die Fäden in der Hand. Wieder einmal würde er all denen, die mit Vietnam befaßt waren, auf die Nerven gehen, aufgeblasene Titel mißachten und die Sekretäre, von denen die Mächtigen abgeschirmt wurden, kurzerhand umgehen. Er würde es mit dem Sekretär für internationale Angelegenheiten im Weißen Haus aufnehmen, den Ratgeber des Präsidenten in Kriegsgefangenenfragen zur Rede stellen, dem Büro für Gefangenenfragen im Verteidigungsministerium auf die Nerven gehen. Bingo wußte, wie man sich durch das Labyrinth all jener Behörden schlängelte, die einen Skandal fürchteten und ängstlich darauf bedacht waren, jeden Anschein zu vermeiden, sie hätten etwas zu vertuschen. Bingo hatte miterlebt, wie die Probleme in Washington heruntergespielt wurden. Dort schien es im täglichen Geplänkel um die Macht nur darauf anzukommen, wer gewann und wer verlor. Casey verfluchte die Art und Weise, wie das Ansehen von Männern immer noch von Vietnam gefördert oder zerstört werden konnte. Auf der Annahme, es hielten sich keine überlebenden Amerikaner mehr in Vietnam auf, wurden Karrieren aufgebaut. Der Beweis des Gegenteils brachte Beförderungen und dicke Pensionen in Gefahr. Keine Regierung wollte derartig hilflos erscheinen, daß es so aussah, als könne sie keine Amerikaner von Teheran oder Hanoi zurückfordern. Die Zyniker in Washington meinten, es sei besser, die Beweise zusammen mit den Männern zu begraben.

Na, dachte Casey, ich werde mich um die Beweise kümmern. Bingo wird erneut als der Verrückte angesehen werden, der wieder einmal laut darauf hinweist, daß in den Dschungelgefängnissen noch Amerikaner verrotten. Die leitenden Beamten der Abteilungen werden wieder einmal verhindert sein, weil sie sich auf Konferenzen oder außerhalb der Stadt aufhalten. Doch schließlich werden sie wieder auftauchen. Und dann wird Bingo da sein: geduldig, höflich, unerbittlich.

Weil Bingo genau weiß, daß die Ente trinkt – das war früher die kürzeste Warnung, die man im Lager weitergeben konnte. Sie besagte, daß Big Vien von der harten zur weichen Masche überwechselte. Zusammen mit einem Lächeln und einer Zigarette wurde ein Handel angeboten, so, als seien die zuvor erlittenen Schrecken überhaupt nicht passiert. Für Bingo würde es jetzt bedeuten, daß die Ente sich Casey offenbart hatte. Und daß die Ente lächelte.

Ich werde es erkennen, dachte Casey – wenn ich mit Zia Gabbiya zusammentreffe, werde ich genau wissen, ob ein Handel angeboten wird. Zia hatte sich seinen Platz in der Geschichte mit der gleichen Spur aus Blut und Haß gesichert. Wenn Zia mich mit einem Lächeln und einer Zigarette empfängt, dann ist dies nur eine andere Maske von Big Vien. Und wenn die Ente trinkt, braucht jeder einen langen Löffel.

Lord Bracken saß auf der Kinderschaukel im Garten von Pretty Penny. Auf der anderen Seite hockte Sergeant Winston, um das Gleichgewicht zu halten. Über ausgefransten Shorts trug Bracken das alte Segelhemd, das er am meisten liebte. Winston hatte Mütze und Uniformjacke abgelegt, trug aber noch sein weißes Hemd, einen schwarzen Schlips und die dunkelblaue Hose. Keiner der beiden trug Schuhe. Alison, die Drinks mixte und von der Küche aus die beiden Männer musterte, hatte den Eindruck, daß Churchill Spenser Winston adliger wirkte: Der Name schien den Charakter geprägt zu haben.

»Und sonst hat Casey nichts gesagt?« fragte Bracken.

»Nichts.«

»Wirkte er ängstlich?«

»Zu dieser Sorte Mann gehört Casey nicht.«

»Nein, das glaube ich auch nicht«, murmelte Bracken und strich sich über den Bart. »Aber Alison hat erzählt, daß er hierher kam und gesagt hat, er habe Angst. Man braucht Mut, um so etwas zugeben zu können. Ich nehme an, Sie haben recht. Er hat keine Angst.«

»War eher etwas aus dem Gleichgewicht«, bemerkte Winston nachdenklich.

»Wußte er etwas mit dem Namen Schroeder anzufangen?«

»Das habe ich an seinem Blick gesehen. Er kannte ihn.«

»Kannte wen?« erkundigte Alison sich und schob das Wägelchen mit den Drinks über das Gras.

»Herman Schroeder hat in Amerika wegen dunkler Gewerkschaftsgeschäfte gesessen«, erklärte ihr Vater.

Alison setzte sich auf einen Felsbrocken in der Nähe, der durch Generationen darauf herumrutschender Kinder und geduldig wartender Erwachsener glattpoliert worden war. »Was waren denn das für Geschäfte?«

»Unterschlagungen von Pensionsgeldern der Gewerkschaft.« Winston grinste sie an. War schon seltsam, welche Blüten die Auffassung von Freiheit bei den Amerikanern treiben konnte. »Man kann Gewerkschaften kaufen, so wie man die Lizenz für ein Lokal von Kentucky Fried Chicken erwerben kann. Schroeder war ein Gewerkschaftsexperte, der Gewerkschaften für das organisierte Verbrechen aufkaufte, dann den Gewinn maximierte, so daß die Gewerkschaften für den zehn- bis zwanzigfachen Preis wieder veräußert werden konnten. Wenn die Profite nicht diese Größenordnung erreichten, dann profitierte der Mob auf andere Weise.« Winston nahm sich einen Rumpunsch und ein Fleischpastetchen.

»Kaum zu glauben«, murmelte Alison.

»Wurde alles schwarz auf weiß belegt.« Winston streckte die Beine, und auf der anderen Seite der Wippe hob Bracken sich sanft und glitt wieder nach unten. »Seit den sechziger Jahren haben fünf führende Familien des organisierten Verbrechens gewisse Gewerkschaften kontrolliert. Normalerweise erwarben sie die Lizenz durch jemanden wie Schroeder. Ich weiß ein bißchen darüber«, fügte er bescheiden hinzu, »weil wir eine Untersuchung durchgeführt haben, als die Gewerkschaftsorganisatoren erstmals auf die Inseln kamen, um deren Gewerkschaften zu fusionieren. Das Ganze hatte einen komischen Geruch.«

»Ich stelle Ihre Quellen nicht in Frage«, erklärte Alison. »Ich kann nur nicht glauben, daß selbst jemand wie Schroeder damit so einfach durchkommen konnte.«

»Geld schlägt der Justiz normalerweise ein Schnippchen«, bemerkte Bracken.

»Da legen Sie den Finger auf die Wunde.« Winston kaute auf seiner Pastete herum und warf Bracken einen nachdenklichen Blick zu.

»Halten Sie es für möglich«, erkundigte Alison sich, »daß Casey davor Angst hat, was eine von Schroeder kontrollierte Gewerkschaft dem Spad-Unternehmen antun könnte?«

»Ist gut möglich, daß Schroeder in den Staaten immer noch Einfluß hat«, meinte Winston. »Aber nein, ich glaube nicht, daß Mr. Casey das Gesindel von Rose Hall aus diesem Grund begleitet hat.«

»Wie verbindet wohl Schroeder korrupte Gewerkschaften, Zia Gabbiya, E. P. Geld und die Vietnamesen?« Alison sah erst den einen, dann den anderen an. »Wollen mal überlegen. Schroeder war im Gefängnis?« fragte sie Winston.

»Weil er den 75-Millionen-Dollar-Fonds von Streik- und Pensionsmitteln eines Gewerkschaftsverbandes im Staat New York unterschlagen hat. Er hatte gänzlich freie Hand, wie er die Gelder investierte, und kassierte eine Provision. Man hätte ihn auch nicht erwischt, wenn die Polizei nicht einen Tip bekommen hätte. Sie müssen sich dabei vor Augen halten, daß die Korruption nicht vor den Staatsgrenzen Halt macht und so viele Zuständigkeitsgebiete der Polizei sich überschneiden, daß es selbst einem mächtigen Mann wie dem Gouverneur des Staates New York nicht möglich schien, Schroeder aufzuhalten. Jede Untersuchung blieb wegen dieser sich überschneidenden Zuständigkeiten stecken.«

»Ich war der Ansicht, da drüben habe man eine spezielle Eingreiftruppe, die sich um solche Probleme kümmert«, meinte Alison.

»Eine solche Truppe wird für bestimmte Problembereiche vom Justizministerium in Washington gebildet.« Winston starrte auf seine nackten Füße hinunter, die Zehen krallten sich ins Gras. »Diese Leute tragen Informationen zusammen, doch meistens haben sie keine Möglichkeit einzugreifen.« Winston sah auf. »Es ist so, als hätte man es mit einer ganzen Reihe unabhängiger Staaten zu tun. Jeder pocht eifersüchtig auf die eigene Souveränität.« Winston sah auf. »So jedenfalls haben es mir die Beamten des FBI erklärt. Ein stellvertretender Direktor führte aus, daß der Bundesregierung wegen der Rechte eines Staates die Hände genauso gebunden sind, wie sie es wären, wenn die Beamten hier mit uns zusammenarbeiten wollten. Aus den alten Tagen, als eine Zusammenarbeit noch möglich war, habe ich noch Freunde in Washington...« Das Gesicht des Sergeant strahlte vergnügt. »Ist doch super, wenn man unerlaubterweise eine Seilmannschaft zur Verfügung hat, stimmt's?«

Alison überhörte den Sarkasmus. »Als eine Zusammenarbeit noch möglich war?« fragte sie zurück. »Was soll das heißen?«

»Die früheren Abkommen zur gegenseitigen Unterrichtung zwischen den Inseln und Washington, die damals geschlossen worden sind, als London das Heft noch fester in der Hand hatte.«

»Abgebrochen?«

»Stück für Stück, ganz behutsam.«

»Und nichts davon ist durchgesickert?«

»Bisher nicht.«

»Wieso?«

»He!« protestierte Bracken. »Du bist hier nicht im Gerichtssaal, Alison.«

»Ist schon gut«, meinte Winston. »Macht mir nichts aus. Ich habe gerade erst damit angefangen zu erkennen, was dahintersteckt... Schroeder wurde von jemandem aus dem Gefängnis freigekauft, der im Dienst von E. P. Geld steht. Das war denen, die es anging, nur recht. Die wollten ihn auf der Insel haben, damit er die Gewerkschaften an die Kette legte, so daß E. P.s Hotelinvestitionen vor jeder Streikdrohung sicher waren. Das jedenfalls hat E. P. angenommen, als er davon Wind bekam. Doch inzwischen wird er wissen, daß Schroeders Entlassung von einem der Männer Zia Gabbiyas arrangiert worden ist, der innerhalb der Geld-Organisation arbeitet. Das FBI glaubt, daß Gabbiyas legale Unternehmen gewisse Gewerkschaften in Amerika schon aufgekauft haben.«

»Wollen Sie damit sagen, daß Gewerkschaften in Schlüsselindustrien an einen ausländischen Terroristen verkauft worden sein könnten?« Alison fielen beinahe die Augen aus dem Kopf.

»Schroeder saß im Gefängnis. Er hätte auf jeden Fall verkauft. Sie müssen das verstehen. Das sind Geschäftsleute. Die investieren in Gewerkschaftsvorhaben, und wenn der Gewinn maximiert ist und jemand kommt mit einem phantastischen Angebot daher, dann verkaufen sie. Sogar an den König des Terrors.« Winston schwieg und legte den Kopf schräg. »Natürlich sollten Sie davon überhaupt keine Ahnung haben, Miss«, stichelte er.

»Was für eine geschickte Art und Weise, ein Land unter Kontrolle zu bringen«, überlegte Alison.

»Das wurde schon früher versucht«, schaltete sich Bracken ein, »doch damals aus rein politischen Gründen... Als alle diese Zusammentreffen stattfanden mit dem Ziel, eine allgemeine Gewerkschaft auf den Inseln zu gründen, habe ich mir schon gedacht, daß da etwas nicht stimmt.«

»Wenn Sie mich zitieren wollten«, meinte Winston, »müßte ich alles abstreiten. Doch Schroeders Leute haben die kleinen Inselgewerkschaften schwer unter Druck gesetzt, und jetzt haben die Gewerkschaften sich vereinigt und einen Präsidenten gewählt. Als nächstes werden wir einen Generalstreik erleben, der die gesamte Insel ergreift. Wenn sich Zia Gabbiya dazu entschließt –«

»Die Wahl eines Gewerkschaftsführers ist doch keine unwichtige Angelegenheit, über die nicht berichtet wird«, erklärte Alison. »Ich verstehe nicht, wieso ein solches Ereignis ignoriert werden konnte. Ist doch nicht dasselbe, wie wenn man den Präsidenten des Jacht-Clubs wählt, oder?«

»Den Commodore!« rief Bracken aus und warf Winston einen schnellen Blick zu. »Commodore, nicht Präsident.« Wie verabredet standen beide Männer vorsichtig und gleichzeitig auf. Bracken schwang ein Bein über die Schaukel und sagte: »Vom Jacht-Club, wie?«

»Vom Jacht-Club, Lord John.« Winston wurde auf einmal sehr förmlich.

»Ihr wollt doch nicht den Commodore in die Sache hineinziehen?« Alison sah vollkommen verdattert aus.

»Der Commodore ist recht lebendig«, meinte Bracken trocken.

»Aber er ist fünfundachtzig.«

»Ich bitte ihn ja nicht, die verdammte Stringbag zu fliegen«, erklärte Bracken. »Der braucht nur den Kaperbrief für das Flugzeug zu unterschreiben.«

12

Casey ballte die Fäuste hinter seinem Rücken und konzentrierte sich auf den Gedanken, daß Zia Gabbiya, obwohl er bösartig wie eine Schlange, ein Massenmörder und ein Diktator mit grenzenlosem Ehrgeiz war, der vor nichts zurückschrecken würde, um Amerika, seinem Feind, Schaden zuzufügen, auch den Schlüssel besitzen mochte, der imstande war, gewisse Gefängnistüren zu öffnen. Also beruhige dich, Casey, ermahnte er sich und tauschte mit dem Großprotektor, der ihn an Bord der »Qurqur« in einer teakgetäfelten Privatkabine empfing, ein höfliches Lächeln aus. Gabbiyas Begrüßung war schmeichelhaft und zielte darauf ab, Casey zu umgarnen. Casey kamen die Worte zwar herablassend vor, doch er zwang sich, ebenso höflich darauf zu antworten.

Seine Sinne waren ungewöhnlich angespannt. Nachdem er die »Qurqur« zum ersten Mal gesehen hatte, hatte er sich mit ihrer Geschichte und den Fähigkeiten des Schiffes beschäftigt. Dabei hatte er sich auch auf die überraschend gut bestückte lexikalische Abteilung der Öffentlichen Bibliothek gestützt. Er vermochte den Namen der Werft in Quebec zu nennen, wo das Schiff zuerst als kanadische Fregatte während des Krieges Gestalt angenommen hatte, bevor sie zum Luxusschiff umgebaut worden war. Als der Helikopter des Schiffes ihn an Bord brachte, hatte er Aufbauten bemerkt, die in keinem Schiffsregister verzeichnet waren. Die Kabine verriet den ausgefallenen Geschmack eines reichen Mannes, verfeinert von einem teuren Innenarchitekten – wenn man von den über Kreuz aufgehängten syrischen Schwertern und einem Paar fein gearbeiteter Pistolen aus Damaskus absah, die zu beiden Seiten des kleinen Queen-Anne-Schreibtischs aus Wurzelholz an der Wand befestigt waren. Direkt über dem Schreibtisch befand sich ein El Greco, den Casey für die »Madonna mit einem Engel« hielt.

»Und selbstverständlich sind mir die Umstände bekannt, die dazu führten, daß Sie mit der Medal of Honour des Kongresses ausgezeichnet wurden«, erklärte Gabbiya in diesem Augenblick. »Ich bedaure es, einen derartig mutigen Mann in eine Situation zu versetzen, in der er von seinen ehemaligen Feinden etwas erbitten muß.«

»Ich bitte nicht!« schnappte Casey. Er nahm sich zusammen. Seine eigenen Gefühle waren zweitrangig. Wenn er seinem Temperament freien Lauf ließ, würden andere leiden. »Es geht um die Frage, Informationen zu erlangen. Wenn diese Männer leben, dann möchte ich wissen, welche Schritte notwendig sind, um sie dort herauszuholen.«

»Ich bin sicher, daß es eine Basis für Verhandlungen gibt«, meinte Gabbiya und wirkte zufrieden. Er räkelte sich in einem Kleidungsstück, das Casey wie ein gestreiftes Nachthemd vorkam, auf einem Sofa unter einem Bullauge der Arbeitskabine. Früher einmal, als das Schiff noch als Fregatte gedient hatte, mußte dies die Kapitänskajüte gewesen sein, eine Kajüte, die in einer Zeit allgemeiner Rechtschaffenheit von einem Ehrenmann bewohnt worden war, der seine Pflicht erfüllt und für Freiheit und Menschenwürde gekämpft hatte.

Casey bemühte sich, seinen Ärger zu zügeln, und lehnte sich in den Sessel zurück, den Gabbiya ihm angeboten hatte. »Also, wann kann ich die Verhandlung aufnehmen?« erkundigte er sich.

Gabbiya warf einen Blick über Caseys Kopf hinweg auf den messinggerahmten Schiffschronometer. »Morgen um die Mittagszeit werden die Herren sich in Saigon aufhalten.«

Casey bemerkte, daß der Großprotektor die Bezeichnung Ho-Chi-Minh-Stadt vermied. »Sie stehen in Kontakt?«

»Ich unterhalte Büros in der früheren amerikanischen Botschaft. Das Gebäude wurde von der staatlichen Ölgesellschaft übernommen. Ich belege dort nur ein bescheidenes Plätzchen… Paracelsus-Petroleum.« Erwartungsvoll sah er Casey an.

»Paracelsus?« Casey sah keinen Grund, seine Verblüffung zu verbergen. »Ich war der Meinung, diese Inseln zwischen China und Vietnam seien umstritten.«

»Wegen der großen Ölreserven unter dem Meeresgrund.« Gabbiya sprach wie ein Lehrer, der mit seinem Schüler zufrieden ist. »Eines meiner Spezialinteressengebiete, die Vorkommen unter dem Meer.«

Bei Casey blitzten die Warnleuchten auf.

»Meine Kommunikationsanlagen stehen zu Ihrer Verfügung«, erklärte Gabbiya. »Ebenso der Regierung Vietnams.« Er drückte auf einen Knopf und lehnte sich dabei zurück; seine langen Finger fuhren über die Kante des Schreibtischs. »Ist Ihnen der Name Armand Hammer geläufig?«

»Hammer?« Caseys Gesicht blieb ausdruckslos, während sich seine Gedanken mit den damit angesprochenen neuen Möglichkeiten beschäftigten. Hammers Occidental Petroleum unterhielt Büros in Moskau und Peking. Hammer war mit seinen Geschäftsverbindungen zu den kommunistischen Ländern, die bis in die Zeit vor Stalin reichten, zu einem der reichsten Männer der Welt geworden. Für die Sowjets war er so etwas wie ein Vorzeigekapitalist, dessen ungeheurer Reichtum andere Kapitalisten dazu verleiten mochte, nach ebenso großen Profiten Ausschau zu halten. Er war der lebendige Beweis, wie die Sowjets laut proklamierten, daß man die Sowjetpropaganda nicht allzu ernst nehmen durfte: Geschäftsleute konnten sich auf ihre Partner verlassen. Nur im engsten Kreis versicherten sich die Sowjets, daß der Kapitalismus ihnen den Strick verschaffen würde, an dem sie die Kapitalisten aufhängen würden. Schließlich sagte Casey: »Wer hätte nicht von Hammer gehört?«

Gabbiya nickte. »Verglichen mit mir ist er vollkommen unbedeutend. Vietnam benötigt meine Technologie, meine Experten, um die Paracelsus-Inseln zu erschließen. Wir werden die gesamte Dritte Welt versorgen.«

»Der Name Hammer bedeutet wesentlich mehr als nur Öl.«

»Genauso ist es auch bei mir. Der Sowjetblock, die ganzen kommunistischen Länder im Osten haben sämtlich einen gewaltigen Bedarf an Geld in harten Währungen. Die verschaffe ich ihnen. Die Zeit der Petrodollars ist vorbei, Commander Casey, doch meine Dollars vermehren sich auch ohne Öl.«

»Womit werden Sie bezahlt?« erkundigte Casey sich und erwartete eigentlich keine Antwort.

»Mit Sprengsätzen«, erwiderte Gabbiya und lächelte einem jungen Mann in Marineuniform zu, der auf das Klingelzeichen des Großprotektors hin aufgetaucht war. Gabbiya gab dem Jungen in arabischer Sprache eine kurze Anweisung, wandte sich dann Casey zu und sagte: »Formulieren Sie bitte Ihre Nachricht.«

Affektiert lächelnd wartete der junge Mann. Casey nahm den Block auf, der neben ihm lag, während Gabbiyas Augen zufrieden über die engen blauen Hosen und das Matrosenhemd huschten.

Sprengsätze? dachte Casey. Gabbiya haßt Amerika genug, um auf Hanois Behauptung hereinzufallen, daß Guerrillakrieg und Terrorismus – diese Art von Sprengsätzen – amerikanische Technologie besiegen können. Doch Gabbiya war kein Einfaltspinsel. Rotspons Analyse hatte eine weitaus komplexere Persönlichkeit ergeben, als die Welt sie aus vereinfachenden Schlagzeilen kannte. Gabbiya wollte als der Prophet in die Geschichte eingehen, der dem Islam zur vollen Blüte verholfen hatte. Wie alle bedeutenden Diktatoren war er gleichzeitig ein Magier. Seine Vorstellungen lebten von der Ablenkung. Hier inszenierte er eine Krise zur Ablenkung, während er den Mordsknall vorbereitete, der das Festland erschüttern würde.

Casey drehte den Stift hin und her, wie jemand, der in Gedanken eine Formulierung entwirft, notierte eine erste Fassung auf dem Block, strich sie wieder aus, fügte etwas ein – während seine Gedanken rasten. In seinem Rücken tickte die Uhr leise vor sich hin. Er brachte eilig eine zögernde Formulierung zu Papier, dann eine knappe Bitte um Bestätigung, daß die Namen, die er gesehen hatte, tatsächlich die von den Amerikanern waren, die noch in Vietnam festgehalten wurden. Er adressierte seine Mitteilung an den Chef der kommunistischen Propaganda im Hanoi der sechziger Jahre, Pham Quac Vien, dessen Name auf den Telexen aus Ho-Chi-Minh-Stadt immer wieder auftauchte. Er unterzeichnete seine Nachricht mit dem vollen Namen, weil er wußte, daß Big Vien das erwarten würde.

Von Big Vien, diesem Bauernfänger, hieß es, daß er damals, als Casey ihm ins Gehege gekommen war, Ho nähergestanden hatte als selbst Premierminister Pham Van Dong. Casey war dabei erwischt worden, wie er drei Fluchtversuche organisiert und dadurch die Moral unter den Mitgefangenen im Lager, die gefoltert wurden, aufrechterhalten hatte. Nach, wie es ihm schien, Monaten wurde er aus der Einzelhaft ans Tageslicht gebracht. Er blinzelte, weil er das Licht nicht mehr gewöhnt war, und seine Glieder waren durch die Fesseln taub geworden. Casey hatte Big Vien aus zusammengekniffenen Augen angesehen, sein Gehör war durch die Einsamkeit geschärft. Zum ersten Mal hörte er aus der plappernden vietnamesischen Sprache den vollen Namen des Mannes heraus. In diesem Augenblick hatte Casey erkannt, daß er sich in den Händen des in Paris ausgebildeten Intellektuellen befand, der vor seiner Gefangennahme Gegenstand so mancher Besprechung bei der Navy gewesen war.

Vien hatte sich unterhalten wollen – ganz so, wie später Zia Gabbiya mit ihm hatte sprechen wollen: höflich, so als hätte es in der Vergangenheit nie irgendwelche schrecklichen Erlebnisse gegeben. Vien hatte die ganze Nacht gesprochen. Casey hatte Vien dazu verleitet, seinen intellektuellen Hochmut zu offenbaren, seine Vertrautheit mit Schopenhauer, seine Beziehung zu Camus, seinen Dissens mit Platos Definition von Gerechtigkeit. Das Schöne daran war, daß Vien ganz offenbar überzeugt war, er mache Fortschritte dabei, Caseys Persönlichkeit zu brechen.

Casey machte das nicht das Geringste aus. Alles war besser, als wieder ins Loch gesteckt zu werden. Gegenseitig hatten sie sich mit Zitaten bombardiert und so manch bedeutende Debatte wieder aufleben lassen, die zweitausendvierhundert Jahre zuvor von griechischen Philosophen im Hafen von Piräus geführt worden war. Casey hatte das Gefühl, eine Universitätsvorlesung über die westliche Philosophie zu hören. Für Vien war es die Gelegenheit, den Grundstein zu den psychologischen Spielchen zu legen, die später folgen sollten. Er mußte beweisen, daß die vietnamesischen Kommunisten sich mit den Thesen der abendländischen Philosophen beschäftigt hatten und diese ihnen im Licht von Ho, Marx, Lenin und Engels durchaus erstrebenswert schienen. Casey hatte sich nicht kooperativ gezeigt. Früher schon hatte er sich geweigert, im Rundfunk seine Einsicht zu artikulieren, hatte sich sogar geweigert, Nachrichten für seine Mitgefangenen zu sprechen, weil er genau wußte, daß die scheinbar harmlose Verbreitung von »Nachrichten« der Anfang der schlüpfrigen Schräge zur Kollaboration bedeutete. Casey hatte der Versuchung widerstanden, vor den Amerikanern aufzutreten, die nach Hanoi kamen, um mit dem Feind Hand in Hand zu arbeiten, obwohl dies eine Gelegenheit gewesen wäre, bestätigen zu können, daß er noch lebte. Casey hatte sowohl Big Viens Respekt als auch dessen Haß gewonnen. Die philosophischen Diskussionen bedeuteten nur das Vorspiel zu Viens erneutem Angriff auf Caseys Selbstvertrauen. In Viens Glauben an die Technik der Gehirnwäsche im totalitären Staat war Casey zur absoluten Herausforderung geworden. »Ein Mensch muß seine Gedanken ebenso oft säubern wie sein Gesicht«, hatte er Casey geraten. »Das entspricht unserer Philosophie und beschämt die traditionellen Gelehrten des Abendlandes.«

Und deshalb fügte Casey, während er sein Telex entwarf, das Gabbiyas Männer übermitteln sollten, die Wendung hinzu, die, wenn sie beantwortet wurde, vielleicht bestätigen mochte, daß sich wirklich Big Vien am anderen Ende der Leitung befand. »Was für ein Zufall«, schrieb er.

Zia Gabbiya erkundigte sich nicht nach der Bedeutung der eingefügten Worte. Das allein fand Casey schon bezeichnend. Zia überflog die Nachricht nur kurz und reichte sie dann an den wartenden Seemann weiter. Anschließend lud er Casey ein, zum Abendessen zu bleiben.

Wieder hatte Casey das Gefühl, in Big Viens Gesellschaft zu sein. Das Angebot einer Zigarette und von etwas Reiswein nach all den Grausamkeiten, ein Anflug von Menschlichkeit, bevor man sich wieder der nackten Brutalität zuwandte. Doch diesmal mußte Casey die gespielte Gastfreundschaft annehmen. Er mußte auf Viens Antwort warten.

Die Situation wurde durch Melanie Blakes unverhoffte Anwesenheit beim Essen, das in der Hauptkabine am Heck des Schiffes serviert wurde, abgemildert. Es war kein verschwenderisches arabisches Mahl. Die Portionen waren klein und die einzelnen Gänge nicht weiter erwähnenswert. Casey nahm an, daß Gabbiya auch damit einen bestimmten Zweck verfolgte.

Lani bedeutete eine Ablenkung. In dem Moment, als Casey dieser Gedanke kam, erinnerte er sich an Rotspons Analyse von Zia Gabbiyas Tätigkeit als Magier in seiner Jugend. Wenn Lani anwesend war, um seine Aufmerksamkeit abzulenken, dann würde er schon damit fertig werden. Er musterte sie mit unverhohlener Neugierde. Wußte sie, daß sie Rotspons Leiche gefunden hatten, kurz nachdem sie auf der Buhne an Lani vorbeigekommen waren? Vielleicht wollten Zia und sie selbst das herausfinden. Zum ersten Mal begriff er, daß Alison und der schwarze Sergeant möglicherweise genau das Richtige getan hatten, als sie Rotspons Tod vertuschten. Das hielt den Feind im Ungewissen.

Gabbiya ließ das Thema seiner Interessen in Vietnam plötzlich fallen. Er sagte: »Soviel ich weiß, ist Miss Blake hier als ›die Irin‹ bekannt. Sie werden das wissen, Commander Casey, ebenso wie Sie von den Problemen gehört haben werden, die sie bei der Einreise hatte.«

Das war der Wink für Lani. Ohne Caseys Antwort abzuwarten, sagte sie: »Die internationale Polizeiorganisation führt mich auf der Liste der ›gesuchten Personen‹.«

»Warum denn?« Casey hatte auf diese Frage keine Antwort von Alison bekommen.

»Ich lebe schon seit langer Zeit in der Nähe des Protektors. Dienststellen« – Lani zögerte bei dem Wort – »Dienststellen wie INTERPOL fürchten sich davor, Oberst Gabbiya direkt anzugreifen, obwohl sie verbreiten, daß er für einen Großteil des Terrorismus in der Welt verantwortlich sei.«

»Bloßes Geschwätz«, erklärte Gabbiya. »Die haben nicht den geringsten Beweis, überhaupt nichts, was mich auch nur mit einem einzigen Terrorakt in Verbindung bringen könnte.«

»Diese Leute haben Angst, ihn anzugreifen«, faßte Lani zusammen, »doch sie machen Angestellten wie mir das Leben schwer. Ich habe nie gegen das Gesetz verstoßen.«

Das ist wirklich wie im Lager, wo der Feind einen glauben machen wollte, schwarz sei in Wirklichkeit weiß, dachte Casey. Die Wahrheit ist immer das, hatte Big Vien erklärt, was der Revolution nützt.

Er lächelte. Sie saßen auf Kissen und bedienten sich von kleinen Platten, auf denen die Speisen um ein Gebilde angeordnet waren, das aussah wie ein Samowar. Lani trug einen hauchdünnen, knöchellangen Umhang, der dem ähnelte, in dem er sie bereits zuvor gesehen hatte. Auch dieser hier enthüllte mehr, als er verbarg.

»Soviel ich höre, könnten Sie Ärger mit den Gesetzen bekommen«, murmelte Gabbiya und angelte sich eine Handvoll gewürzter Reiskörner.

»INSPAD«, warf Lani ein. »Offensichtlich hatten Sie Schwierigkeiten, die Gesellschaft registrieren zu lassen. Diese Angelegenheit kann geregelt werden, genau wie das bei mir der Fall war.«

»Ein bißchen Geld in die richtigen Kanäle«, fügte Gabbiya hinzu.

»Warum wollen Sie mir behilflich sein?« Casey sah zu, wie der Protektor seine schlanken Finger in eine Schale mit Wasser tauchte, auf dem rosa Blüten schwammen.

»Weil wir danach eine Partnerschaft bilden könnten.«

»Mit INSPAD? Das Unternehmen steht nicht zum Verkauf.«

»Bei euch Amerikanern hat alles seinen Preis.«

»Das mögen Ihnen Ihre Freunde in Vietnam gesagt haben«, gab Casey zurück. »Doch das stimmt nicht.«

»Selbst dann nicht, wenn ich mit menschlichen Leben bezahle?«

Casey wurde starr.

»Mit Leben wie dem von Tony Rutgers?« hakte Gabbiya nach. »Oder dem von ›Claws‹ Cameron? Oder von Lieutenant Gurowsky von den Black Knights?«

Aus den Augenwinkeln erhaschte Casey einen flüchtigen Blick des Mädchens. Eine Warnung? Sorge? Sein Gesicht blieb unbewegt. Er bemühte sich krampfhaft, die verborgenen Emotionen zu unterdrücken, die durch diese Namen wachgerufen wurden. »Was ist denn so interessant an INSPAD?« gelang es ihm zu fragen.

»Die Grundlagenforschung, die Ihre Leute betrieben haben.«

»Meine Leute?« Casey verbarg seine Verblüffung. »Meine Leute, das sind Bingo und ich.«

»Es geht um die Tiefseeschleppausrüstung«, erklärte Gabbiya. »Den Delphin-Sonar. Ganz besonders sind wir an den Fortschritten auf dem Gebiet des Schleppens unbemannter Unterwasserfahrzeuge interessiert. Bemannte Transportmittel können nicht so ökonomisch eingesetzt werden. Sobald die Umstände auch nur im entferntesten gefährlich zu sein scheinen, lehnen es die Bedienungsmannschaften ab, damit zu tauchen.« Gabbiya schien weder in der Lage zu sein aufzuhören, noch seine Begeisterung zu verhehlen. »Ihre Forschungsausrüstung ist jeder anderen auf dem Markt überlegen. Niemand sonst besitzt die Fähigkeiten, eine so tiefe und weiträumige Suche durchzuführen.«

Verblüfft hörte Casey zu. Dabei ging es um Vorstellungen von INSPAD, um Entwürfe und Skizzen auf Zeichenbrettern. Zu ihrer Verwirklichung wurden hochkarätige Wissenschaftler benötigt. Die Schwierigkeiten waren ganz enorm. Zwischen den Konzepten und ihrer Realisierung türmten sich endlose Hürden auf. Dennoch schien Gabbiya der Meinung zu sein, daß INSPAD jederzeit einsatzbereit sei. Dieser Gedanke war absurd.

»Sie übertreiben die Möglichkeiten von INSPAD«, gab Casey vorsichtig zurück.

»Nein!« Lani mischte sich mit fester Stimme ein. Ihre dunklen Augen hielten Casey mit intensivem Blick fest. »Wir sind im Besitz von Berichten, denen zufolge die CIA Ihr Projekt heimlich finanziert.«

Mit Mühe unterdrückte Casey seinen Unglauben. Lani hatte die Worte mit solchem Nachdruck geäußert, daß sie eine geheime Botschaft zu beinhalten schienen. Langsam sagte er: »Sie können nicht erwarten, daß ich mich dazu äußere.«

»Selbstverständlich nicht«, erklärte Gabbiya beifällig. Er klatschte in die Hände. »Sie spielen natürlich Backgammon, Commander Casey?«

Casey nickte und überlegte, ob dies wohl ein weiterer Hinweis auf verborgenes Wissen sein sollte. Doch Gabbiya hatte bereits einen Wink gegeben, und ein niedriger Spieltisch wurde herbeigetragen: ein wunderschönes Stück Einlegearbeit aus Marmor. »Ein paar Spiele«, erklärte er, »und dann müßte die Bestätigung, daß Vietnam unsere Nachricht erhalten hat, eingetroffen sein. Sie können sich während des Spiels mein Angebot überlegen.«

Casey warf Lani einen kurzen Blick zu, doch ihr Gesicht verriet nichts. Er erinnerte sich, wie Bingo gesagt hatte, daß INSPAD für eine phantastische »Entensuppe« sorgen würde. Hatte irgend jemand die Sowjets oder ihre vietnamesischen Verbündeten absichtlich mit der wüsten Geschichte gefüttert, daß es sich bei INSPAD um ein geheimes CIA-Unternehmen handelte? Wenn das der Fall war, weshalb sollte man dann das Unternehmen nicht gegen das Leben von Amerikanern verschachern? INSPAD war nichts wert, barg keine Geheimnisse, doch das Ganze konnte Big Vien lang beschäftigen.

»Verdammte Unverschämtheit!« knurrte der Commodore des Jacht-Clubs. Sein Name war Sir Everard »Chilly« Chillingham. Mitte Achtzig, knatterte er immer noch auf einem frisierten Moped zur Arbeit; sein einziges Zugeständnis an die Vernunft war ein Sturzhelm. Er war auch unter dem Spitznamen »Alter Seebär« bekannt, einer Anspielung auf seine Zeit als junger Seemann, in der er vor ungefähr siebzig Jahren an der Schlacht bei den Falklandinseln teilgenommen hatte. Im eigentlichen Sinn war er der Schatzmeister der Insel, der Vorstandsvorsitzende der Nationalbank, die von seinem Ururgroßvater gegründet worden war. Aus diesem Grund wurde er hin und wieder auch Geldsack genannt. »Verdammte Frechheit!« betonte er noch einmal.

»Was denn?« Bracken warf dem Alten über die Bar im Club einen Blick zu.

»Dieser sogenannte Blitzstreik! Die Telekommunikationssektion dieser neuen allgemeinen Gewerkschaft hat die Arbeit niedergelegt. Doch als ›Zugeständnis an das nationale wirtschaftliche Wohl‹ lassen sie gnädigerweise die Banken ihre Transaktionen weiterhin durchführen. Blödsinn! Ich könnte Kuriere einsetzen. Hab' ich schon früher gemacht. Jetzt haben die dämlichen Transportarbeiter praktisch auch den Flughafen dichtgemacht! Der Premierminister will nicht eingreifen. Das wagt er nicht. Sein Bruder ist der verdammte Präsident der neuen Gewerkschaft.« Flocken weißen Schaums flogen von seinem Bierkrug. »Prost!«

»Prost!« erwiderte Bracken und dachte, daß Winston, was die Fakten anging, völlig richtig gelegen hatte. Das Geschehen war ihm nur eine Nasenlänge voraus.

Endlich tauchte Chillys rosa Gesicht wie eine Sonne wieder über dem Rand des Krugs auf. Der Adamsapfel hüpfte an der dürren Kehle auf und ab. »Hatte einen ganz trockenen Hals, brauchte ganz schnell was Feuchtes. Macht durstig, das Geld anderer Leute zu zählen.« Der Gedanke, was die Gewerkschaft diesem Geld antat – nach Chillys Auffassung erarbeitetem Geld –, ließ ihn wieder aufbrausen. »Diese Blödmänner haben doch gesagt, gewisse ausländische Firmen könnten weiterhin ihr Kommunikationsnetz benutzen, aber nicht alle! Du kannst dir sicher vorstellen, wer die bevorzugten sind?«

»Tarnunternehmen von Zia Gabbiya?« vermutete Bracken.

Chilly nickte. »Langsam geht uns die Zeit aus«, bemerkte er mysteriös und rieb sich die Nase. Sie paßte vortrefflich zu seiner roten Gesichtsfarbe und wies die gleichen geplatzten Äderchen auf, die sein Gesicht wie ein feines Netz überzogen. Er war ein aufrechter alter Mann mit schneeweißer Mähne und blaßblauen Augen. Chilly liebte die Inseln über dem Wind, liebte ihre Geschichte, ihre Bewohner, ihre seltsamen Traditionen, die ihm so vertraut waren, da er ihre Ursprünge kannte. Er war wie ein alter Seemann, der seine Segel am Wind hielt, der sein Schiff vorsichtig durch gefährliche Strömungen und hinterhältige Böen steuerte, weil ihm nur zu bewußt war, daß es nicht Heldentum war, was ein Boot über Wasser hielt. Andererseits würde er aber auch sein gesamtes Wissen und seinen Instinkt darauf setzen, mit einem Reff in den Segeln durch eine Lücke im Riff zu kommen. Das war der Grund, weshalb Bracken ihn in die Bar eingeladen hatte.

»Muß Ihnen komisch vorkommen«, meinte Chilly, »wenn gerade ich mir wünsche, daß das Geld nicht mehr so reinströmt.«

»Schmutziges Geld?«

»Fürchte, ja. Wir haben zwar Barrieren gegen Geldwaschaktionen errichtet, doch nun scheinen unsere eigenen Beamten die Schmiergelder einzustreichen.« Über die Theke hinweg blinzelte er zu den Bogenlampen hinüber, die über den Schwimmdocks gerade zögernd zum Leben erwachten. »Sollte ich Ihnen gar nicht erzählen, alter Junge. Gibt aber sonst niemanden, dem ich traue. Hatte einen Besuch von amerikanischen Finanzbeamten. Nette Jungs. Hab' denen zu verstehen gegeben, daß wir vom Vertrauen leben. Das haben sie verstanden. Behaupteten, irgendein Spaßvogel habe ihnen einen Tip gegeben. Sagten, es handele sich nur um einen Höflichkeitsbesuch, der mich daran erinnern sollte, was mit den Auslandsfirmen auf den Turks- und Caicos-Inseln passiert sei, und den Banken auf den Caymans, als die eines Tages aufwachten und feststellten, daß sie zu Geldwaschunternehmen geworden waren.« Chilly hob den Krug und seine Stimme. »Na, dann noch mal Prost, alter Junge.«

Der Barkeeper kam heran. »Wünschen Sie noch einen?«

»Warum nicht?« meinte Bracken.

Der Barmann kannte seine Kunden. Er goß Bracken einen Gin und Chilly einen Scotch ein. In Brackens Drink ließ er Eiswürfel fallen und fügte Tonic hinzu. Für einen Sekundenbruchteil ruhte seine Hand über Chillys zweitem Scotch. Der Alte fuhr auf. »Langsam, Simon! Kein Eis! Haben uns doch noch nicht an die Yankees verkauft.«

»Sie meinen, Sie haben sich noch nicht bewußt verkauft«, murmelte Bracken, als der Barkeeper wieder verschwunden war.

»Genau das macht mir Kopfzerbrechen«, gab Chilly zu. »Schauen Sie sich das mal an!« Er breitete ein Exemplar der »Washington Post« aus. »Hat mir einer von den Yankee-Finanzbeamten gegeben. Er hat gesagt: ›Unter dem großen Schirm sind Sie sicherer.‹ Na, was, glauben Sie, meinte er wohl damit?«

Bracken starrte auf die Titelseite: »Steueroasen durch die Mangel gedreht – Geldwäscherei vor der Küste. – Jedes Jahr gehen der Einkommensteuer Milliarden Dollar verloren, und weitere Milliarden gesellen sich auf Grand Cayman dazu, der britischen Kolonie 460 Meilen südlich von Miami, die von der Steuerhinterziehung lebt. Hier sind über 18000 ausländische Unternehmen registriert, mehr als eine Firma je Einwohner. Hier haben mehr Banken je Kopf ihren Sitz als irgendwo sonst auf der Welt.«

Bracken blickte auf. »Sie sind unsere einzige Bank, Chilly. Was hat das also mit uns zu tun?«

»Was dieser Yankee-Finanzbeamte mir sagte – wovor er mich warnte –, war folgendes: Retten Sie sich unter den großen Schirm von Gabbiya, bevor wir als nächstes die Inseln über dem Wind durch die Mangel drehen.«

»Für die Quelle ist das aber ein seltsamer Rat«, murmelte Bracken und las weiter: »Bundesbeamte vermuten, daß das scharfe Vorgehen gegen die illegalen Methoden, mit deren Hilfe Amerikaner Steuern hinterziehen, weitgehende Auswirkungen haben wird. Die Inselbewohner von Cayman behaupten, ein solches Vorgehen werde ihre Lebensgrundlage zerstören...« Er legte die Zeitung beiseite und starrte nachdenklich auf einen Wasserkringel auf der polierten Teakholztheke. Er war hierher gekommen, um Chilly endlich mit dem Undenkbaren zu konfrontieren. Jetzt, so schien es, hatte bereits jemand anderer die Vorarbeit geleistet. Bracken überlegte, wie er direkt zur Sache kommen konnte, ohne Chilly, der in Fragen der Bankenethik eine altmodische Einstellung vertrat, vor den Kopf zu stoßen. Bracken konnte nichts unternehmen, bevor er nicht die Unterstützung des Alten hatte, das war sicher.

Kurz darauf sagte Chilly: »Hab' mir oft gewünscht, in Ihren Schuhen zu stecken, John. Schauen Sie sich mal an. Sie müssen sich nicht andauernd neue Anzüge kaufen und die ganze Zeit auf Ihr Äußeres achten. Wo sonst auf der Welt kann jemand so angenehm leben? Uns allen ginge es schlechter, wenn Männer wie Sie hier hinausgedrängt würden.« Der alte Mann schob sich in Richtung Terrasse. »Wollen wir uns einen Augenblick nach draußen setzen?«

Der Lärm der Zubereitung des Abendessens wurde stärker. Immer lauter drang aus der Küche das Klappern von Töpfen. Chillys Rückzug in die Dunkelheit oberhalb der Docks würde den meisten Zuschauern lediglich als ein Akt des Ausweichens erscheinen. Bracken hingegen signalisierte er den Wunsch des Bankiers nach größerer Ungestörtheit.

»Von Bankiers«, erklärte Chilly, »erwartet man, daß sie kein Blut in den Adern haben. Geld stinkt nicht. Kennt keinerlei Skrupel, sagt man. Doch meine Wurzeln sind hier, John, genau wie die Ihren. Selbst wenn das Bankgeschäft alles wäre, was ich beherrschte, würde ich doch den Boden dieser Inseln sauber halten wollen. Sie haben, als sie dieses System einrichteten, in dem das Geld, wie es sich gehört, Energie erzeugt, gute Arbeit geleistet.« Wütend tippte er auf die Post. »Ich will nicht, daß wir in den gleichen schmierigen Ruf kommen wie die übrigen Inseln, auf denen Gangster, Waffenschieber und Rauschgifthändler ihr dreckiges Geld waschen... Ich möchte, daß es unserem Volk gut geht, doch nicht um jeden Preis.«

»Sie wissen, daß Sie sich da in guter Gesellschaft befinden?« fragte Bracken vorsichtig.

Sein Begleiter wandte sich um, in seiner silbern glänzenden Mähne schimmerte ein Lichtstrahl, der von der Bar herüberdrang. »Ich habe etwas flüstern gehört, John.«

Eine Weile saßen sie da und lauschten auf das sanfte Klatschen des Wassers und das Singen des Windes in der Takelage der Boote unter ihnen.

»Aus Lust an der Keilerei bin ich ins Parlament gegangen«, erklärte Chilly. »Ich habe die Präsidentschaft genossen. Haben ganz schön hitzig diskutiert. Haben uns darüber in die Wolle gekriegt, wie man das Beste aus der Vergangenheit bewahren konnte. Doch heutzutage zählt das Parlament nicht mehr, stimmt's?«

»Das behauptet jedenfalls eine wachsende Anzahl normaler Bürger«, murmelte Bracken. Er nahm sich immer noch Zeit.

»Es ist nicht nur das Parlament«, fuhr der Commodore fort, »dieser neue Polizeichef hat eine ganz eigenartige Auffassung davon, wie die Gesetze anzuwenden sind. Zoll und Steuer arbeiten nach neuen Anweisungen, die den älteren Einwohnern Sorge machen. Ich kenne sie, wissen Sie, die kleinen Leute, die Postboten, die Polizeibeamten, die unteren Zollbeamten. Die suchen mich wegen kleiner Darlehen auf. Meine Fragerei macht ihnen nichts aus, weil von einem Bankier erwartet wird, daß er Fragen stellt, bevor ein Darlehen gewährt wird. Stimmt's?«

»Stimmt, Chilly. So ist es«, sagte Bracken leise.

»Ich sollte überhaupt nicht mit jemandem darüber sprechen«, meinte Chilly. »Aber bei Ihnen ist es etwas anderes, John. Sie besitzen kein nennenswertes Vermögen. Die kleinen Leute setzen Vertrauen in Ihre Integrität. Sie wissen, daß Sie Ihren Titel und Ihre Verdienste im Krieg hätten einsetzen können, um sich Direktorenposten zu sichern. Sie könnten fragwürdigen Unternehmen als Galionsfigur dienen, aufgrund Ihres Adels wäre es Ihnen möglich, alles Erdenkliche unter den Teppich zu kehren. Die kleinen Leute, mit denen ich mich unterhalte, teilen meinen Respekt für kleine Bankguthaben – wesentlich mehr jedenfalls, als zum neuen Obersten Richter aufzuschauen, der es sich plötzlich leisten kann, eben mal nach Fort Lauderdale rüberzufliegen und sich eine Luxusjacht für eine Million Dollar abzuholen.«

Bracken wartete geduldig wie eine Katze, die mit der Maus ihr Spiel treibt. Klampen und Takelagenösen klapperten gegen Stahlmaste. Dunkle Rümpfe schwoiten mit dem Wind und der Tide. Leinen knarrten vor ihnen in der unendlichen Dunkelheit.

»Der Finanzminister ist gestern plötzlich in die Schweiz gereist«, stieß Chilly hervor. »Der amtierende Gouverneur hat sich nach London davongemacht und gesagt, er sehe keinerlei juristische Einwände dagegen, daß die Inseln unabhängig werden sollten! Die neugebildete allgemeine Gewerkschaft ist drauf und dran, Freiheit von der britischen Unterdrückung zu fordern! Mein Büro ist ein regelrechter Beichtstuhl für alle diejenigen, denen diese Vorgänge nicht gefallen.« Seine Stimme wurde lauter, als ihm noch etwas einfiel. »Und wann wurde jemals darüber abgestimmt, daß wir den Besuch sämtlicher Schiffe der NATO stoppen?«

»Das habe ich noch nicht gehört«, sagte Bracken richtig erschüttert. »Sie meinen, die schließen sogar diese kleine erbärmliche Inspektionsbasis?«

Chilly rieb sich die Nase. »Das hat mir jedenfalls dieser alte Bootsmann, der sich in den Docks um das vom Krieg übriggebliebene Gerümpel kümmert, erzählt.«

Bracken ergriff die Gelegenheit. »Sie sind mit Zeug vollgestopft, das von einem Bootsmann, einem gewissen Pony Moore, in erstklassigem Zustand gehalten wird.«

»Genau das ist der Mann!« erklärte Chilly und rutschte dann verlegen auf seinem Stuhl herum. »Schluß jetzt! Vergessen Sie's! Man sollte keine Namen nennen. Keine Namen, kein Strafexerzieren!«

Bracken merkte, wie Chilly sich seinem Griff entwand. Hastig sagte er: »Die amerikanischen Finanzbeamten, die Sie aufgesucht haben, wann war das?«

»Heute.«

»Wie sind die denn hierhergekommen, wenn der Flughafen nur noch sporadisch funktioniert?«

Es trat eine kurze Stille ein. Dann sagte Chilly langsam: »Wenn ich intensiv darüber nachdenke, dann weiß ich nicht einmal, ob diese Leute überhaupt das waren, was sie zu sein vorgegeben haben. Der amerikanische Konsul befindet sich im Urlaub. Ich habe sie einfach beim Wort genommen.«

»Ich werde das überprüfen lassen«, stellte Bracken grimmig fest. »Falls Gabbiya dabei ist, seinen endgültigen Zug zu machen, dann weiß er genau, wie er die Bundesfinanzbehörden in Unruhe versetzen kann. Sicher hat er dafür gesorgt, daß der Bericht an die Post durchgesickert ist.« Er schwieg. »Sie haben doch gedient, nicht wahr, Sir?«

Die plötzliche Wendung des Gesprächs überraschte Chilly. »Das ist Ihnen doch bekannt. Matrose. Im Ersten Weltkrieg. War gerade vierzehn. Warum?«

»Macht Sie dienstälter«, erklärte Bracken. »Sie könnten einen Kaperbrief ausstellen.«

Chilly knurrte vor sich hin wie ein alter Hund, der nicht gestört werden will.

Bracken ging behutsam weiter vor. »Die Waffenkammer in

den Docks ist in einem Top-Zustand. Einige von uns haben sich am letzten Trafalgar-Tag davon überzeugt.«

»Ha!« schnaubte der Club-Commodore. »Hat überhaupt keinen anständigen Trafalgar-Tag mehr gegeben, seit die den Posten des Oberkommandierenden auf den West Indies abgeschafft haben.«

»Pony hält die Stellung.«

Wieder schnaufte Chilly und ließ dann alle Vorsicht sausen. »Die Lords der Admiralität müssen den alten Knacker einfach vergessen haben. Früher erzählte man sich einmal eine Geschichte von Chief Moore. Irgendeinen Unsinn, daß er von der Home Fleet vor ein Kriegsgericht gestellt worden ist, weil er im Moor ein Shetland-Pony vergewaltigt habe. Er verteidigte sich damit, daß er gedacht habe, es habe sich um eine Frau in einem Dufflecoat gehandelt. Das Gericht entschied dann, er habe zwar Unzucht getrieben, aber mit einem weiblichen Pony. ›Nichts Schwules dran an unserem Pony!‹ war dann der Spruch, der in Scapa Flow die Runde machte. »Auf diese Weise ist er an seinen Spitznamen gekommen. Nicht«, fügte er eilfertig hinzu, »daß ich ein Wort davon glauben würde!«

Bracken lächelte in die Dunkelheit. Auf diese eigenartige Weise war in Chillys jüngeren Tagen so mancher wichtige Streitpunkt auf der Insel beigelegt worden – mit kunstvollen Anekdoten, nicht im Parlament, sondern bei feucht-fröhlichen Abenden im Club.

Das Schrillen einer Bootsmannspfeife schallte über den Hafen. Es kam aus der Gegend, wo die »Qurqur« vor Anker lag. »Frage mich, für wen sie da wohl Seite pfeifen?« murmelte der Commodore. »Man fragt sich doch, wer heute auf dieser Spielzeugfregatte des Großprotektors für diese beschissene Republik Sahara eingekauft wurde.«

»Die haben sogar Torpedos in den Docks«, sagte Bracken. »Und Minen.«

»Würde diesem verdammten Gabbie gerne selbst so ein Ding in den Arsch jagen«, brummte Chilly. »Was haben Sie da von einem Kaperbrief gesagt?«

Bracken stieß einen kleinen Seufzer der Erleichterung aus. »Der Repräsentant der Königin befindet sich gegenwärtig nicht auf der Insel«, sagte er schnell. »Sonst ist auch niemand greifbar. Und schließlich sind Sie der Commodore des Royal Yacht Club.«

»Ha!« stieß der Commodore hervor. »Ha, ha!« Seine Knochen knirschten, als er aufstand. »Haben Sie einen fahrbaren Untersatz, mein Junge?«

Brackens Herz sank. Er wußte, was jetzt kam. Das war kaum zu umgehen. »Nein, eigentlich nicht, Sir. Ich habe mir ein Taxi hierher genommen. Hab' mir gedacht, ich würde ein paar Gläser schlucken, und man hat mir in diesem Jahr schon einmal den Führerschein abgenommen – weil, hm, weil ich nicht mehr in der Lage war, ein Moped zu lenken.«

»Konnte nie verstehen, wieso die immer sagen, man sei zu etwas nicht mehr in der Lage, wenn sie nur meinen, man sei sturzbetrunken«, meinte der Commodore. »Dann springen Sie mal bei mir hinten drauf.«

Bei der Aussicht, sich hinter dem uralten Marinesoldaten auf dem Moped festzuklammern, biß Bracken die Zähne zusammen.

Aufgeräumt fügte Chilly hinzu: »Ich wußte schon, daß etwas im Busch war, als Ihre Tochter sich in der Stadt mit einigen dunklen Typen einließ.«

Bracken spielte den Unschuldigen. »Dunkle Typen?«

»Für mich sind sie nicht dunkel«, bemerkte Chilly hastig. »Kerle wie Oyez Lem, der Stadtschreier, Seraphim und Gideon, die Gärtner von Rose Hall, ein paar Mann von der Hafenpolizei... Allesamt, so könnte man sagen, Klienten von mir, entweder in der Bank oder vor Gericht.«

»Gericht!« Bracken gab ihm einen Rippenstoß, als sie vom Gelände des Clubs zum Mopedparkplatz kamen. »Das macht es perfekt! Sie sind Friedensrichter. Wunderbar. Mitglied des verdammten Magistrats! Einfach perfekt. Sie werden mir doch den Kaperbrief ausstellen, Chilly? Sie müssen's einfach.«

»Um dieses herrliche Flugzeug starten zu können?« Chilly sah Bracken zusammenzucken, als sei er von einer Kugel getroffen worden. »Kommen Sie schon, Sie junger Springer. Es gibt nicht viel, von dem ich nichts erfahre. Außer«, fügte er traurig hinzu, »auf welche Weise Gabbie mich meiner Bank berauben will.«

Bracken wartete, bis der Alte auf dem Moped saß. »Mein Flugzeug wird einen Torpedo, Minen und Raketen befördern. Und Alisons dunkle Gesellschaft besteht aus der Bodenmannschaft, Waffenmeistern... Verdammt noch mal, Rebellen, wenn Ihnen das lieber ist. Die halten sich seit langer Zeit bereit, mich in die Luft zu hieven, Chilly. Von dem Zeitpunkt an, als sie die Nachricht bekamen, daß das, was wir befürchten, tatsächlich passiert. Sie müssen sich uns anschließen!«

»Kommen Sie an Bord«, befahl Chilly. »Sie reden zuviel.« Er ließ das Moped mit dem Kickstarter an. Dann nahm er das Gas weg und holte seinen Sturzhelm aus dem geflochtenen Weidenkorb, der am Lenker hing. »Hier«, er reichte Bracken den Helm. »In Ihrem Alter dürfen Sie Ihr Leben nicht riskieren, mein Junge.«

13

Alison tuckerte durch einen anderen Stadtteil nach Rum Runner's Reef und schob ihr Moped zwischen die Fahrräder der Zöllner. In der Bar fand sie zwei schwarze Beamte der Hafenpolizei und vier weitere stämmige Inselbewohner vor, die sich wie verabredet hier versammelt hatten. Dieser Stadtteil wurde von den Touristen gemieden, die der Meinung waren, hier sei der Schlupfwinkel der Drogenabhängigen und Ausgeflippten. Doch, wie Sir Everard Chillingham genau wußte, war dieser Teil der Stadt nur der Treffpunkt derer, die die Touristenpreise nicht zahlen oder nicht auf Rechnung der Spesenkonten ausländischer Firmen leben konnten.

»Ein großes Bitter«, beantwortete sie die Einladung von Constable Mello. »Irgend etwas Neues?«

»Ja, Ma'am«, erwiderte Mello. Die Hälfte der Mellos auf den Inseln war schwarz; der Rest waren Weiße, mit Ausnahme von Constable Mello, der gleichmäßig kaffeebraun war. »Die beiden Typen, die von der Steuer, die sind in E. P. Gelds Jet hier eingeflogen.«

Alison trank ihre Pint aus und bestellte noch eine. »Mein Gott!« stellte sie fest. »Diese Arbeit macht durstig.«

Mello rutschte unbehaglich hin und her. Blasphemie schätzte er ganz und gar nicht.

»Entschuldigung.« Alison sah auf einer Liste nach. »Mein alter Herr sagt, wir würden irgendwann morgen nacht zuschlagen.«

»Lord John hat das gesagt?« hakte der kleine Schwarze nach. Er war so breit wie lang.

»Hat er.« Alison sah sich um. Sie vertraute jedem der Anwesenden, bis auf Oyez Lem – nicht, daß sein Geist nicht willig wäre. Sein Fleisch war schwach. »Hör mal zu, Oyez«, sagte sie. »Du hast doch nicht zufällig Hasch dabei?«

»Nein.«

Prüfend musterte sie seine blutunterlaufenen Augen. »Auch kein Marihuana? Kein Ganja? Überhaupt kein Rauschgift?« Sie wollte vermeiden, daß er sich später darauf berief, sie habe das spezielle Rauschgift, das er tatsächlich bei sich trug, nicht erwähnt. »Coke, Snow, Crack?«

»Der wird sauber sein«, unterbrach Mello. »Den drehen wir vorher durch die Mangel.«

»Die Mangel.« Das Wort erinnerte Alison an etwas. »Steueroasen durch die Mangel gedreht – Geldwäscherei vor der Küste. – Das ist ein weiterer Grund, weshalb wir etwas unternehmen müssen«, erklärte sie und berichtete von dem Artikel in der »Washington Post«.

»Was soll uns davon abhalten?« fragte der andere Beamte.

»Demokratieverständnis«, gab Alison zurück. »Wir brauchen die Mehrheit der Wähler hinter uns.«

»So etwas wie ein Referendum?« schlug Mello vor. »Ganz im geheimen durchgeführt?«

»Ich vermute, wenn man es geheim durchführt, dann wäre das nicht demokratisch«, überlegte Alison laut. »Das Ganze ist eher ein Partisanenaufstand gegen eine feindliche Besatzung. Ihr alle habt genug Kontakte, um sicherzustellen, daß wir die Unterstützung der Öffentlichkeit bekommen. Die Fakten sind klar. Zia Gabbiyas Strohmänner haben klar Schiff gemacht. Die haben dafür gesorgt, daß der Chef der Verwaltung, der Polizeichef und der amtierende Gouverneur sich entweder nicht auf den Inseln aufhalten oder auf dem Weg nach Übersee sind. Sie haben unsere Verbindungen mit der Außenwelt abgeschnitten, ohne daß irgend etwas Verdächtiges aufgefallen wäre. Die Reisebüros haben einfach eine Meldung herausgegeben, daß den Hotels bald ein Streik droht. Die Reiseagenturen leiten den Touristenstrom einfach um. So etwas verursacht in Übersee immer einen Mangel an Vertrauen. Gabbiyas Strohfirmen können auf Knopfdruck ihre Einlagen aus den Banken abziehen. Dann brechen die beiden Pfeiler, auf denen unsere Wirtschaft ruht, zusammen. Wir wären pleite. Beim Aufwachen würden wir erkennen, daß wir fest an Gabbiyas Haken zappeln, dem des eigentlichen Machthabers.«

»Aber warum nur?« fragte Constable Mello.

»Ich bin mir nicht sicher. Das ist eure andere Aufgabe. Haltet Augen und Ohren offen.« Alisons Blick fiel auf Seraphim und Gideon, die Gärtner, die die Tradition ihrer portugiesischen Vorfahren fortsetzten, die sich auf den Inseln niedergelassen hatten, nachdem ihre Schiffe von Kaperkapitänen der Inseln über dem Wind aufgebracht worden waren. »Das betrifft euch beide besonders. Findet heraus, was auf Rose Hall noch passiert ist, seit ihr meinem Vater das letzte Mal Bericht erstattet habt.« Sie sah wieder auf ihre Liste. »Wir brauchen noch weitere Ausrüstung für den Derrickkran.«

»Machen Sie sich deswegen bloß keine Sorgen«, meinte Mello. »Wir haben genügend Flaschenzüge, Taue und Haken, um das Flugzeug befördern zu können.«

»Was ist mit der Barke?«

»Liegt in der Polizeiwerft bereit. Sam Oysterman überwacht das Beladen.«

Alison sah Oyez scharf an. »Du willst doch deinen Job als Marktschreier behalten?« stellte sie fest.

»Ja, das will ich.« Oyez blickte mit zahnlosem Grinsen zu ihr auf. Den Touristen war er als Überbleibsel einer Vergangenheit bekannt, in der die Frischvermählten noch nächtliche Ausfahrten in seiner Kutsche unternahmen. Die Fremdenverkehrsbehörde der Inseln hatte in ihren Broschüren den Hinweis vergessen, daß Oyez gern einen soff und manchmal vom Kutschbock fiel. Alison mußte vor Gericht andauernd um Milde nachsuchen, und Oyez schuldete ihr ein Vermögen an Honoraren. Doch er war klein und rund wie eine Kanonenkugel, und Alison wußte, daß sie ihn möglicherweise noch dringender brauchen würde als die übrigen. Die einzige Macht, die sie – abgesehen davon, ihn ins Gefängnis wandern zu lassen – über ihn besaß, ergab sich aus ihrer Funktion als Vorsitzende des Nelson Harbour Welcome Committee, und in dieser Eigenschaft hatte sie ihm den Job als Marktschreier verschafft. Er hatte die kräftigsten

Lungen der ganzen Insel. Man kannte Oyez überall in seiner zeremoniellen Robe, wie er gute Nachrichten herausbrüllte. Man hielt auch auf Abstand, weil Oyez einen Mordskrach machte, wenn er blau war.

»Wer achtet auf Oyez?« fragte Alison endlich. Sie war sich nicht sicher, ob Oyez ein ernst gemeintes Versprechen länger als zwölf Stunden halten konnte.

Keiner der Anwesenden schien auf diese Aufgabe versessen zu sein.

»Ich loche ihn ein«, meinte Constable Mello.

»He!« protestierte Oyez. Dieses eine Mal konnte er einem Polizisten in die Augen blicken und ehrlichen Herzens erklären: »Ich hab' überhaupt nichts angestellt.«

»Verhaften Sie ihn wegen Landstreicherei«, empfahl Alison.

Oyez griff nach seinem zerknitterten Hut. Er trug noch den Frack und die gestreiften Hosen des Touristenkutschers und war barfuß.

Mello hielt ihn an der Tür auf. »Ich erhebe keine Anklage. Ich nehme dich nur in Gewahrsam.«

»In Ordnung, Chef.« Oyez entspannte sich. Den Gipfel des Ruhms hatte er vor Jahren als Titelfigur eines Reiseplakats erklommen, das man auf der ganzen Welt, von Paris bis Hongkong, sehen konnte. Als jedoch die Auslandsgesellschaften zur immer wichtigeren Einkommensquelle wurden, war sein Wert gesunken. Um Zia Gabbiya, das Symbol von Oyez' Abstieg, loszuwerden, würde er buchstäblich alles tun – sogar als Ballast in Lord Johns Torpedoflugzeug mitfliegen.

Das war eine Möglichkeit, die Alison nicht ausschloß, obwohl ihr da nicht ihr Vater als Pilot vorschwebte.

14

Bei seinem jährlichen Besuch der Inseln über dem Wind verließ E. P. Geld sie immer am gleichen Tag. Noch nie hatte er eine Nacht auf Rose Hall verbracht, seit Amanda sein Herz gebrochen hatte.

Diesmal blieb ihm keine Wahl. Zia Gabbiya hatte eine Situation herbeigeführt, aus der E. P. keinen Ausweg sah.

Amanda war seine uneheliche Tochter. Zunächst hatte er sie auf die Insel gebracht, um Amanda der abartigen Umklammerung ihrer Mutter zu entziehen. Die Mutter hatte Selbstmord begangen. Danach erkannte E. P., was die Mutter bereits gewußt hatte: Amanda war nicht normal.

Sie wurde sein heimliches Kreuz. E. P. hatte sich selbst gegenüber nie irgendeine Schuld wegen irgendeiner Handlung in seinem Leben zugegeben. Doch in einem fernen Winkel seines Bewußtseins hatten sich Schuldgefühle aufgehäuft, die er von seinen Ahnen ererbt oder seiner eigenen Sünden wegen dort abgeladen hatte. Je mehr E. P. sich dem natürlichen menschlichen Gefühl verschloß, desto mehr drückte Amanda auf sein verdrängtes Gewissen. Immer wieder hatte er ihre Rückkehr nach Amerika verschoben – zuerst hatte er sich eingeredet, er könne sie in der Abgeschiedenheit am besten pflegen lassen. Sie benötigte nicht nur Ärzte, sie brauchte das Beste, was für Geld zu haben war, um ihr unglaubliches Musiktalent entfalten zu können. Sie hatte ihre eigene Bedienung, ihre eigene Behausung, ihr eigenes Musikzimmer. Im Laufe der Jahre wurde es für E. P. immer leichter, sich selbst davon zu überzeugen, daß diese Lösung für das Mädchen am besten war. Doch er unternahm erhebliche Anstrengungen, um Amandas Existenz vor den Hochglanzmagazinen zu verbergen, die ihn als den großen Macher und den begehrenswertesten Junggesellen herausstrichen. Ihm grauste davor, ausgelacht zu werden. Und irgendwo in dem verborgenen Winkel seines Bewußtseins gesellte sich diese verachtenswerte Sorge um das eigene Erscheinungsbild zu den dort aufgehäuften Schuldgefühlen.

Wenn man die Katze aus dem Sack ließ und riskierte, daß Amanda ihn lächerlich machte, dann blieben E. P. nichts weiter als seine Milliarden zur Aufrechterhaltung seines Selbstbewußtseins.

Jetzt, in der Nacht, wurde er von dem Ort, an dem Amanda zu ihrer eigenen Sicherheit abgeschlossen lebte, magisch angezogen. Wie ein eingebauter Geigerzähler, der ausschlug, wußte er, wann Ebbe war und er auf die winzige Insel hinüberwaten konnte, die Amandas Welt der Qual bildete. Er fürchtete sich davor, den Lift zu nehmen, um die Aufmerksamkeit seiner eigenen Wachen nicht auf sich zu lenken.

Der »begehrenswerteste Junggeselle der Welt« hielt an der sandigen Bucht inne. »Vanity Fair« hatte ihn früher einmal so genannt. Der begehrenswerteste? Nach vier Ehen? Amanda war der Dämon, der ihn aus all diesen Ehen herausgetrieben hatte; sie war der Geist, der ihn zwang, jeder Frau zu entfliehen, sobald seine körperlichen Bedürfnisse befriedigt waren. Einmal, vor langer Zeit, hatte er in einem Augenblick fürchterlicher Trunkenheit mit dem Gedanken gespielt, sie im Stich zu lassen. Ihm war es so vorgekommen, als bringe man ein Schoßhündchen um. Die eigene Tochter umzubringen! Die Konsequenzen dieses Gedankens, so flüchtig er auch war, waren zu schrecklich, um sie nochmals zu riskieren. Alpträume waren die Folge. Er hatte diesen Teufelskreis nur durchbrechen können, indem er Tag und Nacht ohne zu schlafen durchgearbeitet hatte. Dann folgte der unvermeidliche Nervenzusammenbruch. Selbst in diesem Augenblick hatte er nie mit dem Gedanken gespielt, einen Therapeuten zu konsultieren. Er vermutete, daß es Wirtschaftsbosse – blödes Wort, doch die Zeitungsleute verwendeten es die ganze Zeit – gab, die sich ihren Psychiatern anvertrauten. Doch nicht E. P. Das konnte er sich nicht leisten. Nicht einmal ohne dieses peinliche Geheimnis.

Er hörte die Töne eines herrlichen Pianos. Absolut korrekt gestimmt. Er hätte dem Klavierstimmer, mit dem er einen Vertrag abgeschlossen hatte und der jeden Monat unter diskreter Bewachung hierher geflogen wurde, auch den Hals umgedreht, wenn das nicht der Fall gewesen wäre. Für Amanda mußte alles stimmen. Diese Landzunge am Ende der Bucht bildete ein unabhängiges Fürstentum. Dort traf sie nur auf Liebe und Freundlichkeit. Wenn E. P. ernsthafter darüber nachgedacht hätte, hätte er auf den Gedanken kommen können, ob dies wohl die Liebe und Freundlichkeit war, die er in seinem eigenen Leben vermißt hatte – oder ob es bloß ein

Ersatz war, den man für Geld kaufen konnte. Ebenso wie er Caseys Verachtung nicht gespürt hatte, war er unfähig, zwischen wahrer Zuneigung und der Speichelleckerei, die ihn umgab, zu unterscheiden.

Er versuchte das Stück zu erkennen. Debussy. Gespielt von einem geistesgestörten Genie. Na, das jedenfalls behaupteten die Quacksalber. Er hielt sich die Ohren zu. Die Geste spiegelte seine Verwirrung wider. Einmal im Jahr kam er auf die Inseln – um den Steuergesetzen Genüge zu tun, wie jedermann vermutete. Das glaubte er mittlerweile beinahe selbst. Jedes Jahr floh er vor Einbruch der Nacht – aus Furcht vor diesen Sirenenklängen.

Er setzte behutsam seinen Weg fort. Was Amanda auch spielte, es verriet Stil. Ihr Spiel war nicht mechanisch oder in irgendeiner anderen Weise symptomatisch für ein krankes Hirn. Eines Tages würde irgend jemand irgendwo die Tür aufsperren. Vielleicht Gabbiyas mysteriöse Experten. Alles, was Amanda spielte, wurde automatisch auf Band aufgenommen und nach New York geschickt. In der Abgeschiedenheit eines Penthouse in Manhattan, das nur wenige kannten, saß er dann da, lauschte und redete sich immer wieder ein, daß hier ein wahres Genie am Werk war.

Wieder blieb er stehen. Die Bänder! Es gab jemanden, der von den Bändern wußte: Melanie Blake. Und heute erst war er hinter ihre enge Beziehung zu Zia Gabbiya gekommen. War das die Erklärung für Gabbiyas Behauptung, er habe einen Experten an der Hand, der möglicherweise Amandas Probleme lösen könnte? In Amandas Fall war der ursprüngliche Vorstoß von Zia über die typisch verästelten Kanäle erfolgt: über Alpha Chemicals, eine multinationale Gesellschaft, an der Zias Matasuchi Metals und E. P.s Royal Tin Corp. beteiligt waren. Subtil hatte Zia seine Fühler ausgestreckt; es hatte sich nur um den Hinweis auf den geheimen Zugang zu einem Spezialisten gehandelt, nur eine kurze Andeutung, daß er von E. P.s illegitimer Tochter wußte. Und all das in solch gewundenen Formulierungen, daß Mittelsmänner niemals dahintergekommen wären, daß es sich nicht um den Austausch irgendwelcher Nachrichten über ein industrielles Vorhaben handelte. Zias erstes Sondieren wurde immer stärker, bis er nun zuversichtlich von dem sowjetischen Experten sprach, der in der Lage sei, eine Behandlung aus Chemotherapie und Psychotherapie durchzuführen, die Amandas Probleme lösen könnte. Nur Lani hatte sich in diesem bestimmten Penthouse aufgehalten. Das Haus barg Tausende von Amandas Bändern. Sie hätte sich ein paar Beispiele unter den Nagel reißen können, genug, um dem Experten einen Hinweis zu geben, in welcher Richtung er vorgehen mußte.

Selbst die reichsten Wirtschaftsmagnaten geben sich manchmal in einfachen Dingen, bei denen man erwarten würde, daß sie vorsichtig vorgehen, der Selbsttäuschung hin. E. P. herrschte bereits, obwohl von finanziellem und administrativem Sachverstand umgeben, über ein Imperium, das von Gabbiyas besser bezahlten Agenten unterminiert war. Man hätte erwarten können, daß er voller Mißtrauen sei, doppelt auf der Hut, denn wieder war es Gabbiya mit den blitzschnellen Handbewegungen des Magiers, der das weiße Kaninchen aus dem Hut zauberte. Statt dessen glühte in E. P.s Herz das schwache Hoffnungsflämmchen, obwohl er mittlerweile darauf gekommen war, daß Zia durch Lani die Musikbänder Amandas in die Hand bekommen haben mußte. Natürlich! Die Aufnahmen waren brillant. Das erklärte auch, wieso Zia so zuversichtlich gewesen war, was die Möglichkeit seines Experten anging, Amanda kurieren zu können.

Nanny Locke verbarg ihr Erstaunen, als er vor einem der Spiegelglasfenster des besonders schön gelegenen Hauses auftauchte. Es war Amandas Haus; es stand auf einem riesigen mechanischen Drehkranz, so daß das Mädchen am Klavier entweder den Sonnenschein genießen oder bei Nacht den Schimmer des Meeres bewundern konnte.

Sie war in ihrer Musik gefangen. Amanda war für ein offizielles Abendessen gekleidet. Ihre Garderobe wurde nicht nur zweimal am Tage gewechselt, sondern häufiger – so daß sie bereit war, in der Öffentlichkeit aufzutreten, sollte sich das von E. P. ersehnte Wunder je ereignen. Amanda war Anfang zwanzig. Ihr Gesicht trug die sorglosen Züge eines Kindes.

E. P. gab Nanny Locke mit einer Handbewegung zu verstehen, sie möge an der Stelle bleiben, wo sie stand. Nanny Locke wäre es tatsächlich auch schwergefallen, einen Fuß vor den anderen zu setzen, so erschüttert war sie angesichts der unvorhergesehenen Unterbrechung der täglichen Routine. Vor E. P. fürchtete sich Nanny Locke keineswegs: Sie war die süße, junge Gouvernante gewesen, die E. P. das ABC beigebracht hatte. Sie war der einzige Mensch, im Haushalt wie in den Unternehmen, der bisher sämtliche Stürme, Launen und plötzlichen Wutausbrüche überdauert hatte. Und deshalb stand sie jetzt wie angewurzelt da.

Die acht Wände des Hauses waren mit Spiegelglas verkleidet. Da gab es Öffnungen mit Aquarien und wunderbare Gemälde von der Welt unter dem Meer. Das spitz zulaufende Dach erinnerte an den oberen Teil eines kostbar verzierten Vogelkäfigs. Und hier, dachte E. P., ist mein wunderhübsches Vögelchen. Eine schlafende Schönheit. Und da war Zias Versprechen, den Prinzen herbeizuzaubern, der sie aus ihrer Ohnmacht wachküssen würde.

Er schlüpfte aus den Schuhen und ging leise quer über den grasgrünen Teppich. Lange Zeit stand er hinter ihr und bewunderte das schulterlange goldbraune Haar. Die Haare waren wunderschön, wie alles andere auch – das Gesicht, die Gestalt, die Musik und das Haus, alles so perfekt und seltsam, so gänzlich in eine andere Zeit und einen anderen Raum gehörend, geschaffen für eine andere Ebene der Existenz.

Er hob die Hände, um ihre Schultern zu berühren, und hielt inne. Von hinten war sie das Ebenbild ihrer Mutter. Wenn sie sich umwandte, dann würde er in die Augen einer jungen Frau sehen, die er mit seinem Verhalten umgebracht hatte.

Amanda hörte auf zu spielen – so plötzlich, als sei ein exquisiter Kristall in tausend Splitter zersprungen. Sie drehte sich um, und E. P. wurde sich dessen bewußt, daß er in die blanken Fenster eines verlassenen Hauses blickte.

Dann schrie sie. In ihrem Gesicht zeigte sich keinerlei Regung. Sie machte den Mund auf, und dieser fürchterliche Schrei brach hervor.

E. P. zuckte zurück. Gerne hätte er sie in die Arme genommen und ihr gut zugeredet. Lebenslange Gewohnheit hielt ihn davon ab. Er hätte ihr gern erzählt, daß nicht er ihr diese schrecklichen Dinge angetan hatte, doch Nanny Locke hatte sich endlich gefangen und zog ihn fort.

Nach einer Weile hörte das Mädchen auf zu schreien. Bald klangen die klaren Töne von neuem durch die nächtliche Luft.

»Daran hat niemand Schuld«, murmelte E. P. und entfernte sich stolpernd aus dem Haus, schob sich an den Wachhunden vorbei und schloß selbst das Tor im hohen Stahlzaun auf. Niemand hatte Schuld daran.

Doch was, wenn in diesem seltsam schönen Haus, das so leer schien, tatsächlich jemand wohnte? Während er den zauberhaften Klängen lauschte, die wie eine Sommerbrise über das Wasser trieben, wußte er ganz sicher, daß dort drinnen Leben war. Wenn das so war, dann mußte er weitersuchen, mußte sich Zia Gabbiyas Ehrgeiz beugen. Wenn er das nicht tat, dann war es jemandes Schuld – die seine.

Nanny Locke saß da, die Hände im Schoß gefaltet. Der Sturm war vorbeigezogen. Sie preßte die Lippen zusammen. Ihrer Meinung nach – wenn sie überhaupt jemanden interessierte, und bisher hatte noch niemand danach gefragt – hatte Geld die Verbindung zur Wirklichkeit ebenso verloren wie seine Tochter. Wie sehr wünschte sie sich, daß das verrückte Kind endlich damit aufhören möge, diese elende Kirchenmusik zu spielen. Nanny Locke hatte kein gutes Ohr, und es machte ihr nicht das Geringste aus, das zuzugeben. Wie sehr vermißte sie Krach, herzliches Lachen und wirbelnde Röcke, wie damals in den Tanzsälen zu Hause.

»Er ist jetzt auf dem Rückweg zum Haupthaus«, murmelte Schroeder in sein Funksprechgerät.

»Ich warte«, antwortete Zia Gabbiya auf der »Qurqur«.

15

Casey hatte Backgammon gespielt, bis er die Lust verlor und damit auch die Geduld, weiterhin Gabbiyas Gegenwart zu ertragen. Als Lani aufstand und den Wunsch äußerte, zu Bett zu gehen, war immer noch keine Antwort aus Vietnam eingetroffen. Zia warf Casey einen amüsierten Blick zu und bot ihm für die Nacht eine Kabine an. Dankbar akzeptierte Casey das Angebot. In der getäfelten Kabine hing ein leichter Hauch von Parfüm. Der Raum erinnerte an die engen Zellen, die man in den neuen, reihenweise aus dem Boden schießenden Hotels antraf – ein Plastiksarg mit Kopfhörern, die das Wort Gottes übermittelten, und diversen Hähnen, die Getränke nach Wahl boten. In einem der Einbauschränke hing etwas, das verdächtig nach einer Gummipuppe aussah, aus der die Luft entwichen war. Hinter einer Stahltür entdeckte er das Klo, ein kleines Waschbecken und ein Medizinschränkchen. In dem Schränkchen lag ein kleines Messer mit gebogener Klinge, die in einer mit Silberdraht verzierten Holzscheide stak. In den Griff war ein Jadering eingelassen. Diese Art Messer hatte Casey früher in Vietnam gesehen. Mädchen führten sie bei sich. Nur der Ring war zu sehen, und die Schneide war scharf genug, einen Angreifer zu entmannen.

Der Schlafmangel hatte Casey völlig fertiggemacht. Er empfand keinerlei Bedenken, die Gastfreundschaft Gabbiyas anzunehmen, es gab keine andere Möglichkeit herauszubekommen, was Big Vien von ihm wollte, und ihm war, als sei er gerade eingeschlafen, als ihn jemand sanft rüttelte. Casey lag nackt auf dem Bett, den Kopf in Richtung Bullauge. Durch das Fenster schimmerte das erste Morgengrau. Er wälzte sich herum und sah Lani. Schnell zog er das Laken über sich und richtete sich auf. »Entschuldigen Sie«, murmelte er und kam sich im selben Augenblick reichlich dumm vor.

»Mir wurde aufgetragen, Ihnen das hier zu bringen.« Sie reichte ihm ein Blatt Papier.

Die Nachricht kam aus Vietnam. Sie bestätigte die Auflistung der vermißten Amerikaner und schloß: »Zufall ist das gleichzeitige Zusammentreffen kausal nicht miteinander verbundener Ereignisse.« Dieser Satz war die Antwort auf die von Casey übermittelte Phrase: »Was für ein Zufall.« Es war die Bestätigung, die er gesucht hatte. Er verhandelte tatsächlich mit Big Vien. Nur Vien hätte mit dem Zitat Schopenhauers antworten können; niemand sonst wußte, daß diese Worte Kernpunkt der nächtelangen Debatte im Lager gewesen waren.

»Sind Sie jetzt überzeugt, daß das Angebot echt ist?« fragte Lani. Sie lehnte sich über den Rand der Koje.

»Davon muß ich ausgehen«, antwortete Casey. Andererseits argwöhnte er, daß Big Vien genauso leicht sein Telex von einem anderen Teil dieses Schiffes übermittelt haben könnte.

»Sie *müssen* es glauben!« Ungeduldig stieß sie mit einem Bleistift, an dessen Spitze ein Radiergummi befestigt war, in seine Richtung – beinahe wütend. Dann neigte sie leicht den Kopf, als wolle sie ihn auf die Kabinentür aufmerksam machen. Von dort aus hätte ein Beobachter leicht den Eindruck gewinnen können, sie wolle Casey verführen. Lani trug einen weitgeschnittenen Umhang. Er klaffte auf, als sie mit einer Hand über seinen Körper streichelte. Verblüfft starrte er sie an. Sie schnappte sich die Nachricht, drehte sie um und blockierte den Blickwinkel zur Tür. Mit dünnem Bleistift waren auf der Rückseite die Worte zu lesen: »Smitty Harris ausradieren.«

Sie lächelte ihn kurz an. Ihr Kopf neigte sich über ihn, und das seidige schwarze Haar legte sich über seine Brust. Ihr Verhalten war so künstlich, daß er argwöhnisch wurde. Sie schauspielerte wegen verborgener Mikrophone oder versteckter Kameras oder beidem. Dann zog sie das Laken von seinem Unterkörper und senkte den Kopf. Gleichzeitig schob sie ihm Bleistift und Papier hin. Schnell radierte er die gefährlichen Worte aus. »Smitty Harris«, hämmerte es in seinem Kopf. Das war die einzige Realität, ansonsten hätte er ebenso schlafen und dabei träumen können.

Sie löste sich von ihm. »Wenn du mehr davon willst, Casey, kannst du's jederzeit haben«, erklärte sie in deutlichem Flüstern. Dann ging sie.

Er wälzte sich auf die Seite. Wenn Zia Lani befohlen hatte, ihn zu verführen, dann nur, um eine kompromittierende Videoaufnahme zu machen. Doch Lani hatte jede versteckte Kamera ausgetrickst. Also mußte es eine andere Erklärung geben. Wie paßte Smitty Harris in das Geschehen? Die Irin konnte nichts über den Klopf-Code der Gefangenen wissen. Außer – doch diese Idee war absurd. Es war einfach unmöglich, daß Tony Rutgers' Vater, der alte Rotspon, Lani davon erzählt haben konnte...

Den Code mußte man sich einprägen. Er war von amerikanischen Soldaten ersonnen worden, die Gefahr liefen, gefangengenommen und isoliert zu werden. Damit konnten durch Klopfzeichen über Rohrleitungen, Wände und Gitter Nachrichten übermittelt werden. Der Code basierte auf einer 5 × 5-Matrix, die die Buchstaben des Alphabets enthielt. Im Lager konnten Gefangene, die in Übung waren, mit diesem Code beinahe so schnell kommunizieren, wie wenn sie sich unterhalten hätten. Besonders Piloten fanden sich schnell darin zurecht, weil sie bereits während der Einsätze bei Funkstille kurze Anweisungen in einer »Kurzschrift« durch Klicken übermittelten. Jeder Pilot konnte den Piloten seiner Staffel dadurch Signale übermitteln, daß er kurz auf den Schaltknopf seines Mikrophons am Steuerknüppel drückte. Während der kurzen Zeit, die Casey mit Rotspon verbracht hatte, hatten sie sich über den Code unterhalten und darüber, wie er die Moral unter den Gefangenen, die sich noch in Vietnam befanden, aufrechterhalten konnte. Rotspon hatte von den Befürchtungen der US-Regierung gesprochen, daß die Kommunisten versuchen würden, die überlebenden Gefangenen zu verkaufen. Casey hatte erklärt, daß der Kreis der Männer, die zu »Vergiß-mein-nicht« gehörten, jedem Handel ablehnend gegenüberständen.

Jetzt, während er zum geschlossenen Bullauge hinübersah, dachte Casey, daß man nicht bis zum Letzten für sein Vaterland und dessen Ideale kämpfte, um hinterher den amerikanischen Traum feilzubieten. Man ertrug nicht so viel, um anschließend zur Handelsware zu werden, um von einem Regime verhökert zu werden, das sich gerade die Zerstörung dieses Traums auf die Fahnen geschrieben hatte.

Tony Rutgers fiel ihm ein. Dreißig Jahre alt war er, als er abgeschossen wurde. Wenn er noch am Leben war, hätte er nun ein Anrecht auf Pensionierung. Ein Pensionär! Dieser Gedanke war erschütternd. Wenn Tony noch am Leben war, wie Big Vien behauptete, dann hätte er jede Zusammenarbeit abgelehnt. Casey wußte genau, wie das System arbeitete. Wenn ein Gefangener jede Mitarbeit verweigerte, wurde er schließlich zur Unperson. Casey war nur deshalb aus der Gefangenschaft entlassen worden, weil die Nachricht, daß er tatsächlich noch am Leben war, nach Washington geschmuggelt worden war.

Niemand, der so lange ausgehalten und nach der Gehirnwäsche nicht als Propagandapuppe von sich reden gemacht hatte, konnte wünschen, daß seine Freiheit erkauft wurde. Andererseits würde er natürlich einen möglichen Handel begrüßen. Nehmen wir mal an, Rotspons Sohn und all die anderen gefangenen Piloten könnten im Austausch mit mir und INSPAD freikommen? Casey kroch aus der Koje, während er noch darüber nachdachte. Ich habe die Freiheit recht lange genossen. Was habe ich damit angefangen? Ich habe meinen Spaß gehabt, eine winzige Rolle im demokratischen Prozeß meines Vaterlandes gespielt, ein Unternehmen gegründet... Ach komm, wem willst du etwas vormachen? Nicht einen Augenblick hast du vergessen, was du in Vietnam hinter dir gelassen hast!

Er dürstete danach, erneut mit Big Vien die Klinge zu kreuzen. Wenn Vien tatsächlich annahm, daß er ein bedeutender CIA-Spion war, dann konnte er das Spiel endlos weitertreiben. Es konnte nicht allzu schwer sein, überzeugende Daten über die Tiefsee-Zug- und Erkundungsmaschinen von INSPAD zu erfinden und diesen Schweinehund dazu zu veranlassen, umfangreiche Ressourcen auf Katzengold zu verschwenden. Doch zuerst mußte er seine Männer aus Vietnam herausbekommen. Danach war alles egal. Vielleicht würde er sogar herausfinden, daß Sahara nur ein Aushängeschild Vietnams war.

Wieder warf er einen Blick auf das Telex. Wenn er das Blatt gegen das Licht hob, war der Abdruck der Schrift noch gefährlich genau zu entziffern. Er riß das Papier in kleine Fetzen und merkte dann, daß er die Schnipsel nicht aus dem Bullauge werfen konnte. Das Bullauge war abgesperrt. Ebenso, daran konnte kein Zweifel bestehen, die Tür. Von außen. Er dachte daran, das Papier durch die Toilette zu spülen, doch wer kannte schon die Grenzen von Gabbiyas Gerissenheit? Möglicherweise hatte der im Abfluß weiter unten ein Auffangsieb eingebaut. Schließlich beugte sich Casey über das Waschbecken und hielt ein Streichholz an die Schnipsel.

Während er die verkohlten Reste fortspülte, platzte ein Steward in die Kabine. Der Eindringling war untersetzt, doch die Unverschämtheit brachte Casey auf die Palme. »Wer, zum Teufel, glauben Sie, daß Sie sind?« herrschte Casey ihn an. »Klopfen Sie gefälligst an! Danach warten Sie gefälligst!« Er stieß mit dem Zeigefinger gegen die Brust des Mannes, um jedes einzelne Wort zu unterstreichen. Als der Steward dennoch versuchte, sich um ihn herumzuschieben, und dabei aufmerksame Blicke um sich warf, schob Casey ihn mit der flachen Hand Schritt für Schritt durch die offene Tür hinaus. »Machen Sie, daß Sie hier rauskommen!«

»Sir, je regrette... eine dringende Angelegenheit... der Feueralarm...« Der Steward wich in den Korridor zurück. Sein Verhalten erinnerte Casey an einen großspurigen Napoleon: Napoleon der Gockel. Der Korse, wenn er das war, schlug krachend die Tür zu. Feueralarm? Natürlich! Im selben Moment, als Casey das Telex verbrannt hatte, war der Korse hereingestürzt. Casey fing mit der Suche an. Rauchdetektoren? Hier, hier und da. Und in der Decke. Was war mit versteckten Kameras? Wanzen? Wütend riß er den Bezug von der Koje, drehte die dünne Matratze um, klopfte die Vertäfelung ab und linste hinter die Lampen. Er fand nichts weiter, doch als er seine Suche beendet hatte, war auch sein Ärger verraucht.

Ein Gong erklang. Erster Aufruf zum Frühstück.

Bevor er die Kabine verließ, fiel ihm noch etwas ein, und er ging ins Bad zurück. Dort nahm er das seltsame Ringmesser aus seinem Versteck. Das war offensichtlich in einer Kabine, die unter Beobachtung stand, übersehen worden. Oder war es nur ein weiteres Puzzlesteinchen, das Gabbiya mit voller Absicht ins Bild eingefügt hatte? Einer seiner Taschenspielertricks?

Wenn Zia Gabbiya Ärger witterte, dann verbarg er das. Er saß am Frühstückstisch, der auf dem kleinen Deck oberhalb des Pools aufgestellt war. Die Strahlen der Morgensonne fielen auf das ruhige Wasser des Hafens und verstärkten die Farbenpracht der gestreiften Markise.

»Bedienen Sie sich.« Gabbiya wies auf die Gerichte, die auf Rechauds warmgehalten wurden und auf dem weißen Leinen standen. »Amerikanisches Frühstück oder lieber englisches? An einem solchen Tag würde ich Salzfisch aus Jamaika und Ackee empfehlen. Ackee steht dort drüben. Sieht wie Rührei aus. Essen Sie Ackee niemals unreif, Commander. Damit könnten Sie sich vergiften.«

Casey nahm die Herausforderung an und ärgerte sich gleichzeitig darüber. Fisch und Ackee abzulehnen würde einem Rückzug auf dem Schachbrett gleichkommen. Gabbiya spielte die Rolle des arabischen Gastgebers, der jedesmal, wenn man etwas bewundert, sagt: »Nehmen Sie es!« Bei dieser Gelegenheit trug er einen Anzug im Stil Nehrus – grobgewebtes, weißes, kragenloses Jackett, Hosen, Sandalen. Eine Sandale hatte er abgestreift, und der bloße Fuß ruhte auf dem Oberschenkel des anderen Beins. Sein schwarzes, lockiges Haar glänzte noch von den Bemühungen des Friseurs. Auf der geschlossenen Blüte der roten Rose in seinem Knopfloch glitzerten Wassertropfen. Er warf einen Blick auf Caseys Teller. »Da haben Sie gut gewählt. Wenn ich mich auf den westindischen Inseln aufhalte, bevorzuge ich Ackee. Die gefährlichste Art und Weise, Ackee zuzubereiten und zu essen, ist die aufregendste. Damit ist es wie mit allem. Ich gehe folgendermaßen vor: Ich pflücke die Ackee vom Baum –« Er hielt inne und warf Casey einen besorgten Blick zu. »Das langweilt Sie doch nicht, mein Freund? Bestimmt nicht? Gut. Pflücke sie, wenn sie hellrot und absolut tödlich ist. Jeder Teil wird sanft gegrillt. Wenn sich die Ränder goldbraun verfärben, treten kleine Tröpfchen Öl aus. Auf dieses Öl, Commander Casey, muß man besonders achten. Dann, während sich die Ränder dunkel färben, streue ich etwas Salz darauf.« Gabbiya küßte seine Fingerspitzen. »Das Aroma ist wie himmlische Kastanien. Manchmal denke ich, Fisch und Ackee sind besser als Sex. Glauben Sie eigentlich, daß gutes Essen letzten Endes befriedigender ist?«

Die Frage erwischte Casey mitten in der Vorstellung, wie es wäre, wenn er seinen Gastgeber auf den Rost legte. Zufallsziel. Genau danach hielt man manchmal während eines Einsatzes Ausschau. Einfach feindliches Gebiet überfliegen und müßig nach Zufallszielen Ausschau halten. Zia Gabbiya würde prächtig brutzeln.

»Was meinen Sie, Commander Casey?«

»Wie bitte?«

»Ziehen Sie die kulinarischen Genüsse denen im Schlafzimmer vor?«

»Meine Kochkunst beschränkt sich auf die Erfahrung mit der Zubereitung von Reis«, erklärte Casey.

Gabbiyas Lächeln verlor sich. Diese Anspielung auf Vietnam war zu plump für die morgendliche Übung, Kaninchen aus Seidenzylindern zu zaubern. Hier ging es lediglich um Fingerübungen. Erst später sollte die Nummer folgen, bei der die Dame in zwei Stücke gesägt wird. Das Lächeln flammte wieder auf. »Doch ich will Sie nicht ablenken. Genießen Sie zuerst Ihr Frühstück. Der Kaffee ist am besten. Kommt auch aus Jamaika. Von den Blue Mountains. Hab' ihn eigens hierherfliegen lassen.«

Der Kaffee war tatsächlich ausgezeichnet. Ebenso der Salzfisch, der sich überraschenderweise gut mit der Ackee vertrug. Casey überlegte, daß Zia Gabbiya als toter Märtyrer möglicherweise eine noch stärkere Bedrohung darstellen mochte denn als lebender Protektor. Er fühlte ein Stechen in der Leistengegend. Das war das Ringmesser in seiner Tasche, und es erinnerte ihn daran, daß er ein wenig zu sorglos wurde. Zuerst diese abwegige Vorstellung, sich selbst gegen die Gefangenen auszutauschen, jetzt das Verlangen, Gabbiya persönlich fertigzumachen.

Das Essen und die Luftfeuchtigkeit sorgten dafür, daß sich auf der Kleidung seines Gastgebers die ersten Schweißflecken zeigten. Zweimal mußte ein Diener Gabbiyas Gesicht mit einem Handtuch abwischen. Fasziniert sah Casey zu: Ebenso wie in Vietnam schienen die Menschen, die in heißem Klima wohnten, der Hitze gegenüber anfälliger zu sein als Casey, der in Illinois aufgewachsen war, wo das halbe Jahr über eisige Winde wehten. Casey war kühl wie eine Hundeschnauze, und das gab ihm ein Gefühl der Überlegenheit.

Als die letzte Platte mit Essen abserviert und die letzte Tasse Kaffee eingeschenkt worden war, erkundigte sich Gabbiya: »Haben Sie die Antwort Vietnams gelesen?«

»Natürlich.«

»Daran ist nichts ›natürlich‹.« Gabbiyas Freundlichkeit bekam Sprünge. »Ich weiß nicht über alles Bescheid, was vor sich geht. Darf ich sie zurückhaben?«

Verblüfft drehte Casey seine Taschen nach links um. Er machte ein regelrechtes Schauspiel daraus. »Ich muß sie weggeworfen haben.«

»Das ist aber eigenartig. Mit all diesen Informationen?«

»Es sind keine Informationen, die ich vergessen würde.«

»Das glaube ich auch kaum.« Gabbiyas Ton verriet, daß er auch dieses Schauspiel nicht so schnell vergessen würde. Er machte eine abwiegelnde Handbewegung, doch seine Augen blieben kalt. »Sie sind doch sicher neugierig in bezug auf mein Schiff, stimmt's? Nein, streiten Sie das nicht ab. Sie gehören zur Marine. Ihr Interesse ist nur natürlich. Kommen Sie.«

Wenn dieses Verhalten Gabbiyas Art entsprach, zum Geschäft zu kommen, so hatte Casey nichts dagegen. Er war nur zu froh, der Sackgasse mit dem Telex zu entkommen.

»Dann wollen wir anfangen – wie sagen Sie doch? Mit der Takelage?« Gabbiya stieg bereits den Niedergang empor. Dieser jungenhafte Temperamentsausbruch, der schnelle Stimmungswechsel waren trügerisch.

»Sie haben doch sicher von dem bedeutenden arabischen Kapitän Ahmad Ibn Madjid gehört?« fragte er und blieb im Deckhaus stehen. »Er war im fünfzehnten Jahrhundert der beste unserer Seefahrer. Ich führe meinen Stammbaum auf ihn zurück. Damals beherrschten arabische Flotten die Meere.«

»Segelte den Bosporus hinauf«, erinnerte Casey sich laut, »und trug den Krieg ins Herz des Byzantinischen Reiches. Hat sogar den großen Vasco da Gama quer durch den Indischen Ozean geleitet, weil Ahmads Messingquadranten den europäischen Astrolabien überlegen waren.«

»Sehr gut! Exzellent!« Erfreut schlug Gabbiya die Hände zusammen und wirbelte herum. »Sehen Sie? Ein Denkmal meines Ahnen.«

Der große Ahmad stand in Marmor hinter der Position des Steuermanns am Ruder – eine Gestalt im Burnus, die einen seltsamen Kontrast zu den elektronischen Anzeigen bildete. Wider Willen war Casey vom Zusammenspiel von Würde und Wildheit der lebensgroßen Statue beeindruckt. Ein geschickter Zug Gabbiyas, sich mit dem bedeutendsten arabischen Seefahrer und Krieger zu identifizieren. Seine Behauptung war Teil der fundamentalistischen islamischen Legenden, die in der mohammedanischen Welt verbreitet wurden. Die Person Zias, so behaupteten die Gläubigen, umspanne die Jahrhunderte. Und das Deckhaus schlug die Brücke über die Zeit, dachte Casey. Etwas oberhalb des Blickfelds der Marmorstatue befanden sich die Digitalanzeigen des LORAN (Long-range Navigation System) und des brandneuen GPS (Global Position System). Das GPS war ein Ableger des Polaris-Navigationssystems. Damit konnte ein Schiff, das im Nebel in einem fremden Hafen auf eine Boje, die die Einfahrt markierte, zuhielt, seinen Standort bis auf fünfzehn Meter genau bestimmen. Gabbiya bemerkte Caseys Interesse und betete die Möglichkeiten mit derartiger Lässigkeit herunter, daß Casey, der sich fragte, wie der König des Terrors wohl an dieses System gekommen sein mochte, innerlich vor Wut brannte. Das GPS war exklusiv für das Integrated Operational Nuclear Detection System (IONDS) des Verteidigungsministeriums entwickelt worden. Welcher verräterische Geschäftsmann hatte wohl dieses Geheimnis verhökert?

»Mit Geld kann man alles kaufen«, stellte Gabbiya, der Caseys Gedanken erriet, klar. »Heutzutage hält man nicht nach Idealisten Ausschau, wenn man Spionage betreibt.« Seine Handbewegung schloß eine Ausrüstung ein, die besser in das Kontrollzentrum eines Kriegsschiffes gepaßt hätte als auf die Brücke einer Luxusjacht. »Hier verbinde ich arabische Seetüchtigkeit mit der allermodernsten Technologie. Aus diesem Grund habe ich das Schiff ›Qurqur‹ getauft, nach den ältesten arabischen Entwürfen, der Karracke. Im Grunde bedeutet das ein einfaches hochseetüchtiges Schiff.«

Die »Qurqur« war alles andere als simpel. Casey folgte Zia, dessen Begeisterung sich noch steigerte, während sie die Niedergänge hinunterstiegen und sich von einem Deck zum anderen hangelten. Matrosen sprangen zur Seite und salutierten. Die Disziplin, das sanfte Summen von Generatoren, die leise gemurmelten Befehle, die über ein tadelloses Lautsprechernetz übertragen wurden – all dies erinnerte Casey an ein gut geführtes Schiff der Navy.

»Die alte arabische Karracke besaß einen ausladenden Rumpf und quadratische Segel«, erklärte Gabbiya und ließ keinerlei Ermüdungserscheinungen erkennen. »Ich habe mich mit Marinegeschichte befaßt und kann Ihnen versichern, daß die Karracke viele Jahrhunderte überdauerte, weil niemand einen besseren Entwurf zustande brachte. Normalerweise war das Schiff ein Zweimaster, mit Rudern zu beiden Seiten. Daraus entwickelten sich Viermaster: Bugspriet, Sprietsegel, Hauptmast und Vordermast. Dann fügte man noch einen weiteren Mast hinzu, die Bonaventura. Wußten Sie, daß auf diesen Namen ein berühmter kanadischer Flugzeugträger getauft wurde?«

Casey heuchelte Nichtwissen.

»Ich persönlich glaube, daß arabische Schiffe genau diese Gewässer befahren haben.« Gabbiya blieb vor Caseys Kabine stehen. »Eines Tages werde ich ihre Wracks finden. Wußten Sie, daß wir vor Jahrhunderten die erste Sambook bauten, die heute noch die Meere befährt? Das Schiff ist schnell und wird mit jedem Wind fertig.« Er klopfte auf Caseys Arm. »Werden Sie mir helfen, hier ein arabisches

Schiff zu finden?« Die Augen, mit denen er Casey ansah, schienen vor Bewunderung überzufließen. »Das wird Ihrem Sinn fürs Abenteuer entgegenkommen, Ihren Forschungen, was den Meeresboden angeht.« Er stieß die Kabinentür auf und ließ Casey zuerst eintreten. »Im Meeresboden werden wir all die Reichtümer der menschlichen Geschichte entdecken – ebenso die größten Mineralvorkommen. Nicht im äußeren Raum, im Weltraum, denn das kostet mehr, als die Menschheit sich leisten kann...«

Das glaubt er wirklich, dachte Casey. Es ist, als hätte er zugehört, wie Bingo und ich genau dasselbe sagten.

»... wie dieses Schiff. Ihnen mag es teuer vorkommen, Commander. Das Schiff besitzt eine Tauchschleuse, um die es viele Ölgesellschaften beneiden würden. Meine Männer können mühelos in Tiefen bis zu siebzig Meter hinabtauchen. Und meine Taucher sind die allerbesten. Niemand bezahlt besser als ich. Und doch, mit all ihrer Ausrüstung und obwohl Sie vielleicht der Ansicht sind, die ›Qurqur‹ sei ein teures Spielzeug, kostet sie doch nur den Bruchteil einer einzelnen Rakete, die notwendig ist, um eine Raumfähre ins All zu schießen! Na, und selbst Lani – wenn man sie mit einem Ihrer Astronauten vergleicht –, ihr Training kostet buchstäblich nichts. Gar nichts! Dennoch ist sie der Star meiner Taucherelite.«

Casey überlegte, weshalb sie nicht die Schleuse mitsamt der Tauchausrüstung besichtigt hatten. Gabbiya unterbrach seinen Gedankenfluß. »Dann mögen Sie sie also?«

»Eine ausgezeichnete Fregatte, als sie auf Kiel gelegt wurde.«

Gabbiya ließ sich in einen Sessel fallen und lachte schallend. »Der Rumpf wurde gelegt? Nein, nein, nein!« Er schlug sich auf die Brust. »Das Mädchen! Lani! Die Irin, die muß – wie sagt ihr in Amerika? Die muß gelegt werden!« Er rang nach Atem. »Sie bringen mich noch um, Casey. Ich darf Sie doch Casey nennen? Sie haben nicht richtig zugehört. Ich sprach von Melanie Blake.«

»Bedaure, Oberst Gabbiya, ich –«

»Zia, bitte. Ich schätze es, wenn meine Freunde mich Zia nennen... Dann mögen Sie das Mädchen also?«

»Eigentlich kenne ich Miss Blake gar nicht.«

»Casey, wissen Sie, weshalb ich Sie so mag? Sie sind tapfer, erfahren... und so altmodisch. Ich frage nur, ob sie Ihnen gefällt.«

Das war das dritte Mal, daß er die Frage stellte. Casey antwortete vorsichtig: »Na ja, natürlich. Ist ein nettes Mädchen.«

»Dann müssen Sie sie haben.«

»Also, jetzt hören Sie mal.« Casey hatte sich entschlossen, das Ganze als Scherz zu nehmen. »Jedes lebendige junge Mädchen würde mich für einen alten langweiligen Knacker halten.« Er setzte sich auf seine Koje.

»Unsinn. Sie würden sie recht gut legen.« Gabbiya streckte die Beine aus und grinste wie ein Lausbub. Dann warf er den Kopf nach hinten und schrie durch die offene Tür: »Holt den Korsen her! Und serviert Kaffee.«

Der Korse... Wieder einmal hatte Casey das Gefühl, dem Drehbuch eines anderen zu folgen. Er hatte den Eindruck gehabt, der Mann höre sich wie ein Korse an und benehme sich auch so. Hatte er unbewußt mitbekommen, wie jemand ihn bei diesem Namen rief?

Gabbiya stampfte mit der Ferse auf das Deck. »Sie wissen, wo das Schiff auf Kiel gelegt worden ist? Der Rumpf?«

»In Quebec, Kanada.«

»Sie haben Ihre Hausaufgaben gemacht. Noch ein Grund, weshalb ich Sie schätzen könnte wie einen Bruder. Ja, in Quebec gelegt. Wie Lanis Mutter.«

Casey schluckte seinen Widerwillen hinunter. »Wenn das Mädchen eine Irin ist und aus Quebec stammt, dann muß es – wie sagen die Franzosen? – formidable sein.«

Ein Steward mit einem Tablett unterbrach sie. Als er sich zurückzog, streckte Gabbiya den Fuß aus und trat gegen die Tür, daß sie zuschlug. »In Ordnung, Casey. Dann wollen wir uns mal ernsthaft unterhalten. Über INSPAD. Dieses Schiff steht Ihnen zu Ihren Forschungsarbeiten vollständig zur Verfügung. Ich werde mich nicht einmischen.« Er beugte sich vor und drehte eine winzige Tasse unter der Kupfertülle. »Zu dieser Tageszeit paßt türkischer Kaffee. Vergessen Sie meine Bemerkungen über Jamaika.« Mit durchtriebenem Grinsen blickte er hoch. »Hab' ich mir von den Briten abgeschaut – diese übertriebenen Komplimente, was das Essen fremder Völker angeht. Tief im Inneren bin ich Araber. Nebenbei«, fügte er lässig hinzu, »wenn Sie die Absicht haben, mich zu töten, dann tun Sie das bitte nicht. Das Ringmesser in Ihrer Tasche. Ich würde mich sicherer fühlen, wenn ich es hier auf dem Kartentisch liegen sähe. Übrigens, den Tisch habe ich in Alexandria aufgetrieben. Ursprünglich war er für einen portugiesischen Kapitän angefertigt worden – im Jahre 1492 nach Ihrer Zeitrechnung.«

Casey zog das Messer hervor, wider Willen beeindruckt. Er fühlte sich wie ein kleiner Junge, der vom Zauberer in der Weihnachtszeit als Statist ausgewählt worden ist. Er sagte nichts.

Als ob das Messer nie existiert hätte, fuhr Gabbiya fort: »Sie würden Präsident von INSPAD bleiben, und Sie hätten freie Hand, Ihre eigenen Ideen zu entwickeln. Ich würde alles Geld zur Verfügung stellen, das Sie möglicherweise benötigen.«

Casey schlürfte seinen Kaffee und dachte traurig, daß die Dinge, die man sich am meisten wünschte, immer in der falschen Verpakkung angeboten wurden. Unbegrenzte Geldmittel!

»Ich weiß, wie knausrig die Bundesbehörden bei Ihnen sein können«, erklärte Gabbiya.

»In INSPAD stecken keine Regierungsgelder.«

»Das müssen Sie natürlich sagen. Und aus welchem Grund hat Professor Rutgers dann zwanzigtausend Dollar in den ›Vergißmein-nicht‹-Fonds eingezahlt? Wegen eines Forschungsprojekts der CIA!«

Casey setzte die Tasse ab, um seine Überraschung zu verbergen. Er würde keinerlei Zugeständnisse machen. »Weshalb sind Sie bloß so stark interessiert?«

»Kommen Sie, Sie sind doch kein Dummkopf. Was Sex angeht, vielleicht. Aber doch nicht in dieser Angelegenheit. Sie haben mein Schiff gesehen. Früher einmal war es ein U-Boot-Jäger – heute hat es das Neueste an Unterstützungssystemen für U-Boote an Bord.«

»INSPAD ist für sehr tiefe Gewässer entwickelt worden. Für größere Tiefen, als irgendein U-Boot tauchen kann.«

»Nicht die Unterseeboote, die uns vorschweben.«

Casey bemerkte den Wechsel zu »wir«. »Ich kann nicht zulassen, daß die Arbeit von INSPAD den Ingenieuren einer feindlichen Macht zur Verfügung gestellt wird«, sagte er und bereitete sich schnell darauf vor, Hinweise zu nicht existierenden INSPAD-Projekten zu geben. Er durfte Gabbiya nicht argwöhnen lassen, daß INSPAD kaum über seine Träumereien im Lager hinausging.

»Sie hätten Zugang zur Führungsspitze«, erklärte Gabbiya. »Eine Reise nach Vietnam könnte sich aus Ihrer Sicht als sehr nützlich erweisen.«

»Womit zweifellos ein Besuch der Paracelsus-Inseln verbunden wäre?« Vor seinem inneren Auge tauchten die Inseln östlich von Da Nang und ungefähr vierhundert Kilometer südlich der chinesischen Halbinsel Hainan auf. Die Inseln verschwammen mit dem flachen, runden Gesicht Big Viens.

»China beansprucht die Inseln.« Gabbiya hielt inne. »China ist der Meinung, daß Besitz neun Zehntel der Macht ausmacht. Die Chinesen wissen, daß die Paracelsus-Inseln ein sehr wertvoller Besitz sind.«

»Und darum geht es?« Casey rutschte von der Koje herunter.

»Vietnam strebt Unabhängigkeit in der Ölversorgung an. China möchte das verhindern.«

»Und welche Rolle spielen Sie dabei?«

»Ich war der Meinung, ich hätte meinen Standpunkt dargelegt. Ganz sicher wollen Sie sich doch nach dem Preis erkundigen, Casey? Die Geldmittel, die ich Ihnen anbiete, liegen weit über der Summe, die Sie sich anderweitig erhoffen können. Und Ihre amerikanischen Gefangenen gebe ich gratis dazu.«

»Ich lasse mich nicht erpressen, Zia.«

»Ihre Kameraden werden den Fortschritten entsprechend entlassen, die wir in unseren Verhandlungen erzielen«, fuhr Gabbiya fort, so, als habe es keine Unterbrechung gegeben. »Die einfache Nachricht, wir hätten mit den Gesprächen begonnen, wird die Entlassung von Anthony Rutgers zur Folge haben. Ende dieser Woche könnte er sich bereits im Kreise seiner Familie in Maryland befinden.«

»Das zieht bei mir nicht.«

»Nach dem Empfang der weiteren Nachricht, alles verlaufe planmäßig, wird man ›Bash‹ McCoy freilassen.«

Das Bild von Bill McCoy, zunächst als Coy und später als »Bash« bekannt, tauchte plötzlich vor Casey auf. In jener Nacht, als die Flugkontrolle sie auf die feindlichen Jäger zugelotst hatte, die aus Richtung Haiphong heranflogen, war sein alter Klassenkamerad aus der Naval Academy sein Flügelmann gewesen. Bash war als erster in die pechschwarze Nacht über dem Chinesischen Meer hinauskatapultiert worden. Ein nächtlicher Katapultstart mit vollem Schub bedeutete für den Piloten, wenn er von Null auf zweihundert Knoten beschleunigte und von der Macht der Beschleunigung in seinen Sitz gepreßt wurde, oft eine kurze Ohnmacht. Casey, der darauf wartete, selbst dranzukommen, sah Bashs Lichter verschwinden. Schubverlust? Das war der immerwährende Alptraum. Egal wie sanft einen das Katapult in die Luft schleuderte, man konnte nichts mehr unternehmen, wenn man nur diesen Schwung zur Verfügung hatte. Bash konnte da draußen im Dunst sein und auf die Detonation warten. Es erfolgte keine. Casey verlangte umgehende Startfreigabe. Er schoß die Rampe entlang, hörte das Krachen des Katapulthakens, als er freikam. Beinahe im selben Moment wurde er vom Nebel verschlungen. Er stieg im Blindflug und rief dabei Bash in regelmäßigen Abständen über Funk an. Um den Feind zu verwirren, benutzten die Piloten statt des Militärcodes Spitznamen. Endlich hörte er: »Mach voran, Katzenauge!« Also war Bash sicher gestartet. Sein Generator, das stellte sich später heraus, hatte aufgrund des Starts einen Kurzschluß. Es war eine schaurige Nacht: Lange Streifen horizontal verlaufender Blitze illuminierten die Unterseite der Sturmwolken, die von China nach Süden trieben. Die feindlichen Jäger, wenn es überhaupt welche gegeben hatte, wurden nicht gefunden. Casey drehte wegen Treibstoffmangels ab. »Sie sind der einzige Mann, der noch in der Luft ist«, meldete sich die ruhige Stimme der Flugkontrolle. »Starten jetzt Tankflugzeug für den Fall, daß Sie Fangzäune und Haken verfehlen.« Ein Durchstarten hätte bedeutet, daß Casey erneut mit leeren Tanks hätte anfliegen müssen. Doch was ihm wirklich Sorgen bereitete, war Bash. Wohin war er verschwunden?

Und jetzt sagte ihm der Großprotektor, Bash sei am Leben. Das war möglich. Konnte sein.

Zia beachtete Caseys Schweigen nicht und fuhr fort: »Wenn ich durchgebe, unsere Verhandlungen näherten sich einem tragbaren Ergebnis, wird man Baa-Baa Black Sheep freilassen.«

Casey konzentrierte sich darauf, die wieder aufgefüllte Tasse ohne Zittern an die Lippen zu heben. Zia hatte sich einen Flüchtigkeitsfehler geleistet. Lambe hatte den Spitznamen Baa-Baa bekommen. Irgend jemand, kein Mitglied der Gruppe, hatte den Kinderreim drangehängt. Kein Pilot sprach jemals von Baa-Baa Black Sheep...

»Es würde sich also für Sie auszahlen«, erklärte Gabbiya, »wenn Sie die Verhandlungen fortführten. Selbst wenn Sie sich letztlich entscheiden sollten, nicht abzuschließen, hätten Sie es fertiggebracht, sieben Männer aus der Gefangenschaft zu befreien.«

Casey wollte nicht fragen, wer der siebte Mann sei.

»Das liegt nicht nur in Ihrem Interesse«, meinte Gabbiya. »Das Ganze liegt auch im Interesse Ihres Landes. Sie sind kein Politiker. Sie sind nicht darauf aus, Wellen zu schlagen. Sie sind ein Patriot, Casey. Das ist ein weiterer Grund, weshalb ich Sie so schätze.«

»Verlassen Sie sich nicht drauf«, erwiderte Casey. Langsam drehte sich ihm der Magen um.

»Aber wenn Sie kein Patriot wären, dann wären Sie mit diesem Messer auf mich losgegangen! Das haben Sie nur deshalb nicht getan, weil hier Wichtigeres auf dem Spiel steht. War doch ein kluger Test, nicht wahr?«

»Ich bin nicht in der Stimmung, mich zu streiten.«

Zia Gabbiya erkannte die Erschöpfung in Caseys Miene: Erschöpfung, Verachtung, Überlegenheit. Der Protektor erhob sich und riß die Tür auf. »Bleiben Sie hier, Casey, und denken Sie über all das nach.«

Vor der Tür lehnte der Korse.

»Vergessen Sie nicht«, murmelte Casey, »daß E. P. Geld weiß, daß ich mich hier aufhalte.«

»Geld? Ach was!« stieß Gabbiya hervor und spuckte verächtlich.

Der Korse schob sich zwischen die beiden Männer. Er hielt einen schweren .45er Colt in der Hand, dem Casey wenig Respekt entgegenbrachte. Als er versucht hatte, in Vietnam aus der Gefangenschaft auszubrechen, hatte sich diese Waffe als unzuverlässig und ungenau erwiesen. Auf die kurze Entfernung jedoch brachte sie eine gewisse Autorität zum Ausdruck.

»Geld ist nur eine von euren amerikanischen Schaben«, erklärte Gabbiya. »Wenn er aus der Reihe tanzt, verfahre ich mit ihm folgendermaßen.« Er bewegte seine Ferse fest auf dem Boden hin und her und ließ Casey mit dem Wunsch zurück, doch von dem Messer Gebrauch gemacht zu haben. Der Korse grinste ihn an.

16

An diesem Morgen mußte Alison nicht vor Gericht auftreten. Den größten Teil der Nacht hatte sie damit verbracht, die Inselbewohner zu mobilisieren. Sergeant Winston schneite in ihr Büro, um bei ihr sein zweites Frühstück einzunehmen. Während sie ihm eine Tasse Tee eingoß, wurde ihr bewußt, daß sie von Casey weder etwas gesehen noch gehört hatte. Winstons ungewöhnliche Gesprächigkeit überraschte sie.

»Sie hatten vollkommen recht, Miss Bracken, was die Verschlossenheit der Durchschnittsbürger angeht. Das muß im Blut liegen. Selbst wenn es um Gabbiya geht, sagt bis jetzt kaum jemand, was er denkt. Halten am Brauch der Verschwiegenheit fest. Eine Tradition auf den Inseln. Die ausländischen Gesellschaften lassen sich auch nur hier nieder, weil wir ihnen Vertraulichkeit garantieren...«

Alison empfand Panik, als ihr das letzte Gespräch mit Casey über den Panji-Spieß und die Gefahr, die seinem Leben drohte, wieder einfiel. Winstons Worte veranlaßten sie, sich wieder auf das wachsende Gefühl der Bedrohung unter den Inselbewohnern zu konzentrieren. »Es wird befürchtet, daß wir uns wieder zu einer Insel verwandeln könnten, auf der bloß Bananen wachsen«, erklärte Winston. »Eine ganze Menge anderer Inseln haben vom Bananenhandel gelebt. Bis niemand mehr Bananen haben wollte. Lieber sind wir etwas weniger unabhängig. Mein jüngster Bruder war einer der besten Fischer in der Gegend. Jetzt arbeitet er in der Küche des Royal Palm Hotel und bereitet Fisch zu, der in New York eingefroren und hierhergeflogen wurde! Hierher, wo einem die Fische buchstäblich ins Boot springen! Sie wissen doch ganz genau, daß das Royal Palm Hotel einer von E. P. Gelds Tochtergesellschaften gehört und alle Gewinne von hier abgezogen werden, doch bis heute sind die Leute nicht aufgewacht. Sehen Sie sich meine große Schwester an, war früher mal Händlerin, hat auf dem Markt ihr Geschäft gemacht. Jetzt arbeitet sie im Vorstandsbüro eines Multis aus Texas. Jeden Monat fließt eine Milliarde Dollar durch deren Büro auf den Inseln. Aber diese Typen können ebenso schnell von hier verschwinden, wie sie aufgetaucht sind. Meine Schwester bildet praktisch das gesamte

Büro. Sie reißt die Anweisungen von der einen Telexmaschine ab und leitet sie dann ohne jede Änderung bis auf eine andere Anschrift über eine andere weiter. Wir mögen uns mit all diesen großen Gesellschaften, die sich hier niedergelassen haben, großartig vorkommen – doch was bringt uns das?«

»Ihre Schwester bezieht von denen ihr Gehalt«, stellte Alison klar.

»Die würde lieber Gemüse verkaufen. Nur, niemand baut mehr Gemüse an. Jeder arbeitet für Arbeitgeber, die er nie zu sehen bekommt, und wird so gut bezahlt, daß er sich Dosengemüse aus Übersee leisten kann.« Seine Stimme gewann an Schärfe. »Die Leute sind drauf und dran zu rebellieren, Miss Bracken. Die mögen keine Außenseiter wie Professor Rutgers, die sich über unsere Spielzeugparaden lustig machen.«

»Wie bitte?« Alison sah von dem Aktenschrank auf. Sie hatte versucht, Winstons Klagen ein Ende zu machen. »Rotspon?«

»Wurde vom Barmann im ›Black Lion‹ belauscht. Unterhielt sich mit einem anderen Weißen. Rutgers zog uns nicht in den Dreck, machte sich bloß lustig über unser königliches Disneyland. Was der Professor nicht begriff, war, daß dies der Tradition auf den Inseln entspricht und nicht bloß imperialer Glanz ist. Der Barmann wurde wütend. Behauptete, es gebe keine Familie auf der Insel, ob schwarz oder weiß, die nicht Zugeständnisse machen würde, um diese Traditionen zu hegen und zu pflegen.«

Alison merkte auf. Winstons ungewöhnliche Beredsamkeit ließ auf eine Absicht schließen, die dahintersteckte. »Was wollen Sie mir da klarmachen?«

»Wenn die Leute bis jetzt den Mund gehalten haben, dann nur deshalb, weil sie an Termiten nicht gewöhnt sind. Es heißt, man bemerkt Termiten nicht, bis sie einem das Haus vollkommen ausgehöhlt haben. Wir hatten Glück. Unser Haus schwankte, ehe das Dach eingestürzt ist. Gabbiya hatte es zu eilig, obwohl er glaubt, die Dinge ruhig und langsam anzugehen. Jetzt wissen wir, daß er es darauf angelegt hat, uns auszurauben. Die Leute meinen, wir sollten uns besser auf die alten Gesetze berufen.«

»Welche alten Gesetze?«

»Die alten Gesetze geben uns das Recht, unser Eigentum zu

schützen. Sie sagen, wir können einen Räuber töten, der sich auf unserem Grund und Boden herumtreibt.«

»Fahren Sie fort.«

Winston setzte seine Tasse ab. »Der Gesundheitszustand Ihres Vaters ist schlecht. Doch er ist die einzige Hoffnung, die uns bleibt. Stimmt's?«

»Bis auf Casey.« Vorsichtig formulierte Alison den Gedanken, der sie bewegte.

»Sind Sie sich sicher, was Casey angeht?«

»Als Marineoffizier hat er eine außergewöhnliche Beurteilung. Obwohl er als Jetpilot von all diesen technischen Spielereien verwöhnt ist – die Stringbag sieht vielleicht primitiv aus, doch man muß sie auf den Zentimeter genau fliegen.«

»Entschuldigen Sie, den meine ich nicht. Diesen – hm, Typ, den weißen Ausländer im ›Black Lion‹. Der Name und die Adresse, die er auf seiner Einreisekarte angegeben hat, existieren nicht. Paß und Beschreibung passen auf einen Mann, der auf der Londoner Liste ausländischer Agenten steht. Derselbe Mann unterhielt sich mit dem Professor über Casey. Sie waren zusammen im ›Black Lion‹: Professor Rutgers und dieser andere Mann.« Winston wiederholte seine Anschuldigung, weil er nicht sicher war, ob Alison ihre Bedeutung erkannt hatte. Er fügte hinzu: »Der Professor hat Caseys Arbeit bei der Erforschung der Tiefsee in den Himmel gehoben.«

»Das ergibt überhaupt keinen Sinn. INSPAD – Inner Space Development – ist eher ein Traum als Realität. Und ein erfahrener Geheimagent würde nicht in einer Bar stehen und laut tönen –« Alison machte eine verwirrte Handbewegung. »Es sei denn, er legt es darauf an, belauscht zu werden«, fügte sie in plötzlicher Erkenntnis hinzu.

Winston rieb sich über das Kinn. Er hatte so seine Vermutung, weshalb Alison nicht zugehört hatte. »Lieben Sie Casey, Miss Brakken?«

Alison wurde rot. Eine derartige Frage hätte, selbst von ihrem Vater, normalerweise eine scharfzüngige Antwort nach sich gezogen. Doch Winston war in einer ganz besonderen Position. »Ob ich Casey liebe?« flüsterte sie, als wolle sie jedes Wort prüfen, bevor sie seine ganze Bedeutung akzeptieren konnte. »Ja, ja, ich glaube, das tue ich.«

Ein schmerzlicher Ausdruck huschte über Winstons ehrliches Gesicht. »Dann sollten Sie besser herausfinden, was er auf Gabbiyas Jacht zu suchen hat.«

Die Antwort lag in den Augen des Sergeant: Verlegenheit, Zweifel, das Fehlen stichhaltiger Beweise, die Möglichkeit, daß Alison wußte, daß Casey sich auf der »Qurqur« aufhielt und das nicht in aller Öffentlichkeit breitgetreten haben wollte. Was dennoch alles änderte, war das Aufleben seiner Theorie, daß Casey doch in eine Geheimdienstaktion verstrickt sein mochte.

»Ich kann nicht beweisen, daß er auf dem Schiff ist«, erklärte Winston, »doch Mary und Josh, drüben in Backgammon, haben ihn nicht gesehen.«

»Das beweist gar nichts! Die beiden Faulenzer sind kaum jemals im Haus.« Alison riß einen Schrank auf, in dem Robe und Perücke auf einem Bügel hingen, und nahm den Sturzhelm heraus. »Ich fahre jetzt rüber, um mit ihnen zu reden. Kommen Sie mit?«

»Besser nicht«, erklärte Winston. »Ich muß einen Grund finden, um an Bord von Gabbiyas schwimmendem Bordell zu gelangen.«

»Die Telephone gehen nicht, Miss«, erklärte Josh, der Hausmeister, als sie in Backgammon hineinstürmte. »Deshalb war's auch schwer, uns zu erreichen.«

Mary scheuchte ihn aus der Küche. »Dieser Mann!« rief sie. »Weiß nicht aus noch ein.«

Alison wollte keines der beiden in Aufregung versetzen. Josh lungerte immer noch in Hörweite herum. Sie lächelte. »Mary, haben Sie Mr. Casey in letzter Zeit gesehen?«

»Nein, Ma'am. Nicht seit gestern... Aber machen Sie sich mal keine Sorgen, Miss. Die Frau ist heute morgen gekommen, um seine Sachen zu holen.«

»Eine Frau hat seine Kleider geholt? Was für eine Frau?«

»Kann ich Ihnen genau sagen, Miss. Das war die, die sie die Irin nennen.«

Josh schob sich wieder in die Küche und mischte sich ein. »Das da haben sie auf dem Strand verloren.« Er hielt Alison ein Magazin mit 9-mm-Patronen hin. »Hab' nichts gesagt, weil die alte Dame da nichts von Kanonen hält.«

»Wo auf dem Strand?« Alison verstaute das Magazin in ihrer Tasche, während Josh sie zur Klippe begleitete. Er ging jetzt etwas aus sich heraus. »Die können nicht fischen gewesen sein. War nämlich die falsche Tide, falsche Wellen. Gucken Sie da, die haben das Boot auf den Strand gezogen.«

Das Wasser war weit abgelaufen, wie es überall dort der Fall ist, wo der Atlantik auf die Karibik trifft. Die Spuren eines Bootes, das auf den Strand gezogen worden war, waren noch zu sehen.

»Vielleicht haben die gar nicht nach Fisch gefischt«, erklärte Mary. »Aber die Frau fischt nach Männern, ist sicher. Meine Güte, die hatte das Boot schon voll.«

»Voll Männer?« fragte Alison.

»Na, einer. Scheint noch einer gewartet zu haben.«

»Ihr zeigt mir besser, was dieses Mädchen mitgenommen hat«, meinte Alison, der die beiden langsam auf die Nerven gingen.

Zehn Minuten später mußte Mary zugeben, daß keins von Caseys Kleidungsstücken zu fehlen schien.

Alison musterte sie scharf, die Hände in die Hüften gestemmt. »Also gut, was ist wirklich passiert?«

»Mister Casey hat sich nie drum gekümmert, ob wir kommen oder nicht«, fing Mary zögernd an. »Besonders, nachdem der arme Hund getötet worden ist.« Josh und sie hatten in der vorhergehenden Nacht im Ocean Beach Club Überstunden gemacht. Sie waren spät aufgestanden und hatten, als sie in Backgammon ankamen, Melanie Blake im Garten überrascht. »Die hat uns Arbeit gegeben. Müll verbrennen, da hinten.«

»Was für Müll?«

»Weiß nicht so recht. Der Mann hat uns Papiere gegeben.«

Alison holte tief Luft. Das war, als zöge man einen Zahn. »Was für ein Mann?«

Langsam kam die ganze Geschichte ans Tageslicht. Lani war mit einem Fremden da gewesen, der so fürchterlich groß war, daß Mary und Josh es mit der Angst zu tun bekamen. Lani hatte erklärt, sie hole für Casey frische Garderobe, ging ins Haus und kam dann mit Papieren zurück, die Mary und Josh als Abfall verbrennen sollten.

»Dann ist der Mann hinunter zum Boot. Die Irin, die ist zurück ins Haus.« Mary imitierte den aufreizenden Gang des Mädchens.

»Weshalb ist sie denn zurückgegangen?« fragte Alison und versuchte, Marys Aufmerksamkeit auf wichtigere Dinge zu lenken als auf Lanis Sexualität.

»Weiß ich nicht so recht, Ma'am.«

Alison schluckte erschöpft. Sie ging zu der Stelle, wo die Reste eines Feuers rauchten, und stocherte in der Asche herum. Ein paar der angekohlten Blätter steckte sie ein. Die wenigen Worte, die sie entziffern konnte, brachten ihr Blut in Wallung, obwohl sie kaum einen Sinn ergaben. Noch einmal versuchte sie zu telephonieren. Die Leitungen waren tot. Sie wies Mary und Josh an, darauf zu achten, daß niemand das Haus betrete, bevor nicht die Polizei da gewesen sei. Ihre kalte Wut überzeugte die beiden schließlich.

Winston traf sie in Pretty Penny wieder. Zusammen mit ihrem Vater saßen sie auf einer Veranda, die von der Auffahrt und vom Meer her nicht eingesehen werden konnte.

»Casey hält sich definitiv bei Zia Gabbiya auf«, stellte der Sergeant fest, als sie geendet hatte. »Ihrer Geschichte zufolge könnte er der Einladung nicht freiwillig gefolgt sein.«

»Dann holen Sie ihn da heraus«, forderte Bracken und sah von seinem Block auf, auf dem er sich Notizen gemacht hatte.

»Nehmen wir mal an, er ist tatsächlich ein amerikanischer Agent«, gab Alison zu bedenken.

»Blödsinn! Dazu hat er viel zu viel Grips!« Bracken warf einen Blick auf seinen Block, strich einen Punkt aus und wandte sich dann an Winston. »Sie versprechen, daß die Polizeibarke heute nacht bereit ist?«

»Keine Frage.«

»Ich brauche ein paar von Ihren Sonder-Constables.«

Winston nahm die Liste zur Hand und überflog sie. »Kein Problem.«

Die Spezialisten waren Zivilisten, die sich freiwillig gemeldet hatten und im Notfall die Polizeiuniform anzogen. Der letzte Notfall hatte sich im Jahre 1942 ereignet. Ein Postbeamter, der einen abgelegenen Briefkasten geleert hatte, hatte Briefe entdeckt, die nach Deutschland adressiert waren. Nachts waren Matrosen von einem U-Boot an Land gerudert, und der Kapitän hatte ganz richtig auf die

Verschlafenheit der Inselbewohner und deren Sinn für Fair Play gesetzt. Die Briefe wurden ordnungsgemäß über das neutrale Lissabon weiterbefördert, doch die Inselbewohner hielten jetzt rund um die Uhr Wache – nur zur Vorsicht.

»Heute nacht geht's also los?« fragte Winston nach einer Weile.

»Wenn Sie Casey von der ›Qurqur‹ herunterholen können«, meinte Alison.

Beide Männer verstanden, was das bedeutete. Ihr Vater wollte gerade sagen, daß er ausgezeichnet in der Lage sei zu fliegen – dann hielt er inne. Er wollte keine Diskussion über seine Flugtauglichkeit vom Zaun brechen, ob mit oder ohne Casey.

Sergeant Winston hüstelte. »Wir wollen uns doch nicht der Verschwörung schuldig machen«, stellte er fest.

»Sie brauchen keine Gesetze zu brechen, um Casey dort herauszuholen«, erklärte Alison. »Behaupten Sie einfach, die Untersuchung von Professor Rutgers' Tod erfordere die Anwesenheit Caseys als Zeugen. Ja, ich weiß, es ist noch keine Untersuchung anberaumt. Aber das verschafft Ihnen den Grund, an Bord zu gehen.«

»Ich hasse es zu lügen«, stellte der Sergeant fest.

»Dann behaupten Sie, die Anhörung sei deswegen wieder eröffnet.« Alison zog die angekohlten Papiere hervor, die sie aus dem Feuer vor Backgammon gerettet hatte. »Können Sie dem Polizeilabor soweit trauen, daß man dort eine Analyse anfertigt?«

»Jetzt, da der Polizeikommissar fort ist, gibt es in der gesamten Abteilung niemanden, dem ich nicht trauen würde«, erklärte Winston stolz. »Doch wieso –?«

»Ein paar Worte werden sich unter dem Mikroskop erkennen lassen. Einige habe ich bereits entziffert.« Alison strich vorsichtig das zerknitterte Papier glatt. »Worte wie Tiefenzuggeschirr, Unterwassergebirge, Durchführung von Kartographie, Übermittlung – und immer wieder die Erwähnung von Professor Rutgers.«

Edgar P. Geld verschlief den halben Tag. Seit er den Aussichtspavillon und die Behausung für Amanda gebaut hatte, hatte er die erste Nacht auf den Inseln verbracht. Er hatte einen Teil der morgendlichen Aufregung verpaßt, als die Telegramme eintrafen, und wußte genau, daß nur seine Gesellschaften und die Gabbiyas die Möglichkeit hatten, mit Übersee zu kommunizieren. Schließlich hatte er den Tatsachen ins Auge gesehen: In New York oder in noch weiter entfernten Städten brauchte niemand seine Anweisungen, um zu wissen, was zu tun war. Er wurde überhaupt nicht vermißt. Also hatte er seinem Stab befohlen, ihn nicht zu stören.

Er wachte auf und merkte, daß die Ernüchterung ihm immer noch zu schaffen machte. Bisher hatte ihn niemand gestört. Keiner brauchte ihn oder kam ihm ehrlich entgegen. Das kleinste Rädchen seiner multinationalen Maschinerie leistete mehr als er.

Er lag in seinem riesigen Bett und beobachtete die Nachmittagssonne, deren Strahlen über die Decke fielen. Er hatte mit dem Tabu, hier zu übernachten, gebrochen, und nun überkam ihn das Gefühl, nicht mehr abreisen zu können. Man hatte die Säulen zum Einsturz gebracht, auf denen sein Selbstverständnis als unersetzlicher Wirtschaftsboß ruhte. Keine eifrig hin- und herhuschenden Sekretärinnen. Keine Gesichter rund um den Konferenztisch, die ihm Bedeutung verliehen. Kein ausgefüllter Terminkalender, keine Limousinen mit Fahrern, kein Hasten von einem Gebäude zum anderen, von Stadt zu Stadt. Kein Privatjet, keine ehrfürchtigen Zöllner, die sich zurückhielten, während er mit seinen Herren im Gleichschritt über das Rollfeld eilte.

Er war einfach nur Klein-Edgar, der mit schlechtem Gewissen im Bett lag, weil er vergessen hatte, die Schlafanzughosen anzuziehen.

Ich muß mit jemandem über Amanda reden, sagte er sich. Aber mit wem? Großer Reichtum birgt Nachteile. Prominenz strahlt in die Öffentlichkeit. Und wenn man Sproß der bekanntesten amerikanischen Industriedynastie ist, dann bedeutet das, daß jedes Wort an die Klatschblätter verhökert werden kann. Selbst der treueste Hausangestellte wird für den richtigen Betrag bereit sein, seine Memoiren zu schreiben.

Bis auf Nanny.

Nanny entstammte einer anderen Zeit, einer anderen Tradition. Niemand würde Nanny Locke je kaufen können. Sie kannte Amandas Lebensgeschichte, wußte, daß E. P. das Kind von dem Augenblick an geliebt hatte, als es geboren war. Nanny wußte, daß E. P. durch Mittelsmänner in aller Welt nach einer Lösung gesucht hatte, als klar war, daß es ein medizinisches Problem gab. Dann hatte sich Zia Gabbiyas wirtschaftliches Imperium mit dem seinen verbunden. Zia hatte sich Zugang zu jedem Winkel und jeder Ritze in E. P.s Unternehmungen verschafft, doch das machte E. P. nur halb soviel zu schaffen, wie die Vorstellung, daß Zia tatsächlich jemanden kannte, der Amanda helfen konnte – und daß Zia diese Information zurückhalten konnte, wenn E. P. einen falschen Zug machte.

In der Zeit, bevor er Zia kannte, hatte er seine Wut und seine Frustration an Amandas Mutter ausgelassen, hatte Rechtsanwälte beschäftigt, um die Frau aus dem Leben ihrer Tochter zu verbannen, hatte Krankenberichte gefälscht, denen zufolge die Mutter wegen Geschlechtskrankheiten behandelt worden war, und hatte gedroht, der Mutter die Schuld für die tragische Krankheit des Kindes anzuhängen. Nanny hatte all dies gewußt und stillschweigend akzeptiert, denn hatte sie nicht selbst Klein-Edgar in Vertretung seiner schwachen Mutter aufgezogen?

Er stand auf, zog sich an und ging in die große Halle hinunter. Es herrschte eine unnatürliche Stille. Er hatte den gewohnten Tagesablauf durchbrochen. Seine Übernachtung hatte die Angestellten restlos aus dem gewohnten Trott gebracht.

»Sir.« Der dicke Herman Schroeder näherte sich ihm in unterwürfiger Haltung, einer Mischung aus Überheblichkeit und Speichelleckerei. Für einen derartig massigen Mann entwickelte er ein erstaunliches Talent, devot zu wirken. »Oberst Gabbiyas Helikopter wartet.«

»Wartet?«

Schroeder wich zurück. »Er ist vor zwei Stunden eingetroffen. Mit einer Nachricht vom Obersten persönlich.« Schroeder, der immer nur andere tyrannisiert, das große Wort geführt und noch nie zuvor jemanden mit Sir angeredet hatte, schluckte schwer. »Sir? Der Oberst erwartet Sie.«

E. P.s Mund wurde zu einer scharfen Linie. Jeder Gedanke daran, Gabbiya erneut aufzusuchen, trat in den Hintergrund. Der Großprotektor konnte warten. Nanny ging vor.

»Sir?« Schroeders Besorgnis verfolgte E. P. Geld durch das weitläufige Vestibül. Unter dem Bogen des Eingangs drehte E. P. sich um. »Hat der Pilot des Arabers eine Erfrischung bekommen?«

»Eigentlich nicht. Ich – wir haben auf Sie gewartet. Ich – wir – dachten, es sei das Beste, wenn er sich bei der Maschine aufhielte.«

»Bringen Sie ihn in die Küche und sehen Sie zu, daß er etwas in den Magen kriegt«, befahl E. P. »Ich habe noch zu tun.«

Von ihren schottischen Vorfahren hatte Nanny Locke die Gabe des Zweiten Gesichts. Sie erwartete Edgar bereits. Gestern mochte er noch Mr. Geld gewesen sein, doch nach der vergangenen Nacht nicht mehr. Sie wußte, daß er mit seinem Gewissen rang.

»Wo ist sie?« erkundigte sich E. P.

»Im Konservatorium, wo sonst?« Nanny Locke sah mit prüfenden blauen Augen zu ihm auf.

Das runde Konservatorium, das mit dem Haus verschmolz, folgte der Sonne wie eine Blume. Amanda saß dort, die schönste Blume von allen, umgeben von Rauchglaswänden, Reihen elektronischer HiFi-Anlagen und schimmernden Digitaldisks. Sie hatte eine Disk ausgewählt, die E. P. nicht kannte. Amanda blickte auf das Meer hinaus, vollkommen verloren in die Musik. Leise näherte er sich von hinten, um die Aufschrift auf der Plattenhülle zu entziffern: »A Mirror of Whitening Light« von Peter Maxwell Davies, 1977.

Nervös ging er zu einem Stuhl. Amanda drehte sich um und reagierte auf seine Anwesenheit mit einem nichtssagenden Lächeln. Sie zeigte keinerlei Wiederholung ihrer gestrigen Schockreaktion.

Das Rauschen des Meeres fand sich in der Melodie wieder. Ein Wirbel von Holzblasinstrumenten beendete den ersten Satz. Die Stille der Tiefe wurde von einem Fagott mit hellem, durchdringendem C intoniert. Eine warnende Brise kräuselte die Wellen mit perlendem Glissando. Weiße Schaumkronen, klein und beweglich, wurden durch eingestreute Tanzrythmen hervorgerufen. Dann folgte ein unheilvoller Windstoß, in den das gesamte Orchester einfiel.

Die immer stärker werdende Kraft der Komposition erschütterte E. P. Aus dem Widerhall löste sich ein Solohorn und übertönte das Orchester mit dem Thema »Veni, Sancte Spiritus«. Es hob sich empor wie der »Old Man of Hoy«, der Block aus schierem Fels, der über Scapa Flow Wache hielt, dem jahrhundertelangen Heimathafen der britischen Home Fleet. Der Komponist war vom Hoy und den kalten nördlichen Gewässern inspiriert worden. E. P. las diese Information auf dem Plattenumschlag und fühlte, wie er selbst in eine Schlucht zwischen sich auftürmenden Wellen gerissen wurde, als die Musik abbrach. Dann schwoll das Orchester erneut an, und er wurde auf den Kamm einer Woge emporgeschleudert, wo er im schäumenden Wasser um Luft rang. In den gegenläufigen Wellen aus Dissonanzen drohte er zu ertrinken. So ist das Leben für Amanda, dachte er, und plötzlich überwältigte ihn die Einsicht: Sie ist übersensibel, ihr Gemüt zu aufnahmefähig, zu schnell, um mit der langsamen Routine, den Dissonanzen einer gewöhnlichen Existenz fertig zu werden. Das ist der Grund, weshalb man sie vom Getriebe der Welt abschirmen muß. Aus diesem Grund suchte sie Zuflucht in der Musik.

Durch diese neue Erkenntnis, den Grund entdeckt zu haben, der Amandas Exil rechtfertigte, war E. P. kurze Zeit mit sich im reinen. Er brauchte eine Weile, um seine neue Einstellung mit der Musik in Verbindung zu bringen: Das beherrschende Thema drängte sich jetzt in den Vordergrund, als trüge die Melodie ihn nun in das seichte Gewässer des zurückflutenden Meeres. In der tiefen Stille, die dann folgte, verbarg sich der Tod.

Amanda saß vollkommen ruhig da und sah aufs Meer hinaus. In ihrer Miene regte sich nichts. Er stand auf, wollte sie berühren, doch dann zuckte er zurück und ging auf Zehenspitzen hinaus.

»Wie ist Amanda an diese Musik gekommen?« fragte er Nanny Locke.

»Sie hört sie die ganze Zeit über, seit sie ankam.«

In seinem Wirbel von Gefühlen erkannte E. P. zunächst gar nicht die Bedeutung des Gesagten. In seinem Kopf brandeten die donnernden Tonfolgen des zweiten Satzes wieder auf. Er versuchte, diesem Eindruck zu entkommen, indem er über den Gartenpfad auf Nanny Lockes Cottage zumarschierte. Ferngesteuerte Kameras erlaubten Nanny Locke, über ihren Schützling zu wachen.

»Dreh die Lautstärke herunter«, bat E. P. die Frau und ließ sich in einen alten Schaukelstuhl fallen. »Und würdest du mir Tee machen? So wie du's früher gern getan hast. Trink Tee mit mir, Nanny Locke, so wie in alten Zeiten.«

In diesem Moment hätte Nanny Locke einen ordentlichen

Schnaps vorgezogen. Das war Klein-Edgar, der sie, versteckt hinter den Röcken von Mrs. Geld senior, neugierig anstarrte. Unbeteiligt saß er da, während sie einen Kessel mit Wasser zum Sieden brachte. Sie gab einen Schuß Scotch hinzu, den sie immer in Reichweite hatte, selbst in den Tagen seiner Kindheit. Vorsichtig prüfte sie mit dem Ellenbogen die Teekanne und hätte fast E. P.s Tasse fallen lassen, als er plötzlich sagte: »Warum, denkst du, bin ich noch nie länger als einen Tag hier geblieben?«

»Geschäfte?« vermutete sie.

Er sah sie an. »Jetzt komm schon, Nanny. Du brauchst die offizielle Version nicht zu wiederholen. Das glaubst du doch selbst nicht, oder?«

Schwerfällig nahm Nanny Locke Platz. Meine Güte!

»Sag ehrlich, was du denkst«, hörte sie E. P. sagen. Sie schlug die Augen auf und blickte prüfend auf die Rücken ihrer arthritischen Hände. Das Leben in diesem Klima war ein Kreuz, wenn man ehrlich war. Daheim in England würde ihre Pension ausreichen. Sie hatte nicht viel zu verlieren.

»Der Grund ist das Kind, Master Edgar«, sagte sie. »Es ist ein Mühlstein an Ihrem Hals. Wenn andere Leute ebenso viel Geld hätten wie Sie, dann würden sie ebenso verfahren und diesen Mühlstein auf einer fernen Insel zurücklassen.«

»Aber Nanny –«

»Sie tun, was Sie können, Master Edgar, in Ihrem Rahmen. Wenn jemand sich um seinen Mühlstein kümmert, dann verstaut er ihn an sicherer Stelle und pflegt und poliert ihn.« Nanny Lockes Stimme verlor sich.

»Das ist eine unpassende Analogie«, sagte E. P. »Amanda ist kein Klotz –«

»Nein, die arme Seele!« sprudelte Nanny plötzlich hervor. »Und das eine ist wahr: Sie können es nicht ertragen, ihr Ihre Zeit zu widmen, weil sie Ihnen zu sehr ähnelt. Aus diesem Grund halten Sie sich fern.« Da, jetzt hatte sie es ausgesprochen.

E. P. rührte seinen Tee um. Er hatte ein leeres Gefühl in seinem Innern. »Mir ähnelt? In welcher Weise ähnelt Amanda mir?«

»Sie ist durch einen Vorhang, den sie nicht wegreißen kann, von jedem menschlichen Kontakt isoliert. Ebenso wie Sie.«

Er lachte unbehaglich. »Was für ein seltsamer Vergleich, Nanny. Ein Vorhang?«

»Bei Amanda ist es ein Vorhang aus Stahl, Gott schütze ihre arme Seele. Ihr muß ein anderer helfen, den beiseite zu ziehen. Aber Sie haben sich Ihren Vorhang selbst geschaffen.«

»Wodurch denn?« E. P. runzelte die Stirn und wußte nicht, ob er noch mehr davon hören wollte. Andererseits war es ihm unmöglich, die Unterhaltung abzubrechen.

»Durch Angst«, erklärte Nanny Locke. »Teilweise haben Sie ihn durch Angst geschaffen.«

E. P. wurde rot.

»Durch Gier«, fuhr Nanny Locke fort.

E. P. fing an, unruhig hin- und herzurutschen.

»Durch Selbstgerechtigkeit.« Ihre Aufgabe nahm sie immer mehr gefangen. »Durch Mißtrauen und Arroganz. Master Edgar, ich habe Sie vor diesen Sünden gewarnt, als Sie jung waren. Ihre Eltern haben Sie verzogen. Nicht durch Liebe, sondern mit Dingen, mit denen Eltern ihre Kinder überschütten, weil sie ihnen keine Liebe schenken können. Sie haben danach gefragt, und ich habe es ihnen gesagt. Sie wurden ein egoistisches Gör.«

E. P. setzte seine Tasse ab. Dann, weil er nicht wollte, daß Nanny den Eindruck gewann, er fürchte sich vor ihrer Meinung, versuchte er die Teekanne zu heben. Seine Hand zitterte.

»Laß mich das machen, mein Schatz«, sagte Nanny Locke und verfiel unbewußt wieder in die liebevolle Sprache der Kinderfrau. Sie hatte die Situation vollkommen unter Kontrolle. E. P. sah zu, wie sie eingoß, und eine Menge Dinge fielen ihm ein.

»Ich glaube nicht, daß du dich daran erinnerst, wie ich dich das erste Mal gestillt habe«, meinte Nanny. »Dich an meiner Brust fütterte, weil deine Mutter dazu nicht in der Lage war.«

E. P. konnte seine Augen nicht von Nannys prächtigem Busen abwenden, während sie die Hände um die Teetasse legte und sich vorbeugte. »Auch in dieser Hinsicht gleichst du Amanda. Ihr beide seid nie erwachsen geworden. Alle beide nicht. Sie kann nichts dafür. Vielleicht kannst auch du nichts dafür. Doch wenn ihr Vorhang aus Stahl ist, dann ist deiner aus Gold.«

»Gold?«

»Ja, Master Edgar. Früher hast du einmal gedacht, das sei dein Name, weißt du noch? Edgar Gold. All die Jahre über hast du oben auf einem Berg Gold gesessen und hattest Angst, jemand würde dich darum bringen. Und jetzt raubt dir der größte Halunke, den die Welt je gesehen hat, alles.«

E. P. brauchte nicht zu fragen, auf wen Nanny Locke anspielte.

»Dieser Mann hat lange Zeit gesucht«, erklärte Nanny Locke, »und jetzt hat er es gefunden. Das Loch in deinem Vorhang.«

»Warum sagst du das?«

»Dieser Oberst Gabbiya führt dich mit seinen Märchen von einer Heilung Amandas an der Nase herum. Heilung? Das ist ebenso unglaubwürdig wie sein Titel mitsamt den ganzen Fastnachtsorden. Das Victoria-Kreuz, nein wirklich! Mein armer Großvater würde sich im Grab herumdrehen. Er war ein echter Oberst in einem Hochland-Regiment. Und ihm wurde ein echtes Victoria-Kreuz verliehen, das es nur für außergewöhnliche Tapferkeit gibt.«

»Einige Spezialisten behaupten, es gebe tatsächlich die Möglichkeit einer Heilung, Nanny.«

»Ja, und ich habe auch gehört, sie sei genial«, gab sie zu und beschäftigte sich wieder mit der Teekanne.

»Wenn sie spielt –«, E. P. zauderte, »dann spielt sie doch wunderschön?«

»O ja. Sehr nett, jedenfalls hat man mir das versichert.«

E. P. stand auf. »Nanny! Aus welchem Grund, hast du gesagt, führt der Oberst mich an der Nase herum?«

»Ich habe die Ärzte kommen und gehen sehen.«

»Welche Ärzte?«

»Die, die du geschickt hast, damit sie Amanda untersuchen.«

E. P. runzelte die Stirn. Er hatte einige Untersuchungen gestattet, um Gabbiyas unbekannten »Experten« mit Fakten zu versorgen. Er versuchte, die Unruhe in seiner Stimme zu unterdrücken. »Du hast mir bis jetzt noch nicht meine Frage beantwortet, Nanny. Woher hat Amanda diese Musik, die sie die ganze Zeit über hört?«

»Die stammt von dem sogenannten Obersten.«

»Ich habe doch Anweisung gegeben, daß Amanda nichts bekommen soll, ohne daß ich zuvor verständigt werde.«

»Ich dachte, das hätten Sie gewußt.« Zum ersten Mal bekam

Nanny Lockes Selbstsicherheit Sprünge. »Der Mann, der sie gebracht hat, ging zum Helikopter zurück. Er hinterließ mir die Kopie einer Nachricht, die, wie er sagte, Ihnen ins Herrenhaus geschickt worden ist.« Sie stöberte in ihren Taschen herum. »Hier. Sind Sie sicher, daß Sie sie nicht gesehen haben, Master Edgar?«

Er überflog den Durchschlag eines Memos, das an ihn gerichtet war: »Der erste Schritt zur Heilung! Zia.«

Er schüttelte den Kopf. »Nein, davon wußte ich nichts.« Er sah die alte Frau an. Vielleicht hatte er die Originalnachricht einfach übersehen. Ganz gewiß hatte der Helikopterpilot sich keine Mühe gegeben, seine Gegenwart zu verbergen. Der Mann hatte zwei Stunden lang gewartet, um ihn zur »Qurqur« zu bringen. Möglicherweise war die Erklärung ganz einfach. Vor einer Stunde noch hätte E. P. ein halbes Dutzend seiner Angestellten wegen Unfähigkeit gefeuert. Jetzt war er vollkommen erschüttert, zunächst von der Musik und dann von Nanny Lockes lang vergessener Weisheit. »Ich kann dir gar nicht genug danken, Nanny«, erklärte er und faßte dann ihren erstaunten Blick falsch auf. »Wie kann ich dir das vergelten?«

Die alte Frau faßte sich schnell. »Gehen Sie hinein und geben Sie Ihrer Tochter das Gefühl, daß Sie sie lieben, Master Edgar. Das haben Sie nie zuvor getan. Gehen Sie! Geben Sie ihr einen Kuß und umarmen Sie sie.«

Dunkel erinnerte er sich an die hübsche junge Kinderfrau, die ihn in längst vergangenen Tagen gedrängt hatte: »Also, Master Edgar, jetzt iß deinen Haferschleim auf und sei ein braver Junge.« Leicht verwundert über seinen Gehorsam ging er zurück ins Konservatorium. Lag es an der Musik, die ihn so aus der Fassung gebracht hatte? Amanda lauschte ihr immer noch. Er stand hinter ihr, hob langsam die Hände und legte sie ihr auf die Schultern. Diesmal machte sie keine Bewegung. Sanft lehnte er sich vor, bis ihr kastanienbraunes Haar leicht sein Gesicht berührte. Wieder hörte er die Wellen gegen die wilde Küste anbranden, und wieder fühlte er, wie er in ruhiges Gewässer getragen wurde.

Eine Stunde später war Edgar P. Geld auf dem Weg zu Oberst Gabbiya.

17

Casey sah keine Möglichkeit, das Fenster des Bullauges einzuschlagen. Er hatte das Gefühl, Big Vien, der Bauernfänger, habe seine Fühler bis auf die »Qurqur« ausgestreckt und ihm erneut eine Falle gestellt. Viens zweiter Spitzname war ihm von den gefangenen Matrosen im Lager verliehen worden. Bauernfänger nahmen die Seeleute aus, die mit ihrer Heuer an Land kamen und sich amüsieren wollten. Das Fingerhutspiel war eine der Lieblingsfallen des Bauernfängers. Unter welchem Fingerhut verbarg sich die Erbse? In welcher vietnamesischen Zelle schmachtete der unbekannte Gefangene?

Casey versuchte es erneut an der Tür, aber sie war nach wie vor verschlossen. Er ging zur Toilette zurück und wusch sich wie unter Zwang die Hände. Im Gefangenenlager hatte die Toilette aus einem Loch im Boden bestanden. Man bekam nur etwas zu trinken, wenn Wasser aus einer Leitung sickerte, was nicht oft der Fall war. Selbst heute mußte sich Casey manchmal versichern, daß aus den polierten Chrombatterien tatsächlich Wasser floß. Er warf einen prüfenden Blick in den Spiegel über dem Waschbecken. Während der Gefangenschaft hatte er sein Gesicht jahrelang nicht zu sehen bekommen. Als Viens Männer ihn für die Entlassung vorbereiteten, war er bei seinem Anblick beinahe ausgerastet.

Dum-didid-dum... dum-dum!

Casey sprang auf.

Das Signal im Smitty-Harris-Klopfcode bedeutete, daß sich ein Mitgefangener bemerkbar machen wollte.

Das war der reinste Irrsinn! Casey musterte sein Gesicht im Spiegel. Glattrasiert, rundlich, keinerlei Gefängnisblässe.

Er öffnete die Türen des Schränkchens unter dem Waschtisch. Die Klopfzeichen waren jetzt deutlicher zu hören.

Er ging in die Kabine zurück, schob den Innenriegel der Tür, die bereits von außen abgeschlossen war, vor. Er kam wieder ins Badezimmer und kauerte neben den aus der Wand ragenden Rohren. Dasselbe Signal, immer wieder wiederholt!

Dum-dum-dum (D) dum-dum-dum... dum-dum-dum (O)

dum-dum… dum-dum-dum (L) dum-dum… (K) dum-dum-dum-dum-dum (H). DOLKH!

Casey brach der Schweiß aus. Der Code war fest in seinem Bewußtsein verankert. Unmöglich konnte er die Sprache, die er über zehn Jahre in der Gefangenschaft benutzt hatte, vergessen haben. Doch DOLKH?

Aber natürlich! Der Buchstabe K diente auch als C, um das Alphabet auf die fünfundzwanzig Buchstaben zu beschränken, die der Smitty-Harris-Code in seinem Fünf-mal-fünf-Raster aufwies.

Schnell gab er das Klopfzeichen für Bestätigung: Dum-dum. Das nächste verschlüsselte Wort wurde übermittelt. IN. Wieder bestätigte er. SCHRANK. Nach seinem Doppelklick hörte das mysteriöse Klopfen auf.

DOLCH IN SCHRANK.

Er richtete sich auf und warf einen Blick in das Schränkchen über dem Waschbecken. Nichts. Er erinnerte sich an das gebogene Ringmesser und unterdrückte seine Enttäuschung. Er kniete nieder und gab durch: WENN RINGDOLCH GEMEINT WURDE KONFISZIERT.

WER.

ZIA.

Es folgte eine Pause, die Art von Pause, die die Gefangenen im Lager drohend genannt hatten. Es drohte Gefahr. Es drohten aber auch Nachrichten, die man nicht hören wollte. Dann folgte: SCHRAUBZIEHER UNT WASCHB.

Er griff unter das Becken und fühlte eine schmale Klinge. Er empfand einen überwältigenden Triumph, als er einen Kombischraubenzieher zutage förderte. Seit seinem ersten kleinen Sieg über Big Vien war er nicht mehr in einer derartigen Hochstimmung gewesen. Damals war es um die schmerzliche Erstellung einer Liste mit Hilfe des Smitty-Harris-Codes gegangen, auf der die Abgänge im Lager verzeichnet wurden. Zwanzig Monate hatte es gedauert, bis diese Liste vollständig gewesen war. Jetzt hatte er nicht die Absicht, auch nur weitere zwanzig Minuten zu verschwenden.

HAB ICH… WAS JETZT? klopfte er.

WART.

Er wartete und wurde immer ungeduldiger. Schließlich klopfte er: WER BIST DU?

Zurück kam ein knappes WART.

Casey preßte seinen Kopf gegen das Schott. Zwei Stunden waren vergangen, seit Zia Gabbiya ihn höflich – na, mehr oder weniger höflich – gefangengenommen hatte. Es würde böse Auswirkungen haben, wenn herauskäme, daß ein Amerikaner gegen seinen Willen von einem Führer festgehalten worden war, dem es auf Ansehen in aller Welt ankam. Brachten die Menschen im Augenblick nur den Feiglingen Achtung entgegen, die Amerikaner entführten, folterten und töteten? Vielleicht hatte Gabbiya recht.

Wieder meldete sich der Unbekannte.

Casey antwortete eilig: Dum-dum.

ZIA KOMMT. VERSTECK WIEDERHOLE VERSTECK WERKZEUG.

Casey schob den Schraubenzieher wieder unter das Waschbekken, bevor er die Meldung bestätigte. Es klopfte bereits jemand an die Tür.

»Schließen Sie sich immer ein?« wollte Zia Gabbiya wissen, als Casey die Tür öffnete. »Das zeigt einen bedauernswerten Mangel an Vertrauen.«

»Ich wurde von außen eingeschlossen«, erwiderte Casey ruhig. »Das Vertrauen ist hin, seit Ihr Mann den Schlüssel von außen umgedreht hat.« Sein Blick streifte Zia und konzentrierte sich auf den Korsen und einen weiteren Mann, die den Eingang blockierten.

»Lesen Sie das hier.« Gabbiya warf etwas auf Caseys Koje. »Die Regierung Vietnams gewährt Ihnen Einblick in Geschehnisse, die hinter dem Rücken der bedauernswerten amerikanischen Dummköpfe abliefen, die in diesem Krieg gekämpft haben.« Das war ein unangenehmerer Gabbiya – nicht derselbe, der, während er ihm das Schiff zeigte, einen Abriß der arabischen Seegeschichte gegeben hatte. Oder war diese neue Maske nur ein weiterer Trick des Magiers?

Gabbiya gab dem dritten Mann einen Wink und sagte zu Casey: »Sie sind doch mit einer Durchsuchung einverstanden? Nur um mein Vertrauen wiederherzustellen.«

Der Korse stellte sich mit gespanntem Revolver in den Eingang. Casey konnte nicht das Geringste dagegen unternehmen. Das Lager hatte ihn gelehrt, sich auf keinen Fall gegen seine Wärter zu wehren. Wie schon früher konzentrierte er seine Gedanken auf den Mann, der ihn durchsuchte. »Diesen Schweinehund taufe ich auf den Namen ›Bounty‹«, sagte er sich. Der Mann gehörte zu der Art Abschaum, von der Lord Bracken behauptete, es handele sich um die legitimen Nachfolger von Kopfgeldjägern.

In Gabbiyas Zügen schimmerte offensichtliche Wut, als Bounty die Durchsuchung beendete und meldete, nichts gefunden zu haben. Casey fragte sich, ob der Protektor wohl die Klopfzeichen aus der Nachbarkabine abgefangen habe. »Sie haben Glück gehabt«, erklärte Gabbiya mit unverhohlener Feindseligkeit, »daß wir nichts gefunden haben.«

Nachdem sie gegangen waren, stand Casey eine ganze Weile da und atmete tief durch. Er versuchte sich vorzustellen, wie es wäre, wenn man dem Großprotektor einen Zwei-Tonnen-Torpedo in die Anatomie rammen würde. Ein sechs Meter langer Stahlkörper mit Sprengkopf wäre die passende Antwort auf die Frage, die Casey unbeantwortet gelassen hatte: Sie sind doch mit einer Durchsuchung einverstanden?

Er wandte sich dem Stapel zu, der auf seiner Koje lag. Die Unterlagen umfaßten fotokopierte Abschriften und Nachrichten, die meisten waren übersetzt: eine Übersicht über Treffen und gegenseitigen Meinungsaustausch während vieler Jahre. Vertraute Namen tauchten auf. Da gab es einen ehemaligen Generaldirektor des französischen Geheimdienstes, der später, gegen die Erteilung von Gummi-Konzessionen im Süden, von der Regierung Ho Chi Minhs als »Berater« verpflichtet worden war. Präsident Nixon und Henry Kissinger wurden bei den in Aussicht gestellten Hilfen in Milliardenhöhe erwähnt. Erwähnung fanden auch »einflußreiche Persönlichkeiten des kulturellen Lebens«, wie es im marxistischen Jargon hieß: Hollywood-Berühmtheiten und andere Reisende, nach öffentlichem Ansehen gierende Kirchenmänner und Händler – Idioten, die in Asien um jeden Preis Geschäfte machen wollten. Es wurden auch ehemalige Mitglieder der Indochina-Konferenz von 1954 erwähnt – Polen und Inder, die die Vorbereitungen der Kommunisten, aus den ihnen zugewiesenen Gebieten um Hanoi nach Süden vorzustoßen, gedeckt hatten. An manche der Unterlagen waren Umlaufzettel der Regierung in Ho-Chi-Minh-Stadt geheftet, andere trugen den Stempel der staatlichen Petroleumgesellschaft, die heute im ehemaligen Gebäude der amerikanischen Botschaft untergebracht ist, wo sich auch Gabbiyas Büro für das Unternehmen auf den Paracelsus-Inseln befand.

Casey stand neben seiner Koje, las, wendete die Blätter um und stapelte sie fein säuberlich unter dem Bullauge auf. Wieder einmal Big Vien! Die eigentliche Mitteilung beschränkte sich im wesentlichen auf das Angebot: »Das Leben der Männer gegen Geld.« Vien wollte bei den amerikanischen Veteranen immer noch den Eindruck erwecken, daß ihre Kameraden im Gegenzug gegen Milliarden eines zinslosen Darlehens, die Lieferung von Hafen- und Straßenbaumaschinen und die Unterstützung bei der Entwicklung einer neuen Infrastruktur Vietnams freikommen könnten. Die Forderungen waren durch die verschiedensten Kanäle übermittelt worden und wurden immer höher geschraubt, als sich die wirtschaftlichen Probleme Vietnams mehr und mehr verschlechterten. Plötzlich erkannte Casey, welche Rolle Gabbiya in diesem Zusammenhang spielte. Der unermeßliche Reichtum und der Einfluß des Großprotektors wurden der bestbewaffneten und bestausgebildeten kommunistischen Guerrillaarmee der Welt zur Verfügung gestellt, wenn –

Wenn was? Was wollte Big Vien ihm klarmachen? Casey starrte auf die Dokumente. Dahinter verbarg sich eine geheime Absicht. Wie bezeichnete Zia Gabbiya sie doch? Als Offenbarung.

Casey warf sich auf die Koje und versuchte dahinterzukommen. Vietnam war pleite, ein Faß ohne Boden. Gabbiyas Republik Sahara war reicher als Europa und Kanada zusammengenommen. Auf diesen Reichtum hatte es Vietnam abgesehen. Auf der anderen Seite kam es Oberst Gabbiya auf Vietnams Erfahrung im Dschungelkrieg an, wenn es darum ging, Terroristen auszubilden.

Dennoch wollte Vietnam unbedingt mit Amerika ins Geschäft kommen, wie diese Unterlagen zeigten. Also mußte Big Viens Drohung Amerika gegenüber so aussehen: Entweder ihr zahlt, oder Vietnam wird weiterhin seine einzige stabile Währung nutzen – den Erfahrungsschatz aus einem Partisanenkrieg, der beinahe fünfzig Jahre lang gedauert hatte.

Eine Währung der Gewalt, die man ganz dem König des Terrors zur Verfügung stellen würde. Eine Neuauflage von Vietnams Dschungelkrieg, diesmal im Betondschungel Amerikas? Ging es darum? Warum hatte man dann als Ort der Handlung die Inseln über dem Wind gewählt? Warum hatte man einen Bösewicht wie Zia Gabbiya gewählt?

Casey überflog die Liste der vermißten Amerikaner. Einige hatten offenbar Gnadengesuche eingereicht, die von vietnamesischen Unterhändlern übermittelt worden waren.

Interessant war, daß keines der Gesuche die Unterschrift des jeweiligen Gefangenen trug.

»Du hast nichts dazugelernt, Big Vien!« murmelte Casey. Der Chef des Lagers unterschätzte die Amerikaner nach wie vor. Er hatte sie schon falsch eingeschätzt, als sie noch in ihren Zellen saßen, und er schätzte sie jetzt erneut falsch ein. In Wirklichkeit hatte kein einziger Amerikaner seinen Namen unter ein Dokument gesetzt, das nur dem Zweck diente, Washington anzuflehen, seine Freilassung zu erkaufen.

Casey hatte plötzlich irrsinnigen Durst. Er ging wieder ins Badezimmer und benutzte seine Hände unter dem Wasserhahn als Becher. Da hörte er erneut das Klopfen.

Er ging in die Knie und gab das zweimalige Klicken zurück. SCHRAUBENZIEHER RECHTS VOM PANEEL VON BULLAUGE ANSETZEN, kam die Botschaft. Z LEGT SICH JETZT HIN. HAU AB.

Casey gab zurück: WAS IST MIT DIR?

BIN O. K., erwiderte der Geheimnisvolle und gab das Schlußsignal durch.

Wollten die ihn dazu bringen, etwas Dummes zu versuchen? Schließlich konnte man das Ganze, wenn Gabbiya sich rächen wollte, als einen Akt der Selbstverteidigung darstellen. Casey konnte als unerlaubter Besucher, der den Schiffseigner bedroht habe, kurzerhand erschossen werden. Aber, dachte Casey, für Gabbiya bin ich nur lebendig von Nutzen. Der Geheimnisvolle – konnte das ein Vietnamese sein? Schließlich war es möglich, daß die Wachen im Lager den Klopfcode entschlüsselt hatten.

Ihm fiel das vietnamesische Ringmesser ein. Zuerst hatte man ihn auf den DOLCH aufmerksam gemacht. Jetzt wollte der Geheimnisvolle, daß er die Kabine verließ – HAU AB. Durch das Bullauge? Das konnte eine Falle sein. Es sah aus wie eine Falle.

DOLCH. Ihm fiel etwas ein. Melanie Blake auf dem Wellenbrecher. Sie hob eine Hand, um ihr Haar zurückzustreichen. Ihre Hand war geballt, die Geste verriet Nervosität. An einem Finger hatte Casey einen Jadering schimmern sehen. Das Ringmesser war darauf angelegt, in der Faust einer Frau verborgen getragen zu werden, so daß nur der Ring an einem Finger sichtbar war. Und Lani hatte sich von Rotspons Leiche entfernt!

Jetzt schienen die Puzzleteilchen an ihren Platz zu fallen. Oder gab es mehr als nur ein Puzzle? Ob Falle oder nicht – es gab keine andere Möglichkeit, so schnell hier herauszukommen, wie es der Unbekannte verlangte. Er tastete die Umrisse des Paneels ab, das in die Holzvertäfelung eingelassen war. Er schob den Schraubenzieher unter eine Ecke des Paneels. Nichts geschah. Er versuchte es auf der anderen Seite. Und dann auf der nächsten. Endlich sprang die Klappe auf. Am Boden der Vertiefung befand sich ein Griff. Er zog daran, bis er das sanfte Klicken hörte und ein leichtes Nachgeben fühlte, als das Sicherheitsdrähtchen riß. Ein kaum merklicher Zug kalter Luft traf sein verschwitztes Gesicht, als das messinggefaßte Bullauge aufsprang. Der Himmel draußen wurde von einem aufziehenden Sturm verdunkelt.

Casey steckte den Kopf durch. Er hätte sich denken können, daß es eine schnelle Möglichkeit geben mußte, das Bullauge zu öffnen. Sämtliche Marinevorschriften verboten Verschlüsse an Durch- und Ausgängen. Wenn die »Qurqur« zum Auftanken fremde Häfen anlief, würde sie sich Inspektionen unterziehen müssen. Gabbiya würde auf jeden Fall Ärger mit engstirnigen Bürokraten vermeiden wollen.

Das Bullauge war groß genug, um einem schlanken, geschmeidigen Körper das Durchkommen zu gestatten. Casey zog sich wieder aus und seifte sich ein. Seine Kleider bündelte er in einem Kissenbezug, den er mit seinem Gürtel verschnürte. Eine der Strickleitern, die von den Davits herunterbaumelten, war leicht zu erreichen. Casey schlängelte sich mit seinem durch die Seife schlüpfrigen Körper durch das Bullauge und griff mit einer Hand nach der Leiter. Mit der anderen Hand ergriff er die Fensterblende oberhalb des Bullauges, die bei schwerem Wetter Verwendung fand. Einen Moment baumelte er da, dann konnte er einen Fuß in der Strickleiter verhaken. Er zog sein Kleiderbündel am einen Ende seines Gürtels durchs

Bullauge und verknotete es an der Strickleiter. Dann schloß er das Bullauge. Verschlüsse schnappten ein. Das Bullauge war nun von seiner Seite aus nicht mehr zu öffnen. In diese Richtung konnte er nicht mehr entkommen.

Das sanfte Rollen des Schiffes bewirkte, daß die Leiter schwoite und sein Körper am Rumpf entlangschrammte. Der Rumpf war leicht nach außen gebogen, und er hatte gerade genug Platz, daß er sich bewegen konnte. Das Klopfen war aus der Nachbarkabine gekommen, da war er sich ganz sicher. Jetzt hing er genau zwischen den beiden Kabinen. Er reckte sich, griff nach der Fensterblende über der zweiten Kabine und zog sich heran. Seine Lage erlaubte es ihm, einen Blick in die Kabine zu werfen. Sie war erleuchtet, die Vorhänge nur teilweise zugezogen. Casey erkannte zwei Gestalten.

Er hing gegen den Rumpf gepreßt da; beide Hände klammerten sich an der Blende fest, die Zehen krampften sich um die Holzsprosse der Leiter, und sein weißer Körper hob sich gegen den schwarzen Rumpf ab. Für das frühe Zwielicht, eine Folge der dunklen Regenwolken, war er dankbar. Jedesmal, wenn das Schiff nach einer Seite rollte, mußte er sich krampfhaft an die Blende klammern, um nicht sein Leben zu verlieren. Wenn das Schiff in die entgegengesetzte Richtung rollte, krachte sein Körper so heftig gegen den Rumpf, daß ihm der Atem wegblieb. Er hätte loslassen können, die Strickleiter nach außen schwingen, sich ins Wasser fallen lassen und fortschwimmen können. Doch jede Bewegung des Schiffes verschaffte ihm einen weiteren, quälenden, flüchtigen Eindruck der Geschehnisse in der zweiten Kabine.

Es handelte sich um die Gestalten eines Mannes und einer Frau. Die Frau schien nur notdürftig bekleidet zu sein. Der Mann drückte sie gegen das Bullauge. Jetzt wandte der Mann den Kopf, und eine Sekunde lang konnte Casey die flachen Züge von Bounty erkennen. Bei der nächsten Rollbewegung des Schiffes schwang Casey in eine Position, von der aus er direkt durch den Spalt zwischen den Vorhängen sehen konnte. Als er wieder davongetragen wurde, war er sicher, Melanie Blake gesehen zu haben.

Die Dünung im Hafen verstärkte sich. Jedes Rollen der »Qurqur« schien ein wenig schlimmer als das vorhergehende. Caseys Arme wurden langsam aus den Gelenken gezogen. Dennoch, was er sah, war Lani, die von Bounty angegriffen wurde. Jedesmal, wenn er vom Bullauge weggetragen worden war, hatte sich die Szene im Innern der Kabine etwas verändert. Ein Träger ihres Unterhemds war zerrissen. Bounty wich vor ihren wütenden Fingernägeln zurück. Lani war auf den Knien. Bounty lag auf dem Boden. Die Seiten wurden weiter umgeblättert.

Casey merkte, wie die Strickleiter unter seinen Füßen wild schwankte. Kaltes Metall legte sich um seine bloßen Fußgelenke. Mit einem heftigen Ruck wurde er nach hinten gezogen, mußte loslassen, und der Rumpf des Schiffes schürfte ihm die Brust auf. Die Kraft dessen, was ihn hielt, zog ihn unweigerlich nach hinten. Sein Körper flog, dann hing er mit dem Kopf nach unten über dem Wasser. Er zappelte – seine Füße hatten sich offensichtlich in der Strickleiter über ihm verfangen – und schaffte es, sich an den letzten Sprossen festzuklammern; sein Gesicht war schon halb unter Wasser. Er wuchtete sich nach oben und sah, daß seine Füße mit Handschellen an die Leiter gefesselt waren. Er rutschte wieder nach hinten, und Mund und Nase füllten sich mit Meerwasser. Wie ein Fisch an der Leine zappelte er hin und her, seine Muskeln verkrampften sich, er rang nach Atem und spannte die Bauchmuskeln für den nächsten Versuch an, den Kopf aus dem Wasser zu bekommen.

Die Strickleiter wurde ein kleines Stück nach oben gezogen. In seinem Kopf dröhnte das Blut, doch jetzt bekam er wieder Luft. Er griff nach den Stricken, die in seine Hüfte schnitten, versuchte, sich nach oben zu ziehen, sah, wie sich die Leiter wieder straffte, offenbar von einer Leine gespannt, die sich im Meer verlor. Irgend jemand schrie: »Holen Sie tief Luft, Casey! Jetzt werden Sie kielgeholt.«

Sein Körper wurde gegen die Metallplatten des Rumpfes gepreßt. Die Reise begann – eine Reise, die Generationen von Seeleuten gefürchtet hatten. Sie bedeutete, unter dem Schiff von einer Seite zur anderen gezogen zu werden. Casey krümmte sich und betete darum, daß Gabbiya wenigstens soviel Verstand besessen hatte, den Schiffsboden ab und zu säubern zu lassen.

»Fürchte, kenne mich mit Lufttorpedos nicht so gut aus«, entschuldigte sich Sir Everard Chillingham.

»Hören Sie doch auf, Chilly!« bat Lord Bracken. »Diese dämlichen Torpedos haben sich doch gar nicht so sehr verändert, seit Sie gegen den Kaiser in See gestochen sind.«

»Und was ist das da?« wollte Chilly wissen und beugte die dünnen Beine, um sich den scharlachroten Kopf des schwarzen Torpedos näher anzusehen, der in seiner Holzkiste in den Docks lag.

»Eine Duplex-Pistole«, antwortete Bracken. »Sorgt dafür, daß der Torpedo explodiert, wenn er Kontakt bekommt – oder wenn er zu tief geht, explodiert er, wenn er unter dem aufs Korn genommenen Schiff hindurchläuft. Wird magnetisch aktiviert.«

»Und wie sieht's mit Entmagnetisierung aus, hm?« Chilly streckte sich unter schmerzlichem Stöhnen und sah den verschrumpelten kleinen Mann an, der sie aus einiger Entfernung beobachtete. »Sagen Sie bloß nicht, Gabbiya habe daran nicht gedacht, Chief.«

Chief Petty Officer Pony Moore senkte den Kopf. Seine steife Haltung drückte Mißfallen aus. »Kann ich nicht sagen, Sir.«

»Entspannen Sie sich, Chiefy«, meinte Bracken. »Sir Everard ist als Commodore des Jacht-Clubs hier, nicht als Vorsitzender der Bank.«

»Hab' auch als junger Seemann im Ersten Weltkrieg gedient«, fügte Chilly hinzu. »War zuletzt Bootsmann.«

Pony Moore entspannte sich ein wenig. »Einmal Seemann, immer Seemann.«

»Nun ja.« Brackens flüchtiger Blick glitt über das höhlenartige Innere des riesigen Lagerhauses. Früher war dies einmal ein Hangar für die riesigen Flugboote der ehemaligen British Imperial Airways gewesen, die die Inseln als Auftankbasis nutzten. Im Zweiten Weltkrieg hatte die Royal Navy den gesamten Komplex wieder reaktiviert. Durch den Untergang des Empire und das Schrumpfen der Navy waren die Docks Anfang der siebziger Jahre nahezu in völlige Bedeutunglosigkeit versunken. Der Falkland-Krieg hatte Londons Interesse noch einmal kurz aufflackern lassen – offenbar wegen der Ausrüstung, die, wie Chilly bemerkte, hier gestapelt war: Geschosse, Seitenwaffen, schwere Waffen, Raketen und Munition, gut eingefettet und bewacht von CPO Pony Moore. »Können Sie den Torpedo nach draußen zur Barke befördern, Chief? Darum dreht sich's in der Hauptsache.«

»Kommt drauf an«, erklärte der Chief und signalisierte damit eine gewisse Bereitwilligkeit.

»Ich wette, der wiegt eine Tonne oder zwei«, gab Chilly zu bedenken.

»Handwinde«, erklärte der Chief.

»In Ordnung.« Der Commodore ging auf die kleine graue Gestalt zu. »Hiermit sind Sie dienstverpflichtet.«

CPO Moore wandte den Kopf und sah zu Bracken hinüber. Zwei buschige schwarze Augenbrauen hoben sich fragend. »Wer sagt das?«

»Ich sage das.« Chilly straffte die knochigen Schultern. »Wie lange sind Sie schon für die Docks verantwortlich, Chief?«

»Ungefähr zwölf Jahre. Offiziell.«

»Ihre letzten direkten Befehle von der Admiralität erhielten Sie wann?«

»Offiziell? Ungefähr neunundsiebzig.«

»Seither auf der faulen Haut gelegen, hm?«

»Mußte die Vorräte bewachen!« schaltete sich Bracken schnell ein, bevor Chilly den Chief gegen sich aufbrachte. »Hat ausgezeichnete Arbeit geleistet!« Er wagte es nicht, dem Commodore zu erklären, daß die inoffizielle Rolle des Chief darin bestand, die Basis in Schuß zu halten, trotz der politischen Entscheidung, sie zu schließen. Chief Moore hatte nach Art eines Nelson Bracken das blinde Auge zugewandt, wenn dieser sich Werkzeug und Ersatzteile für die Stringbag besorgt hatte. »Der Chief ist jetzt im Ruhestand«, fügte er aufmunternd hinzu.

»Haben Sie denn schon die Staatsbürgerschaft der Inseln?« bellte Chilly, der den Wink verstanden hatte.

»Nein.« Ein leichtes Interesse war aus der Stimme des Chief herauszuhören, denn er wußte, daß die Bewohner der Inseln sehr wählerisch waren, wenn es darum ging, jemanden in den Genuß der vollen Bürgerrechte zu setzen.

»Wenn Sie heute nacht spuren, werde ich dafür sorgen, daß Sie die Staatsbürgerschaft erhalten, noch bevor das Jahr zu Ende geht.«

Der Chief ließ seine Hand über die glatte Oberfläche des Torpedos gleiten. »Niemand hat etwas zu sagen, wenn Gabbiya die Macht an sich reißt.«

Bracken unterbrach ihn erneut. »Sind die Dinger einsatzbereit?«

»Ja, jederzeit auf See einsatzbereit.«

»Und dort wird er auch eingesetzt werden.« Bracken tätschelte den Sprengkopf des Torpedos. »Auf dem Meer. Um den Feind zu versenken.«

Pony Moores Miene wurde freundlicher. Dann gewann die Vorsicht wieder die Oberhand: »Gibt's keine einfachere Möglichkeit?«

»Keine. Unser Ziel wird jede mögliche Form des Angriffs in Betracht gezogen und sich dagegen gewappnet haben. Außer« – Brakken tätschelte den Torpedo – »dagegen. Nebenbei, welche Trägersysteme haben Sie?«

»Keine«, gab Chief Moore zu. »Außer Sie haben einen Froschmann, der ein paar Haftminen gebrauchen kann.«

Bracken schüttelte den Kopf. »Jeder, der sich der ›Qurqur‹ unter Wasser nähert, wird dasselbe Schicksal erleiden wie Commander Crabbe.«

Sie verstanden alle die Anspielung. Crabbe hatte sich freiwillig gemeldet, um den Rumpf eines neuen sowjetischen Kriegsschiffs zu untersuchen, als Nikita Chruschtschow England besuchte. Crabbes enthauptete Leiche wurde später an Land geschwemmt – stummes Zeugnis für die erbarmungslose Tüchtigkeit der sowjetischen Froschmänner, die von der verborgenen Unterwasserschleuse des Kriegsschiffs aus operierten.

»Commander Crabbe ist nie gerächt worden«, stellte Pony Moore fest. »Darauf warte ich immer noch. Warte darauf, daß jemand den Finger ausstreckt und auf den Feind zeigt.« Seine faltigen Züge strafften sich. »Ich habe die Ausflüchte und das diplomatische Geschwätz satt, Lord John. Früher waren wir einmal eine kampfstarke Flotte. Vierzig Jahre lang habe ich der Navy angehört. Ich habe zu viele schlimme Situationen miterlebt, nur weil der Verantwortliche erklärte: ›Ich habe nichts unterschrieben, und Sie können nichts beweisen.‹ Was ich damit sagen will: Bringen Sie mir die Befehle schwarz auf weiß und ordnungsgemäß unterzeichnet, Sir.«

Bracken sah einen Hoffnungsschimmer am Horizont. Die Achtung des Chief vor den Vorschriften hatte ihm beträchtliches Kopfzerbrechen bereitet. Solange Bracken nur mit der Restaurierung eines alten Kampfflugzeugs beschäftigt war, hatte er so getan, als bemerke er nichts. Jetzt verlangten Brackens Pläne die aktive Unterstützung des Chief. Pony Moore schwenkte langsam auf ihren Kurs um, doch offenbar sah er in Bracken immer noch den heißblütigen jungen Midshipman, den er vor Jahren kennengelernt hatte. Zuerst hatte er mit Bracken zusammen als Mechaniker auf einem Handelsschiff gedient, das hastig in einen Flugzeugträger umgebaut worden war. Damals hatte England in Europa plötzlich allein gegen Hitler gestanden und war nur einen Schritt davon entfernt gewesen, ausgehungert und in die Niederlage getrieben zu werden. Moore war Bracken über alle Kriegsschauplätze gefolgt. Woran er sich am besten erinnerte, war die Tatsache, daß der naßforsche Bracken gelegentlich in Schwierigkeiten gekommen war, weil er ohne schriftliche Befehle gehandelt hatte. Der schriftlich niedergelegte Befehl war für Pony Moore die einzige Konstante im Ablauf der Operationen zur See. Man konnte sich nicht in plötzlichen Stimmungsänderungen verheddern, konnte nicht von unberechenbaren Vorgesetzten und Anklägern des Kriegsgerichts, die einen Sündenbock suchten und einem die Aussagen verdrehten, in die Enge getrieben werden, »solange man einen schriftlichen Befehl hatte, der ordnungsgemäß ausgestellt worden war«.

Bracken zog ein Pergamentblatt aus dem Umschlag, den er bei sich trug. »In Ordnung«, erklärte er. »Hier ist die Ermächtigung.«

Einen Augenblick herrschte Stille bis auf das Trommeln des Regens auf dem Metalldach hoch über ihnen und die ersten Böen, die den aufziehenden Sturm ankündigten. Im dumpfer werdenden Dämmerlicht hakte Bracken eine Wartungslampe von der Torpedokiste und hielt sie über das Blatt.

»... ermächtigen wir hiermit besagtes Schiff, nämliche Stringbag (auch geführt unter der Bezeichnung TSR Swordfish RN Registration L 9781), als legales Kriegsschiff auszulaufen und die feindlichen Streitkräfte anzugreifen«, las Pony Moore langsam vor. »Aber der Befehl ist nicht unterschrieben, Lord John.«

»Das wird sofort erledigt. Durch Sir Everard.«

»Ist das der Kaperbrief?« rief Chilly. Er warf einen prüfenden Blick auf das Pergament in Ponys Hand. »Ich muß sagen, sieht verdammt eindrucksvoll aus.«

Bracken hielt es für klüger, nicht zu erwähnen, daß Alison einen

Grafiker der Kanzlei beauftragt hatte, das Dokument zu entwerfen und mit den passenden, eindrucksvollen Siegeln zu verzieren.

Pony Moore schob die Lesebrille mit den halben Gläsern auf seine große, gebogene Nase und musterte das Schreiben ein zweites Mal. Diesmal erinnerte er sich an den Vorfall, als der rotznasige Bracken sich selbst den Befehl zum Minenlegen erteilt hatte... »Ist das legal«, fragte er, »wenn Sir Everard unterzeichnet?«

»In Zeiten der Not, ja!« rief Chilly alarmiert. »Wenn der Repräsentant des Monarchen nicht anwesend war, dann lag eine derartige Ermächtigung beim Vorsitzenden des Kolonialrates – dem Vorläufer des Parlaments. Als einziges anwesendes Parlamentsmitglied und als früherer Vorsitzender des Hohen Hauses...«

»Na, solange es ordentlich aussieht.« Der Chief warf Bracken ein schnelles, verstohlenes Lächeln zu. Es besagte: Der alte Knabe denkt sich das alles vielleicht bloß aus, doch wir haben etwas Schriftliches. »Das wird wieder wie in alten Zeiten, Lord John.« Der Chief zitierte das ehemalige Motto der Luftwaffe: »Aufspüren, angreifen, vernichten.«

»Ha!« Chilly hörte auf, das Oberteil seines alten Füllfederhalters abzuschrauben. »Gabbiya aufzuspüren wird nicht so leicht sein. Bevor ich heute nachmittag den Club verließ, wurden vom Hafenfunk die geplanten Schiffsbewegungen durchgegeben. Die ›Ultima Thule‹ soll morgen auslaufen.«

»Das geht uns nichts an«, erklärte Bracken.

»Das glaube ich allerdings doch.« Chilly warf einen nachdenklichen Blick auf den schlanken Torpedo. »Der Hafenfunk gab bekannt, daß Oberst Zia Gabbiya das Schiff befehligen wird.«

Der Commodore des Jacht-Clubs sah wie ein ungezogenes Kind aus, das in der Kirche einen Feuerwerkskörper gezündet hat. Ganz offensichtlich genoß er die Verwirrung in Brackens Miene, ging in die Knie und testete die Leichtläufigkeit des kleinen Propellers am Schwanz des Torpedos. »Sie haben nur einen von diesen Fischen hier«, bemerkte er. »Vergeuden Sie ihn nicht an das falsche Schiff.«

»Was schlagen Sie also vor?« erkundigte sich Bracken in resigniertem Ton.

»Es wäre besser, Sie würden mich in größerem Umfang einsetzen als nur zur Unterzeichnung eines Kaperbriefs.«

»Ich wußte es doch!«

»Ich werde heute nacht noch mehr herausfinden«, fuhr Chilly unbeeindruckt fort. »Wo soll ich Bericht erstatten?«

»Seien Sie in der Morgendämmerung auf Wreck Cay«, befahl Bracken. »Ich klebe Sie dann als Maskottchen an die Motorhaube der Stringbag.«

Der Sergeant nahm die blaue Barke der Hafenpolizei, um zur »Qurqur« hinauszufahren. Bewaffnet war er mit einem Haftbefehl, den er selbst unterschrieben hatte. Wirbelnde Wolken verdeckten die Landspitzen des Hafens, und der Regen zog einen grauen Vorhang über den verblassenden Horizont. In den Häusern oberhalb der Harbour Road gingen die Lichter an, und weitere Lichter umrahmten die Silhouette von Gabbiyas Jacht. Am Fuß der Gangway zog er mit auffälliger Geste den Haftbefehl hervor, der mit einem zweiten Dokument, das von Sir Everard Chillingham in seiner Eigenschaft als Friedensrichter unterschrieben war, ergänzt wurde.

»Das Ganze hängt mit einer Untersuchung zusammen«, erklärte der Sergeant dem Quartiermeister der Jacht. »Dabei wird das Auftreten eines der Gäste Ihres Herrn notwendig sein, eines gewissen Mr. Casey.«

18

Casey wurde ins Meer hinabgezogen. Er sah, daß ein Matrose in der Nähe schwamm. Dann schlug das Wasser über seinem Kopf zusammen. Das Licht ging von leuchtendem Flaschengrün in Schwarz über. Wieder ein Rucken an der Strickleiter; er zog sich langsam mit den Händen weiter, bis er auf den kalten Stahl der Handschellen an seinen Fußgelenken traf. Der muschelbesetzte Rumpf ging unerwartet in glattes, gebogenes Metall über. Dann wurde er, mit den Füßen voran, in die blendende Helle des Tauchschachts der »Qurqur« emporgezogen.

Er kam aus dem Wasser, wirbelte mit dem Seil herum wie eine ins Netz gegangene Makrele. Das Untertauchen war zu plötzlich geschehen, als daß es sich tatsächlich um ein Kielholen gehandelt haben konnte. Selbst jetzt, als er mit dem Kopf nach unten dahing, wußte er, daß er sich mittschiffs über dem Tauchbecken befand. Hände griffen nach seinen Schultern und zerrten ihn über den Rand des Taucherzugangs. Gestalten in schwarzen Neoprenanzügen stellten ihn auf die Füße und lösten die Handschellen. Sie lachten, schlugen ihm auf den Rücken, schrien in einer ihm unbekannten Sprache und schienen ihn zu beglückwünschen. Vor seinen Augen, die noch vom Salz getrübt waren, tauchte eine schäumende Champagnerflasche auf. Instinktiv wollte er auf den Mann losgehen, der ihm am nächsten stand. Doch derjenige, der ihm am nächsten war, nahm allmählich das Aussehen König Neptuns an, und plötzlich erinnerte sich Casey an seine erste Äquatortaufe als Jungmatrose.

»Gut gemacht, Casey!« Jetzt tauchte Zia Gabbiya vor ihm auf. »Jetzt haben Sie mein Schiff von allen Seiten gesehen, vom Bug zum Heck.« Der Großprotektor trug einen hautengen blau-orangefarbenen Taucheranzug mit grellroten Streifen. Er lachte schallend. Casey fühlte, wie die Beine unter ihm nachgaben. Nur scine innere Wut hielt ihn aufrecht. Gabbiya, dachte er, du siehst aus wie eine gottverdammte Schaufensterpuppe.

»Da haben Sie mich ganz schön an der Nase herumgeführt, Zia!« Casey wischte sich übers Gesicht und fand Blut an den Händen. »In der Navy, in der ich gedient habe, leisten wir ganze Arbeit, wenn wir jemanden kielholen.« Er schaffte es zu lächeln.

Zia zuckte die Achseln. »Vor zweitausend Jahren haben unsere Seeleute eine amüsantere Strafe erfunden. Die Amerikaner würden wie Schulmädchen kreischen, glaube ich.« Er nickte seinen Männern zu.

Casey spannte sich an, doch die Männer begannen nur, seine Wunden zu säubern. »Ist nicht so schlimm«, stellte er tapfer fest. »Kratzer.« Er hörte das sanfte Surren der Maschinen, als die Bodenplatten des Tauchbeckens sich wieder schlossen, und das Wasser, das beim Auspumpen gurgelte. Er erinnerte sich an die Charakteranalyse Rotspons, in der Gabbiya als Egozentriker mit manisch-depressiven Zügen beschrieben wurde, der seine gewaltigen Gefühlsschwankungen dazu benutzte, eine beinahe unmenschliche Aktivität an den Tag zu legen. Casey war sich dessen nicht so sicher. Nach der letzten Erstellung von Gabbiyas Persönlichkeitsprofil entsprach er eher einem Meisterillusionisten, der die Tatsache genoß, sein Opfer wehrlos zu sehen.

»Ich gratuliere Ihnen, daß Sie den Kopf oben behalten haben«, erklärte Gabbiya, und wieder brüllte er vor Lachen. »Ich meine das natürlich nur im übertragenen Sinne. Sie besaßen darüber hinaus die Geistesgegenwart, Ihre Kleider zu behalten.« Casey empfand so etwas wie kindlichen Stolz, weil er das Kleiderbündel festgehalten hatte. »Ich lasse das für Sie trocknen«, erklärte Gabbiya, plötzlich wieder ernst. Casey hatte den Eindruck, daß seine Gespräche mit Zia immer dem Muster der Gespräche zwischen Big Vien und ihm im Lager folgten: Höflichkeit, ein Test der Willensstärke, Gewalt, dann wieder Lächeln und nichtssagendes Geschwätz, bevor der Kreislauf von neuem begann.

Gabbiya warf ihm im Umkleideraum einen Bademantel zu und ging dann. Ein Mitglied des Tauchteams sagte auf englisch: »Der Tauchpool wurde Ihnen nicht gezeigt, M'sieu? Er ist der beste seiner Art.« Man schien ihn beauftragt zu haben, Casey die Einrichtungen zu zeigen. Ebenso wie der Rundgang durch das Schiff schien auch dies mit der vollen Absicht zu geschehen, Casey alles zu zeigen. Wenn ich die Absicht hegen sollte, Sabotage zu treiben, könnte ich nicht mehr verlangen, dachte er.

»Wir tauchen jeden Tag«, erklärte der Franzose. »Der Oberst hat die besten Taucher verpflichtet. Wir sind unterschiedlicher Nationalität, und es zahlt sich aus, die Zusammenarbeit zu proben.« Eine Alarmglocke schrillte. Der Franzose erklärte: »Eine Notfallübung. Wir führen jeden Morgen und Abend eine durch. Diesmal ist das rote Team dran.« Sechs Männer rannten über die Laufplanken und warfen die Deckuniformen von sich. Langsam füllte sich das Tauchbecken. Casey kam die ganze Szene chaotisch vor. Nicht alle Männer befanden sich gleichzeitig in seinem Blickfeld. Einer nach dem anderen verschwand in Taucherkleidung im Pool. Durch den Lärm hörte er, wie der Franzose in ein tragbares Telefon sprach. »M'sieu, der Oberst wünscht, daß ich Sie zu ihm bringe.« Casey folgte ihm und fragte sich, weshalb Gabbiya sich die Mühe gemacht hatte, ihm die Unterwasserverteidigung seines Schiffes vorzuführen. War es wieder einmal so, daß die Aufmerksamkeit von der wirklichen Bedrohung abgelenkt werden sollte?

Er traf Gabbiya in der Hauptkabine achtern. »Es sieht so aus, als sei Ihre Anwesenheit bei einer Untersuchung notwendig.«

Casey sah Sergeant Winston in der Nähe stehen. Der Sergeant ließ nicht erkennen, daß er ihn kannte.

»Ich habe keine Idee, wieso die Polizei auf die Idee kommen konnte, daß Sie sich hier aufhalten, aber –« Zia Gabbiya machte eine Bewegung, um seine Hilflosigkeit zu unterstreichen.

»Es heißt, daß Sie der erste gewesen sind, der die Leiche des Professors gesehen hat«, stellte Winston fest.

Das plötzliche Nachlassen der Spannung und der willkommene Anblick eines freundlichen Gesichts ließen Casey beinahe laut auflachen. Winstons selbstironischer Tonfall war nur schwer zu schlucken. Vorsichtig sagte Casey: »Ich habe eine Leiche gefunden, von der es später hieß, es könne der Leichnam eines amerikanischen Professors sein.«

»Dann brauchen wir Sie, damit Sie das aussagen...«

»Stehe jederzeit zu Ihrer Verfügung«, erklärte Casey.

»Und Ihre Kleider, Sir?«

»Commander Casey wird seine Kleidung jeden Augenblick zurückbekommen«, warf Gabbiya ein. »Wir haben ihm einen kleinen Streich gespielt, Sergeant.«

»Das war kein Spaß«, meinte Casey ruhig. »Ich sah, wie eine junge Frau in ihrer Kabine angegriffen wurde, Sergeant. Sie kennen sie als... die Irin.«

»Na, das hieße den Spaß zu weit treiben«, warf Gabbiya blitzschnell ein. »Was die Irin, das heißt Miss Blake, angeht, so befindet sich die Dame überhaupt nicht an Bord.«

Sergeant Wilson unterbrach ihn. »Das ist eine sehr ernsthafte Anschuldigung. Ein Mädchen angegriffen?«

In diesem Augenblick machte Casey, wie er später begriff, den Fehler zu beschreiben, was er gesehen hatte. Das gab Gabbiya Zeit zum Nachdenken.

»Ich muß darauf bestehen, das Mädchen zu sehen«, erklärte Sergeant Winston gewichtig, als Casey fertig war.

»Aber ich habe Ihnen bereits gesagt, daß Miss Blake an Land gegangen ist.« Gabbiya spreizte die Hände. »Sie wollte ein Haus besuchen, das, so glaube ich, Rose Hall heißt.«

»Gibt es eine Möglichkeit, das zu überprüfen, jetzt, in dieser Minute?«

»Aber natürlich gibt es die«, erwiderte der Protektor zuvorkommend. »Sie können den Eigentümer, einen gewissen Mr. E. P. Geld, fragen. Er hat dieselbe Barke genommen, die das Mädchen an Land brachte. Er ist an Bord gegangen, als sie von Bord ging. Er ist jetzt hier.«

Edgar P. Geld saß da und musterte aus vorquellenden Augen das kretische Mosaikmuster des Swimmingpools auf dem Deck. Noch immer hatte er die Sirenenklänge des »Mirror of Whitening Light« im Ohr. Er wollte Gabbiya fragen, mit welchem Recht er Amanda die Musik geschenkt habe. Noch nie war jemand ungebeten in E. P.s Privatsphäre eingedrungen. Auf der anderen Seite hatte er Angst, den einzigen Menschen vor den Kopf zu stoßen, der behauptete, Amandas Geist könne geheilt werden. Blinzelnd unterdrückte er die Tränen und redete sich ein, sie seien nur chemischen Ursprungs und allein dem Thimerosal in seiner Kontaktlinsenflüssigkeit zu verdanken. Er war gezwungen gewesen, sich aus der örtlichen Apotheke eine unbekannte Marke zu besorgen – eine Folge seines unvorhergesehenen, verlängerten Aufenthalts.

Er fuhr zusammen. Ein Steward hinter der Bar, ein Matrose in der Nähe des Niedergangs, zwei Offiziere des Schiffs an der Reling – ihnen allen war plötzlich dieser beflissene diensteifrige Blick zu eigen, den Butler aufsetzen, wenn sich die Herrschaft nähert. Zwei weitere Offiziere tauchten auf der Bildfläche auf. Dahinter folgte der Großprotektor.

E. P. blieb sitzen. Er nickte Gabbiya kurz zu und ignorierte Casey und den Polizeisergeant.

»Ich habe diesen beiden Gentlemen erklärt, wie unsere gemeinsame Freundin« – Gabbiya bedachte den aufgeregten Geld mit einem verschwörerischen Lächeln – »unsere liebe Miss Blake, mit der Barke an Land gefahren ist, die Sie abholen sollte.«

Casey musterte E. P. aufmerksam, dessen Kabeljauaugen ungläubig blinzelten. Sofort war der Mann wieder auf der Hut, doch Casey hatte die Unruhe eines Menschen gespürt, der sich in einer Krise befand.

»So war es doch?« hakte Gabbiya nach.

»Ja«, bestätigte E. P. Geld.

Casey war sicher, daß er log. »Die Frage hat sich deshalb ergeben, Mr. Geld, weil ich gesehen habe, wie Miss Blake gewaltsam angegriffen wurde.«

»Ein Spaß!« Zia hob einen Arm. »Casey war das Opfer verschiedener Späße. Niemand schätzt es, wenn man ihn zum Trottel stempelt.« Er schnipste mit dem Finger in Sergeant Winstons Richtung. »Also wirklich – Sie müssen jetzt gehen.«

»Diese Angelegenheit mit der Anhörung«, erklärte Winston schwerfällig, »dafür benötige ich Mr. Casey.«

Casey sah die flachen Züge von Bounty am Niedergang auftauchen.

»Im Augenblick gehe ich Informationen nach, die darauf hindeuten, daß der amerikanische Professor getötet wurde, als er vom Beiboot dieses Schiffes, das auf den Namen von –« Winston mühte sich mit dem Wort ab »– dieses, hm, Gentleman registriert ist, ging.« Er wies mit dem Kinn auf Zia.

»Sie brauchen sich in dieser Angelegenheit nicht weiter zu bemühen«, gestikulierte Zia. »Ich arbeite mit Ihrem Commissioner zusammen. Ein Sicherheitsveto wird jegliche diplomatische Unfreundlichkeit verhüten. Mein Mann wird Sie zur Gangway begleiten.«

Hinter dem Sergeant tauchte Bounty auf. »Das ist der Mann, der die Irin angegriffen hat, Sergeant!«

Winston machte sich nicht die Mühe, sich umzudrehen, obwohl er nur halb so groß wie Bounty war, der riesig und ungeschlacht wirkte. »Ihr Mann sollte mich nicht anfassen«, warnte er in gedehntem Tonfall.

Bounty legte seine großen Hände auf die Schultern des Sergeant. Winston griff nach oben, beugte sich vor und stieß keuchend den Atem aus. Casey als einziger Zuschauer, der so etwas erwartet hatte, bekam den flüchtigen Eindruck genau abgezirkelter Bewegungen. Bounty flog über Winstons Rücken und landete krachend im Pool.

Jeder der Anwesenden sah schreckensbleich zu Zia Gabbiya hin, als Bounty mit dem Rücken auf der Wasseroberfläche aufschlug.

»Gut gemacht, Sergeant«, stellte Zia fest.

Winston schien der einzige zu sein, den Gabbiyas ehrliche Reaktion nicht überraschte. »Der sieht aus, als kann er nicht schwimmen«, stellte er fest, »Ihr Mann.«

»Bedauerlich«, murmelte Zia, »aber wahr.« Er gab den Matrosen mit einem Fingerschnippen den Befehl, Bounty mit einem Rettungsring herauszufischen. Dann wandte er Winston seine ganze Aufmerksamkeit zu. »Die Republik Sahara hat Verwendung für Sie«, stellte er fest. »Von nun an arbeiten Sie für mich.«

»Nach der Anhörung, wenn der Vertrag stimmt.«

»Nein! Es darf keine Anhörung geben. Ich respektiere Sie, Sergeant. Ich habe Ihre Akte gesehen. Sie haben Frau und zwei Kinder. Die Erziehung Ihrer Söhne wird dort fortgesetzt werden, wo Sie es bestimmen. Sie legen die Bedingungen fest, unter denen Sie für mich arbeiten.« Gabbiya befahl mit einem Wink, daß der triefende Bounty weggeschafft werden sollte. »Zu Ihren Gunsten« – seine Augen wandten sich wieder Winston zu und schätzten ab, wie groß die Bestechungssumme für jemanden sein mußte, von dem es hieß, er sei grundehrlich – »erfolgt eine sofortige Einzahlung von zweihunderttausend Dollar für persönliche Aufwendungen auf ein Schweizer Konto.«

Winston runzelte die Stirn.

»Natürlich würde ein Spesenkonto für berufliche Aufwendungen eingerichtet werden, das wöchentlich abgerechnet wird.« Zia Gabbiya musterte das Gesicht seines Gegenübers. »Zusätzlich zu persönlichen Spesen.«

Winston rieb sich das Kinn.

»Wir brauchen mehr schwarze Moslems wie Sie.«

»Ich bin kein schwarzer Moslem.«

»Religiöse Unterweisungen werden arrangiert. Natürlich gibt es dann noch ein Haus Ihrer Wahl in Sahara, Reisen erster Klasse für Sie und die Familie und einen Wagen mit Chauffeur für Ihre Frau.«

Winston seufzte.

»Natürlich ist mit der Stellung auch ein Titel verbunden. Generalbevollmächtigter der Sicherheitskräfte. Damit verbunden ist der Diplomatenstatus mit vielen Privilegien...«

Casey brachte es nicht fertig, den Sergeant anzusehen.

»Ihre eigenen Vorgesetzten haben Sie betrogen«, erklärte Gabbiya. »Sie schulden ihnen keinerlei Loyalität. Heute arbeiten Sie für dreihundert Dollar im Monat. Wofür? Um einer Regierung zu dienen, die Sie verkauft hat?«

»Sie machen mich nachdenklich«, meinte Winston.

»Schauen Sie sich Mr. Geld an, Sergeant.« Die Falten um Zias Mund waren weiß und stachen wie Schwertnarben im Halbdunkel hervor. »Er ist sehr, sehr reich. Würde er für Sie einen einzigen Cent opfern? Natürlich nicht! Warum sollten Sie also in Armut leben, während Sie ihn beschützen? Ich... ich habe die Macht, ihn fortzuschicken. Wenn ich bestimme, daß er und sein Haushalt die Inseln verlassen müssen, dann wird sein Haushalt von hier verschwinden.«

Geld wurde dunkelrot. »Sergeant, ich habe eine Tochter hier, die spezielle Pflege braucht. Das ist es, was der Oberst meint, wenn er von meinem Haushalt spricht.«

»Sehen Sie sich doch nur mal dieses Symbol von amerikanischem Reichtum und amerikanischer Macht an«, spottete Zia. »Seine Eltern haben hart gearbeitet, doch er würde ganz sicher nicht für das sterben wollen, was er besitzt. Verdient er es wirklich, daß Sie sich um ihn sorgen?«

Winston schien tief in Gedanken versunken.

»Lassen Sie sich von Suleiman hier unter Deck bringen. Ihre Arbeit macht durstig. Erfrischen Sie sich. Wir müssen uns noch über vieles unterhalten.«

Winston ließ es zu, daß ihn ein plötzlich aufgetauchter, ehrerbietiger Seemann von der Gruppe fortbegleitete.

Irgend etwas bei dem Anblick rührte in E. P. eine Saite an. »Schauen Sie bloß nicht so selbstgerecht!« knurrte er Casey an. »Was ist denn *Ihr* Preis?«

»Amerikanische Gefangene«, gab Casey zurück.

Zias Lippen bewegten sich lautlos, als wolle er Casey Hilfestellung geben.

»Männer, die von anderen betrogen wurden«, sagte Casey. »Deshalb wurden sie von unserer Regierung im Stich gelassen, und man behauptet, sie seien tot.«

»Wobei sie in Wirklichkeit in Vietnam leben«, erklärte Zia an E. P. gewandt und hörte sich dabei wie ein Teppichhändler an, der den nächsten Verkauf vorbereitet.

»Sie vertrauen entgegen Ihrer Regierung dem Wort dieses Mannes?« hakte E. P. nach. Das, was Zia voller Verachtung für Feigheit gehalten hatte, schien doch eher ein Schleier zu sein, der über dem Erwachen lag.

»Oberst Gabbiya bedeutet nicht das Geringste«, erwiderte Casey leichthin. »Er ist bloß ein Mittelsmann.«

Diesmal ließ Zia sich nicht provozieren. Er bleckte seine weißen Zähne und sagte: »Ich sollte Caseys Ziel sein, Mr. Geld. Nur um der Regierung zu dienen, die er zu verachten vorgibt. Aber meine vietnamesischen Verbündeten sind klug. Die haben alles gewußt, seit eine geheime Regierungsbehörde zu Casey Kontakt aufgenommen hat und Ihr Präsident schließlich unter dem Druck der Öffentlichkeit gezwungen war, diese Behörde aufzulösen!« Zia amüsierte sich köstlich. »Die Vietnamesen haben vorgeschlagen, daß ich mit Casey die Rolle tauschen und Casey zum Ziel machen solle. Jetzt hat er keine Freunde mehr. Keinen Professor Rutgers mehr, an den er sich wenden kann. Überrascht, Casey? Aber Sie wissen doch, daß in Washington nichts geheim bleibt. Ich habe Ratgeber, die früher einmal Sicherheitschefs mächtiger Nationen waren. Alles im Geist des freien Unternehmertums. Verkaufen Sie hier ein Geheimnis und erzielen Sie dort einen guten Preis für einen früheren Kameraden. Profit rechtfertigt jedes Mittel. Wenn ehemalige Direktoren der CIA von ausländischen Regierungen bezahlt werden, weshalb sollte ich mir da nicht – sagen wir mal – einen ehemaligen Generaldirektor des französischen Geheimdienstes aus der Zeit, als sie noch in Vietnam saßen, verpflichten?«

Caseys Gesicht war vollkommen ausdruckslos. Er hatte Tony Rutgers' Dienstakte gesehen, und der ursprüngliche Name war hugenottischen Ursprungs gewesen: de Ruetgers. Hoffte Zia, daß er das daraus schloß? Daß er glaubte, Rotspon sei ein französischer Agent gewesen?

Zia wandte sich wieder an Geld. »Sie sind im Geschäft. Alles steht zum Verkauf. Die Moral des Marktes wird vom höchsten Bieter festgelegt. Das ist heute Ihre amerikanische Ethik. Wie meine lateinamerikanischen Freunde sagen: Amerika ist ein Leichnam, an dem sich die Würmer gütlich tun. Casey und seine Freunde haben ihr Leben damit vergeudet, diesen Leichnam zu verteidigen. Noch immer glauben sie an ihr System, und deshalb wird auch Casey verkaufen. Und Sie, Mr. Geld? Eine behinderte Tochter, ein idiotisches Kind. Dafür verkaufen Sie Ihre Seele.«

E. P. stieß einen Schmerzensschrei aus. Er ging auf Zia los. Hinter ihm schlug der Korse zu. E. P. fuhr herum, als er davontaumelte, und zischte Casey zu: »Die Irin… die habe ich nicht gesehen!« Dann landete der Korse einen zweiten Treffer an der Stelle, an der E. P.s Hals und Schulter sich trafen.

Casey sah mit offenem Mund zu, wie Zias Stimme dem Korsen Einhalt gebot. Weitere Worte in tödlich sanftem Arabisch veranlaßten die Matrosen, davonzuflitzen und eine Liege herbeizuschaffen, auf die sie E. P.s plötzlich schlaff gewordene Gestalt betteten. Casey war sicher, daß niemand sonst E. P.s letzte Worte gehört hatte. Lani hatte das Schiff nicht verlassen.

»Meine Gäste«, stellte Zia klar, »dürfen keine derartige Behandlung erfahren. Ich bin entehrt.«

Casey unterdrückte das Verlangen, sich zu erkundigen, ob Kielholen ein verbreitetes Sozialphänomen in der saharischen Gesellschaft war, in der die Amputation einzelner Glieder von Taschendieben und untreuen Frauen in modernen, von Petrodollars errichteten Kliniken vorgenommen wurde. E. P.s Bemerkung hatte in Caseys Kopf einen Plan entstehen lassen.

»Mein Mann hat seine Befugnisse überschritten«, erklärte Zia, der sah, daß E. P. zu sich kam. »Was soll mit ihm geschehen, Mr. Geld?«

E. P.s Augen quollen aus den Höhlen hervor. Er klagte: »Meine Kontaktlinsen. Ich habe eine verloren.« Er warf den Kopf zurück und rollte die Augen. »Die andere ist unter das Lid gerutscht, glaube ich.«

Zia befahl dem Korsen, sich hinzuknien, und zog ihm seine goldene Reitpeitsche über den Rücken. »Der wird auf dem Boden herumkriechen und nach der vermißten Linse suchen, nicht wahr?«

Zia wechselt seine Maske genau wie Big Vien, um den wechselnden Gelegenheiten Rechnung zu tragen, dachte Casey. Jetzt war es an der Zeit, das Spiel mitzuspielen. »Wir haben viel zuviel zu verlieren, Mr. Geld, als daß wir uns streiten sollten«, erklärte er. »Sie und ich, wir müssen einen ehrenhaften Weg finden, Amerika zu verraten und unnütze Energie zu vergeuden.«

E. P. ließ den Kopf nach vorne fallen und musterte ihn mit fischäugiger Verschlagenheit. Der Korse rutschte auf der Suche nach der Linse auf dem Boden herum.

»Es geht nicht um Verrat«, erklärte Zia. »Es geht nur um geschäftliche Angebote, die auf dem Tisch liegen. Willigen Sie ein, sonst haben Sie eine Menge zu verlieren.«

»Ich neige dazu, eine Vereinbarung zu treffen«, stellte Casey fest.

»Überlegen Sie es sich genau«, warnte Zia.

»Das habe ich.« Casey streckte die Beine aus. »Ich hatte zehn Jahre lang Zeit nachzudenken, als ich nur wegen der Fehler, die Washington gemacht hat, in Gefangenschaft saß.«

»Verrat begeht nur der einfache Soldat«, meinte Zia ermutigend. »Verrat wird nie von den Machthabern begangen, denn die entscheiden über die Definition des Begriffs.«

Casey nickte. Langsam machte ihm das Ganze Spaß. Im Lager hatte man diesen Blödsinn Irreführung genannt. Dadurch hielt man die Gefangenen in den Perioden zwischen den Folterungen auf Trab. »Was für eine dumme Sache«, erklärte er salbungsvoll, »ist Konsequenz bei unbedeutenden Geistern. Das verbissene Verfolgen eines Ziels ist selbstzerstörerisch. Das hält einen nur davon ab, Zufallsziele anzusteuern.«

»Ziele?« Zia klatschte in die Hände. »Meine Theorie! Die hervorragendsten Wissenschaftler sind nie ausgetretenen Pfaden gefolgt. Die größten wissenschaftlichen Leistungen erbringen jene, die ausscheren, um ein Zufallsziel anzusteuern, bei ihrer Forschung einen unverhofften Pfad einschlagen, der sich einem zeigt, wenn man es am wenigsten erwartet.«

»Man hat mir gesagt, Sie seien Wissenschaftler«, erklärte Casey, der nur zu froh war, Zias Krämergedanken in eine andere, nutzbringende Richtung gelenkt zu haben. »An der Unterwasserforschung ebenso brennend interessiert wie Ihr berühmter Ahnherr Ahmad, der große Seefahrer.«

Zia schoß pfeilschnell wie eine Forelle, die einen Preis gewinnen möchte, auf den Haken zu. »Das stimmt.«

»Und Ihre ausgezeichneten Quellen haben Ihnen mitgeteilt, wie INSPAD die Theorie, die Sie erwähnten, in die Realität umgesetzt hat.«

Zia warf sich in die Brust. »Die Arbeiten von INSPAD sind uns wohlbekannt.«

Jetzt mußte Casey schnell nachdenken. Irgend jemand hatte Zia und den Vietnamesen einen fetten Köder vorgesetzt. Er mußte sich in acht nehmen, daß er nicht eine Geschichte erfand, die Zia als ganz offensichtlich unwahr erkennen würde. Er sagte: »Der Delphin-Sonar entwickelt unter Wasser die Ersatzfunktion für eine Rundumsicht.« Er musterte Zias Augen. Kein Zucken einer Nichtübereinstimmung. »Die neue Anordnung von Tiefsee-Schlepp-U-Booten, die in mehr als fünftausend Metern Tiefe arbeiten, war das Ergebnis eines jungen Ozeanographen, der seine Arbeit im Labor liegen ließ und einem Traum nachjagte.« Weiter wagte Casey nicht zu gehen. Er wechselte die Richtung und schlug einen Weg ein, dem Big Vien bestimmt nicht widerstanden haben würde. »Der junge Wissenschaftler hat einen philosophischen Charakter und lehnt sich gegen jegliche Autorität auf. Ich gebe ja zu –«

Jetzt konnte Zia sich nicht mehr zurückhalten. »Sind Sie Katholik, Casey?«

Das war eine Frage, die Big Vien im Lager oft gestellt hatte, um dem, der nicht auf der Hut war, eine Falle zu stellen. Die Kommunisten glaubten, daß die Handlungen eines Katholiken von einer gewissen Autorität beeinflußt waren. Ein Protestant hingegen, so wurde behauptet, handelte nach seinem Gewissen. Wenn sie erst einmal die Gefangenen in Kategorien eingeteilt hatten, glaubten sie auch, diese manipulieren zu können.

Casey wich der Frage aus. »Ich habe mir immer gewünscht, die Glaubensgrundsätze des Islam besser zu verstehen.«

E. P. Geld hatte die Linse unter seinem Augenlid entfernt, saß nun vorgebeugt auf seinem Stuhl und half dabei, nach der anderen Ausschau zu halten. Er wandte den Kopf und bemerkte ganz unerwartet: »Es kommt darauf an, sein Bewußtsein über die primitiven Bedürfnisse und deren Befriedigung zu erheben.«

Caseys Puls schlug schneller. Das war Hilfe aus einer ganz unerwarteten Ecke. Er heuchelte Verblüffung. »Sind das die Worte des Propheten?«

E. P. richtete sich auf. »Worte von Conan Doyle. Er wollte die Haut von Mutter Erde anbohren. Unter dem Meer.«

»Was soll das bedeuten?« wollte Zia wissen. »Sie sprechen vom Schöpfer Sherlock Holmes'.«

»Gleichzeitig war er ein Wissenschaftler, der seiner Zeit weit voraus war«, improvisierte Casey. Der Trick bestand darin, Zias Neugierde weiter anzustacheln, ohne den schmeichelnden Eindruck zu verwischen, er sei intellektuell in der Lage, tiefschürfende philosophische Gespräche zu führen. Bei Big Vien hatte das funktioniert.

»Er sah Mutter Erde als lebenden Organismus an«, warf E. P. ein, der sich an die Geschichten erinnerte, die Nanny Locke ihm vor langer Zeit im Kinderzimmer vorgelesen hatte. »Er war der Meinung, Mutter Erde müsse daran erinnert werden, daß auf ihrer Haut Menschen lebten. Seine Helden bohrten Löcher in diese Haut, um ihre Aufmerksamkeit zu erregen.«

»Was ihn zu der Idee veranlaßte, unter dem Meer nach Öl zu bohren«, fügte Casey hinzu. »Doch ganz sicher ist Ihnen sein Buch geläufig, Zia, ›When the World Screamed‹. Wenn man ihm glauben darf, dann besteht menschliches Leben vor allem darin zu erfahren, ›was wir sind, warum wir sind und wo wir sind‹.«

»Wenn wir bloß wüßten, was wir sind!« Zias Augen funkelten.

Der Korse, auf Händen und Knien, stieß ein lautes triumphierendes Grunzen aus und hob vorsichtig die verlorengegangene Kontaktlinse auf. Zia murmelte: »Zu forschen! Eine ehrenwerte Aufgabe. Genau dafür brauche ich INSPAD –«

E. P. bemerkte den wiederhergestellten Kontakt. E. P. ist gar nicht der vulgäre Wirtschaftsboß, als der er beschrieben wird, dachte Casey.

»Wir müssen unbedingt weitere philosophische Gespräche führen«, stellte Zia fest und stand auf, als ein Matrose sich mit Caseys frischgebügelten Kleidungsstücken näherte.

»Wollen Sie ein Abkommen über INSPAD treffen?« Casey griff nach den Klamotten. »Wir könnten uns jetzt unterhalten –«

»Nicht so hastig!« Zia lächelte. »Sie beide gehen jetzt, denken darüber nach, und dann kommen Sie mit überzeugenderen Argumenten wieder...«

Casey reagierte offensichtlich verärgert, doch so etwas hatte er erwartet. Diese Technik hatte er im Lager oft genug verfolgt. Das Opfer wurde so lange fertiggemacht, bis es zum Wechsel bereit war.

Dann wurde ihm gesagt, eine Unterhaltung bedeute überhaupt nichts, wenn man den neuen Standpunkt nicht durch Selbststudium erreiche. Übereinstimmung war nichts wert.

»Ihre Zustimmung kommt zu schnell«, sagte Zia gerade. »Sie müssen mich davon überzeugen, daß Sie es tatsächlich auch so meinen.« Mit einer Geste höflichen Abschieds hob er die Reitgerte.

Innerlich grinste Casey. Er hatte bisher noch nie einen Zeloten getroffen, der nicht der Meinung war, die dekadenten Amerikaner könnten auf diese Weise gebrochen werden. Zia wurde langsam ebenso selbstzerstörerisch arrogant wie der ganze Rest. Überraschenderweise war es E. P. Geld gewesen, der wie ein absoluter Idiot gewirkt hatte, als er den Kopf gewandt hatte, um die Kontaktlinsen wieder an Ort und Stelle zu bringen, der Casey geholfen hatte, den Großprotektor in seine unsichere Position zu manövrieren. Wenn es auf ein Ablenkungsmanöver ankam, war E. P. weiß Gott nicht schlecht.

Als sie wieder auf dem Meer waren, war es dunkel. Geschickt hatte E. P. statt des Helikopters eine Barke der »Qurqur« verlangt. Diesen Wunsch konnte Zia kaum abschlagen, nachdem er vorgegeben hatte, E. P. sei mit dem Boot angekommen.

»Sie haben doch verstanden, daß ich gesagt habe, ich hätte Lani nicht zu Gesicht bekommen?« murmelte E. P., als sie an Bord der Barke gingen.

»Ja.«

»Hat Zia das auch gehört?«

»Nein, da bin ich ganz sicher.« Casey schob sich an der Reling entlang, bis sie vom Deckaufbau verdeckt waren. »Ich werde zurückgehen, um mich um das Mädchen zu kümmern. Könnten Sie meinen Partner benachrichtigen, ohne die öffentlichen Nachrichtenverbindungen zu benutzen?«

»Nennen Sie mir den Namen und die Einzelheiten.«

Das tat Casey und drückte dankbar den Arm des anderen. Das Klopfen der Motoren schwoll an. Die Barke schob sich voran. Beim nächsten Rollen der Barke ließ Casey sich über die Seite fallen. Seine Bewegungen verloren sich im Glitzern der aufschäumenden Bugwelle.

E. P. umklammerte das Tau fester. Irgend etwas Wichtiges war geschehen. Er war nicht sicher, was es war. Er haßte Gabbiya. Er liebte seine Tochter. Irgendwo zwischen diesen Extremen hatte er eines erkannt: Es mußte mehr als nur die Angst um seinen Ruf gewesen sein, was ihn bewogen hatte, Amanda auf den Inseln zu lassen. Er gab sich einer schwachen Hoffnung hin. Vielleicht war er wirklich nicht die Ratte, die zu sein er auch immer abstritt.

19

Bei Einbruch der Dunkelheit hatte Lord John dafür gesorgt, daß die Polizeibarkasse beladen war. Die Mannschaft aus Freiwilligen, die von Alison zusammengetrommelt worden war, fuhr von den Docks mit einer Ladung los, die aus Startraketen, alten Navyfackeln, Öllampen, Benzin und tödlichen Gerätschaften bestand, deren größte der schlanke schwarzrote Torpedo war.

Die Barkasse wurde von Alison gesteuert. Constable Mello kümmerte sich liebevoll um den uralten Dieselmotor, der am Heck befestigt war. Sein Kollege Sam Oysterman stemmte sich gegen einen tragbaren Ladebaum, um ihn davon abzuhalten, in Richtung des Commodores vom Jacht-Club zu schwingen. Chilly Chillingham genoß schweigend die Aussicht, wieder mal ein richtiges Abenteuer zu erleben, nachdem er so viele Jahre auf dem Sessel des Vorstandsvorsitzenden der Bank gesessen hatte. Der Metzger von Nelson's Harbour, Tiddley Ridley, kauerte am Bug und hielt nach Felsen Ausschau. Die Bordwand der Barkasse ragte kaum drei Fuß über die Meeresoberfläche. Wasser überflutete den plumpen Bug und gurgelte um Ridleys nackte Füße. Oyez Lem, der in fernen Ländern auf Plakaten als Kutscher von Brautpaaren und als Stadtschreier für die Insel Reklame machte, war dieses eine Mal nüchtern und drückte sich gegen die scharlachrote Spitze des Torpedos, um jegliche ruckartige Bewegung zu verhindern, wenn sie auf Grund liefen.

Chief Pony Moore kauerte über der Schwanzflosse des Torpedos und trauerte den Zeiten nach, als eine derartige Operation noch die Flotte mobilisiert haben würde. Selbst die Amerikaner und die französischen Revolutionäre hatten den Inseln ein Kanonenboot zugestanden. Das war in den glorreichen Tagen gewesen, als Britannien sich anschickte, die Inseln über dem Wind zum Gibraltar des Westens auszubauen. Jetzt konnte der Mann, den Chief Moore für das größte Scheusal aller Zeiten hielt, nur von einem Mädchen und ein paar Männern aufgehalten werden, die mit drei Knoten durchs Wasser pflügten, das so ruhig wie ein Mühlenteich war. Und das mußte es auch sein, denn schon ein Niesen brächte die ganze Operation durcheinander.

Sie hatten Great Sound passiert, als Bracken plötzlich, gerade eben laut genug, um verstanden zu werden, sagte: »Wir nähern uns Wreck Cay. Totengräber, Achtung.«

Zwei weitere Männer lösten sich aus dem Schatten des Ruderhauses: Deacon Thomas, von der anglikanischen Kathedrale in Nelson's Harbour, Sproß einer walisischen Bergmannsfamilie. Sein Kollege Jamaica Tipoo stammte von entlaufenen Sklaven ab. Jeder der beiden hatte eine große Schaufel vom Friedhof der Kathedrale dabei. Sie waren bereit, die nächtlichen Ausschachtungsarbeiten zu erledigen.

»Langsame Fahrt«, wies Bracken Constable Mello an.

Die Barkasse schwoite in der leichten Dünung. Alison ließ das Boot von der Strömung durch die Ausläufer der Riffs auf das alte Kai der Seiler zutreiben. Ein schnelles Motorboot ließ die Barkasse schwanken. Bracken lief los, um den beiden Männer zu helfen, sie im Schutz des Kais festzumachen. Er fluchte leise, sprang ins Wasser und rief nach Jamaica Tipoo, der ihm eine Leine zuwerfen sollte.

Ein Boot ohne Positionslichter schoß durch die Bucht. Fieberhaft arbeiteten die Männer, um die Barkasse sicher zu vertäuen. Die Bugwelle des Eindringlings brandete klatschend gegen das Ufer. Die Welle war hoch und lang, hob die Barkasse an und ließ sie auf die Felsen krachen. Bracken stieß einen Schmerzensschrei aus. Das Boot entfernte sich, und Mello und Oysterman zogen Bracken wieder an Bord.

»Unvorsichtiger Idiot!« Bracken lag ausgestreckt neben dem Ruderhaus und versuchte, die Blutung an seinem Bein zu stillen.

»Der ist nicht unvorsichtig, paßt bloß auf!« warnte Deacon Thomas. »Er kommt wieder.« Beide Männer wateten aus dem gefährlichen Spalt an die Stelle, an der sie zuvor gearbeitet hatten, um die Barkasse an Bug und Heck mit Tauen zu sichern.

»Wenn er im Kreis fährt, kann er uns am Ausladen hindern«, rief Bracken.

Die Barkasse rollte heftig, als die Bugwelle des Motorboots erneut gegen die Küste brandete.

»Wie können wir ihn aufhalten?« fragte Chilly. »Wir haben keine Gewehre.

»Raketen!« erklärte Chief Petty Officer Moore.

»Ich hab' eine bessere Idee.« Alison seufzte, als sie hörte, wie die Planken der Barkasse am Granit scheuerten. »Wir wollen die ganze Angelegenheit doch legal durchziehen. Ihr habt bestimmt nicht vergessen, wie Wreck Cay zu seinem Namen gekommen ist.«

Wieder befand sich Casey an Bord der »Qurqur«, diesmal jedoch nicht auf Einladung des Eigners. Das Schiff war hell erleuchtet. Zia Gabbiya gehörte nicht zu den Menschen, die ihr Licht unter den Scheffel stellten.

Nachdem er vom Beiboot gesprungen war, war Casey eine Strickleiter hinaufgeklettert. Wie E. P. Geld sein Verschwinden erklären würde, kümmerte ihn nicht. Was zählte, war, daß sich der Wirtschaftsboß schließlich doch noch daran erinnert hatte, daß auch er Amerikaner war.

Jetzt mußte er Melanie Blake ausfindig machen. Sie war der Schlüssel.

Die Pfeife eines Bootsmanns schrillte. Casey versteckte sich zwischen den Rettungsbooten, als Füße über Deck schlurften. Das Heck war plötzlich in noch grelleres Licht getaucht. Casey hörte das Quietschen von Winden. Eine Kabeltrommel fing direkt vor ihm an, sich zu drehen. Er bemerkte, wie sich die Aufmerksamkeit der Mannschaft auf das Heck konzentrierte, und ergriff die Gelegenheit, über einen Niedergang im Innern des Schiffes zu verschwinden.

Insgeheim dankte er Zia für die Führung und ging auf die Kabine zu, in der er zuvor festgehalten worden war. Die nächste Kabine weiter zum Bug hin war die, in der er beobachtet hatte, wie Lani von Bounty angegriffen worden war. Die Tür war unverschlossen. Er schlüpfte hinein und ging zum Bullauge. Durch die groben Vorhänge konnte er sehen, wie ein Beiboot der »Qurqur« ablegte.

In der Koje regte sich eine Gestalt. Wenn das die Irin war, dann wurde sie kaum gegen ihren Willen hier festgehalten. Sowohl Tür wie auch Bullauge waren unverschlossen. Casey erstarrte.

Der Körper wälzte sich herum. Im Dämmerlicht glitzerte ein Gesicht.

»Lani?« flüsterte Casey.

»Sind Sie das, Mr. Casey?«

»Mein Gott!« Casey fuhr auf. »Sergeant Winston?«

»Persönlich.« Weiße Zähne schimmerten. »Tut mir leid, diese dämliche Eingeborenenmasche. Auf der anderen Seite schien es der beste Weg zu sein –« Winstons Worte wurden undeutlich »– mit dem Protektor fertig zu werden, indem ich einen der schwarzen Lakaien von dem Kerl mimte.« Er versuchte seine Beine über die Kante zu schwingen und griff sich an den Kopf. »Ach du meine Güte! Weiß wirklich nicht, was die in das Bier geschüttet haben, das sie mir serviert haben. Bestimmt nichts, was da hineingehört.«

»Dann haben Sie Ihre neue Stellung also nicht angetreten?«

»Ich habe die Vorstellung, Generalbevollmächtigter der Sicherheitskräfte zu sein, schon genossen. Doch bei reiflicher Überlegung bin ich doch lieber der Sergeant, der Purzelbäume für die Touristen auf den Inseln schlägt statt für den allmächtigen Herrn auf dem Oberdeck.«

»Wo ist Lani? Die Irin?«

»Das letzte Mal, als ich sie sah, wurde sie mit gefesselten Händen hier aus der Kabine geführt.«

»Dann war sie also tatsächlich hier?«

»An diese Koje gefesselt.«

»Die haben Sie beide zusammengelegt?«

Winston lachte rauh. »Das ist lustiger, als man denkt.« Er versuchte sich auf den Beinen zu halten; es gelang ihm nicht.

»Legen Sie sich wieder in die Koje«, befahl Casey.

Winston kletterte zurück und fiel nach hinten. »Lani war gefesselt und geknebelt, als ich hierhergebracht wurde. Sie war... nackt. Ich nehme an, daß Zia mich auf die Probe stellen wollte. Sich vergewissern wollte, ob ich vom richtigen Schrot und Korn bin.« Winston klang, als habe er den Mund voller Watte. »Richtiges Schrot und Korn hätte natürlich geheißen, daß ich sie vergewaltigt hätte.«

Winston war nicht im mindesten überrascht gewesen, Lani in der Kabine anzutreffen. Keinen Augenblick hatte er geglaubt, daß sie an Land gegangen war.

Sobald er mit ihr allein war, machte er sich an den Fesseln zu schaffen. Der Knebel war schnell entfernt. Sie zischte: »Kommen Sie näher.«

Sie sah aus wie eine Krähe, die man an eine Scheunentür genagelt hatte. Ihre Beine waren weit gespreizt. Er dachte, sie werde ihm sagen, wo er geeignetes Werkzeug finden konnte, um ihre Fesseln durchzuschneiden. Statt dessen sagte sie: »Vergewaltigen Sie mich!«

Er dachte, er habe nicht richtig gehört. Angesichts seiner Begriffsstutzigkeit blitzten ihre Augen auf. »Rutgers!« zischte sie. »Ich habe mit ihm zusammengearbeitet.«

Instinktiv wandte er sich der Tür zu.

»Die werden uns in Ruhe lassen.« Lani wies mit dem Kinn in die Ecken der Kabinendecke. »Die beobachten uns.«

Diese Vorstellung jagte dem armen Winston Schauer über den Rücken. Er war glücklich verheiratet. Schon der Gedanke, die versteckten Videokameras könnten seine Nummer aufnehmen, machte ihn fast verrückt.

»Jetzt bums mich, verdammt noch mal!« Lani klang, als wolle sie jeden Augenblick loskreischen, und Winston rutschte schnell hinüber, so daß die Kameras nur seinen Rücken und seine Bewegungen sehen konnten. Ihm wurde schwindelig.

»Zia schätzt so billige Vernügungen«, flüsterte Lani. »Jetzt komm in Fahrt. Zieh deine verdammten Klamotten aus!«

Winston hatte versucht, sich zu konzentrieren. Wenn er erregt war, dann würde er die Hände des Mädchens gerne frei haben. Mit den Zähnen zog er an den Stricken. In seinem Kopf wirbelten die Gedanken, aber nicht vor sexueller Erregung.

»Ich kann hier herauskommen.« Lanis Worte waren ein leiser Aufschrei der Frustration. »Verstehst du denn nicht? Zia will, daß du versagst!« Eine ihrer freien Hände zog am Reißverschluß seiner Hose.

Er fühlte, wie sie ihm zwischen die Beine griff. Das Bier hatte seine Sinne abgestumpft. Er leistete Widerstand, und sie sagte ungeduldig: »Du mußt mir helfen! Zia schickt mich auf die ›Ultima Thule‹, um die vietnamesische Flagge auf einem Unterwassergebirge aufzupflanzen. Darum geht es hier. Hanoi übernimmt die Operation...«

Sie zerrte an seinem Gürtel. Seine Schamhaftigkeit, die Treue zu seiner Frau, die Angst, in eine Falle zu tappen – all diese Gedanken stießen ihn von ihr ab. Doch wenn sie die Wahrheit sprach...? Er ließ die Hosen fallen, kam sich vor wie ein Waschlappen. Genau darauf hatte es Zia, der Spanner, abgesehen, oder? Auf den Spaß, einen Nigger zu sehen, der bei passender Gelegenheit keinen hochkriegte.

Die ganze Zeit sprach Lani mit leiser, kontrollierter Stimme weiter.

»Mann!« Winston starrte in Caseys zuckendes Gesicht hoch. »Das war vielleicht eine Tortur!«

»Bestimmt ein entsetzliches Erlebnis! Eines Tages werden Sie sich daran erinnern und das Ganze – na, auch irgendwie lustig finden.«

»Nicht, wenn ich mir noch mal die Bänder ansehe. Und was ist, wenn Zia versucht, mich zu erpressen?«

»Ich glaube, Zia ist verschwunden.«

»Also deshalb haben sie das Mädchen mitgenommen. Sie ist mit Zia zur ›Ultima Thule‹ gefahren.« Von neuem fing das Hämmern in Winstons Kopf an. »Ich muß hier raus. Wenn ich schwimme, kriege ich wieder einen klaren Kopf.«

»Sie würden wie ein Stein wegsacken. Wahrscheinlich hat man Ihnen nicht nur einen Mickey Finn eingeflößt. Möglicherweise war der mit Spanischer Fliege versetzt, um Sie scharf zu machen. So etwas wäre sicher was für Zia – wenn das Beruhigungsmittel gegen das Aufputschmittel kämpft. Wenn Sie jetzt abhauen, schlafen Sie, bevor Sie im Wasser landen.«

»Und wenn ich bleibe?«

»Halten Sie sich vom Schnaps fern.«

»Wie lustig! Wie kann ich mich nützlich machen?« Winston hatte wieder das Gefühl, daß seine Zunge zu groß für seinen Mund sei.

Spielte kaum eine Rolle, ob er im Meer oder in der Bewußtlosigkeit versank.

Casey rüttelte ihn. »Schlafen Sie den Rausch aus. Dann machen Sie, daß Sie hier rauskommen. Ich werde alles tun, um Ihnen zu helfen – doch wenn die Sache schiefgeht, ist Ihnen der Name Bingo Harriman geläufig?« Er mußte lächeln, als Winston das undeutlich bestätigte. Natürlich hatte sich der Sergeant darum gekümmert. »Können Sie ihn warnen? Ohne die öffentlichen Kabelsysteme oder Telephone benutzen zu müssen?«

Winston murmelte: »Hafenfunk« und stemmte sich auf einen Ellenbogen. »Müssen Lord John Bescheid sagen!« Er grunzte vor Schmerzen. »Müssen handeln. Aber nicht gegen...« Sein Kopf sackte nach hinten.

»Gegen wen?« stieß Casey nach. Er ohrfeigte den Sergeant.

»Finden Sie sie. Lord Johns Gruppe. Wreck Cay.«

Und das war's.

Casey schwamm locker und ließ sich von der Strömung achtern vom Schiff wegtreiben. Die Lichter des Hafens schimmerten. Die Strömung der Tide war stark. An der Heckreling der »Qurqur« zeichneten sich die Silhouetten einiger Menschen ab. Ihre leicht veränderte Haltung zeigte, daß er recht vermutet hatte: Der Eigner war nicht länger an Bord.

Er fühlte keinerlei Bedauern, als die Dunkelheit das Schiff verschlang. Seine Augen waren auf die schwarzen Löcher im Schiffsrumpf fixiert gewesen, durch die der Abfall flog, der aus der Kombüse stammte. Verdorbenes Essen, das von Schiffen im Hafen über Bord geschüttet wurde, zog Haie an. Casey fühlte sich wohler, wenn er nicht daran erinnert wurde.

Vom übrigen Treibgut war er nicht zu unterscheiden. In großem Bogen, der ihn schließlich zum Dinghy Club tragen würde, wurde er weitergeschwemmt. Der Club wurde von denen bevorzugt, die gerne in ihren Booten herumalberten. Er wählte ein Dinghy mit leichtem Seagull-Motor und einem Benzinkanister und zog sich über den Gummiwulst. Der Motor sprang beim ersten Zug der Leine an. Er zog den leichten Anker achtern an Bord, schlippte die Leine, nahm Kurs aufs offene Meer und wartete gleichzeitig darauf, daß irgendein wütender Eigentümer mit einem Mordsgeschrei loslegen würde. Diese Sorge war unbegründet. Das Boot gehörte Oyez Lem, doch unter der Ducht waren Kondome versteckt, vollgestopft mit Heroin.

Wie konnte Lani »mit Rutgers zusammengearbeitet« haben? Diese ganze Sache mit Sergeant Winston konnte gut ein weiteres Täuschungsmanöver sein. Wenn sie von Lord Brackens verwegenen Stringbag-Plänen wußte, dann lenkte sie vielleicht nur die Aufmerksamkeit aus Gründen, die Zia Gabbiya am besten kannte, auf die »Ultima Thule«. Auf der anderen Seite, warum dann diese Erwähnung eines Unterwassergebirges und das Hissen der vietnamesischen Flagge?

Casey kauerte in dem Motorschlauchboot und wägte das Für und Wider ab. Vielleicht log die Irin. Sie hatte den Smitty-Harris-Klopfcode verwendet, doch den konnte sie von den kommunistischen Machthabern des Lagers ebenso gut gelernt haben wie von Rotspon. Die Szene, wie Bounty Lani angegriffen hatte, sah im nachhinein aus wie eine Wiederholung dessen, was dem armen Winston widerfahren war. Man mochte bezweckt haben, Caseys Aufmerksamkeit abzulenken oder ihn in die Irre zu führen. Zia mußte Lani völlig in seiner Gewalt gehabt haben, als sie die Instruktion an Casey durchgegeben hatte, aus der Kabine zu fliehen. Schließlich hatten Zias Männer sich bereits für die Show des Kielholens bereitgehalten.

Casey hatte kalte Füße. Auf dem Boden des Dinghy schwappte Wasser. Er gab zwar Vollgas, aber aus einem Zweieinhalb-PS-Motörchen war nicht allzuviel herauszuholen. Die Bojenmarkierungen und die Leuchtzeichen waren ihm geläufig; außerdem gab es auch noch den zunehmenden Mond, an dem er sich orientieren konnte, als er Wreck Cay anlief. Er hatte genug Zeit, um hinter das Puzzle zu kommen.

Wollte man die »Ultima Thule« torpedieren? Wenn Lani immer noch Zias Agentin war, dann mußte es einen Grund geben, Bracken auf dieses Ziel anzusetzen. Wollte man einen internationalen Zwischenfall vom Zaun brechen? Caseys Hand umklammerte den Gashebel fester. In diesem Fall sollte Lord John mit seinem Torpedo die »Qurqur« aufs Korn nehmen.

Doch Zia hatte sich eine dermaßen große Mühe gegeben, Casey die »Qurqur« zu zeigen. Um mögliche Saboteure, die Casey noch im Ärmel haben mochte, in die Irre zu führen?

Braute sich das eigentliche Unheil auf der »Ultima Thule« zusammen? Oder führte Zia die Kunststückchen vor, die er so unwiderstehlich fand, ließ Illusionen entstehen, winkte hier mit dem Finger, um das Auge von dem abzulenken, was dort an anderer Stelle geschah?

Lani hatte in dem Gespräch eine Menge Informationen übermittelt. Eigentlich müßte es möglich sein, einige davon zu überprüfen. In erster Linie betraf das die »Ultima Thule«.

Wenn Casey an die »Ultima Thule« dachte, dann fiel ihm Vergils »Ultima Thule« ein, die »äußerste Grenze«.

Lani hatte gesagt, ein Schiff dieses Namens habe im Rahmen der amerikanischen geophysischen Forschungsvorhaben der siebziger Jahre mitgewirkt. Das ergab einen Sinn. Damals hatte man angenommen, daß die Tiefsee riesige Mineralvorkommen barg. Die Aufregung hatte sich gelegt, als man erkannte, daß die Vorkommen, die man entdeckt hatte, sich nicht so leicht vom Meeresboden fördern lassen würden. Die »Ultima Thule« wurde zu einem normalen Forschungsschiff umgebaut und von Fort Lauderdale, Florida, zur Multi-Search Group an der Küste von Texas verlegt. Das war 1981 gewesen. Das Schiff führte die US-Flagge. Später verloren sich ihre Spuren. Verschiedene amerikanische Universitäten hatten die »Ultima Thule« als schwimmendes Labor benutzt – zumindest, wenn man sich auf die Akten verließ. Lani hatte betont, die Universitäten könnten dies nicht belegen. Später hatte man eine Betreiberfirma auf den Inseln über dem Wind ausgemacht, die ein Tochterunternehmen von Mercantile Enterprises in Liechtenstein war, die ursprünglich von der französischen Bank von Indochina gegründet worden waren.

Die Irin hatte bei der Zusammenfassung dieser Informationen professionelles Talent bewiesen – sie hatte tatsächlich das Talent einer Protégée von Rotspon gezeigt. Doch die Abteilung von Rotspon war durch eine Anweisung des Präsidenten aufgelöst worden.

Möglicherweise war diese Anweisung jedoch nur eine Finte. Vielleicht ging die Abteilung nach wie vor ihren geheimen Aktivitäten nach. Oder vielleicht machten die Beamten der Abteilung ohne Wissen oder Genehmigung der höheren Stellen weiter. Wenn irgendwo eine Abteilung der CIA wie ein wild gewordener Elefant durch den Geheimdienstdschungel trampelte, dann würde Zia Gabbiya diese Gelegenheit sicherlich am Schopf packen, falsche Spuren zu legen und eine größere Krise anzuzetteln.

In einem solchen Fall würde Zia sich Lanis bedienen.

Casey war wieder am Anfang des Kreises angelangt. Er schien sich in einem winzigen Spekulationsradius zu bewegen – wie die surrende Schraube, das einzige bewegliche Teil an dem kleinen Motor, die das Dinghy vorantrieb.

Er orientierte sich jetzt an der automatischen Befeuerung am Südzipfel von Wreck Cay. Es hörte auf zu blitzen. Er nahm Gas weg, spürte Gefahr. Die Menschen in grauer Vorzeit, so erinnerte er sich, hatten »Ultima Thule« immer mit der absoluten Finsternis gleichgesetzt. Dann wurde die schwarze Nacht von einer enormen orangeroten Explosion aufgehellt. In diesem Augenblick fielen Casey nur sein Schullatein und die Doppelbedeutung von Vergils Worten ein: das Ende der Welt.

20

In dem Moment, als das herankommende Motorboot auf die Riffs auflief, löschte Alison die Laterne. Durch die Explosion schoß eine Wasserfontäne in die Luft. Alison sah Gestalten durcheinanderwirbeln, und sie warf sich von ihrem Standort auf dem Felsen mit ebenso wenig Zögern ins Meer, wie sie es zuvor gezeigt hatte, als sie das Boot ins Verderben gelockt hatte. Die dringende Aufgabe, die Barkasse zu entladen, war verschoben worden, um den Fremden das traditionelle Willkommen auf Wreck Cay zu bieten. Jetzt verlangte die gleiche Tradition, daß sie versuchte, die Überlebenden zu retten. Sie schwamm auf die Stelle zu, an der die Trümmer noch brannten, und hörte das dünne Geratter eines kleinen, schnell laufenden Außenbordmotors.

Casey erreichte sie in seinem Dinghy in dem Augenblick, als die letzten Flammen auf dem Wasser erstarben. Zusammen fischten sie die Mannschaft des zerstörten Boots aus dem Meer.

Am Kai hielten sich Brackens Männer nicht lange mit Gedanken an das gesunkene Boot auf. Es hatte vor dem Kai einen weiten Kreis beschrieben und die wertvolle Ladung, die auf dem offenen Deck der Barkasse aufgestapelt war, ziemlich in Gefahr gebracht, als Alison die Leitung zur Navigationsbefeuerung am Südzipfel durchtrennt und an deren Stelle die alte Marinelampe geschwenkt hatte.

»Die Schiffbrüchigen der letzten beiden Jahrhunderte wären auf sie stolz gewesen«, keuchte der alte Chillingham. »Jetzt haben wir unsere Boote endgültig hinter uns verbrannt!«

»Brücken«, meinte Bracken und zog die Schlingen unter dem Torpedo an. »Es sind Brücken, die man hinter sich verbrennt.«

»Heute nacht sind's verdammte Boote«, knurrte Chilly. Er genoß den Ausflug in die Piraterie besonders deswegen, weil Alison ihn auf einen Präzedenzfall hingewiesen hatte: Im Krieg von 1812 war ein amerikanisches Küstenschiff durch ein falsches Signalfeuer ins Verderben gelockt worden. Nach dem Selbstverständnis der Inselbewohner begründete dieser Akt das Recht, »die Inseln auf diese Weise vor feindlichen Streitkräften zu schützen«. Chillys einzige Erinnerung an ein Mordsabenteuer entbehrte gleichfalls jeglicher Gesetzmäßigkeit: die Schlacht im Skagerak. Er war sich nicht sicher, ob die britische oder die deutsche Flotte diesen Zusammenstoß der Titanen gewonnen hatte, doch heute noch empfand er die Lebenslust eines jungen Mannes, der auf einem brennenden Deck stand. Diesmal hatte das Deck eines anderen gebrannt.

Oyez Lem faßte die allgemeine Gleichgültigkeit, was das Schicksal des Feindes anging, zusammen: »Die haben versucht, uns zu versenken, geschieht ihnen gerade recht!« Seine Einstellung verriet eine gewisse Ausgeglichenheit, denn hatte nicht sein Urgroßvater Pulver an General Washington verkauft und gleichzeitig dabei geholfen, während der Revolution amerikanische Schiffe aufzubringen? Unglücklicherweise sprang dann Constable Mello in das Dinghy, das Casey längsseits der Barkasse gebracht hatte. Mello erkannte es als das Boot von Oyez Lem und faßte automatisch mit der Hand unter die Duchten. »Aha! Rauschgift!« Er zog ein würstchenförmiges Paket nach dem anderen hervor.

Oyez Lem stieß einen zornigen Schrei aus.

»Setz dein Glück bloß nicht aufs Spiel«, riet Mello ihm. »Halt den Mund, und diese Männer da werden dafür verantwortlich gemacht.« Er wies auf die beiden Gestalten, die auf dem Boden von Oyez' requiriertem Dinghy lagen.

Alisons Stimme klang unnatürlich laut. Sie saß dort, an Casey gelehnt. »Eigentlich«, sagte sie, »handelt es sich nur um einen Mann. Der andere ist die Irin.«

Der erste Eindruck, den Bracken in seiner Wut hatte, war, daß Casey zur Crew des Bootes gehörte, das den ganzen Ärger verursacht hatte. Casey mußte lauter schreien, um sein Toben zu übertönen: »Wir haben den Mann, der den Gouverneur getötet hat.«

Das ließ Bracken innehalten. Jemand leuchtete in das Dinghy hinein. Der Vietnamese saß zitternd da, die Knie ans Kinn gezogen. Lani starrte abweisend zurück.

»Ich bin gerade von der ›Qurqur‹ geflohen«, erklärte Casey. »Ich habe dieses Boot gestohlen, um hierher zu gelangen. Die Explosion hat sich direkt vor mir ereignet. Das erste, was ich sah, war Alison.«

Zusammen mit Alison hatte er schließlich Lani und den Vietnamesen entdeckt, die auf einem dicht unter der Wasseroberfläche liegenden Korallenriff hockten. Beide waren durch die Explosion vom Boot geschleudert worden.

»Was, zum Teufel, hatten Sie vor?« fragte Bracken Lani. Er verband sein Bein und hatte sich gegen das Ruderhaus gelehnt. »Wer hat Ihrem Herrn gesagt, daß wir uns hier aufhalten würden?«

»Ich habe Zia Gabbiya das gesagt«, erwiderte Lani kühl.

Diese knappe Feststellung ließ Casey, der gerade aus dem Dinghy aussteigen wollte, erstarren. Bracken strich sich über seinen verfilzten Bart. »Hat jemand einen Flachmann dabei?« erkundigte sich Lani und sah in die abweisenden Gesichter der Männer. Der Mond tauchte die Szene unter dem aufklarenden Himmel in ein fahles Licht. Der Vietnamese lag noch im Dinghy und blutete aus einer Kopfwunde. Jeder hatte gehört, wie Casey ihn als Mörder des Gouverneurs bezeichnet hatte, und niemand hatte es eilig, ihm zu helfen. Bracken zog eine kleine, flache Flasche hervor. »Hier, Miss Blake. Navy-Rum.«

Sie legte den Kopf nach hinten, ihr langes schwarzes Haar ergoß sich über ihre Schultern und schimmerte naß im Dämmerlicht. »Danke.« Sie wischte sich mit dem Handrücken über den Mund. »Es gab keine andere Möglichkeit, von der ›Ultima Thule‹ herunterzukommen. Dort hält Oberst Gabbiya sich zur Zeit auf. Ich habe ihm gesagt, Sie seien hier. Das war die einzige Hoffnung, mit ihm zusammen fortzukommen.« Sie zeigte auf den Vietnamesen.

»He, Casey!« rief Bracken zu der Stelle hinüber, an der Casey immer noch in dem schwankenden Dinghy stand, die Hände am Rand des Kais, so daß nur sein Kopf zu sehen war. »War Gabbiya an Bord der ›Qurqur‹, als Sie entkamen?«

»Nein«, fing Casey an. Dann schwieg er. Sollte Lani ihre Geschichte doch zuerst erzählen, und er würde dann beurteilen, ob sie mit dem, was ihm Sergeant Winston bereits mitgeteilt hatte, übereinstimmte. »Miss Blake, haben Sie absichtlich jeden der hier Anwesenden in Gefahr gebracht?«

»Sie haben mich in Gefahr gebracht«, gab Lani zurück. »Oberst Gabbiya wußte die ganze Zeit über von Wreck Cay. Dieser Mann in meiner Begleitung –«

»Der Vietnamese?«

»Wenn Sie ihn so nennen wollen... Er hat berichtet, daß hier ein Flugzeug verbrannt ist. Seiner Ansicht nach hat Casey es angezündet. Das zwang Gabbiya dazu, die Angelegenheit nochmals zu überprüfen, und mich verunsicherte das Ganze völlig.« Ihre Stimme hob sich etwas. »Greifen Sie bloß nicht die ›Qurqur‹ an! Sie ist eine Falle!« Sie beugte sich hinab, bis ihr Gesicht sich unmittelbar vor dem Brackens befand. »Ich werd's Ihnen erklären. Aber nicht vor Leuten, die ich nicht kenne.«

Bracken stieß einen tiefen Seufzer aus. »Dort drüben, das ist Sir Everard Chillingham. Sie kennen ihn doch sicherlich –«

Lani machte eine Handbewegung, die die übrigen Männer umfaßte, die dastanden und zuhörten. Sie verstanden die Geste, wenn auch nicht die Worte, und machten sich wieder an die Arbeit.

»So ist's richtig, Jungs«, rief Bracken. »Wir müssen den Zeitplan einhalten.«

»Jetzt hören Sie mich an«, bat Lani.

»Erzählen Sie. Meine Tochter und Mr. Casey kennen Sie ja.«

Lani nickte ihnen zu. Casey musterte sie gespannt, das Licht der Laterne zauberte seltsame Schatten auf ihre Züge. Er hätte ihr gerne Glauben geschenkt, doch er hatte starke Bedenken.

Ihre ersten Worte verloren sich im Rasseln der Ketten, als Chief Moore damit begann, den Torpedo auszuladen. »Wir waren auf dem Forschungsschiff«, fing Lani an, »als Gabbiya einen Funkspruch an die ›Qurqur‹ abschickte, man solle eine Einsatzgruppe herschicken. Die Froschmänner sind für Sabotage ausgebildet. Ich erklärte ihm daraufhin, es werde zu lange dauern, bis die Männer einsatzbereit seien. Der Gedanke belustigte ihn. Er weiß, daß die Taucher Primadonnen sind, die im selben Augenblick, in dem man ihnen den Rücken drehte, ein Faß aufgemacht haben würden. Also gab er dem Vietnamesen den Befehl, mich als Rückendeckung hierher zu bringen.« Ihr entging die Skepsis nicht, die in ihrem Schweigen lag, und sie fügte hinzu: »Ich bin außerordentlich gut in Unterwassersabotage ausgebildet.«

»Es war diese verdammte Bugwelle, die uns beinahe erledigt hat«, knurrte Bracken.

»Das war nicht meine Schuld. Beim ersten Mal, als wir um die Insel fuhren, versuchte ich, über Bord zu springen. Der Vietnamese hat mich erwischt.« Sie drehte sich dem flackernden Licht zu und strich ihr Haar seitlich von Gesicht und Hals zurück. Zum ersten Mal sah man die Schürfwunden und sickerndes Blut.

»Mein liebes Kind!« rief Chillingham. »Kommen Sie, ich hole den Verbandskasten!«

»Wann trifft diese Einsatzgruppe hier ein?« wollte Bracken wissen.

»Nicht vor Morgengrauen«, versicherte Lani. »Die Taucher sind an Land gegangen, um einen draufzumachen. Unsere Patrouillen werden jetzt gerade die Bars absuchen. Doch wenn sie eintreffen, müssen Sie aufpassen. Die haben eine neue Rakete, die vom Wasser aus gezündet werden kann.«

Sie hielt inne, während Chillingham das blutverklebte Haar über dem Jochbein abtupfte. Bracken, mit dem Rücken zum Ruderhaus, bewegte ungeduldig sein unverletztes Bein. »Das genügt«, sagte Lani schnell zu Chillingham und schob ihn sanft beiseite. »Lord Bracken! Sie müssen mir glauben. Nicht um meinetwillen.« Sie schwankte, als stünde sie kurz vor dem Zusammenbruch. »Um Admiral Dalrymples willen. Downwind Dalrymple!«

Ruckartig kam Brackens Kopf hoch. Alison unterdrückte einen erstaunten Aufschrei. Casey und Sir Everard Chillingham bedeutete Dalrymples Name überhaupt nichts; doch beiden Männern fiel die eigenartige Ruhe in Brackens Stimme auf, als er sagte: »Was soll ich tun, Miss Blake?«

»Versenken Sie die ›Ultima Thule‹.«

»Ich habe keine Ahnung, wo ich die finden sollte.«

»Aber ich.«

»Dann spucken Sie's aus«, knurrte Bracken und kam mühsam auf die Beine.

Lani ging weiter nach achtern zum Ruderhaus. Vielleicht bemerkte nur Casey, daß sie sich dadurch in Hörweite des Vietnamesen begab, der vergessen auf dem Boden des Dinghys lag. Doch Casey war auch der erste, der zugeben würde, daß er womöglich mehr in dieser Situation sah, als wirklich dran war. Er war voller Mißtrauen. Die Irin war Zias Hure und gleichzeitig seine Agentin.

»...mit der Aufgabe, sechshundert Meilen eines komplexen Unterwasser-Drainage-Systems zu erforschen«, erklärte Lani gerade. »Das ist das Vorhaben, das der Schiffskontrolle auf den Inseln vorgelegt wurde. Daran ist nichts Verdächtiges. Die Aufgabe der ›Ultima Thule‹ besteht in der Durchführung wissenschaftlicher Forschung. Sie wird damit beginnen, eine Senke in viertausend Metern Tiefe durchzukämmen in ungefähr –« sie lehnte sich vor, faßte Bracken mit einer eigenartig intimen Bewegung am Handgelenk und warf einen Blick auf die Leuchtziffern seiner Uhr »– neun Stunden von nun an gerechnet. Und zwar von Black Rock aus.«

»Kämmt eine Senke durch?« Sir Everard Chillinghams Stimme zitterte leicht. »Meine Liebe, ich blicke absolut nicht durch. Was bedeutet das denn?«

»Zia Gabbiyas Partner werden ein unbemanntes Unterwasserfahrzeug ziehen«, erklärte Lani, »das den Meeresboden kartographisch aufzeichnet, genau wie angegeben. Die brechen keine Gesetze, selbst wenn es an Amerika, ihren ärgsten Feind, durchsickern sollte, daß sie den Festlandssockel erforschen. Doch diese Untersuchung wird nicht für Zia durchgeführt, sondern für Hanoi –« Ihre letzten Worte gingen in einen gedämpften Schrei über, als der Vietnamese aus dem Dinghy aufsprang und ihr einen Schlag gegen die Schenkel versetzte, so daß sie zur Seite fiel. Casey fing sie auf. Alison sprang auf den Vietnamesen zu. Aus der Dunkelheit schoß der kugelförmige Schatten von Oyez Lem, der in den Vietnamesen krachte und ihn nach unten ins Wasser schleuderte. Der Schädel des Vietnamesen knallte gegen das Metall der Motorabdeckung des kleinen Außenborders. Ein Geräusch wie ein abbrechender Ast, dann rutschte sein Körper langsam über den Bug des Bootes. Oyez Lem rappelte sich vom Boden des Dinghy auf, schüttelte einmal den Kopf und schob den Vietnamesen über Bord. Die Leiche trieb mit dem Gesicht nach unten im Wasser, und Oyez gab ihr noch einen Schubs mit dem Ruder. »Wieder einer«, erklärte er glücklich, »der sich keine Sorgen mehr zu machen braucht.«

Die einzigen Geräusche kamen vom scharfen Klingen der Äxte, die von der Seite herüberklangen, an der die Totengräber das Buschwerk entlang des Seilpfades entfernten. Constable Mello, der einen Augenblick vorher mit Oyez zurückgekehrt war, um einen zweiten tragbaren Kran aufzustellen, drehte der Szene ostentativ den Rükken zu und fuhr mit den Vorbereitungen zur Herstellung eines Flaschenzugs, mit dem das eine Ende des Torpedos angehoben werden sollte, fort. Dies dauerte lange genug, so daß der tote Vietnamese von der Tide erfaßt und schnell davongetrieben wurde.

»In Ordnung, Jungs!« rief Bracken. »Wir haben weniger Zeit, als ich dachte, um die Stringbag zu bewaffnen und aufzutanken.«

Doch Casey hatte andere Vorstellungen.

Es schien ihm einfach zu passend, wie der Vietnamese Lanis Geschichte Glaubwürdigkeit verliehen hatte, indem er auf sie losgegangen war. Sicher, er hatte mit seinem Leben dafür bezahlt, doch das war reines Pech gewesen. Die Art und Weise, wie Lani gestolpert war, hatte Casey nicht davon überzeugt, daß die Irin tatsächlich in Gefahr gewesen war; als er sie aufgefangen hatte, war ihre Körperhaltung vollkommen ausbalanciert, und ihr Körper wand sich, als wolle sie sich umdrehen und vom Kai springen. Die Unterbrechung hatte es ihr ermöglicht, im dramatischsten Augenblick ihren Bericht abzubrechen, ohne wirkliche Beweise geliefert zu haben.

Doch jetzt gab es kein Zurück mehr. Und vielleicht war es genau das, was Lani für Zia erreichen wollte.

Der Torpedo wurde im Licht der Kerosinlampen auf den eisernen Rädern eines Navy-Karrens über den Seilpfad nach oben befördert, gezogen von Männern, die sich der fürchterlichen Hitze der Nacht wegen bis zum Gürtel entkleidet hatten.

Um Lufttorpedos hatte Casey sich nie ernsthaft gekümmert. Sie bildeten für einen Jagdpiloten nicht die Hauptsorge. Man mochte sie vielleicht im Hangar eines Trägers, tief unter Deck, bewundern. Man machte sich mit ihrer Charakteristik vertraut, um die Beschränkungen zu verstehen, die sie den Torpedoflugzeugen auferlegten, die man vielleicht bis zu den Seezielen begleiten mußte. Doch noch nie hatte er sich mit einem Torpedo auseinandersetzen müssen, der sich nicht – wenn man es so ausdrücken wollte – in seiner normalen Umgebung befand. Dieser hier kroch den Weg herauf, vorbei an gefällten Bäumen und durchdringend duftenden Tropenblumen, und schlingerte auf der wackeligen Ladefläche des Karrens. Der schlanke Zylinder hatte einen Durchmesser wie Oyez Lem, der einen Arm über die rote vordere Hälfte geschlungen hatte, um den Torpedo in die Richtung der Stringbag zu lenken, die oben auf dem Berggipfel auf ihn wartete. Der Zünder in der Mitte der scharlachroten Spitze erinnerte an ein wütendes Auge.

Beim Gedanken daran, diese kaum zu beherrschende Tonne Eisen und Pulver an einem der aerodynamisch durchgestylten Flugzeuge festzumachen, die er geflogen hatte, schüttelte es Casey. Doch zu einem alten Schlachtroß, wie es die Stringbag war, paßte das Ding prächtig. Das aalglatte Gehäuse war noch das Ordentlichste an diesem Torpedo, dann ging er in kurze Flossen und eine stromlinienförmige Verkleidung, die den Propeller umgab, über.

»Sieht tatsächlich aus wie ein Phallus, stimmt's?« erklärte Alison gut gelaunt. Sie hatte Lani im Schlepptau und blieb neben Casey stehen. Ihr Vater folgte. Ohne sichtbare Anstrengung hatte er die Aufgabe übernommen, die Irin auf höfliche Art zu überwachen. Alison wartete, bis sie auf dem Weg weitergegangen waren. »Was hältst du von der ganzen Sache?« fragte sie Casey. »Haben wir das falsche Ziel im Visier?« Sie deutete mit dem Kinn auf den Torpedo.

»Es muß eine Möglichkeit geben, Lanis Geschichte zu überprüfen«, meinte Casey.

»Die gibt es.« Alison trat beiseite, um Sam Oysterman aus dem Weg zu gehen, der einen Schubkarren mit Benzinkanistern schob. »Ich habe noch Zeit, die Firmeneinträge und das Schiffsregister zu überprüfen.«

»Gut!« Casey musterte sie aufmerksam. »Was war das für ein magischer Name, mit dem sie deinen Vater beeindruckt hat?«

»Dalrymple. Ein Kamerad aus Stringbag-Tagen.« Sie senkte die Stimme, als Chief Petty Officer Moore mit einem Kanister in jeder Hand vorbeihastete. »Da Lani diesen Namen kannte, könnte es bedeuten, daß sie Verbindung zum britischen Marinenachrichtendienst hat.«

»Oder sie hat den Namen von Gabbiyas Spionen.« Casey berichtete kurz, was auf der »Qurqur« passiert war. »Ich will dich nicht in Verlegenheit bringen«, schloß er, »aber diese Frau ist durchtrieben.«

»Ich werde verdammt eifersüchtig. Die scheint ja an jedem Finger einen Mann zu haben.«

»Dann schau, ob du Sergeant Winston erreichst. Möglicherweise hat er einen Weg gefunden, das Schiff zu verlassen. Unterhalte dich auch mit E. P. Geld. Aber mach schnell.«

In seiner Stimme lag eine Autorität, die Alison neu war. »Ich habe ein Boot am Liegeplatz«, erklärte sie. »Wenn ich jetzt ablege, kann ich in ungefähr einer Stunde wieder da sein. Warte, bis ich fort bin, bevor du meinem Vater Bescheid sagst.« Sie küßte ihn und verschwand bergab den Seilpfad hinunter.

Casey setzte seinen Weg nach oben fort und traf auf Bracken, der auf einem Baumstumpf Rast gemacht hatte.

»Wo ist Lani?«

»Machen Sie sich keine Sorgen«, erklärte Bracken. »Einer der Constables hat sie unter seine Obhut genommen. Verdammtes Bein!« Er wollte aufstehen, doch er schaffte es nicht. »Bin gleich wieder in Ordnung.«

Zwei Männer mit Kisten auf den Schultern trotteten vorbei.

»Die erinnern mich an Partisanen«, meinte Casey und überlegte, wie er am besten Alisons Abfahrt zur Sprache bringen konnte.

Bracken stimmte zu. »Partisanen, stimmt. Ganz normale Leute, die zusammenhalten, wenn sie bedroht werden.«

Casey sah den Seilpfad hinauf, auf dem der Torpedo rumpelte; Eisenräder kreischten, und Funken sprühten, die Männer stöhnten vor Erschöpfung. Von der Waffenschule war ihm bloß noch in Erinnerung geblieben, daß moderne Torpedos das Resultat einer generationenlangen, sorgfältigen Entwicklung und immer komplizierter geworden waren.

»Hat genug Sprengkraft, um Gabbiya in den Himmel zu schikken«, erklärte Bracken.

»Noch wird niemand in die Luft gejagt«, erwiderte Casey.

»Kalte Füße?«

»Nur Vorsicht. Das Ganze riecht nach einer Falle.«

Bracken knurrte: »Jahrelang hat dieser Kerl die ganze Welt terrorisiert. Niemand wollte je etwas dagegen unternehmen. Man rächt sich wegen seiner letzten terroristischen Operationen, und er droht, den Krieg in den eigenen Hinterhof zu tragen. Sie meinen also eine Falle!«

»Beruhigen Sie sich. Ich habe ihn schließlich kennengelernt. Das haben Sie nicht. Das Ganze ist zu glatt. Erinnert an die Panji-Falle – so in der Landschaft versteckt, daß man überhaupt nichts Böses vermutet.«

Bracken verfiel in respektvolles Schweigen, als Casey davon berichtete, was er in dem Jahrzehnt im Lager erfahren hatte, und von dem Gefühl sprach, von Big Vien wieder einmal durch einen Schleier sorgfältig kalkulierter Überraschungen geführt zu werden. »Seit dem Augenblick, als der Gouverneur ermordet wurde«, erklärte er, »habe ich das Gefühl, als knüpfe Big Vien die Fäden. Er hat Gabbiya dazu gebracht, nach der Melodie Hanois zu tanzen, weil es Gabbiya gefällt, uns mit unserer Gier auf die Probe zu stellen. Die Vietnamesen bringen hier den Repräsentanten der Königin um, und London unternimmt nichts. Gabbiya sprengt überall in Europa die Flugzeuge in die Luft, und alle reden nur, keiner tut etwas. Das Ganze läuft auf eine große Operation hinaus, und Sie könnten die Falle zuschnappen lassen.«

Bracken stand auf und belastete wieder vorsichtig sein Bein. Er stampfte mit dem Fuß auf, um die Blutzirkulation anzuregen. Vorsichtig sog er die Nachtluft ein. Dann sagte er: »Kommt alles wohl darauf an, ob wir Lani, der Irin, glauben oder nicht.«

»Sie ist die einzige von Gabbiyas Bande, die genau weiß, daß Ihre Stringbag einsatzbereit ist. Doch die ganze Zeit über habe ich so eine Art sechsten Sinn, was Big Vien angeht. Tut mir leid, wenn ich Ihnen wie ein Wahrsager vorkomme.«

»Weit entfernte Partikel tendieren dazu, sich anzuziehen.« Bracken machte sich auf den Weg, wobei er immer noch ein Bein nachzog. »Synchronismus«, erklärte er. »Entschuldigen Sie sich nicht für etwas, das die Wissenschaftler gerade ernst zu nehmen beginnen.«

Casey erkannte die Gelegenheit. »Ich habe Alison nach Nelson's Harbour geschickt –«, fing er an.

»Ja«, meinte Bracken. »In dieser Beziehung hatte ich den sechsten Sinn.«

Sergeant Winston hörte die Stimmen der Männer, die mit den Warpleinen beschäftigt waren. Die leichte Veränderung der Schiffsgeräusche verriet ihm, daß die »Qurqur« sich zum Auslaufen bereitmachte. Zia Gabbiyas Gastfreundschaft hatte ihm irrsinnige Kopfschmerzen verschafft. Nur vage konnte er sich daran erinnern, daß der Befehl »Schiff abdunkeln!« mit der Pfeife gegeben worden war und jemand die Blenden geschlossen hatte. Wie die meisten Inselbewohner war er mit Schiffen gut vertraut. Während der Invasion von Grenada durch die Vereinigten Staaten war er einem Beobachter der britischen Navy zugeteilt worden, dessen Anwesenheit keineswegs kosmetischen Charakter hatte: einem Admiral mit schwarzer Augenklappe namens Dalrymple.

Das Deck schien unter seinen Füßen wegzugleiten, als er sich aus der Koje schwang. Es schien an der Zeit zu sein, sich, wie Casey vorgeschlagen hatte, nützlich zu machen, bevor er an Land schwamm. Winston schlüpfte in den unbeleuchteten Gang hinaus. Seltsamerweise fehlten die normalen Geräusche von in der Ferne spielenden Radios, von Stiefeln, die über die Metallniedergänge polterten, und von Matrosen, die sich unterhielten. Er suchte sich über schmale Wartungsleitern seinen Weg nach unten, zum Tauchbecken. Zusammen mit Dalrymple war er in Washington die Pläne des Schiffes genau durchgegangen. Ebenso wie die Bewohner der anderen alten

Inselkolonien vor der amerikanischen Ostküste hatte auch Winston die beruhigende Aufmerksamkeit der Regierung Ihrer Majestät vermißt, obwohl er bezweifelte, daß sich die Inseln über dem Wind ohne massive Hilfe der USA besser verteidigen könnten als Grenada.

Er gelangte auf einen Steg, der von unten hell erleuchtet war, und schob sich weiter vor, bis er durch einen engen Rost in den höhlenartigen Laderaum sehen konnte, wo fünf Männer am Rand des Tauchbeckens standen. Zwei weitere saßen an die Porzellaneinfassung gelehnt, die Taucherausrüstung ordentlich auf den Laufbrettern abgelegt.

Winston ließ sich vorsichtig auf das Gestell eines hochgezogenen Brandvorhangs hinab. Ein weiterer Mann stolzierte beinahe direkt unter ihm auf und ab. An der lauten Stimme und der Großspurigkeit erkannte er den Korsen.

»Betrunkenes Gesindel! Ihr schluckt jetzt diese Pillen. Die machen euch schnell wieder nüchtern. Niemand hat gesagt, ihr dürftet Landurlaub machen und euch vollaufen lassen!« Die Männer wirkten aufsässig, doch sie gehorchten dem Korsen und griffen in das große Glas. Ein Aufputschmittel? Winston gab ihnen keine großen Chancen, wenn sie in dieser Verfassung, mit Alkohol und Aufputschmitteln im Bauch, tauchen mußten.

»Ihr habt Glück, daß der Protektor nicht da ist.« Durch die unbeholfene Großspurigkeit des Korsen wirkten die Worte um so drohender. Winston hörte zu, während er im Unterbewußtsein die Daten überprüfte, die er sich zuvor eingeprägt hatte. Dalrymple und er hatten sich nicht nur die Pläne des Schiffes genau angesehen. Zusammen mit Professor Rutgers war er auch unter dem Schiff gewesen. Später hatte er dann die Art und Weise, wie Rutgers gestorben war, vertuschen müssen.

Jetzt würde er auf dieselbe Weise hier herauskommen müssen wie Rutgers. Er zog Unterhemd und -hose aus. Nackte schwarze Haut fiel in der Dunkelheit am wenigsten auf.

Die Kompressoren der »Qurqur«, mit deren Hilfe die Sauerstoffflaschen gefüllt wurden, hielten plötzlich an. Die Flaschen klapperten, als die Taucher sie aus den Regalen wuchteten. Einer der Männer machte ein paar unsichere Schritte zur Seite und beugte sich über eine Stahltonne, um sich zu übergeben. Die Tonne stand hinter dem Rand des Tauchbeckens, außerhalb des Blickfelds des Korsen.

Dann folgte ein gewaltiges Zischen ausströmender Luft, und Winston verlor beinahe den Halt, als er sich auf die Decksplatten hinunterließ. Köpfe drehten sich der Stelle zu, an der sich jemand bemühte, das Ventil zu schließen. Der Verschluß eines der Lufttanks hatte versagt. Diese Ablenkung erlaubte es Winston, im Schatten zu verschwinden, bis er hinter dem Nachzügler auftauchte, der immer noch würgte. Mit einem Arm umfaßte er die Brust des kotzenden Tauchers und preßte ihm die Hand vor den Mund. Er ertastete den Druckpunkt unter dem rechten Ohr des Mannes und drückte fest zu. Der Taucher war sofort ohnmächtig und sackte, ohne einen Ton von sich zu geben, auf dem Deck zusammen. Winston zog den Reißverschluß des Neoprenanzugs auf und entkleidete den Mann.

Die Tonne war beinahe bis zum Rand mit Süßwasser gefüllt, das vom Dreck der Taucheranzüge, die darin vom Salz befreit wurden, trübe war. Winston hob den ohnmächtigen Taucher hoch, bis er über der Tonne hing. Dann nahm er das Messer des Mannes zur Hand, zog die rasiermesserscharfe Klinge über dessen Luftröhre und tauchte ihn unter. Blut stieg zwischen den im Wasser schwimmenden Gummiflossen und Masken auf, in denen der Körper jetzt trieb. Winston empfand dem toten Taucher gegenüber nicht das geringste Bedauern. In der kurzen Zeit, die er Professor Rutgers gekannt hatte, hatte er ihn schätzen gelernt.

Mit der schwarzen Kapuze, den Kragen des Taucheranzuges hochgezogen, um das Gesicht möglichst weitgehend zu verbergen, mühte sich Winston im Rücken der Einsatzgruppe mit Bleigürteln und Ausrüstung ab. »Wieder einmal zu spät dran, Dawson!« brüllte der Korse. Gelächter erklang. Die Männer wußten, daß sie zu weit gegangen waren. Jetzt wollten sie sich wieder Liebkind machen. »Sie haben die Ehre«, erklärte der Korse, »zuerst zu tauchen. Und schwimmen Sie ja nicht zurück zum Hafen, Dawson. Diesmal haben Sie ein festes Ziel: Wreck Cay.«

Winston ließ sich nach hinten in das Tauchbecken fallen und ging nach unten. Es konnte gut sein, daß der Korse dieselben Spielchen mit ihm spielte, die Gabbiya und seine Männer mit Rutgers gespielt hatten.

Als er Rutgers' Leiche überprüfte, war es Winston sofort klar gewesen, daß der Professor, lange bevor er den Schlag auf den Kopf erhalten hatte, ertrunken sein mußte. Und sein Ertrinken hing mit der Magnetausrüstung im Rumpf der »Qurqur« zusammen, die man aus dem Minensuchgerät der Kriegszeit entwickelt hatte. Das moderne System bewirkte die Desorientierung feindlicher Froschmänner, ließ die Kompaßnadel herumwirbeln und konnte sogar die Metallteile anziehen, die zur Ausrüstung eines Saboteurs gehörten. Die Einsatzgruppentaucher trugen ein kleines Gerät bei sich, das diesen starken Magnetimpuls neutralisierte. Winston wußte nicht, ob ein solches Gerät von vornherein in die Taucheranzüge der Einsatzgruppe eingenäht war. Andererseits hatte er auch nicht die geringste Lust, sich lange aufzuhalten und das herauszufinden. Statt dessen ging er weiter nach unten und schwamm dann, wie er hoffte, in horizontaler Richtung weiter, ohne seinen Unterwasserkompaß zu Rate zu ziehen. Er holte auch nicht Luft, sondern schwamm so lange, bis er sich sicher fühlte. Dann tauchte er vorsichtig auf. Winston sah das fahl schimmernde Licht, und jetzt erst nahm er einen tiefen Zug aus der Sauerstoffflasche. Seine Lungen waren drauf und dran zu bersten, und fast hätte er das Mundstück durchgebissen.

Er trieb die letzten Meter langsam nach oben und stellte seine Position fest. Die Reichweite des Taucherabwehrgeräts konnte nicht sehr groß sein. Sein Kompaß stimmte mit den Lichtern an der Küste, die er kannte, überein. Dann verharrte er paddelnd, bis er die alte hölzerne Marinepinasse erkannte, die, wie der Korse erklärt hatte, die Einsatzgruppe nach Wreck Cay bringen würde. »Setzt euren Angriff so spät an wie möglich«, hatte er befohlen. »Wir wünschen zwischen dem Angriff und der Ankunft der Amerikaner keinen zu großen zeitlichen Abstand. Wir wollen den Amerikanern den Zwischenfall in die Schuhe schieben.« Also erwartete man eine amerikanische Invasion. Soviel hatte Dalrymple angedeutet. Vielleicht erklärte das auch das seltsame Verhalten von Professor Rutgers.

Der Sergeant schwamm mit leichten Flossenbewegungen an der Pinasse vorbei. Eine amerikanische Reisegesellschaft hatte sie den Rettungsschwimmern der Insel abgekauft. Winston war inzwischen bekannt, daß diese Agentur zuvor von einer der Strohfirmen Gabbiyas aufgekauft worden war. Er überlegte, wie viele der anderen kleinen Boote wohl Gabbiya gehören mochten.

Er erreichte Fisherman's Quay und wählte seine Prioritäten. Zuerst mußte er seinen Freund in Washington warnen. Beim Hafenfunk saßen andere Freunde von ihm, die ihre eigene Verbindung zu den Vereinigten Staaten und den Küstenwachen der Karibik unterhielten. Er hielt es nicht für möglich, daß Gabbiya auch den Hafenfunk gekauft hatte.

Er ließ seine Ausrüstung unten am Kai liegen und stieg die Stufen hinauf. Vorsichtig hob er den Kopf über den Rand des Kais. Die Einwohner der Inseln hielten sich selten nach neun Uhr abends am Ufer auf. Nur ein Verkehrspolizist hielt auf seinem Schemel für den Fall Wache, daß sich einige Touristen verlaufen hatten. Kreuzfahrtschiffe lagen keine im Hafen.

Das mußte Constable Cooper-Slipper sein, der da unter der Laterne stand und das schimmernde Zifferblatt der Uhr am Turm des Parlamentsgebäudes im Blick hatte. Blitzschnell schwang Winston sich über den Rand des Kais.

Der Constable war im Kreise seiner Kollegen als »Bluebell« bekannt. Er war groß, jovial und gehörte zum schwarzen Zweig des Cooper-Slipper-Clans. Sicher hätte er mit dem Knüppel auf die Erscheinung, die da über das Pflaster auf ihn zugeschossen kam, eingeprügelt, wenn er nicht seinen Spitznamen hätte rufen hören: »Bluebell! Ich bin's! Sergeant Winston!«

Bluebell legte den Schlagstock wieder über die Schulter, und ein breites Grinsen zeigte sich auf seinem runden Gesicht. Es passierte nicht oft, daß ein Constable eine derartige Gelegenheit hatte, nicht bei Sergeant Winston. Rannte der doch splitternackt in aller Öffentlichkeit herum.

»Unzüchtige Zurschaustellung«, erklärte Bluebell und schlug mit dem Daumen sein Notizbuch auf. »Zunächst werd' ich Sie deswegen einbuchten.«

Doch er änderte seine Meinung schnell.

21

Lord John schob den Torpedo vorsichtig nach vorne zwischen die Beine der Stringbag, als er Tiddley Ridley, den Metzger, sah, der gerade ein Streichholz in die Spitze der Zigarre bohren wollte. Bracken schnappte ihm die Zigarre weg. »Ich hasse es, wenn ein Mann eine gute Havanna durchbohrt«, knurrte er und leckte über die Spitze der Zigarre. »Da.« Er hielt sie hoch und drückte sie sanft auf. »Verführung, keine Vergewaltigung.«

»Ich hoffe doch, Sie haben nicht vor, das Ding anzuzünden«, sagte Chief Petty Officer Moore, in dessen Augen sich Bracken wieder in diesen naseweisen Midshipman verwandelte, der vom Pfeiferauchen im offenen Cockpit nur deshalb kuriert worden war, weil ein glimmender Klumpen Tabak herausgeflogen war und einen Mordsbrand entfacht hatte.

»Entschuldigung, Chief.« Bracken schwenkte die Zigarre. Er hatte den Torpedo die letzten Zentimeter weiterbugsiert, nachdem die Männer den Karren bis zu dem Punkt gezogen hatten, an dem die Nase des Torpedos unmittelbar hinter einem Propellerblatt zu liegen kam. Im roten Glühen der Seilpfad-Laternen wirkte das raketenartige Gebilde riesig, gefährlich und bedrohlich.

»Kommen Sie schon, Casey.« Bracken deutete mit der Zigarre nach oben. »Ich zeige Ihnen, wie er aufgehängt wird.« Er kletterte auf die knisternde Bespannung der unteren Steuerbordtragfläche.

»Auf keinen Fall mit meiner Zigarre!« rief Metzger Ridley.

Und auch mit mir nicht, dachte Casey. Er wartete, während Bracken zögernd die Zigarre zurückgab, und kletterte dann ebenfalls durch die Streben nach oben.

»Dort ist der Hebel, den Sie drücken müssen, um den Fisch abzuwerfen.« Bracken leuchtete mit der Taschenlampe ins vordere Cockpit. »Oberhalb des Gashebels, dort. Mit dem linken Daumen. In dem Moment, in dem Sie auslösen, zieht die Stringbag nach oben. Also denken Sie daran, sie mit der rechten Hand am Knüppel unten zu halten.«

»Nicht mit *meiner* rechten Hand«, sagte Casey.

Bracken verstand ihn absichtlich falsch. »Ihr Düsenjockeys«, erwiderte er, »seid einfach von diesen trickreichen Raketen verwöhnt. Der Torpedo sieht vielleicht groß und ungeschlacht aus, doch er funktioniert verdammt gut. Tolles Gefühl, wenn man aufs Ziel hinabstößt. Sie stehen auf dem Ruder und sehen gerade über die Tragflächen. So steil geht die Kiste hinunter. Ihr Kopf ist im Wind; Sie gehen senkrecht nach unten, gehen dann in die Horizontale und greifen mit sechzig Knoten an.«

»Sechzig?« Casey drehte sich der Magen um. Sechshundert schienen schon verdammt langsam zu sein.

»Auf diese Weise haben Sie das Ziel besser im Blick. Und die feindlichen Kanoniere verschätzen sich grundsätzlich. Die können einfach nicht glauben, daß Sie so langsam fliegen, und halten zu weit vor. Na egal, wenn Sie genau aufs Ziel zufliegen, dann läuft der Torpedo schon mit eigener Kraft. Er kann in vier Minuten zwei Kilometer zurücklegen.« Bracken konnte seine Aufregung kaum noch un terdrücken. »Das Torpedozielgerät ist narrensicher. Sehen Sie diese kleinen elektrischen Glühbirnen, wie man sie im Umkleideraum einer Schauspielerin am Schminktisch findet?«

Casey war stark versucht anzumerken, er besuche keine Umkleideräume von Schauspielerinnen. Statt dessen folgte er dem tanzenden Schein der Lampe. Auf beiden Seiten der Windschutzscheibe vor dem Piloten stachen Gebilde hervor, die wie Angelschnüre aussahen. Kleine Glühbirnen hingen an ihnen herunter. »Der Abstand zwischen jeweils zwei Lampen«, erklärte Bracken, »entspricht einer Geschwindigkeit von fünf Knoten des Schiffes, das aufs Korn genommen wird. Wenn Sie also tausend Meter vom Ziel entfernt auslösen, errechnen Sie die Geschwindigkeit des Schiffes aus der Position, in der sich das Ziel zwischen den Birnen befindet. Wenn das Schiff zwanzig Knoten macht, dann trifft der Torpedo es achthundert Meter von der Stelle aus, die Sie zuerst anvisiert haben. Soviel halten Sie vor, wenn Sie den Hebel da drücken.«

Casey kam sich vor wie ein Spaziergänger, der, ohne etwas kaufen zu wollen, einen Laden betreten hat und dann einen Verkäufer dazu bringt, Zeit und Energie auf die Erklärung eines hochkomplizierten Geräts zu verschwenden. Doch Bracken war nicht aufzuhalten, der schwere Geruch, der in solchen Cockpits zu Hause war, hatte ihn bereits gefangengenommen: der Gestank von Flugzeugbenzin, von

Gummi, von Metall und Öl. Es war wirklich unmöglich, die einzelnen Komponenten auseinanderzuhalten. Dies war das betörende Parfümgemisch, dem jeder Pilot erlag, die unwiderstehliche Verlokkung, die unweigerlich zum Ärger führte. Er warf Bracken einen schnellen Seitenblick zu. Selbst in diesem fahlen Lichtschein verriet dessen Miene Tücke. Der alte Bastard wußte genau, was er tat.

Casey ließ seine Augen über die Kontrollen, Ventile, Hähne und Handräder gleiten. Primitiv, dachte er. So primitiv wie eine Falle im Dschungel. Die Stringbag entsprach als Waffe den vietnamesischen Fallen. Diese Erkenntnis traf ihn wie ein Schock. Wie viele Male hatte er darauf hingewiesen, daß Amerika den Krieg verlor, weil es sich auf eine zu komplizierte Technik verließ! Wie oft hatte er sich gewünscht, Big Vien eine Falle stellen zu können! Jetzt hatte er die Chance.

»Wozu dienen diese Handräder?« fragte er.

»Um Höhenruder und Klappen zu trimmen.«

»Und das da?« Casey zeigte auf ein Gebilde, das wie ein einfaches Barometer aussah, in ein Holzgehäuse eingelassen war und unter dem Aufprallkissen hing.

Bracken lachte verlegen und nahm es ab. »Das ist meine – hm – ganz persönliche Erfindung. Sagt das Wetter voraus.« Er hielt es dichter ans Licht. »Da braut sich ein Sturm zusammen. Ist aber noch ziemlich weit weg, über dem Meer. Sie dürften keine Schwierigkeiten beim Starten haben –«

Casey holte tief Luft. »Ich wünschte, Lord Bracken, Sie würden nicht immer so tun, als flöge ich diese... Kiste tatsächlich.«

»Tut mir leid. Ist mir nur so rausgerutscht.« Caseys plötzliche Reserviertheit schien Bracken einen Dämpfer aufgesetzt zu haben. »Vielleicht haben Sie recht.« Er hängte das Barometer wieder an seinen Platz. »Wieso sollten Sie einem alten Dummkopf trauen, der das Wetter mit Hilfe von Haifischöl vorhersagt?«

»Haifischöl?«

»Die Flüssigkeit in dem Röhrchen. Wird trüb, wenn sich das Wetter ändert. Mit etwas Übung kann man es ziemlich genau vorhersagen. Ach, so sollte ich das nicht sagen. Ich meine, ich kann das unmittelbar vor uns liegende Wetter bestimmen.«

Casey plagten Schuldgefühle. Er wußte, wie er empfinden würde, wenn sich ein anderer Pilot über sein Flugzeug lustig machte. Der Lichtkegel von Brackens Lampe fiel auf einen Flügel. Um ihn zu besänftigen, sagte Casey: »Dort scheinen lose Metallstreifen herumzuhängen, da bei der ersten Strebe.«

»Nein, nein!« schnaubte Bracken beleidigt. »Das ist der Geschwindigkeitsmesser.« Er leuchtete den roten Metallstreifen an. »Ist an einer Feder befestigt. Der Luftzug preßt das Haltegummi nach hinten, und man kann die Geschwindigkeit an der Skala auf der Strebe ablesen.«

»Aha!« Hastig wandte Casey sich wieder dem Innern des Cockpits zu. Ohne nachzudenken, fuhr er mit der Hand über einen Metallring. Er sah aus wie der Ring, mit dem man eine Bierdose öffnete.

»Damit wird die Zündung eingeschaltet«, erklärte Bracken mit einer Stimme, die deutlich frostiger klang. »Wenn der Motor angeworfen wird.«

Inzwischen wagte Casey kaum noch zu atmen. Ein falsches Wort oder eine Geste konnten als Beleidigung aufgefaßt werden. Er steckte in einer Situation, in der man nur noch das Falsche tat oder sagte. Vor seinem inneren Auge erschien plötzlich ein Modellflugzeug, bei dem man ein Gummi aufdrehen mußte. Er hustete schnell, um den drohenden Lachkoller zu überspielen, und hörte, wie Bracken sagte: »Ein paar Matrosen stehen auf der unteren Tragfläche und werfen die Maschine mit einer Handkurbel an.«

Casey bekam sich wieder in den Griff. »Da braucht man einen Motor, auf den man sich verlassen kann«, meinte er vorsichtig. »Ich meine, um diese ganze Bewaffnung zu tragen.«

»Sie drehen mit halbem Gas ein, wenn Sie den Torpedo ins Ziel bringen wollen«, erklärte Bracken und erwärmte sich wieder für sein Thema. »Den Motor gerade rundlaufen lassen. Der Torpedo muß ordentlich ins Wasser eintauchen. Wenn er sich überschlägt oder hochspringt – knallt's nicht.«

»Woher wollen Sie überhaupt wissen, ob der Motor rundläuft? Ich meine, Sie fliegen horizontal geradeaus, knapp über dem Wasser, genau auf die Kanonen des Ziels zu…«

»Ich lasse den Motor regelmäßig laufen.«

»Verrät der Krach nicht, was Sie hier tun?«

»Nein. Ich teste die Maschine, wenn die Rennboote bei den Sonntagsrennen durch die Bucht rasen. Verglichen mit den frisierten Bootsmotoren ist mein kleiner Peg nicht lauter als eine Nähmaschine.«

»Kleiner Peg?«

»Pegasus III Radial. Hergestellt von Bristol Engines. Die laufen immer.«

»Aber die haben doch vor Jahrhunderten die Produktion eingestellt –« Casey hielt schnell den Mund, aus Angst, zu weit gegangen zu sein, doch Bracken erzählte weiter.

»Mit diesem Pegasus war die Stringbag ausgerüstet, als ich mit ihr abgestürzt bin. Ich habe den Neuen gezeigt, wie man die feindlichen Jäger ausmanövriert. Sowohl die Deutschen als auch die Japsen waren viel schneller, und wir hatten nur dieses lächerliche Lewis-Maschinengewehr oben auf der oberen Tragfläche.«

»Und Sie haben die tatsächlich ausmanövriert?«

»Wenn der Pilot den Kniff kennt, ist das gar nicht schwer. Wenn der Jäger auf einen herabstößt, so wie er am liebsten angreift, dann zieht man die Stringbag steil nach oben. Der Jäger zischt vorbei und muß einen Looping drehen, um wieder in Schußposition zu kommen. Sie gehen aufs Meer hinunter. Der feindliche Pilot behält Sie im Fadenkreuz und schert sich überhaupt nicht mehr um die Aerodynamik. Normalerweise kommt er ins Trudeln und kann die Maschine nicht mehr abfangen, bevor er aufs Meer aufprallt...« Bracken balancierte über dem Cockpit und demonstrierte das Manöver mit den Händen. »Ich spielte die Rolle des Angreifers, als es passierte. Der Neue im anderen Flugzeug zog eine tolle Nummer ab. Der wendete auf einem Penny und ich auf einem Sixpence. Ich drehte mehr ein, um näher heranzukommen. Dabei habe ich nicht an das Extragewicht der drei Burschen hinten gedacht. Die hat die Katze geholt.«

»Abgekratzt?« Casey waren die Euphemismen für den Tod im Luftkampf geläufig. »Diese Mühlen waren ja die reinsten Särge. Haben Sie nicht Krach geschlagen?«

Bracken lachte. »Wenn Gabbiya in kriegerischer Absicht bei uns landet, wollen Sie dann noch Ihre Zeit damit verschwenden, sich mit den Politikern über die Waffen zu streiten, die wir haben? Unsere Politiker hatten sich damals von Hitler einwickeln lassen. Als er seinen Krieg begann, da haben wir uns alles gegriffen, was zur Hand war...« Er drehte sich um und sah in das schwarze Loch des rückwärtigen Cockpits, als handele es sich um ein Grab. »Ich erinnere mich gar nicht mehr an die Namen der drei Jungs, die ich getötet habe. Ich denke an sie immer als an die drei Gladiatoren.«

Casey merkte, daß er mit einem weiteren Haken geködert wurde. Er mußte anbeißen.

»Gladiatoren?«

»Diese Doppeldecker auf Malta. Offizielle Bezeichnung Gladiator.« Bracken ließ sich ein paar Zentimeter herunter. »Kommen Sie! Zeit, daß wir wieder zurück zur Terra firma kommen.«

Casey folgte.

Unter ihm sprang Lord John den letzten Meter auf den Boden. Eine rührselige Vorstellung? Vielleicht. Unecht? Nein. Er hatte die Geister seiner toten Kameraden zu einem guten Zweck auferstehen lassen, obwohl er ein bißchen übertrieben hatte. Der Name des Navigators war Kenilworth gewesen. Das letzte, was Bracken von ihm gesehen hatte, als sie auf dem Meer aufschlugen, war, daß Kenilworth Hals über Kopf herausgeschleudert wurde, weil er vergessen hatte, den Sicherheitsgurt zwischen seinen Beinen einzuklinken. Die beiden anderen waren im Benzin ertrunken. Es hatte das rückwärtige Cockpit überflutet, bevor sie von dem Aufprall ohnmächtig geworden wären.

Zu seiner Zeit hatte Bracken eine Menge guter Männer getötet, einige auf seiner Seite, einige auf der feindlichen. Er hatte eine Menge Schiffe versenkt. Wenn er jemals darüber nachgedacht hätte, hätte er gleichzeitig aufgehört, dazu beizutragen, den Krieg zu gewinnen. Und wenn ein Mann seine Sache aus Angst vor einem blöden, störenden Gewissen aufgibt, dann gewinnen die Schurken.

Er drehte sich um, und sein Bein gab unter ihm nach. Casey sprang gerade noch rechtzeitig herunter, um ihn zu stützen.

»Das ist mein Stringbag-Bein!« knurrte Bracken und ließ sich auf einem abgeladenen Handkarren nieder. »Man muß, wenn man fliegt, ein Bein die ganze Zeit über gegen das Ruder drücken. Die Maschine besitzt keine Trimmkontrolle, um die Propellerdrehungen zu kompensieren –« Er preßte eine Hand auf die Brust.

»Hier, meine Junge!« Das war Sir Everard Chillingham. Er zog die Brandyflasche aus Brackens Tasche und drängte sie ihm auf. »Sie können in diesem Zustand, mit dem schwachen Herzen und so weiter, nicht fliegen.«

Bracken nahm einen langen Schluck, hustete und riß sich zusammen. »Das habe ich schon vorher gehabt«, erklärte er.

»Aber nicht, als Sie noch geflogen sind«, meinte Chillingham.

»Niemand sonst kann die Stringbag fliegen«, erinnerte ihn Chief Moore.

»Da tun Sie Mr. Casey unrecht.« Bracken zog einen Stapel Blätter aus der Tasche. »Zusammen mit dem, was ich ihm beibringe, und diesem Pilotenhandbuch werden wir es schaffen.«

Casey nahm die Blätter. »Sie machen doch nicht schlapp, oder?« Das Stringbag-Bein war genau zur rechten Zeit unbrauchbar geworden.

»Ist nur ein Bein, das nicht mehr kv ist«, erwiderte Bracken gut gelaunt.

»Ja, aber Ihre Pumpe funktioniert auch nicht mehr so gut.«

»Ich habe eine ganze Tasche voller Pillen, die die Herzventile regulieren.« Brackens Bart wies zitternd in Caseys Richtung. »Ich will fliegen, und wenn's das Letzte ist, was ich tue. Alison hat geplant, Sie als Piloten für die Kiste zu gewinnen. Sie hat Angst, ich bekäme in der Luft eine weitere Herzattacke. Sie liebt Sie, Casey. Sie würde Sie nicht bitten, mit mir zu segeln, wenn sie nicht absolut sicher wäre, daß es für eine gute Sache ist.«

Segeln? Casey warf einen Blick nach oben zu dem Netzwerk von Strippen, die sich durch die Flügel zogen wie die Wanten eines Schiffes. Im flackernden Schein sah die Stringbag tatsächlich wie ein hochseetüchtiges Schiff aus. Diese großen Flügel waren die Segel, die den Wind fingen. Der Rumpf aus Holz und Leinwand, das große Ruder, die Streben, die Klampen, das Tauwerk und die Spieren... Er hatte mitbekommen, wie Lord John die Teile aufgezählt hatte, als er ihn zum Cockpit des Piloten geführt hatte – wie ein Seemann, der die Treppe zum Ruderhaus hinaufklettert. Alles Bezeichnungen aus der Seefahrt. Handgriffe, baumelnde Taue. Sogar ein Schlauchboot war in der Stringbag verstaut – wie das Rettungsboot bei einem Schiff.

Er warf einen Blick auf das Pilotenhandbuch. Im Innern befand sich das Bild einer Stringbag, die an einem kleinen Mast über dem Mittelteil der oberen Tragflächen die Flagge führte. Sogar die Royal Navy betrachtete das Flugzeug als Schiff.

»Ich werde fliegen, wenn Alisons Nachforschungen ergeben, daß es sein muß«, erklärte er schließlich. »In der Zwischenzeit kann ich mir ja mal das Handbuch anschauen.« Er ging langsam davon, blieb dann stehen und drehte sich um. »Was, zum Teufel, ist das... dieses Kuchenblech?«

»Dient dazu, die Wirkung von Geschützfeuer aufzuzeichnen«, erklärte Bracken verschnupft. Er griff nach dem quadratischen Holzrahmen.

Casey kam näher, als Chiefy Moore das Brett an sich nahm und eine Karte am Rahmen befestigte.

»Dient auch dazu, einen Kurs einzuzeichnen«, fügte Bracken hastig hinzu.

»Etwa... nach Black Rock?« Casey deutete auf das vielsagende Kreuz auf der Karte.

»Genau da dürfte sich die ›Ultima Thule‹ bei Tagesanbruch befinden.«

Vorsichtig legte Casey das Handbuch der Stringbag auf einen Handkarren. »Bevor wir mit diesem Ding losfliegen«, erklärte er, »will ich Beweise in der Hand haben. Unwiderlegbare Beweise, daß die ›Ultima Thule‹ kein Köder ist.« Auf Brackens Gesicht zeichnete sich Enttäuschung ab. Casey sah noch einmal zum Netzwerk der Stringbag hoch. »Weil«, fügte er hinzu, »sich nicht einmal Big Vien eine derartige Falle hätte ausdenken können. Und ganz bestimmt will ich diese Gelegenheit nicht verschenken.«

Edgar P. Geld sah die Dokumente durch, die er in seinem Safe im Schlafzimmer aufbewahrte. Sie enthielten die Geschichte seiner Unternehmen, die auf den Inseln registriert waren. Dann und wann notierte er sich einen Namen. Wenn er schrieb, zitterte seine Hand.

Das Telefon klingelt. »Rose Hall«, meldete er sich vorsichtig.

»Alison Bracken. Von John Bracken und Partner.«

»Gott sei Dank!« E. P. konnte den Ausruf nicht unterdrücken. Er versuchte sich wieder in die Gewalt zu bekommen. »Gott sei Dank funktionieren die Telefone, meine ich.«

»Nur auf der Insel.«

»Ich hatte gehofft – ich habe die ganze Zeit versucht, einen Mr. Bingo Harriman zu erreichen. Ich scheine hier vollkommen abgeschnitten zu sein. Ich habe es, nachdem ich die ›Qurqur‹ verlassen hatte, geschafft, von einer Telefonzelle aus durchzukommen –« Er merkte, wie er plapperte, als die Stimme der jungen Frau ihn scharf unterbrach.

»Sie haben Nachrichten auf unseren Telefonanrufbeantwortern hinterlassen, im Büro und zu Hause. Ich spreche doch mit Mr. Geld, dessen Firmen wir repräsentieren?«

»Ja.«

»Dann kommen Sie in unser Büro, wenn es so dringend ist, wie Sie es in ihrer Nachricht betonen. Bemühen Sie sich, in einer halben Stunde hier zu sein. Kommen Sie durch den Hintereingang...«

Vielleicht zum ersten Mal seit den Tagen mit Nanny Locke befolgte E. P. die Befehle einer Frau. Er unterbrach das Gespräch nur einmal, um Alison Bracken zu bitten, auf ihn zu warten, auch wenn er sich verspäten sollte.

»Ich muß dringende Informationen zusammentragen –«

»Ich arbeite ebenfalls gegen die Uhr«, sagte Alison kurz angebunden. »Seien Sie auf jeden Fall bis Mitternacht hier.«

E. P. legte den Hörer auf die Gabel. Eine Stunde. Es schien eine letzte Atempause zu sein. Doch diese Stunde ermöglichte es ihm auch, zu denken, zu planen. Wenn sich sein Verdacht bestätigte, war er erledigt. Das Geld-Imperium würde in einem Skandal zusammenbrechen, wenn er nicht schnell handelte, um sich zu retten. Durch Kooperation der ansässigen Anwälte konnten die Papiere gerade noch fertiggestellt werden. Es würde nicht lange dauern, um das, was im Handelsregister stand, zu ändern. Er mußte sich von den subversiven Aktivitäten derer distanzieren, deren Firmenbett er so unwissend teilte. Sein erster Impuls, nachdem die Barkasse der »Qurqur« ihn in Nelson's Harbour an Land gesetzt hatte, war, alle Dokumente zusammenzutragen und sie zu benutzen, die Machenschaften Zia Gabbiyas in aller Öffentlichkeit auszubreiten.

Dann überlegte er es sich noch einmal. Zia hatte ihn an Bord des Schiffes wie den letzten Dreck behandelt, und bei der Rückfahrt mit der Barkasse war E. P. auf Ärger vorbereitet gewesen, falls die

Mannschaft Caseys Verschwinden bemerkte. Statt dessen war überhaupt nichts passiert. Der Bootssteuermann hatte E. P. geholfen, an Land zu kommen, salutiert, und die Barkasse hatte wieder abgelegt. Natürlich war die Mannschaft ein hochnäsiger Haufen, der sich im Wissen um die Macht Zia Gabbiyas vollkommen sicher fühlte. Vielleicht kümmerten sich die Männer einfach nicht darum, was die Passagiere taten. Aus ihrer Sicht war es möglicherweise auch unangenehmer, Zia zu melden, einer der Passagiere sei verschwunden.

E. P. hatte sich Zias Provokationen noch einmal durch den Kopf gehen lassen und sich gefragt, ob Casey ein Teil der Pläne Zias sein mochte. Dennoch versuchte er von der Strandpromenade aus, die Telefonnummer in Virginia zu erreichen, die Casey ihm genannt hatte. Er war gar nicht unglücklich, als ein unbeteiligtes Mädchen in der Zentrale sagte: »Wir stellen keine Verbindung nach Übersee her.« Als er auf seinem Besitz anrief und einen Chauffeur bestellte, hatte er mehr Glück.

Jetzt hielt Alisons Anruf ihn erneut fest. E. P. war schon nervös genug, weil er eine weitere Nacht im Herrenhaus von Rose Hall verbringen mußte.

In seiner ersten Wut auf Zia hatte er sich die Telexadresse von Bingo Harriman geben lassen. Er hatte auch über die Telexmaschinen des Anwesens versucht, die Verbindung aufzunehmen, doch die funktionierten ebenfalls nicht. Jetzt überlegte er, ob er nicht in den Funkraum gehen oder bei der Telefongesellschaft der Insel anrufen solle. Er stand an der Fensterfront und sah, daß der Mond hinter den großen Pinien verschwunden war und lange Schatten über die feuchte Rasenfläche warf.

Die Wachhunde bellten, während er immer noch zwischen zwei Extremen schwankte. Wollte er wirklich mit den Anwälten von Bracken zusammentreffen und die Firmenunterlagen in Ordnung bringen? Oder diente das Ganze nur dazu, das Ausmaß einer Verschwörung gegen Amerika ans Licht zu zerren? Wenn es Amanda nicht gäbe, dann würde er seiner patriotischen Pflicht sofort nachkommen. Daran mußte er glauben.

Die bellenden Hunde lenkten seine Aufmerksamkeit auf Amandas Wohnbereich. Wieder beschlich ihn Angst. Es war nicht so, daß er seinem Stab mißtraute. Hinter der Sicherheitsumzäunung und auf drei Seiten vom Meer geschützt, war Amanda in Sicherheit. Obwohl – irgend etwas im Verhalten Herman Schroeders machte ihm Kopfzerbrechen. Er hatte sich nie die Mühe gemacht, die einzelnen Angestellten, die den Besitz bewachten, genauer zu mustern, doch die Männer, die in dieser Nacht Dienst taten, kamen ihm unbekannt vor und etwas... ablehnend? Wenn Zia E. P. Gelds Industrieimperium infiltriert hatte, konnte er dann nicht auch E. P.s Privathaushalt infiltriert haben? Da war noch diese verdammte Irin, Lani – der lebende Beweis, daß Zia sämtliche Verteidigungslinien zu durchbrechen vermochte.

Plötzlich war E. P. extrem unruhig. Amanda! Zia hatte seine gierigen Hände schon auf alles Übrige gelegt. Zia hatte Amanda einen Vogel in einem goldenen Käfig genannt, und er würde nicht davor zurückschrecken, den Finger durch die Gitterstäbe zu stecken. Doch es gab eine Sache, die weder Zia noch sonst jemand wußte: E. P. war in seinem Haus nicht so leicht gefangenzuhalten. Die Funkgeräte waren im ehemaligen Paarungsraum der Sklaven untergebracht. Das Zimmer war über eine enge Wendeltreppe zu erreichen. Dort verbargen zwei sorgfältig ausbalancierte Grundsteine im Fundament einen Tunnel. Der Geheimgang war von den Königsmördern gebaut worden, die sich, obwohl sie von Cromwell nach Amerika geschmuggelt worden waren, niemals in Sicherheit gewähnt hatten. Der Ausgang lag zwischen den Felsen, die an der Stelle standen, an der sich bei Niedrigwasser der Zugang zu Amandas Exil befand.

Amanda hatte immer wieder die Schallplatte mit der Aufnahme von »A Mirror of Whitening Light« gespielt. Nanny Locke saß da und wartete darauf, daß das Mädchen erklärte, ins Bett gehen zu wollen. An diesem späten Abend saß sie da wie immer, dem Meer zugewandt, den Drehmechanismus des Hauses abgeschaltet und eine der Glaswände versenkt.

Die Melodie bewirkte durch ihre andauernde Wiederholung eine regelrechte Bezauberung. Nanny hatte diese Wirkung auf Amanda bemerkt und das Kind von Zeit zu Zeit abgelenkt. Doch immer wieder kam das Mädchen auf diese Musik zurück. Jetzt ergriff der hypnotische Einfluß auch die stämmige alte Frau, die über das mondbeschienene Meer blickte. Unmittelbar vor ihr lag ein kurzes Stück Strand, das nicht von dem hohen Sicherheitszaun abgesperrt war. Statt dessen führte der Zaun zu einer Felsformation hinaus, die das Haus vor Eindringlingen von See her schützte.

Die Titelmelodie »Veni, Sancte Spiritus« hob sich aus den Glissandos und plätscherte wie leichter Wellengang dahin. Nanny hatte die Nachricht, die Zia Gabbiya zusammen mit der Aufnahme geschickt hatte, gelesen und dadurch ihren ersten Eindruck von der Musik revidiert. Der Komponist hatte einen Teil Schottlands beschrieben, die Inseln jenseits von Bloody Foreland und Cape Wrath, wo Nanny Locke aufgewachsen war. Sie sah den Old Man of Hoy vor sich, wie er aus dem Ozean stieg und die Menschen anlockte. Immer hatte er die Ruhe versprochen, die alle Menschen suchen und die manche im Meer gefunden haben. Sie schloß die Augen. Durch die Musik fiel alle Wachsamkeit von ihr ab.

Amanda saß recht oft bewegungslos da und hörte ihre Platten. Sie war in der Lage, eine Komposition allein aufgrund ihres Gehörs nachzuspielen. Obwohl sie ihren Wohltäter nicht kannte, entwikkelte Zia Gabbiyas Geschenk eine Faszination auf sie, wie Amanda sie noch nie empfunden hatte. Ihr Leben war vom Rhythmus des Meeres abhängig gewesen. Die einzigen Einrichtungsgegenstände, die sie fesselten, waren die großen Aquarien. Sie kannte alle Fische. Wenn sie nicht spielte oder der Musik lauschte, saß sie vor den Aquarien und nahm das Bild des Lebens unter Wasser in sich auf.

Langsam wandte sie den Kopf und sah, daß die alte Frau ruhig schlief. Dann tat sie etwas, was sie nie zuvor getan hatte. Sie verließ ihren goldenen Käfig. Sie ging ins Meer.

Als E. P. ankam, war schon alles vorüber.

Nanny Locke schrie um Hilfe. Die Hunde hatten lange zuvor angefangen zu bellen. Lichtkegel zuckten rund um das Herrenhaus oberhalb der sanft abfallenden Rasenflächen. Amanda weißes Kleid trieb außerhalb von Nanny Lockes Reichweite im Wasser. Im Hintergrund wurde immer wieder die Melodie von »A Mirror of Whitening Light« wiederholt.

E. P. watete ins Meer. Er hob seine Tochter auf und blickte zu einem nichtssagenden Himmel hinauf, der vom Mondlicht fahl gefärbt und von ein paar Sternen betupft war. Im Tod wirkte Amandas Gesicht so gelassen wie im Leben.

Er trug sie durchs seichte Wasser, den schmalen Strand hinauf, an Nanny vorbei, die die Hände auf den Mund gepreßt hielt, und legte Amanda, ohne sie noch einmal anzusehen, auf das feuchte Gras. Er machte sich nicht vor, daß mit Lebensrettungsmaßnahmen noch etwas zu erreichen sei. Das wäre lediglich eine Bemühung, das Gesicht zu wahren, doch vollkommen überflüssig. Amanda war tot. Die Seele, die zu berühren ihm nur einmal gelungen war – und das erst vor Stunden –, war entflohen.

Er stapfte über die glitzernden Rasenflächen auf das Haus zu und lief in sein Schlafzimmer, während die Bediensteten schlecht gelaunt und verschlafen beiseite stolperten. Diese schlechte Laune verwandelte sich schnell in Furcht, als sie ganz verblüfft die Rückkehr ihres Herrn bemerkten. Er griff sich einen der Diener, scheuchte ihn mit Schachteln voller Dokumente wieder die Treppe hinunter und lief zu einem der BMWs, der mit laufendem Motor wartete. E. P. riß die Fahrertür auf, und seine Hände waren wie Klauen, als er Herman Schroeder beim Kragen packte und ihn aus dem Wagen zog. Er hörte Schreie, Proteste und vielleicht auch Warnungen. Doch ihn beherrschte nur ein Gedanke – und wenn jedes Mitglied seines Personals das Feuer auf ihn eröffnet hätte, dann hätte ihn auch das nicht aufgehalten. Er sah, daß die Dokumente sicher auf dem Sitz neben ihm lagen, und durch die Beschleunigung des Wagens fiel die Beifahrertür zu.

Er hätte Alison Bracken gar nicht um mehr Zeit zu bitten brauchen. Als er mit ihr telefonierte, hatte er schon so viel Material zusammengetragen, um reagieren und Gabbiya fertigmachen zu können. Er hatte viel zu lange gezögert. Er hätte wissen müssen, daß sich hinter Zias Geschenk für Amanda eine dunkle, böse Absicht verbarg. Diese Mediziner und Psychologen, mit denen Zia geprahlt hatte, waren nicht dazu ausgebildet zu heilen, sondern zu töten. Genau das glaubte E. P. in diesem Augenblick. Er fragte sich nicht, wieso Gabbiya derart töricht seinen eigenen Interessen zuwiderhandeln sollte. Er hatte es nur noch auf Gabbiya abgesehen.

Die Inseln über dem Wind sind in der glücklichen Lage, einen der leistungsfähigsten Marinesender der amerikanischen Ostküste zu unterhalten. Die Station wird vom Department of Marine and Ports geleitet und befindet sich in Fort St. George, oberhalb des Nordsüdkanals, so daß man den auffallenden rotweißen Sendemast und das rotierende Radar von beinahe jeder Stelle aus sehen kann. Der Hafenfunk koordiniert die Schiffsbewegungen innerhalb und außerhalb der Inseln und unterhält eine Telexverbindung mit den Küstenwachen der Karibik und der USA. Die Funkstation arbeitet rund um die Uhr auf zwei Ruffrequenzen und im Morsecode auf 500 KHz. Jeder, der versucht, der Hafenfunk zu stören, versetzt gleichzeitig die immer auf der Lauer liegende Welt der Elektronik in Aufregung, die über Hunderte von Frequenzen den Funksprechverkehr verfolgt.

Niemand wußte das besser als Sergeant Winston. Er schickte Constable Bluebell mit verschiedenen Aufgaben auf den Weg. Dann machte er sich auf einem Fahrrad, das er vom Hinterhof einer Kneipe an der Küste geklaut hatte, auf den Weg zum Hafenfunk. Man benötigte ein Fahrrad, um den steilen, sich windenden Feldweg, der zur Station hinaufführte, schnell bewältigen zu können.

»Guten Abend, Meister«, begrüßte er den Mann im Innern.

»Hallo, Winston«, erwiderte der andere. »Es geht auf Mitternacht zu, und alles ist wohlauf –«

»O nein, ganz und gar nicht!« Winston trat aus dem dunklen Eingang.

»Meine Güte!« Squire warf ihm einen zweiten Blick zu. »Hat Sie ein Ehemann erwischt?«

Winston, immer noch nackt unter Bluebells Umhang, knurrte: »Das ist nicht lustig, und ich bin auch nicht zum Spaß hier.« Er erzählte dem Funker so viel, wie eben notwendig war.

»Mein Gott.« Der Funker blätterte in seinem Logbuch. »Das einzige Schiff, das diese Gewässer verlassen hat, war die ›Ultima Thule‹. Sie gab den Namen des Kapitäns mit Zia Gabbiya an.«

»War er tatsächlich an Bord?«

»Hier ist der Bericht des diensthabenden Lotsen... Schauen Sie, er brachte das Schiff durch die Enge und übergab dann das Kommando an Oberst Gabbiya.«

»Der Mann kann sich nicht irren?«

»Auf den Inseln gibt es bestimmt kein Haus mehr, in dem sich, seit die Gerüchte nur so schwirren, keine Fotografie Gabbiyas befindet.«

Winston nickte. »Können Sie mich mit dieser Nummer in Virginia verbinden, ohne Aufmerksamkeit zu erregen?«

Der Funker sah auf das Blatt Papier. »Wenn ich es über UKW an die Küste funke, kann der Funkspruch abgehört werden.«

»Und mit Telex?«

»Da gibt es eine verhältnismäßig sichere Verbindung der Küstenwache. Sind Sie sicher, daß es sich um einen Notfall handelt?«

»Es ist ein Notfall.«

Der Funker musterte ihn von oben bis unten. Der Sergeant sah müde und ölverschmiert aus. Den Umhang hatte er zur Seite geworfen und bot in seiner verschwitzten Nacktheit keinen imponierenden Anblick.

»Hören Sie zu«, knurrte Winston drohend, »wenn ich damit fertig bin, will ich ein paar Schlechtwetterklamotten, und dann bin ich verschwunden. In der Zwischenzeit stellen Sie sich einfach vor, ich trüge meine Uniform.«

»Ich müßte eigentlich die Genehmigung der vorgesetzten Behörde einholen –«

»Im Augenblick bin ich die vorgesetzte Behörde.«

Der Funker rieb sich über das Kinn. »Man könnte mich entlassen.«

»Sie sind ein verdammter Dummkopf, Squire!« Winston unterdrückte den Drang, den Mann zu erwürgen. »Wir werden alle unsere Jobs los – wenn Sie keinen Finger rühren, werden wir morgen diese ganzen Inseln los sein.«

Der Funker nickte. Er hatte die Gerüchte gehört, doch er war Vater von vier Kindern und betrieb tagsüber schwarz eine Bar für Touristen. In der letzten Woche hatte er jedes Gerücht aus seinen Gedanken verbannt, weil er sich nicht mit den Folgen auseinandersetzen wollte. »Was soll ich senden?« fragte er.

Die Nachricht, an Bingo Harriman, Spad-Bier in Raleigh, Virginia, adressiert, erreichte ihr Bestimmungsziel etwas spät; und inzwischen zirkulierten Kopien davon in allen möglichen Winkeln Washingtons, wo sie für beträchtliche Aufregung sorgten. Bei Spad-Bier spuckte die Teletype-Maschine die Worte genauso aus, wie Sergeant Wilson sie notiert hatte – wobei er berücksichtigt hatte, daß die Amerikaner, die sie lasen, nicht sofort wissen mochten, wer oder was Zia und die Inseln über dem Wind waren. »Bingo«, begann er ganz locker, »bitte teilen Sie allen interessierten Gruppen mit, daß der große Protektor des Islam, Oberst Zia Bel-El-Bey Gabbiya, sich an Bord des Forschungsschiffs ›Ultima Thule‹ aufhält und im Begriff ist, ein Unterwassergebirge für Sahara oder Vietnam oder beide zu beanspruchen. Das Gebirge befindet sich in unmittelbarer Nachbarschaft von Black Rock, 150 Meilen östlich der Inseln über dem Wind (einer unter Selbstverwaltung stehenden Inselgruppe und Kolonie von Großbritannien, ungefähr 500 Meilen östlich von Cape Hatteras). Informieren Sie Admiral (Anführungszeichen Downwind Anführungszeichen) Dalrymple, daß Oberst Gabbiya eine Warnung vor einer bevorstehenden amerikanischen Invasion dieser Inseln erhalten hat, die er unterstützt, weil er die Amerikaner als Trottel dastehen lassen will, weil er sich nicht, ich wiederhole, nicht auf den Inseln aufhält, sondern in der Nähe von Black Rock, um unter dem Schutz des internationalen Rechts die nationale Souveränität über das Unterwassergebirge zu beanspruchen. Gabbiya hat Froschmänner angewiesen, Dalrymples ehemaligen Staffelkameraden Lord John Bracken auszuschalten, der mit Hilfe Ihres ehemaligen Staffelkameraden Casey einen Luftangriff auf die ›Ultima Thule‹ vorbereitet. Konnte nicht in Erfahrung bringen, auf welche Weise Gabbiya Terroristen als Agents provacateurs einsetzen will. Absender schließt sich Lord Bracken und Casey an. Bitte stolpern Sie nicht in die Falle von Gabbiya und Vietnam. Beste Grüße Sergeant Churchill Spenser Winston von der Polizei der Inseln über dem Wind.«

»Sie gehen zurück zu Lord John?« fragte der Funker, nachdem er die Meldung abgesetzt hatte. Er war restlos erschüttert ob des Heldenmuts des Sergeant.

»Sie haben provocateurs falsch geschrieben«, sagte der Sergeant bloß.

22

Casey machte sich Sorgen, während er vorgab, das blaue Taschenbuch über die Stringbag zu studieren. Er kroch unter einen Flügel und fand dann eine Sitzgelegenheit auf der Achse des Hauptfahrwerks neben dem großen Dunlopreifen an Steuerbord. Der Swordfish – Brackens Stringbag – mußte innerhalb der nächsten beiden Stunden starten, um Zia Gabbiya bei Black Rock abzufangen. Falls Zia sich tatsächlich dort befand. Die Befürchtung, es handele sich um eine Falle und er, Casey, werde abgeschossen, verstärkte sich immer mehr. Dann würde man den Flug als amerikanischen Angriff auf vietnamesische Interessen ansehen, mit fatalen Auswirkungen auf seine Kameraden in der Gefangenschaft. Diese Gefangenen waren der einzige Grund, weshalb er hier war, rief er sich ins Bewußtsein. Wenn seine Leiche nach einem fehlgeschlagenen Angriff aus dem Wasser gefischt wurde, dann konnte sie von Zia und Big Vien als Beweis für einen feindseligen Akt vorgelegt werden.

Doch Big Vien hielt sich in Ho-Chi-Minh-Stadt auf. Oder nicht? Casey hatte keine Ahnung. Die Telegramme auf der »Qurqur« konnten ebenso gut bloß über die Distanz zwischen Heck und Brücke übertragen worden sein. Stellte man Zias Fähigkeiten als Illusionist in Rechnung, war alles möglich. Wenn man Lani glauben konnte, dann würde Zias Sabotageteam Wreck Cay bei Tagesanbruch, in neunzig Minuten also, unter Raketenbeschuß nehmen. Doch auch dabei konnte es sich um ein Ablenkungsmanöver Zias handeln.

Lani war Sam Oysterman behilflich. Der Constable hatte den Auftrag bekommen, sie zu bewachen, und er sorgte für Beschäftigung, indem er sie Risse in der Bespannung ausbessern ließ. Sie benutzte eine Segelmachernadel und einen Fingerhut aus Leder. Casey hatte versucht, ihr weitere Informationen zu entlocken, doch die Irin war auf der Hut. Sie wußte, daß Casey es abgelehnt hatte zu fliegen, bevor er nicht sicher war, daß sie die Wahrheit gesagt hatte. »Warum soll ich meinen Atem verschwenden?« hatte sie erklärt. »Sie werden mir ohnehin nicht glauben, solange Alison Bracken nicht zurück ist. Und wenn sie es nicht schafft, dann wird das Sabotageteam bestätigen, was ich Ihnen bereits gesagt habe. Aber dann ist es zu spät.«

Alison hätte längst zurück sein müssen. Ab und zu hatte Casey den Klang eines Außenbordmotors gehört; doch jedesmal war es ein Fischer gewesen, der vom nächtlichen Fang durch die Bucht nach Hause fuhr. Vor einer Stunde hatte Chief Pony Moore Lord John gemeldet, daß alle Waffen und Vorräte jetzt aufgehängt, angebracht und im Innern der Stringbag verstaut seien. Der Torpedo war unter dem Bauch des Doppeldeckers aufgehängt worden. Oyez Lem und Constable Mello traten vor den Rädern Steine fest. Jamaica Tipoo und Deacon Thomas hatten einige hundert Meter des Seilpfads von Gestrüpp gesäubert. Fackeln waren zu beiden Seiten der behelfsmäßigen Startbahn bereitgelegt worden. Zusammen mit Tiddley Ridley hatte Bracken die Startraketen montiert. Die Sandwiches des Metzgers waren aufgegessen und die Bierdosen leer, die letzten Tropfen Treibstoff waren in die Tanks gefiltert worden. Sir Everard Chillingham, der alte Seebär, lief unruhig hin und her. Die warten alle auf mich, dachte Casey. Und ich fliege erst, wenn Alison den Beweis liefert, daß wir der Irin trauen können.

Er schien eingenickt zu sein, denn er hatte das Tuckern von Alisons Boot nicht gehört. Sie erschien auf der Lichtung, gefolgt von einem Mann.

»Was soll das?« stieß Lord John ärgerlich hervor. Er gab Pony Moore einen Wink.

»Mr. Geld«, stellte Alison vor. Sie wandte sich an Chief Moore. »Sie brauchen das nicht. Er schließt sich uns an.«

Chief Moore senkte die Signalpistole. Statt dessen erschien jetzt Jamaica Tipoo hinter dem Neuankömmling, die Schaufel des Totengräbers schlagbereit über der Schulter.

»Ist mir egal, ob Geld sich den Pfadfindern oder dem Heiligen Geist anschließt!« Bracken humpelte nach vorn. »Er hat hier nichts zu suchen.«

»Doch, hat er«, erwiderte Alison. »Er kann bestätigen, daß die Irin die Wahrheit gesagt hat.«

Lani legte ihre Arbeit in der Nähe des Höhenruders nieder, vollkommen verwirrt durch einen E. P., den sie doch gut zu kennen geglaubt hatte. Seine Kleidung war in Unordnung. Abgesehen vom

Bett hatte sie ihn nur tadellos gepflegt erlebt, jetzt war sein Haar wirr, dabei hatte er es selbst im Bett immer geschafft, daß es seine von Pomade geleckte Form behielt. Unter jedem Arm trug er einen dicken Aktenordner, dabei hatte sie nie erlebt, daß er einen größeren Gegenstand als einen Aschenbecher zur Hand genommen hätte. Aber was das Seltsamste war, alle Schwäche war aus seinen Zügen verschwunden.

»Ich will Gabbiya tot sehen«, erklärte E. P. Er erblickte Lani. »Du Miststück.« Er zitterte vor Wut und Schmerz. »Du hast die Aufnahmen mit der Musik meiner Tochter gestohlen. Du hast sie Gabbiya gegeben.« Die Aktenordner fielen hin, Schriftstücke verteilten sich auf dem Boden, und er preßte die Fäuste gegen die Schläfen.

»Ich wollte bloß helfen«, sagte Lani. »Ich war wirklich der Meinung, Gabbiya habe Experten gefunden –« Sie schwieg, verstummte angesichts der Verzweiflung von E. P., dessen Hände herabfielen und dessen Körper schlaff wurde.

Alison sagte schnell: »Erzählen Sie ihnen, was wir herausgefunden haben, Mr. Geld.«

E. P. nickte. »Nachdem –« Dann zuckte er vor der Erwähnung Amandas, ihres Exils, ihres Todes zurück. Er fing von neuem an. »Gabbiya ist in jede Verästelung meiner Unternehmungen eingedrungen. Ich habe das erst gemerkt, als er wollte, daß ich es bemerken sollte. Was er nicht erwartet hat, ist, daß ich mich nicht länger um die Konsequenzen schere. Er kann mich nicht erpressen.« Seine Blicke streiften wieder Lani. »Dieses Miststück da hat gedroht, alles zu veröffentlichen. Sie hat mir die Beweise von Geschäftsvorgängen vorgelegt, die mir nicht bekannt waren. Angestellte, die mit der kommunistischen Regierung Vietnams zusammenarbeiteten. Verbindungen zu Waffenhändlern und Drogenschmugglern. Gabbiya brauchte meine Zusammenarbeit. Doch er ist nicht so klug, wie er denkt.« E. P. schwankte, und sein Gesicht glänzte im fahlen Licht. Er machte ein paar Schritte, um sich an einer der Tragflächen der Stringbag festzuhalten.

»Wir haben herausgefunden, daß Gabbiyas Gesellschaften Partnerschaften mit Vietnam eingegangen sind«, erklärte Alison.

E. P. machte eine Geste, als wolle er ihr das Erzählen überlassen.

»Hanoi hatte es auf INSPAD abgesehen.« Alison warf Casey einen Blick zu. »Irgend jemand hat der vietnamesischen Regierung eingeredet, INSPAD sei nur ein Deckmantel für die Erprobung hochtechnisierter Tiefseeausrüstung.« Sie bückte sich und hob eine Akte auf. »Die hier erweckt den Anschein, als sei es ein Bericht von INSPAD: ›Mineraldepots, entstanden aus heißen Quellen auf dem Meeresboden.‹ Der Bericht sagt, daß Wissenschaftler erst vor fünfzehn Jahren die Theorie akzeptierten, nach der die Kontinente konstant in Bewegung sind. Senken im Ozean öffnen und schließen sich. In der Tiefsee bringen heiße Quellen reiche Mineraldepots hervor: Gold, Zinn, Titan, Diamanten...«

E. P. wurde plötzlich lebendig: »Eine meiner Firmen hat sich mit Unterwasserforschung beschäftigt.« In Anlehnung an sein früheres Ich strich er sich über den Schnurrbart. »Ich habe ein persönliches Interesse daran gehabt. Man war der Meinung, da unten lagerten Mineralien im Wert von Milliarden Dollar, die nur aufgesammelt werden mußten, in Form von sogenannten Nestern. Damals, als die Wogen der Hoffnung hochschlugen, hatten wir allein in der Nordsee dreiundzwanzig kleine Forschungs-U-Boote. Doch die Hoffnungen trogen, die Funde waren enttäuschend. Unternehmen wie das meine gingen in Konkurs. Die Wissenschaftler mußten an ihre Zeichenbretter zurückkehren. Dann unternahmen die Russen einen erneuten Versuch. Das sprach sich herum.« Er drehte sich zu Alison um und schnippste mit den Fingern. Das war E. P. Geld in anderer Verkleidung. Sie reichte ihm den Aktenordner. »Ja.« Er zog ein Blatt hervor, hielt es unter eine der Lampen und las laut vor: »Verschiedene chemische und physikalische Mechanismen sorgen dafür, daß sich die aufgelösten Metalle entlang der Faltenzone innerhalb der Erdkruste und auf dem Meeresboden absetzen. Das Gleiche geschieht in der Nähe heißer Quellen, wenn die darüberliegende Schicht des Meereswassers ein Sieden verhindert – das heißt in Tiefen unter zweitausend Metern.« Er blickte auf, dann blätterte er weitere Papiere durch.

Casey unterbrach ihn. »Dann waren Ihre Bemerkungen vor Zia über Conan Doyle und das Bohren unter dem Meeresspiegel gar nicht an den Haaren herbeigezogen?«

E. P. schüttelte den Kopf. »Dieses Gebiet interessiert mich persönlich brennend. Viele Gelehrte haben in vergangenen Jahrhunderten diese Möglichkeiten erkannt, ohne die Tatsachen zu kennen.« Er hob eine Augenbraue. »Natürlich hat Ihr Beitrag zum Gespräch mit Zia den Eindruck verstärkt, daß Sie – INSPAD – viel mehr darüber wissen.«

»Aber Sie haben doch gesagt, Hanoi sei hinter INSPAD her«, hakte Casey nach.

»Zia will die Kontrolle über alles haben, was nicht mit der Bürde eines altmodischen Reiches belastet ist.« Diesmal sprach Lani. »Hanoi benutzt seine Träume nur, um die eigenen zu verwirklichen.«

»Schauen Sie her«, unterbrach E. P. »Der Meeresrücken im Mittelatlantik, auf der Höhe von Miami, wird als ein Gebiet bezeichnet, das enormen Reichtum an strategisch wichtigen Mineralien aufweist... Nickel, Kupfer, Kobalt, Molybdän, Silber und Gold. Die Fundstätte ist als das transatlantisch-geotraversale Hydrothermal-Feld bekannt.« Er hielt den Bericht in die Höhe. »Es hat gar keinen Zweck, in die Einzelheiten zu gehen... Vulkanketten im Meer, zufällige Verbindungen... Der springende Punkt ist, diese Inseln hier können eine zweihundert Meilen weite ›exklusive ökonomische Zone‹ beanspruchen, die solche Tiefseevorkommen beinhaltet.«

»Die Inseln über dem Wind?« fragte Chillingham. »Was sagen unsere Rechtsverdreher dazu?«

Bracken ließ seiner Tochter mit einer Handbewegung den Vortritt. Sie erklärte: »Die Vereinten Nationen müssen sich immer noch mit den Aspekten einer 1982 getroffenen Konvention über die traditionellen Rechte befassen. Danach wird das Hoheitsgebiet von Meeresanliegerstaaten auf zwölf Seemeilen begrenzt. In der Zwischenzeit haben sämtliche britischen Territorien Hoheitsgebiete im Umkreis von zweihundert Meilen proklamiert. Und Besitz bedeutet neun Zehntel des Rechts, solange die Vereinten Nationen noch weiterdiskutieren.«

»Dann sollten wir möglichst schnell unsere Rechte proklamieren!« rief Chillingham.

»Zu spät«, erklärte Lani. »Aufgabe der ›Ultima Thule‹ ist es, die Flagge von Sahara auf dem Unterwassergebirge um Black Rock zu hissen. Das Hoheitsgebiet wird in einem Radius von zweihundert Meilen erklärt, was die Inseln über dem Wind einschließt.«

»Kann Zia das tun?« wollte Casey wissen.

»Auf Rockall Bank haben die Briten das durchgesetzt«, meinte Alison. »Die haben den Union Jack auf diesem Felsen im Atlantik aufgepflanzt und haben die ganze Gegend zum Hoheitsgebiet erklärt.«

»Und genau das wird Zia morgen tun.« Lani warf einen verstohlenen Blick auf Caseys Armbanduhr. »Heute, meine ich. Es ist bereits nach Mitternacht.«

»Warum ist er so in Eile?« fragte Casey.

»Es ist Zias Falle.«

Casey warf der Irin einen scharfen Blick zu. »Aus welchem Grund sollten wir Ihnen glauben?«

»Ich kann's nicht erklären«, gab sie verzweifelt zurück. »Wir haben keine Zeit mehr.«

»Wir haben genügend Zeit.« Casey sah sie immer noch an. »Ich fliege erst, wenn ich überzeugt bin.«

Alison sah, wie das Mädchen zitterte, und sagte beinahe brutal: »Lani, reden Sie frei von der Leber weg! Edgar Geld ist hier, weil seine Tochter eben ertrunken ist.«

Im Kreise der Umstehenden hörte man Seufzer. Ihre Zahl war, nachdem die einzelnen Aufgaben erledigt worden waren, angestiegen. Die Stringbag lag bereit. Der Himmel hatte sich verdunkelt. Ein frischer Wind fegte durch das Gebüsch.

»Das ist unmöglich«, weinte Lani. »Zias Hubschrauberpilot hat sie erst heute nachmittag aufgesucht.«

»Woher wissen Sie das?« schnappte Alison.

»Ich habe ihn eine Platte abliefern lassen.«

E. P. stieß einen Schrei wie ein verwundetes Tier aus. Seine Arme fielen herab. »Diese Musik hat sie ins Meer getrieben. Du hast sie getötet, Lani!«

Lani öffnete den Mund, berührte mit einer Hand ihre Lippen und warf das Haar zurück. »Amanda!« Das Wort schien in ihrer Kehle steckenzubleiben.

»Halten Sie sich fest!« forderte Chillingham sie auf.

Sie stützte sich auf den angebotenen Arm. »Du denkst, ich sei eine Hure«, sagte sie und wandte sich E. P. zu. Sie richtete sich auf. »Zias Hure. Jedermanns Hure. Du mußt mir glauben –« Jetzt hatte sie ihre

Stimme wieder unter Kontrolle. »Nie – ich habe nie auch nur einen Moment angenommen, daß Zia deiner Tochter etwas zuleide tun würde.« Sie warf einen Blick auf den Kreis von Gesichtern. Dann flüsterte sie: »Ich riskiere eine Anklage...« Ihr Blick fiel auf Casey.

»Anklage?«

»Aufgrund des Spionage-Aktes von 1916.«

»Neunzehnhundertsechzehn!« Casey starrte sie an, als habe sie den Verstand verloren.

»Des sogenannten Spionagegesetzes?« fragte Alison ruhig.

»Das erweitert wurde, um CIA-Agenten einzubeziehen«, fügte Lord Bracken schnell hinzu. Er nickte einigen der Männer zu, die sich schnell verzogen und ihn zusammen mit seiner Tochter, Casey, Chillingham und E. P. zurückließen. »Sie erzählen uns besser die ganze Geschichte«, meinte er. »Von Anfang an.«

»Ich bin eine Hure«, wiederholte Lani. »Ich habe meine Liebesdienste verkauft und meine Tritte bekommen.« Ihre Stimme klang trotzig. »Ich hatte selbst eine Tochter, verstehen Sie. Früher einmal. In Vietnam.«

Sie erzählte vorsichtig, legte jedes Wort auf die Waage, wußte, daß sie eine Geschichte erzählen mußte, die Casey zum Handeln zwang. Wenn sie jetzt versagte, dann hatte sie sich vergebens geopfert, ihren Körper und ihre Seele.

»Ich stamme aus Quebec und bin irischer Abstammung«, sagte sie. »Ich besuchte die McGill-Universität in Montreal, als die Separatisten in Quebec von Frankreich Unterstützung bekamen. Ich schloß mich ihnen an. Ziel der Bewegung war, sich von Kanada zu lösen und die Verbindung zu Frankreich zu verstärken. Der französische Auslandsgeheimdienst rekrutierte mich, bezahlte meine Ausbildung und brachte mich später nach Paris. Mit meinem kanadischen Paß war ich ausgezeichnet zu gebrauchen. Kanadier können überall hinreisen, sie stellen keine Bedrohung dar. Und Kanadier taten auch in der Indochina-Waffenstillstandskommission Dienst, bevor Amerika sich in den Vietnamkrieg verstrickte. Die Spionageschule des Geheimdienstes schloß ich mit Auszeichnung ab. Ich legte die rechte Begeisterung für das gaullistische Konzept der Rundumverteidigung an den Tag. Man trat der CIA mit der gleichen

Feindseligkeit gegenüber wie dem KGB. Die antiamerikanischen Gefühle erreichten einen Höhepunkt, als sich Amerika in Vietnam einmischte und die neuen kommerziellen Verbindungen Frankreichs zu den Kommunisten unterbrach. – Ich wurde nach Hanoi geschickt. Auf dem Papier war ich eine Sekretärin, die der Ständigen Handelsmission zugeteilt war. Ich verschaffte mir Zutritt zur Elite von Hanoi. Die Männer hatten alle in Paris studiert. Meine eigentliche Aufgabe bestand darin, mit jedem Parteiführer zu schlafen, der das wollte«, fuhr Lani fort. »Ich habe mich geradewegs ins Vertrauen des neuen Direktors von Nordvietnam für das Training von Terroristen geschlafen. In Hanoi ist er eine bedeutende Persönlichkeit, bringt den größten Teil der Gelder in harter Währung. Die machen sich vor, daß er die marxistische Revolution exportiert. Was er in Wirklichkeit verkauft, ist die beste Ausbildung in unkonventioneller Kriegsführung. Araber und Afrikaner respektieren Vietnam, weil das Land amerikanische Technologie mit barfüßigen Freiheitskämpfern besiegt hat. Und Männer wie Zia Gabbiya zahlen enorme Summen, um zu lernen, wie man das macht... In Vietnam hält man nichts von Geburtenkontrolle. Der Gebrauch von Kondomen wird dadurch verhindert, daß sie diese dicken Kontrazeptiva von China einführen, die sich wie Fahrradschläuche anfühlen. Mein Freund, der Terrorismusexperte, schätzte das Gefühl von Haut. Ich hatte zwei Abtreibungen. Das dritte Mal überredete er mich, das Kind auszutragen. Eine Tochter. Dann teilte er mich dem Trainingscamp von Sahara im Dschungel zu.«

»Wie vertrug sich das mit dem französischen Geheimdienst?« erkundigte sich Casey.

»Ich kam von ihm einfach dadurch los, daß ich desertierte. Das Gold von Sahara schien bessere Aussichten zu bieten als abgewertete Francs. Mein vietnamesischer Liebhaber wußte das, doch die Partei war wichtiger. Es schien, als könnte die Partei davon profitieren, daß Zia Gabbiya ein Auge auf mich warf. Es passierte, als Zia einen seiner Staatsbesuche in Moskau machte. Die Sowjets sind zwar mit Hanoi in vielen Dingen nicht einer Meinung, doch was Hanois Ansehen auf dem Gebiet der Guerrilla-Kriegsführung angeht, besteht bestes Einvernehmen. Zia flog über Alma Ata nach Hanoi. Sie wissen doch, wie so etwas gehandhabt wird. Große Ehrungen, ein vollgepackter Terminkalender, eine Menge öffentlicher Treffen in Moskau. Dann fehlen ein paar Tage im Ablauf, während deren der große Meister im geheimen seinen tatsächlichen Geschäften nachgeht. Zia hielt sich nicht einmal einen Tag im Dschungelcamp auf, doch er fuhr sofort auf mich ab. – Glauben Sie, die kommunistische Bürokratie ist schwerfällig? Nur wenn Verzögerung eine Waffe ist. Die funktioniert wie der geölte Blitz, wenn man jemandem wie Zia um den Bart gehen will. Ich saß noch am selben Abend mit ihm in der Maschine nach Moskau.«

»Aber Sie müssen doch Verdacht erregt haben«, widersprach Casey. »Hanoi hätte Sie doch leicht überprüfen können: kanadischer Paß, der französischen Handelsmission zugeteilt –«

»Die haben mich alle überprüft. Gingen zurück bis in meine Kindheit. Montreal ist die Stadt in Nordamerika, die am stärksten infiltriert ist, und die dortigen Sicherheitsvorkehrungen sind für jeden kommunistischen Agenten ein offenes Buch. Dies alles war mir von Nutzen, weil die Informationen, die man in Montreal erhalten konnte, wasserdicht waren.« Lani schwieg unvermittelt.

»Neunzehnhundertsechzehn?« stieß Alison nach.

Lani schluckte. »Ja, neunzehnhundertsechzehn. Der Spionage-Akt der Vereinigten Staaten. Es ist sehr schwer, gegen das Basistraining zu verstoßen.«

»Dann lassen Sie mich mal raten«, bot Casey an. »Das Basistraining erfolgte durch die CIA. Die haben Sie als erste in Quebec rekrutiert und Sie dann in der Separatistenbewegung untergebracht?«

»Weil der französische Separatismus in Kanada auf die traditionellen französischen Gebiete der Vereinigten Staaten überspringen konnte«, erklärte Lani. »Weil Separatismus Instabilität bedeutet und ein instabiles Kanada eine Bedrohung war.« Sie redete jetzt, als sei der Schlüssel in einem Schloß, das jahrelang nicht benutzt worden war, gedreht worden, als ob sich eine Tür quietschend öffnete und sie jetzt Angst hatte, hindurchzugehen und es hinter sich zu bringen. »Mein ursprünglicher Deckmantel im Rahmen der Arbeit für die CIA war – Antiamerikanismus! Antiamerikanismus war sowohl den Franzosen als auch Hanois Kommunisten und Moskau und den jungen Männern, die die Terroristenschulen im Nahen Osten, in Asien und Afrika bevölkerten, vertraut. Ja, sogar den Europäern. Solange dieser Deckmantel intakt blieb, bestand meine Qualifikation allein in der Tatsache, daß ich Amerika haßte. Als die CIA in Schwierigkeiten kam, versetzten mich meine Chefs zur Geheimabteilung. In Sahara wurden dann sämtliche direkten Verbindungen zu dieser Abteilung unterbrochen. In jeder Hinsicht war ich ein Schläfer. Zia beherrschte meine Sinne, und ich hatte nichts mehr, womit ich mich schützen konnte: keine Gummis, keine Kontakte zur CIA. Mein Liebhaber in Hanoi war nur zu froh, über mich immer stärker mit Zia ins Geschäft zu kommen. Und außerdem hatte er meine Tochter.« Sie zögerte. »Er wußte nicht, daß es mehr als meine Tochter benötigte, um Hanoi meine Loyalität zu garantieren. Ich hatte sie in meinem Innern getötet.« Sie wandte den Kopf und beobachtete Sergeant Winston, der sich schweigend zu den Zuhörern gesellte. Jedes Gefühl hatte sie aus ihrer Stimme verbannt. »Ich war so lange mit Zia zusammen, daß ich anfing, wie Zia zu denken. Dann kam ich hierher. Professor Rutgers nahm Kontakt zu mir auf. Er war sich immer des Risikos bewußt, das ich einging. Er hatte auch mitangesehen, wie Bemühungen von Agenten wie mir oben auf dem Capitol Hill zunichte gemacht wurden. Auf der einen Seite stand Zia, der Amerika herausforderte und erpreßte und mit seinen endlosen Morden davonkam, und Amerika hatte eine Agentin, die mit Zia schlief und nicht das Geringste unternahm!« Lani schwieg, weil sie sah, daß Casey voller Mißtrauen war. »Da ist so viel zu entwirren«, fing sie wieder an. »Rutgers allein konnte nicht sämtliche Lücken füllen. Seine Sorge nahm ihn persönlich gefangen... sein Sohn! Ein Marinepilot wie Sie, Casey. Das hat Rutgers mir erzählt. Sagte, sein Sohn sei tot. Meine Tochter... tot. Und der ganze Rest, Casey. Alle tot. Ich war klüger als ihr, Casey. Ich habe in meinem Kopf mein kleines Mädchen getötet. Mich konnten sie nicht erpressen. Sie wurden an der Nase herumgeführt, Casey, weil Sie glauben wollten, daß Ihre Kameraden leben: die Tex Graingers, die Bash McCoys, die Black Knights. Aber sie leben nicht mehr. Außer in Ihrer Vorstellung. Sie leben auf den Papieren, die Zia Ihnen gibt. Ansonsten sind sie tot. Eingeschlossen der Pilot, den Zia Baa-Baa Black Sheep nannte!«

Mit einem Ruck fuhr Caseys Kopf hoch.

»Rutgers hat Sie zu warnen versucht. Er wußte, daß Ihr ›Vergiß-mein-nicht‹-Fonds von Zias Männern überwacht wurde. Rutgers zahlte sogar Geld ein, um die Illusion, die er Zia vorgaukelte, zu verstärken. Rutgers spielte nur die Rolle des geplagten Vaters, der seinen Sohn um jeden Preis retten will. Er wußte, daß Leslie Lambe in der Staffel als Baa-Baa bekannt war. Er hat ihm den Spitznamen Baa-Baa Black Sheep gegeben, weil er erwartete, daß Zia ihn der Liste der anderen, von denen es hieß, sie lebten, hinzufügen würde und daß Sie den Irrtum bemerken würden.«

»Wie, zum Teufel, konnte Rotspon diese Information plazieren?« fragte Casey.

»Durch einen Franzosen. Er nahm hier zu Rutgers Kontakt auf, erzählte ihm, sein Sohn lebe noch, und zeigte ihm Fotos, die er in Hanoi erhalten hatte. Rutgers wußte ganz genau, zu welcher Organisation der Franzose gehörte. Der französische Geheimdienst geht oft eigene Wege und ignoriert die offizielle Politik der französischen Regierung. Das war eine unabhängige Unternehmung, um Rutgers an die Angel zu kriegen. Der Geheimdienst war hinter Informationen über Terroristenzellen Hanois in Marseille her und mußte Hanoi im Austausch etwas anbieten –«

»Das bestätigt, was der Barmann im ›Black Lion‹ gesagt hat«, meinte Alison und schlug sich auf Lanis Seite, um Casey zu überzeugen. Sie zog den schwarzen Sergeant in die Mitte. »Winston wird das bestätigen.«

Casey tat die Unterbrechung mit einem Kopfnicken ab. »Wer hat die Panji-Falle aufgestellt?« Er schoß die Frage auf Lani ab. »Was ist Entensuppe? Was hatte Rutgers mit INSPAD im Sinn?«

Das Mädchen zuckte die Schultern. »Washington ahndet Geheimnisverrat hart, Casey. Ich könnte Ihretwegen gehängt werden.« Keine Reaktion. »Sie kaltschnäuziger Bastard«, zischte sie, »Sie wurden im Lager von der Ente vergewaltigt, und ich wurde von der Ente im Hotel ›Metropol‹ in Hanoi gebumst. Die Ente ist Big Vien, und die Ente ist hier!«

Sie alle hörten ganz deutlich das Dröhnen eines Flugzeugs, das hoch über ihnen flog. Es klang wie ein Wetteraufklärer. Ab und zu überflog ein Wetterflugzeug der U. S. Air Force die Inseln. John Bracken starrte nach oben und überlegte, daß dies die zweite hochfliegende Maschine war, die er in dieser Nacht hörte. »Ich werde langsam nervös«, stellte er fest. »Die Ente und die Panji-Spieße scheinen mir im Augenblick von rein akademischem Interesse zu sein.«

»Nicht für mich.« Casey klang ärgerlich.

»Die Ente hat den Panji-Spieß aufgestellt«, erklärte Lani. »Vien wollte den Hund töten. Sie sollten vom vertrauten Angstquotienten fertiggemacht werden. Das hätte Sie in die geeignete Verfassung gebracht, Verhandlungen zu führen. Rutgers hat das erkannt. Er hat Bingo soviel mitgeteilt, wie er konnte, bevor er hierher zurückkehrte. Rutgers hatte das Gefühl, es sei gefährlich, direkten Kontakt zu Ihnen aufzunehmen, Casey. Er hat sich darauf verlassen, daß Sie die Puzzlestückchen zusammenfügen würden. Er hat auch angenommen, Sie würden einiges aus Lord Bracken herauskitzeln.«

Die Augen wandten sich Bracken zu, der nur sagte: »Hört mal! Hört auf den Doktorwind.« Die blattlosen Zweige der großen Pinien neigten sich in einer Reihe wie Soldaten. »Weht unmittelbar vor der Dämmerung vom Meer her. Erreicht die größte Stärke in ungefähr einer Stunde. Diesen Wind brauchen wir, um starten zu können.«

Diesmal widersprach Casey nicht. Es war, dachte Alison, als habe er sich im stillen entschlossen, die Stringbag zu fliegen, und als sei dies keine große Sache. Doch für Alison war es wichtig. Sie hatte Angst, ihren kranken Vater den Steuerknüppel übernehmen zu lassen, und sie hatte alles unternommen, um Casey ins vordere Cockpit zu zwingen – doch das war gewesen, bevor sie sich in Casey verliebt hatte. Um einer Entscheidung auszuweichen, sagte sie zu Lani: »Und was ist mit INSPAD?«

Ihr Vater antwortete: »Das überließ Dalrymple Rutgers... Tatsächlich war ich mir ziemlich sicher, daß Lani eine von uns sein mußte, als sie von ›Downwind‹ Dalrymple sprach. Admiral Dalrymple verkörpert die Navy. Nicht bloß die britische Navy. Nicht nur die amerikanische Flotte. Die Flotte! Wir gehen in einer Weise vor, die unsere Regierungen nicht immer gutheißen. Am Ende hat Rutgers etwas getan, was seine Abteilung nicht guthieß. Unsere Sorge galt etwas Bedeutenderem als Zia, etwas, das sich hinter ihm verbarg. Bedeutender als Hanoi, doch es verbarg sich auch hinter Hanois Rücken. Die Öffentlichkeit will das Offensichtliche nicht sehen, nicht die Vorhänge um Hanoi beiseite reißen noch die Schlagzeilen über Zia in Frage stellen. Und doch verbirgt sich hinter alldem die sowjetische Flotte!«

Bracken ließ die Worte sich setzen. »Es gibt eine neue Generation sehr tief tauchender sowjetischer Unterseeboote. Die benötigen nur Service-Basen in der Nähe der Unterwassergebirge, und dann können sie beliebig lang und unentdeckt auf der Lauer liegen. Sie verbergen sich unter einer bereits existierenden Deckung. Wenn der Westen ihnen durch irgendeinen Zufall auf die Spur kommt, dann führen die Spuren – wohin? Zu Gabbiya? Der ist schon mit seinen Morden jahrelang davongekommen. Wenn wir nach Zia weitersuchen, stoßen wir auf Vietnam. Im Augenblick herrscht eitel Freude und Sonnenschein, weil Vietnam unsere politische Anerkennung sucht. Also geht niemand das Risiko ein, einen neuen Konflikt vom Zaun zu brechen, stimmt's? Wenn, oder besser gesagt: falls die Nachforschungen weitergehen, dann ist da INSPAD, ein Unternehmen, das von Zias Ölgesellschaft auf Betreiben Vietnams ganz legal betrieben wird.« Lord Bracken humpelte auf den Torpedo zu und ließ seine Hand darübergleiten. »Hier ist die Antwort auf all diese Ränkespiele. Das macht dem Unsinn ein Ende. Doch es muß jetzt in Angriff genommen werden. Unsere Feinde glauben, sie könnten nicht verlieren. Die sind gewaltig im Vorteil, wenn Zia es heute schafft, Amerika zum militärischen Eingreifen zu bewegen. Die setzen darauf, daß Amerika genau das tut, was es allzu oft getan hat: einen chirurgischen Eingriff vorzunehmen und dann den Patienten in Lebensgefahr auf dem Operationstisch liegen zu lassen. Die Erfahrung zeigt, daß ein solches Handeln immer nur die Terroristen gestärkt hat.« Er schlug mit der Faust auf den Torpedo. »Sollen diese Schweinehunde doch ihre eigene Suppe auslöffeln. Wumm!«

»Wäre mir lieber, wenn Sie das nicht täten«, meinte Casey.

»Der geht nicht los.«

»Würde er aber besser, wenn der Zeitpunkt gekommen ist.«

»Aha!« Brackens Bart zitterte vor Begierde. »Dann kommt die Zeit also tatsächlich!«

»Würdest du dich mal einen Augenblick beruhigen?« unterbrach ihn Alison.

»Ich bin ganz ruhig, verdammt noch mal.«

»Dann hör mal gut zu, Vater. Wenn Lani Blake plötzlich eine so geschätzte Zeugin ist, wie kommt es dann, daß sie die letzte war, die Rotspon lebend gesehen hat, und die erste, die in der Nähe seiner Leiche entdeckt wurde?«

E. P., der die ganze Zeit über geschwiegen hatte, fragte: »Und weshalb hat sie bis heute die Drecksarbeit für Zia erledigt?«

»Und was haben Sie getan, als Sie in Backgammon die Papiere verbrannt haben?« griff Alison die Irin an.

Lani zuckte die Achseln. »Meine Aufgabe bestand darin, mir Zias Vertrauen zu erhalten. Die Abteilung, die mir diese Aufgabe übertrug, ist offiziell aufgelöst. Doch Professor Rutgers hat mir keinen Grund genannt, weshalb ich sie nicht weiterführen sollte. Ich bin in der klassischen Situation einer Agentin, die zurückkehrt, ihre Kontrolloffiziere nicht mehr vorfindet und damit offensichtlich verräterische Kontakte erklären muß.«

Sergeant Winston meldete sich das erste Mal zu Wort. »Ich weiß, daß Miss Blake die Wahrheit spricht. Ich habe bereits Mr. Casey davon in Kenntnis gesetzt, was über den Hafenfunk durchgesickert ist. Es gibt, vom polizeilichen Standpunkt aus gesehen, ein außergewöhnliches Problem. Miss Bracken hat es angesprochen. Rutgers' Tod. Sehen Sie, der Professor ist ertrunken. Die Autopsie hat ergeben, daß sein Schädel später eingeschlagen wurde.«

»Das weiß ich«, meinte Lani. »Ich habe ihn eingeschlagen. Zu diesem Zeitpunkt war er lange tot.«

Diese freimütige Erklärung begegnete einem verschwörerischen Schweigen. Jeder wollte Lani jetzt glauben. Sie war Teil der Gruppe geworden – ein Gefühl, das durch die Tatsache verstärkt wurde, daß man auf einer kleinen Insel die Reihen schließt, wenn etwas Bedrohliches passiert. Man hat das Gefühl, belagert zu werden. Wreck Cay war zu einer Festung geworden, in der die Menschen, die sich dort aufhielten, ein starkes Zusammengehörigkeitsgefühl entwickelten. Sie mochten noch immer weitere Erklärungen von Lani verlangen, doch die Vorstellung, daß sie dem Toten den Schädel eingeschlagen hatte, konnten sie in diesem Augenblick nicht in Frage stellen. Allgemeines Aufatmen war zu hören, als ein selbstsicherer Chillingham mit der Autorität des Bankiers, der die Verhandlung eröffnet, feststellte: »Es scheint an der Zeit zu sein zu starten, Gentlemen.«

Man hatte das Gefühl, der eingeschlagene Schädel Professor Rutgers' sei nie erwähnt worden.

Lord Bracken fuhr sich durch die Haare und sagte: »Ich benötige gut zehn Minuten zum Start. Wenn ich der Pilot bin.«

»Ich brauche fünfzehn«, sagte Casey. »Die fünf zusätzlichen Minuten brauche ich zur Überprüfung des Cockpits. Ich werde die Maschine fliegen, solange Sie mich – in der Luft – entscheiden lassen, ob wir uns auf einem Vergnügungsflug oder bei einem Einsatz befinden.« Er faßte Lani am Arm. »Die Sache mit Rutgers erörtern wir später.«

Bracken knurrte: »Wie, zum Teufel, können Sie in der Luft noch etwas entscheiden?«

»Sie haben doch ein Funkgerät.«

»So etwas Ähnliches.«

»Können Sie mit dem Hafenfunk Verbindung aufnehmen?« erkundigte sich Casey.

»Wenn wir die Antenne spannen und die Morsetaste benutzen, ja.«

»Sie gehören in eine Zwangsjacke.«

»Was sollte der Hafenfunk uns denn erzählen, was wir nicht bereits wissen?«

»Antworten auf wichtigere Fragen als die, wie Rotspon ums Leben kam.«

»Antworten von fettärschigen Griffelspitzern, die genauso unfähig sind wie unsere Londoner Beamten.« Bracken geriet langsam in Rage. »Stecken Sie sich Ihre Antworten in den Arsch!« Er wurde von Lani gebremst, die ihn am Ärmel zupfte. »Was ist denn los?«

»Niemand wird irgendwohin gehen, wenn Sie noch länger diskutieren! Die Männer der Einsatzgruppe, die den Raketenangriff führen werden, sind keine Amateure. Sie treffen jeden Augenblick hier ein.«

Plötzlich war ihnen allen die eigenartige Stille bewußt, die die Dämmerung ankündigt. Der Doktorwind frischte auf. Draußen in Nelson's Harbour hörte man das Geräusch eines schnellen Bootes. Die Wolken ballten sich, wie das über den Inseln über dem Wind häufig der Fall ist. Der Himmel kann kristallblau sein und im nächsten Moment mit dicken Wolken übersät; es gibt drohende Stürme, die ebenso schnell verschwinden. Das Wetter ist absolut unvorhersehbar. Doch der Lauf von Sonne und Sternen ist unabänderlich. Nach dem Kalender mußte die Sonne bald aufgehen.

»Wenn Sie Antworten wollen«, erklärte Lani, »werde ich sie Ihnen geben. Dort oben im hinteren Cockpit. Ich werde an der Vergnügungsreise teilnehmen, bis Sie erkennen, daß Sie angreifen müssen!« Es war ihr letzter Versuch, Casey zu überzeugen.

Zum Schluß wurde Lanis Schicksal von äußeren Umständen bestimmt. Die letzten Flugvorbereitungen erforderten Brackens ungeteilte Aufmerksamkeit.

»Wollen Sie damit sagen, ich muß auf dem Heck sitzen?« fragte Chillingham.

»Auf dem Höhenruder«, erklärte Bracken, »aber nicht sitzen. Liegen. Als befänden Sie sich auf einem schwingenden Trapez.« Er zeigte Chillingham, wie er sich flach auf das Steuerbordruder legen und sich mit den Fingern an den Scharnieren festhalten mußte. »Deacon Thomas übernimmt die andere Seite.«

»Sie müssen mich wirklich für einen alten Knacker halten«, meinte Chilly, »der nur noch zum Ballast taugt.«

»Ballast? Mein Gott!« Brackens Augen sprangen fast aus den Höhlen. »Sie lassen sofort los, wenn die Maschine anfängt zu rollen.« Bei der Vorstellung, daß der Achtzigjährige sich an die Stringbag klammerte, brach ihm der Schweiß aus.

Oyez Lem machte sich neben dem Zuggriff der unteren Steuerbordtragefläche bereit und warf Constable Mello, der fünfzehn Meter entfernt an der gegenüberliegenden Tragfläche wartete, einen düsteren Blick zu. Ihre Aufgabe war es, mit der Maschine zu laufen und sie vor dem Start ruhig zu halten. Oyez gefiel die Vorstellung, daß der sture, ordnungsliebende Mello verbissen weiter festhielt, wenn die Maschine abhob. Mello wußte nie, wann er aufhören mußte. Oyez war immer noch stinkwütend, daß sein Dinghy durchsucht und das Marihuana konfisziert worden war.

E. P. stand neben einem Rad des Hauptfahrwerks bereit, um den improvisierten Bremsblock mit einem Seil wegzuziehen. Neben ihm sagte Tiddley Ridley: »Ich habe Sie immer für ein Riesenarschloch gehalten.«

»Das bin ich auch immer noch«, warnte E. P. den Metzger.

Jamaica Tipoo stand neben dem anderen Bremsklotz. Lani, immer noch nicht sicher, wie Brackens Entscheidung, ob sie mitfliegen durfte, aussehen würde, stand in der Nähe, um notfalls zu helfen.

»Soll ich ein wenig mit dir scherzen?« flüsterte Jamaica Tipoo und zupfte sie am Ohr.

»Bleib lieber beim Rauschgift«, gab Lani zurück. »An mir hättest du wenig Spaß.«

Jamaica ging fort. Sie dachte, ihre prompte Antwort auf seine Anmache habe ihn abgeschreckt. Doch dann hörte sie: »Hab' verstanden, Lord John!« Er kam zurück und schenkte ihr ein lüsternes Grinsen. »Er will dich da oben haben, Schätzchen.«

Alison stand dicht bei Casey. »Du wirst doch umkehren, wenn irgend etwas stinkt?«

Er stand da, einen Fuß auf dem Katapulthaken, bereit, nach oben auf die Tragfläche zu klettern. »Ja, wenn wir durch einen irrsinnigen Zufall abheben sollten, schon. Was ist das?«

»Ein Kaperbrief. Wenn Gabbiya das bekommt, was er verdient, wird alle Welt erfahren, daß du ein vorschriftsmäßiges Kaperpatent hast. Wenn die Welt überhaupt etwas erfährt...«

»Du meinst, wenn wir auf dem Meer niedergehen.«

»Ja, dann befehligst du ein legales Kaperschiff.«

»Kein großer Trost.«

»Oh, diese Kisten schwimmen tagelang«, erklärte Alison mit aufgesetzter Fröhlichkeit. »Das jedenfalls behauptet Daddy. Nur er ist senkrecht abgestürzt.«

»Wer hat das unterschrieben?« Casey schwenkte die Pergamentrolle.

»Chillingham.«

»Ach du meine Güte, ist der Admiral?«

»Nein, aber er war Funker in leitender Position. Die Lords der Admiralität werden seine Autorität nicht in Frage stellen. Besser so, als wenn Moskau im gesamten Vorderen Orient und im Fernen Osten ein Mordsgeschrei über die imperialistischen Piraten anstimmt...«

Lord John Bracken zog sich in das hintere Cockpit empor und kämpfte dabei gegen einen Schwindelanfall an. Sergeant Winston war bereit, ihn anzuschnallen. Er stopfte zwei von Metzger Ridleys Zigarren in Brackens Hemdtasche und fragte: »Haben Sie genug von Ihren Pillen dabei?«

»Genug, um wach zu bleiben und Casey die notwendigen Anweisungen zu geben. Wird nicht leicht werden. Diese Marinepiloten können zwar mit einem Affenzahn auf einem schwankenden Deck landen und kommen innerhalb von ein paar Metern zum Stehen, doch um mit einer Stringbag fertig zu werden, muß der Mann gut mit Knüppel und Gas umgehen können. Wir schaffen's schon.«

»Ich wünschte, ich könnte Ihnen helfen«, meinte Winston.

»Das können Sie. In der Hafenfunkstation.«

Casey turnte durch die Verstrebung nach oben und entdeckte die Irin, die auf der gegenüberliegenden Seite seinen Kletterübungen zusah. Also kam Lani mit! Was für eine Ironie! Alison würde zurückbleiben, um es mit der Einsatzgruppe aufzunehmen. Bracken lehnte sich über die Maschinengewehrhalterung zwischen den Cockpits und hielt ihm einen alten Fliegerhelm mit Ohrenklappen und baumelnden Gummischläuchen hin. »Ich habe vergessen, Ihnen das hier zu erklären«, erläuterte Bracken. »Das sind Sprechleitungen. Sie verbinden die drei Helme.«

Sprachrohre! Ach du meine Güte! Auf in den Kampf! dachte Casey. Er zog den Helm über seinen Kopf und hörte Brackens Stimme undeutlich in seinen Ohrenklappen. »Auf beiden Seiten des Tanks sind Feststoffraketen montiert, die den Start erleichtern sollen.«

»Raketen!« zischte Casey in das Sprachrohr. »Das geht zu weit, diesen Weidenkorb mit Raketen zu starten!«

»Sie sind schräg angebracht, so daß der Schub genau auf den Schwerpunkt einwirkt.«

»Durch den Rumpf, meinen Sie wohl. Keine Raketen!«

»Sie heben in weniger als hundert Metern ab.«

»Als Feuerball.«

»Kommen Sie... Sie ziehen den Schwanz hoch, drücken auf den Knopf, drücken den Schwanz wieder runter, und los!«

»Sie spinnen ja! Der Seilpfad ist für meinen Start lang genug.« Casey fragte: »Was zum Teufel baumelt da vom Steuerknüppel runter?« Er hatte im Sitz Platz genommen, in dem etwas, das sich wie ein Polster anfühlte, den Platz für den Fallschirm ausfüllte.

»Getöntes Glas. Damit können Sie sich gegen die Sonne schützen, wenn Sie glauben, daß feindliche Jäger auf Sie herabstoßen.«

»Das brauche ich nicht.«

»Doch, das werden Sie brauchen!« Bracken war jetzt sehr bestimmt. »Sehen Sie das Loch da vorne im Armaturenbrett, direkt hinter der Maschine? Wenn Sie da durchschauen, sehen Sie die Benzinanzeige. Das ist ein Stab, der im Haupttank eingelassen ist. Wenn die Zylinder rotglühend werden, dann schützt das Rauchglas Ihre Augen.«

»Ach herrje!« Casey verfügte nicht über ein großes Repertoire an saftigen Flüchen, und dieser Mangel machte ihm im Augenblick zu schaffen. Er spürte, wie sich ihm eine Schnalle ins Gesäß drückte. Statt auf einem Fallschirm saß er auf altmodischen Korkschwimmwesten. »Bringen Sie mich lieber durch den Cockpit-Check und vergessen Sie den Rest.« Er versuchte das Rauchglas von seiner langen Schnur zu lösen.

»Hören Sie damit auf!« schrie Bracken. »Sie brauchen das auch, um die Raketen zu sehen.«

»Wer hat da was von Raketen gesagt?«

»Unsere nachrichtendienstliche Quelle. Sie steht direkt hinter Ihnen.«

Casey fuhr herum. Lani teilte sich mit Bracken das hintere Cockpit. Dort war Platz genug, ein halbes Dutzend stehende Lanis unterzubringen. Sie meldete sich über ihr eigenes Sprachrohr und erklärte mit vorsichtigem Flüstern: »Ich mache Lord Bracken gerade mit den Möglichkeiten der ›Ultima Thule‹ vertraut.«

»Die kennen wir«, murmelte Casey, abgelenkt durch das unglaubliche Cockpit, in dem er sich befand.

»Nicht, was die See-Luft-Raketen angeht«, zischte Lani genau in dem Moment, in dem sich jenseits des Waldes ein hellrosa Glühen zeigte. Was wie das Rauschen des Windes durch die Bäume geklungen hatte, bekam jetzt einen metallisch scharfen, häßlichen Klang. Ein Flugkörper zischte über ihre Köpfe hinweg. Die Explosion war so weit genug, daß man Bracken schreien hörten konnte: »Zu hoch. Die zweite wird näher einschlagen.«

»Dann wollen wir nicht auf die dritte warten«, drängte Casey.

»Ich habe Sie noch nicht mit allem vertraut gemacht«, widersprach Bracken, und Lani flüsterte: »Es ist nur die Einsatzgruppe. Die Männer sind aus der Übung.«

Casey hörte ihnen nicht mehr zu, sondern lehnte sich über die Seite. »He, Chief!«

Pony Moores Gesicht zeichnete sich unten weiß ab.

»Anwerfen!« befahl Casey.

23

Bingo Harriman erwartete sie bereits. Der seltsame kleine Kerl mit der schwarzen Augenklappe und dem englischen Akzent war schon früher eingetroffen und hatte sie gewarnt.

Sie trugen keine Uniform.

»Haben Sie kein Direktionszimmer?« fragte einer der Generäle.

»Wir haben nicht mal ein Direktorium«, antwortete Bingo. »Es gibt nur Casey und mich.«

»Wir benötigen einen Raum für diese Konferenz«, meinte ein amerikanischer Admiral.

»In der Abfüllerei gibt's Raum genug«, schlug Bingo vor. »Hinten, wo wir die Kästen verladen.«

Also gingen alle hinüber zur Abfüllerei von Spad.

Weitere Wagen kamen an. Bingo kam die ganze Sache irgendwie komisch vor. Jeder benahm sich fürchterlich geheimnisvoll, doch mittlerweile mußten die Bürger von Raleigh, Virginia, bei all diesen Aktivitäten aus den Betten gefallen sein.

Die Konferenzteilnehmer drängten sich in den Laderaum und lehnten an Holzkisten oder nahmen darauf Platz. Bingo hatte das Gefühl, er schulde ihnen etwas Gastfreundschaft, und forderte sie auf, sich ein Bier zu holen. Das tat keiner.

»Gentlemen«, sagte der Admiral, »ich bin Kommandeur der Task Force Schmiedehammer. Bitte fassen Sie sich bei Ihren Fragen kurz. Bis zum Morgengrauen muß eine Entscheidung getroffen sein, oder wir laufen auf Grund.« Der Admiral stellte sich als Davy Jones vor.

»Was wissen Sie über die Operation Fliegenklatsche?« wollte ein schlanker junger Mann in T-Shirt und Jeans wissen. Bingo erkannte in ihm vage einen der Berater des Präsidenten und erwiderte: »Nichts. Was ist das?«

»Eine inoffizielle Mission«, warf der kleine Mann mit der Augenklappe ein. »Nebenbei, ich bin Dalrymple«, stellte er sich der Generalsversammlung vor. »Der Typ, der in der Nachricht von den Inseln über dem Wind erwähnt wurde.« Er hustete. »Mein Premierminister hält nichts von Gewaltanwendung. Auf der anderen Seite existiert die traditionelle Verbundenheit der Navy mit den Inseln länger, als der Premierminister regiert.« Er hustete wieder und warf einen vorsichtigen Blick um sich. »Ich nehme an, ich spreche zu Freunden.«

Zustimmendes Gemurmel erhob sich, doch nur, weil jeder wollte, daß Downwind Dalrymple fortfuhr. Die Frage, ob die Freundschaft zu sehr strapaziert wurde, würde später erörtert werden. Er legte eine große Aktentasche auf den Tisch, wo Bingos Buchhalter normalerweise die Liste der ausgelieferten Bierkästen führte. Eine Leinwand schnellte aus dem Koffer, und ein scharfes Bild, das dem einer Spinne ähnelte, erschien darauf.

»Das«, erklärte Downwind, »ist die Operation Fliegenklatsche.«

Alle beugten sich vor, um die Stringbag anzuschauen.

»Tut mir leid wegen der Fotografie«, meinte Downwind. »Mir blieb vor dieser Konferenz nur wenig Zeit, deshalb habe ich sie aus einem alten Kriegshandbuch gerissen.« Immer noch war er verblüfft darüber, wie Bingo Harriman ihn ausfindig gemacht hatte. »Dieses Flugzeug, Admiral« – er drehte sich um und lächelte Davy Jones an – »ist in der Lage, alle unsere Probleme auf einen Streich zu lösen.«

Jones bemerkte auf den Gesichtern der Umstehenden Unglauben und Ärger. »Darf ich dazu etwas bemerken?« fragte er. »Gentlemen, Sie sollten wissen, daß Vizeadmiral Dalrymple derartige Maschinen geflogen hat und deshalb mit ihren Fähigkeiten vertraut ist. Ich darf vielleicht hinzufügen, daß er den Spitznamen Downwind bekam, weil er einen Flugzeugträger gerettet hat.« Jones hielt inne und wog den Zeitdruck bis zum Morgengrauen gegen ein ausgewogenes Urteil ab. »Als er zum Träger zurückflog, sichtete er das Periskop eines deutschen U-Boots, das den Flugzeugträger angreifen wollte, wenn er den Konvoi verlassen hatte. Dalrymples Tankanzeige zeigte leer an. Seine Funkausrüstung war ihm weggeschossen worden. Er mußte den Träger warnen. Also hat er nicht gewartet, bis das Schiff in den Wind drehte, sondern stieß direkt auf das Flugdeck hinunter. Downwind!«

Die Atmosphäre entspannte sich etwas. Dalrymple wurde rot. Er sagte: »John Bracken hat's besser. Er hat einen exzellenten amerikanischen Piloten am Knüppel, wenn ich nicht irre.«

Bingo sah, daß zumindest ein Mann unbeeindruckt war. Er war der einzige, der Hemd und Krawatte trug. Bingo vermutete, daß er zum Außenministerium gehörte. Dieser Mann sagte: »Es wird ja immer schlimmer. Sie planen, Gabbiya in ein Drittland zu locken, so daß er sich weder auf seinem noch auf unserem Gebiet aufhält. Dann lassen Sie den Plan durchsickern und treffen Vorbereitungen zu einer Invasion.« Er beschuldigte Admiral Jones.

Der Kommandeur der Task Force hob eine Hand. »Die Sache mit Grenada hat uns ganz schön zu schaffen gemacht. Die Königin war sauer, weil wir ihr nichts gesagt haben.«

»Um die Sicherheit ist es schlecht bestellt, auch ohne daß wir fremde Monarchen einschalten«, rief jemand aus der hinteren Reihe.

»Da haben Sie's«, sagte der Mann vom Außenministerium ruhig. »Sie haben ja nicht einmal diese Dinge sorgfältig überprüft. Die Königin ist auf Grenada oder den Inseln über dem Wind keine ausländische Monarchin. Sie ist... die Königin. Im Fall von Grenada sind wir nur durchgekommen, weil alles bereits erledigt war, bevor das alte Mädchen Wind davon bekam.«

»Aus diesem Grund haben Bracken und ich Fliegenklatsche entwickelt«, meinte Dalrymple verbindlich.

»Ihre Leute«, erklärte der Mann vom Außenministerium, als ob Downwinds Leute irgendein lästiger Indianerstamm wären, »haben das von langer Hand vorbereitet. Sie haben uns nicht nur nicht informiert, Sie haben jetzt auch noch einen Amerikaner an die entscheidende Stelle der Operation plaziert.« Seine Augen hefteten sich auf Bingo. »Eine fremde Macht, die insgeheim von amerikanischem Staatsgebiet aus arbeitet, insgeheim amerikanische Ressourcen mobilisiert und ihre Agenten von hier aus veranlaßt, einen gesetzlosen Akt der Piraterie zu begehen. Da werden Köpfe rollen, Sir!«

In Bingos Hirn blitzte das Word »Falkland-Inseln« auf. Dieser Krieg war blitzschnell durchgekämpft worden, unter größter Geheimhaltung. Jetzt erinnerte er sich! Da hatte es einen Vizeadmiral Desmond Dalrymple gegeben, der britischer Stabschef für Seekriegsoperationen gewesen war. Bingo gefiel die verborgene Drohung des Außenministeriums ganz und gar nicht, und jetzt fielen ihm auch die Figuren auf, die auf dem Gelände der Brauerei herumschlichen. Jedermann, bis auf Dalrymple, war zu Spad-Bier gekommen, als handele es sich um das Hauptquartier einer ausländischen Militärmission. Soldaten, Seeleute und die Berater des Präsidenten, sie sahen alle Bingo an, deshalb stellte er sich vor die Leinwand und erklärte: »Mir gefallen die Anspielungen, Angestellte von Spad seien ausländische Agenten, keineswegs. Casey, mein Partner, war der Meinung, wir unternähmen etwas für die Kameraden, die wir in Vietnam zurückgelassen haben. Vielleicht würden wir uns heute, was Gabbiya angeht, gar keiner Krise gegenübersehen, wenn Sie früher etwas für die Gefangenen unternommen hätten. Hanoi hat die Möglichkeit, daß dort noch Gefangene festgehalten werden, dazu benutzt, Amerika zu erpressen. Das ist Terrorismus. Paßt ausgezeichnet zum Terrorismus des Großprotektors.« Bingo holte tief Atem. Er wartete auf Proteste. Wie oft hatte er sich im Lager gewünscht, der Führung klarmachen zu können, wie weit sie sich von der Basis entfernt hatte! Doch niemand in seinem Auditorium rührte sich. Er dachte: Na, das sind Amerikaner wie ich, und vielleicht liegt unsere Stärke darin, daß wir uns nie einig sind und in sämtliche Richtungen rennen, bis ein klarer und eindeutig identifizierbarer Feind daherkommt. Er sagte: »Was wollen Sie?«

»Können Sie Kontakt zu Casey aufnehmen?« wollte jemand wissen, den Bingo den neuen Fotos nach für den Direktor der Central Intelligence hielt.

»Seit einiger Zeit ist es unmöglich, ihn zu erreichen.«

»Die Inseln sind abgeschnitten«, erklärte Jones.

»Dann können wir Fliegenklatsche nicht stoppen?« fragte ein anderer.

»Vielleicht gelingt es Gabbiyas Einsatzgruppe«, meinte Downwind. »Sie alle haben die Kopie des Telex von Sergeant Winston zu Gesicht bekommen. Doch wenn Sie meine Meinung hören wollen, dann werden die Schwierigkeiten haben, die Operation zu stoppen.« Er tippte mit dem Stift gegen das Bild der Stringbag auf der

Leinwand. »Die hier«, erklärte er, »haben es mit den deutschen Schlachtkreuzern ›Scharnhorst‹ und ›Gneisenau‹ und dem Schweren Kreuzer ›Prinz Eugen‹ aufgenommen.«

Admiral Jones starrte auf seine Fußspitzen und verspürte nicht das geringste Verlangen, sich zu vergegenwärtigen, daß in dieser Operation sämtliche Flugzeuge abgeschossen worden waren.

»Was ist mit der Anspielung Sergeant Winstons, daß es sich um eine Falle handeln könnte?« wollte der Nationale Sicherheitsberater wissen.

»Genau darum geht es!« sagte Downwind. »Wenn Sie nach Schmiedehammer weitermachen, dann spielen Sie Gabbiya geradewegs in die Hände. Zum ersten wird er gar nicht da sein. Zweitens hat er die finanzielle Struktur in einer Weise organisiert, daß eine amerikanische Invasion zu einer Kapitalflucht von derartigen Ausmaßen führen würde, daß die Wirtschaften unserer Länder erschüttert werden. Drittens, Sie haben London nicht konsultiert – und diesmal wird es fürchterlichen Stunk geben! Gabbiya hätte damit einen Keil zwischen Amerika und seine Alliierten getrieben. Jedes Ihrer Nachbarländer in der Karibik oder in Südamerika wird seine Stimme gegen den Yankee-Imperialismus erheben –«

»Und wenn Sie Fliegenklatsche durchführen?« fragte der Kommandeur der Task Force sanft. »Käme dabei am Ende nicht dasselbe heraus – Propaganda für unsere Feinde? Gabbiya hat diese Falle mit amerikanischen Gefangenen gespickt.« Er warf Bingo einen entschuldigenden Blick zu. »Ich fürchte, einer der ehemaligen Gefangenen, Commander Casey, könnte erneut in Gefangenschaft geraten und öffentlich zur Schau gestellt werden – als Beweis der angloamerikanischen Perfidie.«

Bingo schüttelte den Kopf. »Man verbringt nicht zehn Jahre im Lager«, erklärte er, »ohne zu lernen, wie man sich aus Fallen befreit.«

Admiral Jones stieß einen Seufzer aus. »Gentlemen, wir haben keine Alternativen. Die Task Force Schmiedehammer hat von diesem Augenblick an den Befehl abzuwarten.« Er stand vor Downwinds aufgestellter Leinwand und sah sich die Stringbag an. »Ich nehme an, eine solche Antiquität besitzt kein Funkgerät.«

»Morsetaste und Antenne«, erklärte Downwind.

»Benutzt tatsächlich heutzutage noch jemand ein Morsesystem?« fragte der Mann aus dem Außenministerium.

»Die Sowjets.« Der Chef der CIA murmelte die Worte. »Alle kommunistischen Geheimdienste arbeiten damit.«

»Dann werden die unsere Unterhaltungen aufzeichnen und behaupten, das beweise die Verbindung zu Amerika.« In die Stimme des Außenministeriums hatte sich ein blasierter Tonfall eingeschlichen.

»Keineswegs«, stieß Bingo hervor. »Nicht, wenn wir die Nachrichten nach dem Smitty-Harris-Code verschlüsseln.«

»Was, um Gottes willen, ist das?« explodierte einer der Generäle.

Bingo erklärte es ihm.

Und von den übrigen unbemerkt tauschten Downwind und der Chef der CIA ein verschwörerisches Lächeln aus.

24

Tageslicht filterte durch die Bäume auf Wreck Cay, als Chief Pony Moore über die schlüpfrige Oberfläche der unteren Steuerbordtragfläche rutschte, nach Alison schrie und dabei das Rauschen einer zweiten Rakete übertönte. Von der Hilfstruppe wußten nur Alison und er, wie die Stringbag anzuwerfen war. Sie kletterte oben auf das vom Tau feuchte Rad, um Moore zu sehen, der sich gegen die Motorkurbel stemmte. Ihre Gestalten wurden vom Aufblitzen einer Explosion in Licht getaucht, und Casey im vorderen Cockpit merkte, daß er den Startvorgang einleiten mußte. Bevor das Licht erlosch, sah er sie kurbeln, und seine Hände flogen über die Kontrollinstrumente.

Schweiß lief in seine Augen. Er schaltete die Zündung ein und den Magneten für den Handstarter. Der große dreiblättrige Propeller fing an, sich zu drehen.

Lord John beugte den Kopf zur Seite, um das Röhren des Pegasus von seiner Position im hinteren Cockpit aus beurteilen zu können. »Übergehen Sie die Motorenkontrolle«, schrie er in sein Sprachrohr. »Die Maschine klingt gut.«

Casey schaltete den Startmagneten aus. Er würde sich nicht aus der Ruhe bringen lassen. Langsam öffnete er die Drosselklappen, bis die Maschine tausend Umdrehungen in der Minute erreichte. Dann wollte er das Höhenruder auf drei Grad trimmen. Das war nicht möglich, deshalb schob er den linken Fuß vor, so daß er auf den Ausgleich der Propellerdrehung vorbereitet war. Er sah auf die wenigen Instrumente und lehnte sich über die Seite, um einen Blick am Rumpf entlang nach hinten zu werfen. Gut! Zwei Gestalten hingen im Windzug über dem Heck der Maschine und drückten sie nach unten. Wieder ein Blitz. Diesmal explodierte die Rakete direkt vor ihnen und erleuchtete den Himmel. Er erhöhte die Drehzahl auf zweitausendzweihundert Umdrehungen. Der Lärm war ohrenbetäubend, drang selbst durch die Ohrenklappen. Die Maschine vibrierte von der Nase bis zum Schwanz. Casey zog die Brille über die Augen und gab Pony Moore das Zeichen, die Bremsklötze wegzunehmen. Moore bestätigte und schlitterte über das hintere Ende des unteren Flügels zu Boden.

Casey war sicher, daß das nächste Geschoß unmittelbar an seiner Nase vorbeizischen würde. Er fühlte, wie die Stringbag sich schüttelte, als sie wie eine alte Ziege, der man Pfeffer auf den Schwanz gestreut hat, nach vorne schoß. Mello und Oyez Lem rannten mit und hielten die Tragflächen. Er brachte das Heck hoch, und die beiden Männer fielen zurück.

Vor dem Ende des Seilpfads würde er nicht abheben!

»Raketen!« bellte Bracken durch das Sprachrohr.

Casey reagierte automatisch und drückte auf den Zündknopf, wobei er für den Bruchteil einer Sekunde das Gefühl der Niederlage hatte. Er war sich so sicher gewesen, daß er sie allein durch seine Geschicklichkeit in die Luft bringen werde. Die Maschine war tonnenschwer. Nichts geschah. Keine plötzliche Beschleunigung. Kein Raketenschub. Das Ende von Wreck Cay kam schnell in Sicht.

Die Zündung funktionierte in dem Augenblick, als die Stringbag über den Rand zu stolpern schien. Plötzlich ritt sie auf zwei Feuerschweifen. Sie flogen.

»Gut gemacht!« Brackens Stimme klang in den Sprachrohren schwach und fern. »Meldung... blinder Passagier an Steuerbord!«

Lani! Caseys Mund war eine grimmige, dünne Linie. Es war keine klare Entscheidung gefällt worden, daß sie an dieser – Vergnügungsreise teilnehmen sollte. Na, eine Vergnügungsreise würde das hier immer noch werden, wenn sie ihn nicht restlos davon überzeugen konnte, daß die »Ultima Thule« das richtige Ziel war. Er probierte den Steuerknüppel. Irgend etwas stimmt mit dem Höhenruder nicht, und wir stürzen geradewegs ins Meer.

Sir Everard Chillingham kniff die Augen gegen den Luftstrom zu und krallte sich verbissen fest. Seine dürren Knochen klapperten. Man hatte ihn angewiesen, flach auf dem Höhenruder liegen zu bleiben, während der Pilot die Maschine auf Touren brachte. Das Auf-Touren-Bringen schien lange zu dauern, und er krallte seine Finger um das Scharnier des Höhenruders, während um ihn herum die Luft toste. Vor seinen Augen wurde es rot, warme Luft traf seine Wangen. Er öffnete die Augen und sah durch den Spalt des Höhenruders Feuer.

Die Flammen der Raketenstartvorrichtung erloschen, und Chillingham wußte, daß er in Schwierigkeiten war. Sein erster Impuls war, sich noch fester anzuklammern. Ein guter Skipper spürte sofort die Gegenwart einer weiteren Person an Bord einer Rennjacht; in diesem Fall machte er eine elegante Wende und setzte die überzählige Person wieder am Ufer ab. Chillinghams zweiter Gedanke war, daß die Chancen, das Flugzeug zu landen, schlecht waren, wenn irgend jemand von außerhalb Raketen auf die Landebahn schoß. In der Gewißheit, daß ein Riesenabenteuer in heroischer Selbstaufgabe enden mußte – etwas, was er im Drama für enorm wichtig hielt –, ließ der Commodore des Jacht-Clubs und Vorsitzende der Bank der Inseln über dem Wind, sechsundachtzig Jahre alt, los.

Die Stringbag machte einen Satz nach oben, als sei ihr ein Stein von der Seele genommen. Die Nase senkte sich nicht länger auf die dunkle Dünung des Meeres. Casey zog die Kontrollsäule sanft zurück, fühlte, wie das Höhenruder reagierte, und sah, daß die rote Skala in der kleinen, thermometerartigen Röhre auf dem Armaturenbrett alarmierend hochschnellte. Er ging in einem gefährlichen Winkel nach oben, korrigierte das Ruder, und die Stringbag bockte und gierte. Er hatte keine Idee, wie schnell er flog; der rote Anzeiger an der einen Flügelstrebe bog sich auf seiner Feder nach hinten, und er konnte im Dämmerlicht die Zahlen auf der Anzeigescheibe nicht erkennen. Er verschloß die Ohren gegenüber den Schreien, die aus dem hinteren Cockpit an sein Ohr drangen. Dieses Teufelsding würde er allein meistern.

Er stieg stetig weiter und verminderte den Druck. Vorsichtig drehte er nach Steuerbord ab. Der Wind traf seine linke Wange und wies ihn darauf hin, daß er seitlich abglitt. Trotz der Brille, die nicht ganz dicht anzuliegen schien, war seine Sicht verschwommen. Scharfe Metallteile hatten seine Hände aufgerissen. Das hier war aufregender als die Grundausbildung in einem primitiven kleinen Eindecker, es ließ sich mit überhaupt nichts, was er je zuvor getan hatte, vergleichen. Das war nicht das Fliegen mit rasender Geschwindigkeit, so wie er es gewöhnt war. Und jetzt hatten sie auch noch Lani Blake an Bord.

Ein Lichtstrahl aus dem hinteren Cockpit flammte auf und erleuchtete den Geschwindigkeitsmesser. Casey wischte sich die Tränen aus den Augen, blinzelte ohne seine Brille und las: 70 Meilen in der Stunde. Er glich aus. Irgend etwas blitzte unter der Tragfläche auf. Immer noch flog er eine Kurve. Diesmal hörte er Bracken wirklich: »Enger! Enger!« Er legte die Stringbag fast auf die Flügelspitze und ging über einem dunklen Fleck im Wasser in die Kurve. Noch ein Blitz! Er merkte, daß irgend jemand hinter ihm halb aus dem Cockpit hing.

»Kippschalter«, schrie Bracken, »Außenbordlasche auslösen!« Casey erinnerte sich, daß er im Pilotenhandbuch irgend etwas über Anti-Schiff-Leuchtbomben gelesen und daß Pony Moore gesagt hatte, es seien noch zwei übrig. Er griff nach dem Kippschalter und legte ihn um.

Die Unterseite der Stringbag wurde in ein Lichtermeer getaucht. Casey drehte sich in seinem Sitz um und sah Lani im Cockpit hinter sich stehen und eine dickläufige Signalpistole schwenken. Einen verzweifelten Augenblick lang glaubte er schon, sie ziele auf ihn. Sie rief Bracken etwas zu, der durchs Sprachrohr schrie: »Das sind sie. Jagen Sie den Schweinen richtig Angst ein, Casey!«

Die Leuchtbomben erleuchteten ein langes Holzboot mit Gestalten auf dem Vorderdeck, deren Haltung ihm nur zu vertraut war. Casey wartete unbewußt auf den nächsten Blitz aus dem Raketenwerfer, der auf der Schulter des Anführers lag. Die Stringbag stürzte hinunter, als habe sie ihren eigenen Instinkt. Casey zuckte zusammen, als Lani die Pistole abfeuerte. Ein weißglühender Ball flog in weitem Bogen nach unten. Casey sah, wie die Gestalten auseinandersprangen. Dann überflog er das Boot und mußte über Wreck Cay wieder hochziehen. In niedriger Höhe flog er über die Bäume und warf einen schnellen Blick auf den Seilpfad. Dort war niemand zu sehen, doch in der Mitte der Behelfsstartbahn erhob sich eine dünne Rauchwolke in die Luft. Innerhalb weniger Sekunden war er wieder über dem Meer, die Insel lag zwischen der Stringbag und der Einsatzgruppe. Er wendete.

»Verschwenden Sie keine Zeit«, sagte Bracken.

Lanis Stimme ertönte durch das Sprachrohr. »Gabbiyas Männer werden sich dort nicht mehr aufhalten«, rief sie. »Deren Job war zu Ende, als Sie gestartet sind.«

Casey ging wieder in den Steilflug, doch die Ironie des Ganzen machte ihm zu schaffen. Hier flog er mit einer Frau, der er nicht traute, und da unten mußte Alison zusehen, wie sie zurechtkam. Der Landstreifen brannte, selbst wenn die Einsatzgruppe verschwunden war.

»Steuerkurs«, sagte John Bracken, »ist dreihundertzwanzig Grad.«

Caseys Hände fummelten in einem neuerlichen Anfall von Panik im Cockpit herum. Kein Kreiselkompaß. Keine Blindflugeinrichtung. Kein künstlicher Horizont. Kein Funkfeuer oder Autopilot. Keinerlei Flughilfen außer dem Neigungsröhrchen und einem Schildchen. Neigungsmesser. Und – ja, dort unter dem Fadenkreuz verbarg sich etwas, das wie ein Schiffskompaß aussah.

Er stellte den Außenring des Kompasses ein, und ihm brach der Schweiß aus. »Wie hoch ist in dieser Gegend die Magnetabweichung?«

»Fünfzehn Grad West.«

Casey mußte genau überlegen. Er wollte seine Unsicherheit nicht an die große Glocke hängen. Doch es war nur allzu leicht, die Korrektur in der falschen Weise vorzunehmen.

Lanis Stimme drang durch das Sprachrohr: »Abweichung westwärts, Kompaß abwärts.«

»Klar«, gab Casey zurück und erinnerte sich an den Rest des alten Merksatzes: »Abweichung ostwärts, Kompaß aufwärts.« In einer Gegend mit Westabweichung zeigte der Kompaß immer die größere Gradzahl an, wenn man die Abweichung korrigieren wollte. Lanis dauernde Aufmerksamkeit ließ Ärger in ihm aufsteigen. Wer hatte sie bloß so gut ausgebildet? Der KGB, die CIA oder die IRA?

»Das habe ich in der Klosterschule gelernt«, klang es sanft an sein Ohr.

Casey wurde eine Antwort durch Brackens warnendes Grollen erspart: »Ruhe auf dem Rücksitz, bitte!«

Doch es gab noch einiges, was Casey später vom Rücksitz hören wollte. Lani mußte es nur zu klar sein, daß er nur angreifen würde, wenn der Rest ihrer Geschichte ihn überzeugen würde. Doch zunächst mußte er diesen rumpelnden Omnibus auf eine sichere Höhe bringen. Er konnte sich Bingos brüllendes Gelächter vorstellen, wenn er fragte: »Und wo ist Casey, das As, jetzt?« Das As hatte den Kompaß falsch abgelesen und Freund und Feind verwechselt. Das As hatte beim Start um ein Haar Bruch im Meer gemacht. Das As war sich so sicher gewesen, glatt zu starten, daß es beinahe den Einsatz der lebensrettenden Raketen vermasselt hätte. Früher einmal, in längst vergangenen Zeiten, wäre das As zusammen mit anderen einsamen Männern, jeder allein in seiner düsengetriebenen Kabine, auf eine Höhe von 33000 Fuß gegangen, um Treibstoff zu sparen. Ich habe keine Ahnung, wo wir landen sollen, und wir haben bei Gegenwind die gute Chance, es nicht mal bis Black Rock und zurück zu schaffen.

»Superstart.« Brackens gutgelaunte Stimme unterbrach diese düsteren Gedanken. »Überhaupt, eine Supervorstellung.«

Supervorstellung... Wider Willen empfand Casey Stolz. Es ging ihm wie einem Flugschüler, der zum erstenmal von seinem Ausbilder gelobt wird.

»Wollen Sie damit sagen, daß es in den gesamten amerikanischen Streitkräften niemanden gibt, der eine Morsetaste bedienen kann?« fragte der Nationale Sicherheitsberater. Sein Name war Joe Malloy.

Soviel hatte Bingo Harriman sich zusammengereimt, während die Szene in der Abfüllerei von Spad-Bier immer chaotischere Formen annahm. Weitere Wagen waren eingetroffen – Limousinen, die von Fahrern gesteuert wurden, und schnittige Kombis mit Satellitenantennen, die ausgefahren wurden und sich dann wie Schirme öffneten. Er hörte das Geräusch der Rotoren des Hubschraubers, der jedesmal in weitem Bogen auf der Laderampe niederging, wenn er einen Neuankömmling herantransportierte, der sich der Gruppe anschloß. Er hatte das Gefühl, das Weiße Haus und das Pentagon zu beherbergen, ohne je dazu eingeladen zu haben. Und diese dauernden Beschwerden wegen der Morsekommunikation gingen ihm langsam auf die Nerven. Er betonte erneut, daß Casey den Smitty-Harris-Klopfcode beinahe ebenso schnell verstehen konnte wie das gesprochene Wort.

»Darum geht es doch gar nicht«, schnappte Joe Malloy zurück. »Irgend jemand muß das verdammte System erst lernen, um die Nachrichten übertragen zu können.«

»Ich kann es«, erklärte Bingo.

»Und wenn Casey nicht der Pilot ist und sich vielleicht gar nicht an Bord befindet?«

Bingo nickte gewichtig. Er war zwischen dem Wunsch, sich nützlich zu machen, und der Befürchtung, daß die Nachricht, die diese Bande an die Stringbag übermitteln würde, zum Abbruch des Einsatzes führen würde, hin- und hergerissen. Admiral Jones hatte den Tisch des Buchhalters, auf dem sonst die Warenlisten geführt wurden, mit Beschlag belegt und ihn in ein kleines Nachrichtenzentrum mit Telefon, Tafeln und Karten verwandelt. Sein Stab hatte sich fürsorglich um ihn geschart. Jones sah allmählich aus wie ein richtiger Admiral, der zur See fuhr – ein Eindruck, der noch durch den Wind, der durch die offene Seite des Gebäudes Regen hereintrug, verstärkt wurde. Irgend jemand machte gerade eine dringende Meldung, und Bingo hörte: »Joe, wir haben die ganze Nacht durch Aufklärungsflüge über den Inseln durchgeführt –«

»Mein Gott!« Malloy zeigte die Zähne. »Hatten wir uns nicht geeinigt, daß jede Operation eingestellt werden soll?«

»Die sind in großer Höhe geflogen«, erklärte Admiral Jones. »Jeder muß die Flugzeuge für Jets der Luftlinien gehalten haben.« Der

Kommandeur der Task Force schloß den Mund, war plötzlich ungehalten und reichte Malloy ein Blatt Papier.

»Casey ist gestartet? Verdammt noch mal!« Der Sicherheitsberater wischte sich übers Gesicht.

Eine attraktive Dame im Tweedkostüm – Bingo hielt sie für eine Agentin der CIA – sagte knapp: »Da findet eine Wiedersehensfeier von Old Crows und Ravens im Quality Inn statt.«

Der Kommandeur der Task Force runzelte die Stirn.

»Die Amerikaner sind die Crows, die Briten die Ravens. Eine Vereinigung ehemaliger Funker und Bordschützen.«

»Rufen Sie dort an.«

»Die gehören zur älteren Generation, Admiral. Die könnten ärgerlich werden, wenn Sie um diese Stunde von einer Frau angerufen werden –«

»Ich werde mich darum kümmern«, versprach ihr Chef plötzlich ganz erregt.

Die Vereinigung der Old Crows und Ravens war eine verschworene Gesellschaft. Ihre Mitglieder rekrutierten sich aus Luftwaffenangehörigen des Zweiten Weltkriegs von beiden Seiten des Atlantiks. Damals waren die Piloten die Könige gewesen. Nur die allerwenigsten hätten gedacht, daß die Männer, die die Halbschwingen-Embleme der Funker und Bordschützen trugen, eines Tages die Zauberkünstler im elektronischen Luftkampf werden würden. Die Männer, die die wenig beachtete und gefährlichste Arbeit der Flugzeugbesatzung übernommen hatten, wechselten in Friedenszeiten auf ein Gebiet über, das sich so spektakulär aus dem »Funk«, der Sammelbezeichnung des Dienstes an der Morsetaste, entwickeln sollte. Sie waren die Pioniere von »Elint«, der Electronic Intelligence, der Anwendung der Elektronik in der Luftfahrt.

Das einzige Quality Inn, das jemand vom Pentagon meinen konnte, war das »Pentagon Quality Inn«, das auf der anderen Seite des Potomac, gegenüber vom Weißen Haus, zu finden ist. Die Wiedersehensfeier der Kriegskameraden war eine große Sache gewesen, mit einem Bankett als Höhepunkt. Einige Mitglieder, heute Präsidenten ihrer eigenen Elint-Unternehmen, versammelten sich später in der Suite ihres Präsidenten Niels Johannsen, der nach seinem Einsatz hinter den Linien im heimatlichen Norwegen in der RAF

Dienst getan hatte. Sie unterhielten sich über Neuentwicklungen: einen Ringlaser, der umlaufende Spiegel nutzte, um die Aufgabe des altmodischen Kreiselkompasses zu übernehmen, und Navigationsdaten in Lichtgeschwindigkeit errechnete. Weiteres Thema waren neue elektronische Schilde, die für eine neue Generation sehr hoch fliegender Flugzeuge gebraucht wurden. Dann hatten sie sich schließlich, müde und glücklich, zurückgezogen. Niels Johannsen war gerade dabei einzuschlafen, als sein Telefon klingelte.

»Es ist verdammt spät«, bemerkte der Anrufer.

Johannsen faßte die Bemerkung falsch auf und entschuldigte sich: »Die Jungs haben sich jahrelang nicht gesehen. Tut mir leid, wenn wir Sie gestört haben.«

»Nein«, erwiderte der Anrufer. »Sie haben nicht verstanden, was ich Ihnen sagte. Ich sagte, wir stehen in einer Krise. Es ist schrecklich spät.«

Johannsen hatte den entscheidenden Abschnitt seines Lebens mit bruchstückhaften Unterhaltungen wie dieser verbracht. Jetzt erkannte er die Stimme, denn er machte recht umfangreiche Geschäfte mit der Agency. Daher wartete er.

»Ist jemand greifbar, der eine Morsetaste bedienen kann und nicht eingerostet ist?«

»Ich«, erklärte Johannsen.

»Die Sache könnte gefährlich werden.«

»Da brauchen wir die anderen nicht zu stören«, bot Johannsen an. »Ich übernehme das.«

Bei Spad-Bier wurde die Neuigkeit mit unterschiedlicher Begeisterung aufgenommen. Die meisten der Anwesenden hatten sich auf einen ganz anderen Einsatz vorbereitet – einen, bei dem man sich im Gewirr politischer Ausschüsse und Büros vergrub, bewaffnet mit Erläuterungen und Karten, wo man die Absichten des Feindes aus den Meldungen von sieben verschiedenen Abwehrdiensten, neun Militärkommandos, nachgeordneten Dienststellen und einem Rattenschwanz von zweiunddreißig Überwachungsausschüssen auf dem Capitol Hill herausfilterte. Die Task Force Schmiedehammer war unter den strengsten Sicherheitsmaßnahmen gebildet worden. Wie bei der kombinierten Operation der Streitkräfte auf Grenada verließ man sich auf die Tatsache, daß der Erfolg alles rechtfertigen würde. Nach Grenada hatte niemand riskiert, die Mißbilligung der Öffentlichkeit auf sich zu ziehen, weil er lästige Fragen nach den Entscheidungen stellte, die ohne Konsultation gefallen waren. Jetzt war Schmiedehammer aufgeschoben: Die Fallschirmjäger wußten nicht, wohin, die Eliteverbände lungerten ziellos irgendwo herum, Schiffe und Flugzeuge standen abrufbereit. Derartige Verzögerungen sickerten unweigerlich durch, und Admiral Jones hatte schon eine Presseerklärung über umfangreiche Manöver formuliert... Anderseits – es wäre das Beste, wenn die CIA die Angelegenheit übernehmen würde und auch die Verantwortung trüge, soweit das möglich war.

Aus diesem Grund war es eine Überraschung, als Joe Malloy in folgender Weise auf die Warnung reagierte, es bestehe immer noch die Gefahr, daß die russische Überwachung den Morsecode entschlüsseln könne. »Ich nehme eine Anti-U-Boot-Patrouille, die von Cape Hatteras aus operiert«, erklärte er. »Sie nehmen Mr. Bingo Harriman, und ich verlasse mich auf Johannsen«, wandte er sich an den CIA-Mann. »Ich vermute« – er sah den kleinen britischen Admiral an –, »daß der Funk der Stringbag nur eine sehr geringe Reichweite hat. Wenn wir mit dem Flugzeug aus der Nähe Kontakt aufnehmen können, dann sollte Mr. Harriman von seinem Partner in Erfahrung bringen können, was, zum Teufel, da vor sich geht.« Er sah leicht erhitzt aus, nachdem er seinen Gefühlen in diesen letzten Worten freien Lauf gelassen hatte, und fügte in ruhigerem Ton hinzu: »Wir werden unsere endgültige Entscheidung danach fällen, was wir vorfinden.«

Über Bingo schlug eine Welle der Erleichterung zusammen, als er erkannte, daß dieses geheime Zusammentreffen in der Abfüllhalle nicht unbedingt aktenkundig zu werden brauchte. Es würde keine quälenden Fragen wegen des Zusammenziehens von Kampfhubschraubern in Forth Worth geben, wegen der Alarmierung des schnellen Eingreifverbandes Task 160, der Bereitstellung von Kommandoeinheiten der Delta Force und des Zusammenziehens von Spezialeinheiten. Er hatte einem General vom Joint Special Operations Command in Fort Bragg zugehört, so daß er ungefähr wußte, welche Einheiten betroffen waren. Es schien ganz in Ordnung, daß derjenige, der diese Angelegenheit über die Bühne bringen mußte, der arme Kerl vor Ort war, dessen letzte Worte in den Punkten und Strichen des mit dem Smitty-Harris-Code verschlüsselten Morsealphabets nur von einigen wenigen verfolgt werden würden, denen unbedingt zu trauen war. Bingo hielt den Nationalen Sicherheitsberater in diesen Zeiten der politischen Feigheit für eine rühmliche Ausnahme. Er hoffte nur, daß der Berater im Krachen eines explodierenden Doppeldeckers und beim Klicken der hölzernen Morsetaste nicht sein Waterloo erlebte.

»Sollten wir nicht die Antenne auswerfen?« erklang es durchs Sprachrohr des Doppeldeckers.

Wieder war es Lani. Er hörte Brackens Stimme. »Kluges Mädchen! Haben Ihren eigenen Cockpit-Check durchgeführt.«

»Ich habe die Morsetaste gesehen. Sie haben Glück, Casey. In der Klosterschule habe ich nicht nur Navigieren gelernt. Da gab es diese wunderbare Nonne, die immer sagte, man könne nie wissen, wann einem Fertigkeiten wie Nähen, Kochen und Signalesenden zustatten kämen.«

Casey stieß einen Seufzer aus, schob die Fliegerbrille nach oben und wischte sich wieder über die Augen. Die körperliche Anstrengung, die Stringbag zu fliegen, brachte ihn zum Schwitzen. Er hatte das unbehagliche Gefühl, daß das Ganze bald noch schwieriger werden würde. Er warf einen schnellen Blick über den Cockpitrand auf die weißen Schaumkronen unter sich. Es herrschte eine heftige Dünung. Ein anderer Wind mußte aufgefrischt haben. Nicht der Doktorwind, sondern ein eher unheilvoller Wind, der ihn seitlich abdriften ließ. Er sah zum Himmel hinauf, der mit leichten Zirruswolken in großer Höhe betupft war, die, obwohl hübsch, sehr ernst genommen werden mußten.

Wieder stieß er einen Seufzer aus. Er nahm das Mundstück des Sprachrohrs zur Hand, räusperte sich und sagte dann: »Gut, Lani, dann wollen wir mal entscheiden, ob wir uns auf einem Vergnügungsflug befinden oder nicht. Warum haben Sie die Papiere in Backgammon verbrannt? Und wieso leisteten Sie Rotspon in seinen letzten Minuten Gesellschaft?«

Ihr Bericht von Rotspons letzten Tagen tönte durch die Gummiröhren. Ihre Worte klangen in seinen Ohren, während der Wind um seinen Kopf pfiff. Lanis Stimme klang unbewegt. Jeden Satz sprach sie mit Nachdruck aus, als ob sie zusammen mit ihm im vorderen Cockpit säße und wüßte, daß sie gegen die Anforderungen des Ruders unter seinen Füßen und des Knüppels in seinen Händen um seine Aufmerksamkeit kämpfen mußte.

Lani war vollkommen erschüttert gewesen, als Professor Rutgers in aller Öffentlichkeit erschienen war, um Gabbiya an Bord der »Qurqur« aufzusuchen. Später erfuhr sie, daß er vorgab, sich derselben Erpressung zu beugen wie schon die amerikanische Regierung und die Angehörigen der möglicherweise noch gefangengehaltenen Amerikaner. Der Professor war auf den Köder aus, der von Big Vien ausgelegt worden war: das Versprechen, Tony Rutgers, sein Sohn, werde entlassen. Rotspons eigentliche Absicht war gewesen, Big Vien, wenn möglich, ausfindig zu machen und ihm zu verstehen zu geben, daß die geheime Abteilung tatsächlich aufgelöst worden war.

»Wollen Sie damit sagen, daß das nicht der Fall war?« schrie Casey gegen den heulenden Wind an.

»Nur soweit es die Öffentlichkeit betraf«, rief Lani zurück. »Rotspon und ein paar andere arbeiteten strikt auf freiwilliger Basis. Sie übernahmen das Wrack, bevor es unterging. Sie führten das Schiff der Abteilung wie zu Kriegszeiten: ein Amateur und zwei Mann an den Pumpen.«

Der unvorhergesehene Plan, die Geheimabteilung in aller Öffentlichkeit aufzulösen, ließ die regulären Dienste und die alten Krieger im Pentagon einen weitreichenden Plan fassen. Sie verstärkten ihre Anstrengungen, mit der Operation Schmiedehammer die Inseln über dem Wind militärisch zu besetzen.

Zia hatte auf Rotspon genauso reagiert wie auf Casey. Sie hatten höfliche Gespräche geführt, Informationen ausgetauscht, und dann hatte sich eine Gelegenheit für Rotspon ergeben, mit Lani zu sprechen. Sie hatte keinen Zweifel, daß alles, was zwischen ihnen gesagt wurde, abgehört worden war. Sie mußte Zias Eindruck, daß es ihr in erster Linie um die Interessen von Sahara ging, aufrechterhalten. Das verstand Rotspon natürlich; und Zias versteckte Kameras und Mikrophone zeichneten nur auf, daß Lani in der ihr eigenen unvergleichlichen Art versuchte, Rotspon Informationen zu entlocken. Ohne daß es entdeckt wurde, hatte sie auch herausbekommen, daß Rotspons sicheres Haus Backgammon war.

»Backgammon!« Caseys Hände krampften sich um den Steuerknüppel. »Dann war dieser südafrikanische Millionär, mein abwesender Vermieter –«

»Einer von uns. Rotspon konnte es nicht riskieren, Ihnen das zu verraten. Seine vordringlichste Aufgabe war es, Zias Gründe, die vietnamesischen Träume unter dem Meer in dieser Gegend zu verfolgen, in Erfahrung zu bringen...«

Lani war mit Rotspon am Strand von Backgammon zu einem ersten Meinungsaustausch zusammengekommen. »Ich war so lange Zeit auf mich selbst gestellt gewesen«, erzählte sie Casey. »Es ist nicht gut, wenn mit einem Schläfer nie Kontakt aufgenommen wird. Wir verkümmern, wissen Sie.«

Offensichtlich hatte Rotspon sich nach dieser Unterbrechung über die Verläßlichkeit der Irin informiert. Schließlich zufriedengestellt, hatte er ihr Material übergeben, das sich auf die von Zias Unternehmen finanzierten Explorationen bezog. »Es stimmte ganz genau mit den Erkenntnissen von E. P. überein«, erklärte Lani. »Damals wußte Rotspon das natürlich nicht. Er hatte Fakten zusammengetragen und dann seine geistigen Fähigkeiten eingesetzt, um eine Hypothese zu erarbeiten. Ich habe das Material im Safe der Bibliothek von Backgammon eingeschlossen. Wir waren die beiden einzigen, die Zugang zum Safe hatten. Rotspon hatte beabsichtigt, Ihnen die Papiere zu zeigen, wenn es sicher sein würde, Sie zu treffen. Meine Aufgabe bestand darin, auf der ›Qurqur‹ nach Anhaltspunkten zu suchen: warum Zia diese ganzen Unterwasserunternehmungen begonnen hatte.«

Casey fügte die Puzzlesteinchen von Lanis Bericht zusammen und wußte, daß sie der Wahrheit entsprechen mußten. An dem Unterschied zwischen dem, was von den Soldaten in Vietnam bemerkt wurde, und dem, was Washingtons Nachrichtenestablishment sehen wollte, hatte sich wenig geändert. Rotspon hatte gegen diese einseitige Betrachtungsweise opponiert, weil er selbst seinen Sohn im Feld hatte. Nachdem die Geheimhaltung in einem öffentlichen Verfahren, als ihre Arbeit an die Zeitungen durchgesickert war, liquidiert worden war, hatte Rotspon die Gelegenheit ergriffen, die Abteilung nach seinen eigenen exzentrischen Vorstellungen zu leiten. Er war entsetzt, als er erkannte, daß Lani so lange ohne Instruktionen gearbeitet hatte.

»Er persönlich hat die ›Qurqur‹ unter Wasser untersucht«, erklärte Lani. »Er mußte sich selbst einen Eindruck von den Möglichkeiten des Schiffes verschaffen, denn er argwöhnte, daß Zia seine Aktivitäten auf die ›Ultima Thule‹ verlegen könnte. Dieses Schiff ist vollständig ausgerüstet, mit unbemannten Unterwasserfahrzeugen, Schleppausrüstungen und Laboren. Dann nahm er das allergrößte Risiko auf sich und ging heimlich an Bord der Jacht. Er wollte mir den kompletten Überblick über die neuesten Entwicklungen verschaffen. Er war sicher, daß Zias Agenten bereits hinter ihm her waren. Rotspon wollte das Risiko eines zweiten Treffens am Strand von Backgammon nicht mehr eingehen. Er handelte nach dem Motto: Wenn man merkt, daß man unter feindlicher Beobachtung steht, dann geht man am besten in unmittelbarer Nähe des Feindes auf Tauchstation. Er befand sich in meiner Kabine, als der Alarm ertönte. Zias Männer vermuteten, daß sich ein fremder Eindringling unter dem Rumpf befand, und den Tauchern wurde befohlen, eine Suchaktion durchzuführen. Ich habe Ihnen schon gesagt, daß diese Taucher zur Elite gehören. Ich konnte tauchen, wann ich wollte. Ich bin ebenso gut wie ein Mann. Vielleicht sogar besser. Ich habe also Rotspon meine Ausrüstung gegeben. Die anderen nahmen an, es handele sich um mich. Die Offiziere des Schiffes haben unten am Tauchbecken keine Befehlsbefugnis...«

Der Wind pfiff um das Cockpit, die Stringbag bockte wild, und Casey mußte sich anstrengen, um Lani zu verstehen. Der Flug durch die trügerischen Elemente war ein Tanz auf Eiern, und er mußte sich ebenso vorsehen, wie Lani das hatte tun müssen; kein Wunder, daß ihr Benehmen leicht als schiere Arroganz ausgelegt wurde; sie mußte sich vor jeder Überraschung hüten. Sie war ein intimer Teil von Zias Leben und versuchte krampfhaft, sich daran zu erinnern, daß sie eigentlich zur anderen Seite gehörte. Die Widersprüche und Lücken in ihren früheren Berichten waren unvermeidlich gewesen. Sie sagte: »Ich hatte entsetzliche Angst. Ich habe mitangesehen, wie Zia Verräter behandelt hat. Ich ging auf Deck, um mich wieder unter Kontrolle zu bringen. Ich wußte, es war das Risiko wert, wenn Rotspon endlich etwas unternehmen könnte. Ich habe im Namen des Patriotismus schlimme Dinge getan – Dinge, die meiner Erziehung nicht entsprachen –, und die einzige Rechtfertigung war immer, daß ich sie nur deshalb tat, um das größere Übel zu zerstören. Ich fühlte mich dreckig. Dieser Dreck würde abgewaschen werden, wenn er es schaffte, Zia Einhalt zu gebieten.«

»Hätten Sie nicht Zia töten können?« fragte Casey und dachte an das Ringmesser.

»Ich hatte diese Absicht«, gab Lani zu. »Doch Sie müssen die Lage verstehen, in der ich mich befand. Die ganze Zeit über erhielt ich keinerlei Instruktionen, deshalb mußte ich davon ausgehen, daß eine Operation im Gang war. Wenn ich Zia umbrachte, dann mochte dies genau das sein, was Washington nicht wünschte. Ich habe an die Weisheit der übergeordneten Stellen geglaubt...« Casey hätte schwören können, daß sie lachte, doch vielleicht spielte ihm da auch der Windstrom einen Streich. »Erst als Rotspon hier auf der Szene erschien, erkannte ich, daß ein Attentat der letzte Ausweg war. Seit Hanoi habe ich das Ringmesser für Pham Quac Vien reserviert...«

Big Vien! Der Mann aus dem Lager. War es sein Lachen, das Casey gehört hatte, und nicht das Tosen des Windes? Casey zweifelte nicht länger an dem, was er zu tun hatte. Der Vergnügungsausflug war zu Ende. Er blies scharf in das Sprachrohr und rief Bracken zu: »Sind wir auf Kurs?«

»Ich habe Drake's Point und den Turm der alten Kathedrale angepeilt«, erwiderte Bracken. »Der Wind dreht sich andauernd. Ich gebe Ihnen gleich einen neuen Kurs.«

»Wie lange brauchen wir nach Black Rock?«

»Mit dieser Geschwindigkeit zwei Stunden.«

Caseys Mut sank. Er kam auf Rotspon zurück.

Lani erzählte weiter: »Ich war noch an Deck und erwartete fast, daß sich Zias Schergen auf mich stürzten, als ich etwas an der Meeresoberfläche treiben sah. Ich schlich schnell nach achtern, war der felsenfesten Überzeugung, daß es der alte Rotspon war, und drehte vollkommen durch. Der Seeadler, den ich immer benutzte, um an Land zu fahren, lag an seiner normalen Stelle, an der Leiter festgemacht. Die Wachen waren zwar alarmiert, doch mir stellten sie sich nie entgegen. Ich bin Zias Frau. Oder war es. Ich erwischte Rotspon. Er war tot.«

Casey rief: »Aber es war Morgen, als Alison und ich Sie sahen, wie Sie das Boot, in dem Rotspon lag, verließen.«

»In der vorhergehenden Nacht nahm ich die Leiche mit dem Seeadler in Schlepp und verbarg sie in einem Boot, das Touristen gehörte, am Ende des Dammes. Ich zog Rotspon meine Ausrüstung aus und kehrte zur ›Qurqur‹ zurück, um mir einen Plan zurechtzulegen. Ich vermutete, daß Rotspon ertrank, als durch den Alarm die Antisabotage-Systeme aktiviert wurden. Dann nahm ich einen alten Taucheranzug aus meinem Schrank, einen, den niemand identifizieren konnte, und kehrte zum Damm zurück. Ich wollte, daß eine öffentlich Untersuchung stattfand, und wenn es sich um Mord handelte, mußte sie durchgeführt werden. Also schlug ich ihm mit einem Klauenhammer den Schädel ein und warf den Hammer anschließend ins Wasser.«

»Weshalb wünschten Sie eine öffentliche Untersuchung?«

»Ein Mord ist nur schwer zu vertuschen. Die Neuigkeiten würden Washington erreichen. Jedem, der kommen würde, um Nachforschungen anzustellen, konnte ich trauen. Bei jedem, der in Washington blieb, konnte ich annehmen, daß er Teil der Verschwörung war.«

»Hatten Sie denn zu niemandem Vertrauen?«

»Nach dem, was Rotspon mir verraten hatte? Amerikanische Gefangene wurden ›administrativ begraben‹, weil niemand an der Spitze sich der Peinlichkeit aussetzen wollte, zugeben zu müssen, daß es noch lebende Gefangene gab. Karrieren waren auf der Aussage, die Männer seien tot, aufgebaut worden. Außerdem fürchtete jede Regierung die politischen Auswirkungen eines weiteren Geiseldramas wie in Teheran. Kriegsgefangene wären als Geiseln behandelt worden, und kein amerikanischer Präsident wollte sich, wie damals Carter, machtlos einer solchen Situation gegenübersehen…«

»Also glaubt Big Vien, die amerikanische Freiheit ermögliche ihm das, was er haben will?«

»Zia denkt genauso. Die behaupten, Amerika habe ein großes Maul und es stecke nichts dahinter.«

»Das ist aber keine Annahme, auf die man sich vollkommen verlassen kann.«

»Die beiden haben sich auf eine weitere Möglichkeit eingestellt. Zia und Big Vien wußten über den Plan Bescheid, Zia in ein Drittland zu locken, um ihn dort umzulegen. Aus diesem Grund ließ Zia seine Anwesenheit hier durchsickern.«

Casey schwieg. Es war nicht notwendig, auf dem Offensichtlichen herumzureiten. Wenn jetzt ein amerikanischer Militäreinsatz gegen die Inseln durchgeführt wurde, dann hatte Zia es klugerweise so eingerichtet, daß er abwesend war.

Niemand sagte mehr etwas. Lani hatte eine Art umfassendes Geständnis abgelegt und fühlte sich vollkommen ausgelaugt. Mit Zia hatte sie einen solchen Grad der Vertrautheit erreicht, daß es ihr schwergefallen war, an ihrer Sicht der Dinge festzuhalten. Jetzt war das Eis gebrochen. Eine kontrollierte Wut stieg allmählich in ihr auf. Sie war aufs Kreuz gelegt worden: durch die Unfähigkeit ihrer eigenen Leute und ebenso sehr durch die genau berechnende Art und Weise des Meisterillusionisten Zia. Sie ließ ihrer Wut freien Lauf, die ebenso aufwallte wie die von Casey. Das Ziel von Caseys Wüten jedoch war Big Vien. Ihr Kampf hatte beinahe Caseys halbes Leben gedauert, wenn man die Jahre seit seiner Entlassung aus dem Lager hinzuzählte. Seit damals mußte Big Vien ihn in aller Ruhe weiter beobachtet haben – wobei er sich sicher denken konnte, daß Casey sich mit ihm weiterhin in der gleichen Weise beschäftigen würde. Leute wie Big Vien und Zia schienen Amerikaner nicht verstehen zu können, und deshalb zwang ihr Verhalten die Amerikaner, sich auf Vorgehens- und Denkweisen zu besinnen, die ihrem Glauben und ihren Traditionen widersprachen. Amerika hielt nichts von politischen Morden. Caseys Hände krampften sich um den Knüppel, und er wünschte sich, Zia und Big Vien würden ihm einen Vorwand liefern, die »Ultima Thule« zu torpedieren. Denn jetzt war er sicher, daß Big Vien sich an Bord aufhielt und dort am Black Rock auf die dämlichen Amerikaner wartete.

»Wie steht's mit unserem Treibstoff?« Casey konzentrierte sich wieder voll auf das Fliegen der Stringbag. Noch immer konnte er die schwimmende Anzeige nicht erkennen.

»Im Tank des oberen Flügels müßten noch hundertfünfzig Gallonen sein«, vermutete Bracken. Eine lang vergessene Gewohnheit, eine automatische Geste, veranlaßte ihn, eine Zigarre hervorzuziehen. Er befand sich unmittelbar hinter Casey, stand auf seinem Sitz und spähte angestrengt ins vordere Cockpit, wie ein Tourist, der von einem Balkon aus die Aussicht bewundert. »Wir benötigen siebzig Gallonen, um Black Rock zu erreichen, doch bei diesem Wind...«

»Ist Black Rock groß genug, daß wir dort notfalls landen können?«

Bracken lachte schallend. »Wenn Sie auf einem Nadelkopf tanzen können, ja. Andernfalls, nein. Doch machen Sie sich deswegen keine Sorgen! Zwischen uns sind weitere siebzig Gallonen verstaut.«

Casey löste den Sicherheitsgurt, stand auf und drehte sich um, nur um zu sehen, wie Bracken mit einer Schnur und einem Korken oben auf einem schwarzen Metalltank hantierte.

»Brennt die Zigarre?« schrie Casey. Der Tank war eine Brandbombe.

Bracken spuckte die Zigarre aus, sie wirbelte davon. »Hab' nach dem Start vergessen, den Stopfen zu ziehen!« Er zog an der Schnur. Der Korken nahm denselben Weg wie die Zigarre. »Während des Starts sickert Benzin aus. Kommt durch diese Röhre hier. Das Rohr ist ein Luftventil, das dafür sorgt, daß der Treibstoff in den Haupttank fließt. Der Korken hat nur dafür gesorgt, daß das Flugzeugbenzin nicht auf unsere Köpfe herunterregnete.«

Casey schluckte schwer und blickte wieder nach vorn. Eigentlich hätte er sich bei Bracken nach einer Ausweichlandebahn erkundigen müssen. Sein ganzes Denken hatte sich nur auf den Anflug konzentriert. Doch in diesem Augenblick hatte er keine Lust, die Frage zu stellen, weil er befürchtete, daß Bracken sagen würde, sie hätten ja den ganzen weiten Ozean als Landestreifen, wenn der Wind sie weiter aufhalten würde. Allerdings nur, wenn Bracken darauf verzichtete, sie allesamt vorher in Brand zu stecken.

Der Horizont bezog sich langsam. Nebel über dem Meer konnte einen plötzlichen Windabfall bedeuten oder Wetterwechsel. Casey hatte nur eines gelernt, nämlich, daß sich das Wetter auf den Inseln durch gängige Methoden nicht vorhersagen ließ. Er sah angestrengt ins Cockpit, bis er den Anzeiger mit dem Haifischöl im Blickfeld hatte: Die Flüssigkeit hatte sich in ein seltsam blasses Gelb verwandelt. »Sollen wir über die Wolken da vorne hinwegfliegen, oder zeigt sich die Kiste auf dem Radarschirm?« fragte er Bracken.

»Kiste?« Es war kaum zu entscheiden, ob Brackens Beleidigtsein gespielt oder ob er tatsächlich verletzt war. »Die Stringbag besteht aus Holz und Segeltuch. Sie führt jedes Radargerät an der Nase herum. Bleiben Sie unten. Die wird mit der Waschküche schon fertig.«

Casey entschied, daß der Ton frostig gewesen war. »Noch ein Vorteil für die Stringbag«, erklärte er. »Moderne Radargeräte können alles entdecken... alles Moderne.«

Bracken taute wieder auf. »Bringen Sie die Maschine auf Meereshöhe runter, seien Sie so gut.«

Ich bin wieder in der Gunst Seiner Gnaden, dachte Casey. Er ließ die Stringbag bis dicht über die Wasseroberfläche absacken. Wie wütend hatte sie gebockt, als er aufgestanden war und Lord John zurechtgewiesen hatte! Jetzt, wieder angeschnallt, merkte er, wie sich ein neuer Geist im Flugzeug verbreitete. Maschine und Mannschaft schmolzen zu einer Einheit zusammen. Die Stringbag verfiel in einen ruhigen Rhythmus. Stimmen murmelten in den Sprachrohren. Bracken erkundigte sich, ob jemand Brot und Käse wolle. Lani sagte nein, fragte jedoch, wo die Toilette sei. Bracken erklärte, daß es am Boden des Cockpits eine Pinkelröhre gebe. Alles sehr kameradschaftlich, bis der Nebel sie einschloß.

25

Alison hatte dem immer entfernter klingenden Dröhnen des Stringbag-Motors gelauscht, während ihre Gefährten auf dem Seilpfad von Wreck Cay warteten, kurzzeitig von den Zielblendbomben geblendet. Als sie sicher war, daß das Flugzeug nicht zurückkehren würde, sagte sie zu Pony Moore, er solle sich nicht um die Grasfeuer kümmern, die von den Raketen der Einsatzgruppe entzündet worden waren. »Schaffen Sie die Hilfsmannschaft in die Höhlen, Chiefy.«

»Die letzte Rakete ist genau hinter der startenden Maschine Ihres Vaters eingeschlagen«, bemerkte E. P. Geld.

»Sie meinen, hinter Caseys Maschine. Mein Vater wäre am Ende der Klippe nie so nach unten gegangen.« Sie mußte sich immer noch von dem Schrecken erholen. »Wenn die Männer, die diese Raketen abgeschossen haben, hier landen, dann möchte ich den Eindruck erwecken, wir seien schon fort. Dort drüben, zwischen den Felsen, gibt es einen Spalt. Ist unmöglich zu finden, wenn man ihn nicht kennt.«

E. P. wies zu Moore hinüber. »Und woher soll der das wissen?«

Alison antwortete nicht. Sie sah keinen Grund, dem amerikanischen Wirtschaftsboß mehr zu verraten, als unbedingt notwendig war.

Der Spalt in der schwarzen Lava war der Eingang zu einer Felskammer. Pony Moore sagte: »Stemmen Sie Ihre Hände und Knie gegen die Wände und klettern Sie langsam nach unten. Am Boden ertasten Sie einen Absatz. Ziehen Sie sich in die Höhle weiter hinten zurück. Sie liegt über der Hochwassermarke. Sie als erster, Mello.« Er wählte den jüngsten Constable deshalb aus, weil er der Mann war, der nicht so leicht aus der Ruhe zu bringen war.

»Und Sie?« fragte E. P. Alison.

»Ich muß die Barkasse verlegen.«

»Ist das nicht gefährlich?«

»Ich bin die einzige, die bewaffnet ist.« Sie hörte das sich entfernende Stampfen eines Bootsmotors. Zias Männern war es nur um die Stringbag gegangen. Das redete sie sich zwar ein, hielt aber dennoch die Armbrust schußbereit.

»Bogen gegen Raketenwerfer«, meinte E. P. »Altertümliche Kriegsführung.«

»Hier gibt es Gesetze gegen Feuerwaffen.«

»Für Gabbiya ganz sicher nicht.«

»Das müssen ausgerechnet Sie sagen!« schnappte Alison. Sie wartete nur ab, bis alle Männer unten waren, war aber froh, dadurch einen Augenblick inmitten der Sträucher ausruhen zu können. Später würde sie mit der Barkasse auf See hinausfahren und den Eindruck erwecken, Wreck Cay liege verlassen da. Was mit E. P. geschah, ging sie nichts an. Während der anstrengenden nächtlichen Überprüfung der Firmenberichte hatte sich zwischen ihnen so etwas wie Vertrautheit entwickelt. Sie hatte einen kurzen Blick auf den kleinen Jungen erhascht, der sich im Innern des vollkommen selbstsicher wirkenden Erwachsenen verbarg, einen kleinen Jungen, der erst noch erwachsen werden mußte.

»Ich habe die Gesetze der Inseln nie gebrochen«, protestierte E. P., der ihre Bemerkung mißverstand. »Ich habe niemals wissentlich irgendwo Gesetze gebrochen. Jetzt habe ich alle Unterlagen für eine staatliche Untersuchung zusammengetragen. Wenn ich sicher sein könnte, ein ehrliches Verfahren zu bekommen, könnte ich meinem Land noch von erheblichem Nutzen sein.«

»In welcher Beziehung?«

Bevor E. P. antworten konnte, schob sich jemand durch die dichtstehenden gelben Blumen, die am Klippenrand standen. Alison griff nach der Armbrust, die zu ihren Füßen lag. »Lassen Sie das!« warnte der Neuankömmling. Es war Geoffrey Fetherstone. Hinter ihm tauchte Herman Schroeder auf, der Handgranaten bei sich trug und bis zu seinem beachtlichen Bauch nackt war.

»Vielen Dank, daß Sie alle Eier in einen Korb gelegt haben«, erklärte Schroeder und warf einen Blick auf die Höhlen. »So kann ich mit einem Wurf Rührei aus ihnen machen.«

»Nicht, wenn Sie mit der Handgranate ebenso miserabel zielen wie mit den Raketen«, gab E. P. zurück. Er verblüffte Alison durch seine plötzliche Geistesgegenwart.

Schroeder lachte. »Spielt überhaupt keine Rolle, ob diese alte fliegende Mühle hier getroffen oder von der ›Qurqur‹ abgeschossen wird.«

Alison wurde steif. Diese Dummköpfe dachten, die Stringbag werde das falsche Ziel angreifen. Schroeder mißverstand ihre verblüffte Miene. »Für Sie mag das Schiff vielleicht wie eine Jacht aussehen, doch da gibt es genügend Feuerkraft, um Nelson's Harbour in Schutt und Asche zu legen.«

»Und das ist der Plan?« fragte Alison.

»Wir würden Ihren Vater lieber vor Gericht stellen«, erklärte Fetherstone. Er sah E. P. Geld an. »Und Sie werden dafür sorgen, daß es echt wirkt.«

E. P. trat zwei Schritte vor und wurde von der Waffe in Fetherstones Hand aufgehalten. »Ich bin nicht überrascht«, erklärte E. P. Er sah auf Alison hinab. »Fetherstone mußte zu Kreuze kriechen, um seinen Lebensstil aufrechterhalten zu können. Hat das Zeug zum Bankier. Aber Sie wollten nicht den üblichen Weg gehen, stimmt's, Fetherstone? Sie wollten ganz schnell an die Macht. Ebenso wie dieser Fettkloß.«

»Vorsicht«, warnte Schroeder. »Wir wollen Sie zwar lebend, doch nicht um jeden Preis.«

»Sie sind erledigt, E. P.«, stellte Fetherstone fest. »Zwei Dinge werden mit Ihrem Imperium geschehen. Entweder wird es als Deckmantel für terroristische Untergrundarbeit entlarvt werden oder als Deckmantel des Versuchs der CIA-Schurken, den Großprotektor des Islam zu vernichten.«

Die drei Männer musterten einander vorsichtig. Alison schob die gespannte Armbrust hinter einen Felsvorsprung. Sie mußte erreichen, daß Schroeder und Fetherstone weitersprachen. »Wie sind Sie denn hierhergekommen?« fragte sie.

»Sie halten das Maul«, befahl Schroeder.

»Nein, verraten Sie es uns«, hakte E. P. nach.

Fetherstone starrte seinen ursprünglichen Arbeitgeber verblüfft ob dieser Demonstration von Rückgrat an. Dann zuckte er die Achseln. »Das Raketen-Team hat uns an Land gesetzt. Für diese Operation bin ich verantwortlich. Ich habe den Befehl.«

»Sie reden zu viel«, unterbrach ihn Schroeder. Doch Geoffrey Fetherstone hatte gerade erst so richtig Gefallen an dem Gefühl gefunden, den Mann zu demütigen, vor dem er so lange gekatzbuckelt hatte. Diese Gelegenheit wollte er sich auf keinen Fall von einem schmierigen Gewerkschaftsboß vermasseln lassen. E. P. stichelte mit einer weiteren Frage: »Den Befehl worüber?« Sein Ton verriet seine Ansicht, Fetherstone sei nicht einmal in der Lage, einem Zimmermädchen Anweisungen zu erteilen.

Fetherstone wandte Schroeder den Rücken zu und erklärte: »Über die Geld-Organisation, Mr. Geld. Wenn Sie Ihre Haut retten wollen, dann werden Sie aussagen, daß Sie es als Ihre patriotische Pflicht ansahen zu kollaborieren. Washington benötigt Ihre Ressourcen.«

»Und wann sage ich das aus?«

»Wenn alles vorüber ist. Auf das Attentat auf Gabbiya und die Militärinvasion werden unweigerlich Kongreßanhörungen folgen.«

»Invasion?« Alison riß die Augen auf.

»Die Gerüchte haben bei den ausländischen Investoren bereits für Unruhe gesorgt. Ich kenne die Geschäftswelt ebenso gut wie Mr. Geld. Eine großangelegte amerikanische Invasion wird auf den Inseln zum wirtschaftlichen Kollaps führen. Und ich habe die Beweise gefälscht, die der CIA die Schuld an der Ermordung Gabbiyas in die Schuhe schieben. Mr. Geld wird ein wichtiger Zeuge sein. Ebenso Schroeder.«

Schroeders winzige schwarze Augen blitzten zwischen den Fettwülsten. »Fünf Jahre Gefängnis, und man hat alles über Zeugenaussagen gelernt. Mir hatte man lebenslang gegeben«, erklärte er stolz. »Gabbiyas Jungs haben mich rausgekriegt. Wäre nie ohne die richtigen Zeugen gegangen.« Er warf Fetherstone einen wilden Blick zu. »Erkundigen Sie sich bei ihm nach der amerikanischen Justiz. Wenn man Geld hat, bekommt man auch Gerechtigkeit. Ich habe einige der größten Gewerkschaften der Vereinigten Staaten angekauft und wieder verkauft.« Er leckte sich die Lippen. Die Sonnenstrahlen überfluteten inzwischen die Spitze von Wreck Cay. Er musterte Alison, die in seiner Nähe kauerte. Diesen lüsternen Blick kannte sie, und ganz bewußt veränderte sie ihre Haltung. Sie lag halb am Boden, die Beine leicht gespreizt. Ihr Arbeitshemd stand halb offen, und sie drehte sich leicht zur Seite, so daß ihre Brüste teilweise entblößt wurden. Dann sagte sie: »Wollen Sie damit sagen, Sie seien ein Gewerkschaftsboß, Mr. Schroeder?«

Diesen Ton kannte Schroeder. Seine Erfahrung mit Frauen beschränkte sich auf die Damen, die durch die unmittelbare Nähe nackter Gewalt stimuliert werden. Wieder fuhr seine Zunge über die Oberlippe. »Ich könnte Ihnen Gewerkschaften nennen, deren Bosse mit Gewerkschaftsgeldern Unternehmen betreiben, die größer sind als so manche auf der Liste der fünfhundert größten Unternehmungen des Landes. Ich habe diesen Jungs die Flötentöne beigebracht. Ich kann Ihnen Gewerkschaften zeigen, die so mächtig sind, daß sie Amerika lahmlegen können, wenn und wann sie es wollen.«

»Aber wie denn das, Mr. Schroeder?« Alison saß mit leicht geöffnetem Mund da.

»Verdammt noch mal!« bollerte Schroeder. »Ich hab' mal eine Gewerkschaft gehabt, in der alle Sicherheitsangestellten sämtlicher amerikanischer Atomkraftwerke organisiert waren. Wir haben Pensionsfonds, Streikgelder, Mitgliedsbeiträge in Privatunternehmen gesteckt, die neue Anlagen bauten. Es gibt niemanden, vom kleinen Staatsanwalt bis zu denen im Justizministerium, der uns aufhalten könnte. Weil wir das Geld für die besseren Rechtsanwälte haben. Wir haben die Macht, jeden Störenfried zum Schweigen zu bringen. Und wir haben Zia Gabbiya, der nur allzu bereit ist, uns zu helfen, wenn wir ihn darum bitten. Dem gehören die Sicherheitsangestellten nämlich jetzt.«

»Mein Gott«, hauchte Alison und wand sich herausfordernd. »Wollen Sie damit sagen, daß alle diese Kernkraftwerke unter Zias – nein, eigentlich unter Ihrer Kontrolle stehen?«

Schroeder nickte. Er zog den Stift von der Handgranate ab, als wolle er demonstrieren, wer hier die Macht hatte.

»Die werden Sie doch nicht verwenden, Mr. Schroeder?«

»Ich lasse nie Beweise in der Gegend herumliegen«, erklärte Schroeder und genoß den Ausdruck des Entsetzens auf Alisons Gesicht. »Sie sagen, dies hier sei nicht Amerika. Es ist auch kein Atomkraftwerk. Die Inseln bedeuten gar nichts. Ich kann hier tun und lassen, was ich will.«

Fetherstone sah seinen Kumpan an. Das lässige Scharfmachen der Granate verbot jede Überlegung, Schroeder zum Schweigen bringen zu wollen.

»Diese Inseln sind ein Besitz der Königin«, erklärte Alison. »Sie wollen sich doch nicht etwa mit der britischen Monarchie anlegen?« Ihre Stimme klang atemlos vor Erregung.

Schroeder schätzte mit einem Blick die Entfernung zum Eingang der Höhle ab. Beinahe gleichgültig erklärte er: »Königin? Ich will ja, daß die Königin so richtig wütend wird, wenn sie hört, wie die Amerikaner hier gelandet und mitten in die Scheiße geraten sind. Da kann ich doch deine Kumpels da unten nicht am Leben lassen, damit sie das Gegenteil behaupten können!«

Er war drauf und dran, die Handgranate zu werfen, als E. P. auf ihn losging. Der Angriff war so untypisch, daß er Schroeder vollkommen überraschte. E. P. sah rot. Plötzlich sah er in dem großen

Aufschneider den Kerl vor sich, der für Amandas Tod verantwortlich war. Auf einmal war er sicher, daß es Schroeder gewesen war, der die Berichte an Gabbiya weitergegeben, Amandas Bandaufzeichnungen gestohlen und die Lieferung der tödlichen Schallplatte arrangiert hatte.

Alison hörte das »Plop« der Zündung, als die Wucht des Angriffs den Griff der Stielhandgranate abbrach. Reflexartig schrie sie auf – nicht aus Angst, sondern weil sie nicht wollte, daß Schroeder oder Fetherstone getötet wurden. »Nein«, schrie sie. »Bringen Sie die beiden –«

E. P. schnappte sich die Granate wie einen Baseball im Gewühl. Schroeder war aus dem Gleichgewicht gekommen und fiel nach hinten. E. P. drückte die Granate gegen seine Brust und rannte weiter. Alison preßte ihr Gesicht auf den Boden und legte die Hände über den Kopf. Die Explosion donnerte und wurde als Echo immer wieder zurückgeworfen; die Detonation wurde durch E. P.s fallenden Körper gedämpft.

Sergeant Winston stürmte aus dem dichten, nahegelegenenen Unterholz hervor. Er landete auf Schroeder, rammte ihm das Knie in die Hoden und versetzte ihm mit der flachen, ausgestreckten Hand einen Schlag in den Specknacken. Mit der anderen Hand entriß er Schroeders schwach gewordenem Griff die zweite Handgranate und warf sie über die Klippe. Es folgte keine Explosion.

Alison kam gerade auf die Beine, als Fetherstone herumrollte. Noch immer hatte er die Waffe in der Hand. Sie kam breitbeinig zum Stehen, die Armbrust schußbereit. Ihre Spitze war nur Zentimeter von seiner fleischigen Nase entfernt. Der Pfeil wartete nur darauf, ihm den Schädel zu spalten.

»Die Königin wird sich ganz bestimmt freuen, wenn sie eure Geständnisse bekommt«, erklärte Sergeant Winston. Er nahm Fetherstone die Waffe ab. Die Verachtung dem Proleten gegenüber reizte Fetherstone zum Widerspruch. »Die Königin«, erklärte er verächtlich, »wird nie etwas von dieser Geschichte erfahren. Dieser Fettsack –« er wies mit dem Ellenbogen auf Schroeder – »hat den wichtigsten Mann auf den Inseln in der Hand. Eure Königin wird nicht mal ein Räuspern hören.«

Winston stieß einen durchdringenden Pfiff aus. Pony Moore erschien zwischen den Felsen, gefolgt von Constable Mello. »Hab' alles mitgekriegt, um's bezeugen zu können. Knebelt sie!« An Alison gewandt, fügte Sergeant Winston hinzu: »Vielleicht wäre ein Betäubungspfeil besser« und warf einen Blick auf den Stahlpfeil, der in ihrer Armbrust lag.

»Warum sollten wir ein gutes Betäubungsmittel verschwenden?« fragte sie.

Winston seufzte. »In Ordnung, knebeln.« Er schob seinen Kopf vor und sah in Schroeders Augen. »Wir sind vielleicht blöd hier auf den Inseln. Aber wir haben eine Stimme, die direkt in das Ohr der Königin dringt. Heißt Hafenfunk.«

»Zu spät, um den großen Knall über der ›Qurqur‹ verhindern zu können!« brachte Schroeder gerade noch stöhnend heraus, bevor Constable Mello ihm einen Lumpen in den Mund stopfte.

»Stimmt ja!« Winston schlug sich mit der Hand vor die Stirn. »Es gibt überhaupt keine Möglichkeit, wie wir die alte Stringbag aufhalten können, bevor sie uns alle dumm dastehen läßt.«

Alison zog ihn fort. »Hören Sie mit dem Unsinn auf!« Sie lachte.

Doch der Sergeant hob nur die Stimme, damit die Gefangenen ihn auch hören konnten. »Ich glaub', das Beste wäre, wenn ich die zur Jacht bringe, damit die auch was von dem großen Knall haben.« Er wandte sich an Alison und sagte leise: »Die drohende Exekution müßte eigentlich ihre Sinne schärfen. Wir werden Scotland Yard nicht mal zu bezahlen brauchen, damit die das Verhör durchführen.«

Bingo Harriman, der in einer P-3 der Navy flog, sah Tony Rutgers' Vater, den alten Rotspon, allmählich in einem ganz anderen Licht. Er hatte gehört, wie Downwind Dalrymple zu Admiral Jones sagte: »Das Schöne an der Sache ist, daß Gabbiya sich selbst die ›Ultima Thule‹ als Falle ausgesucht hat. Der hat jeden Hinweis von Rutgers geschluckt...« Dann entfernten sich die beiden Männer aus seiner Hörweite.

Bingo hatte zum Schluß seine unerwarteten Gäste überreden können, einen Schluck des hervorragenden Spad-Biers zu probieren, das aus reinstem Quellwasser und einer speziellen Maische gebraut wurde und einen ganz leichten Reisgeschmack hatte. Er hatte aus den Gesprächsfetzen seine Schlüsse gezogen. Jetzt versenkte er sich an Bord des flüsternden Giganten in eine Art aufschlußreicher Meditation. Die Turboprops verursachten kaum ein Geräusch. Das Flugzeug war mit mehr elektronischen Instrumenten ausgestattet, als man sie auf einer Computermesse zu Gesicht bekam. Die Maschine war von ihrer normalen Patrouille vor der Küste von Cape Hatteras abgezogen worden, um die wenigen Glücklichen auf der Andrews Air Base an Bord zu nehmen, die mit Helikoptern von der Spad-Brauerei dorthin geflogen worden waren.

Es war absurd. Unglaublich. Doch wenn Bingo die Ereignisse Revue passieren ließ, jede neue Hypothese überprüfte wie ein Hochseilartist die Spannung des Seils, desto näher schien er der Lösung zu kommen. Rotspon selbst hatte gesagt, daß die Häufigkeit, mit der in Washington Geheimnisse durchsickerten, ein gefährliches Ausmaß angenommen hatte. Dann sickerte das Gerücht durch, Gabbiya sei zu weit gegangen und die Vereinigten Staaten seien entschlossen, ihn in einem dritten Land zu erwischen. Nach Jahren bloßer Rhetorik, in denen Gabbiya jede verbale Auseinandersetzung gewann, war diese Herausforderung für den Großprotektor eine zu große Versuchung. Sein Ansehen in aller Welt hing mehr und mehr davon ab, Amerika zu demütigen. Er wollte die Welt an diejenigen verteilen, die den Westen und den amerikanischen »Imperialismus« haßten. Oberst Gabbiyas arabische Nachbarn liebten und verabscheuten ihn gleichermaßen. Algerien hielt ihn für einen hergelaufenen Emporkömmling. Tunesien hatte ihm den Versuch nicht vergessen, die Regierung zu stürzen, ebenso der Tschad, den er zu besetzen versucht hatte. Die Führer Ägyptens waren Ziel seiner Terroristen gewesen. Mit Syrien stritt er über den Libanon, kritisierte den Iran wegen seiner Feindseligkeiten am Persischen Golf und hatte die Schiiten, die Revolutionäre im Libanon, gegen sich aufgebracht.

Auf der anderen Seite: Zia Gabbiya verlieh der arabischen Besessenheit Gehör – dem Haß auf Israel, der Feindseligkeit gegenüber Amerika, weil es Israel unterstützte, und der Vision des Islam, der in einer antiamerikanischen Welt die Führungsrolle beanspruchte. Je mehr er sich rühmte, mit dem Terrorismus Erfolg zu haben, je mehr er sich mit den Selbstmordkommandos, die Amerikaner umbrachten, brüstete, je mehr Pläne er entwickelte, um die Regierung der Vereinigten Staaten zu ruinieren, desto stärker wurden die versponnenen Sympathien, die er im ausgedehnten halbmondförmigen islamischen Gebiet genoß, das von Nordafrika bis Java reichte.

Er hatte die Amerikaner auf die Palme gebracht. Aus dem Weißen Haus folgte ein Durcheinander von Drohungen und Rückzügen. Die amerikanischen Streitkräfte waren durch die ernste Sorge der Bürger um die Rechtmäßigkeit eines Eingreifens gelähmt. Sagte der Außenminister, ein Verbrecher stelle sich außerhalb der Rechtsordnung und sei aus diesem Grund Freiwild, so wurde er von den Liberalen niedergebrüllt. Und immer sorgten Lecks dafür, daß jeder Plan des Militärs von den Medien zu Fall gebracht wurde.

Gabbiya hatte einen Sieg nach dem anderen errungen – nicht nur in den blutbespritzten Hallen der Flughäfen, sondern auch in diesem endlosen Krieg der Worte. Er war klug genug gewesen, sich nicht in einen konventionellen Krieg zu verstricken, denn in einem solchen Fall hörten die Demokratien auf, die Hände zu ringen, und würden gemeinsam eingreifen.

Jetzt fühlte Bingo Harriman sich in einer Hochstimmung, wie er sie seit seiner Pilotenprüfung nicht mehr erlebt hatte. Das Gerücht von dem Plan, Gabbiya in ein Drittland zu locken, hatte jemand absichtlich durchsickern lassen. Das Gleiche mußte im Zusammenhang mit Operationen der CIA-Geheimabteilung der Fall gewesen sein, die dann offiziell aufgelöst worden war. Task Force Schmiedehammer? Es bestand kein Zweifel, daß Einheiten rund um die Inseln mobilisiert worden waren. Doch entsprach es tatsächlich der Wahrheit, daß Schmiedehammer ohne Konsultation der Briten in Angriff genommen worden war?

Die offizielle Lesart – das hieß, das offizielle Gerücht – schien zu besagen, daß die Briten selbst mit dem Gedanken an ein begrenztes Eingreifen gespielt hätten. Dann aber waren sie davor zurückgeschreckt. Sie wollten sich keiner weiteren Woge der Kritik ausgesetzt sehen, wie nach dem Falklandkrieg. Und nun waren nur ein paar Rebellen der Royal Navy übrig, von denen die Operation Fliegenklatsche improvisiert worden war. Das »Leck« würde man später wieder aktivieren, sollte irgend jemand Beweise für den Einsatz der Stringbag auf den Tisch legen.

Bingo hatte von Downwind Dalrymple Einzelheiten zu den Einsatzmöglichkeiten der Stringbag erläutert bekommen. Die Maschine war die logische Konsequenz im Hinblick auf die jüngsten Ereignisse. Die Briten waren gezwungen gewesen, ihre Marinebasis auf den Inseln zu schließen. Sie wagten nicht, dort Landstreitkräfte zu landen, weil dann ein großer Teil der Weltöffentlichkeit Zeter und Mordio schreien würde; der Falklandkrieg hatte die Nation für die kommenden Jahre in Schulden gestürzt. Andererseits hatte das die Briten bewogen, sich intensiv nach simplen Waffen umzusehen, nach Terroristen, nach Revolutionären auf dem Land, nach etwas wie der Stringbag. Diese Waffe war die passende Antwort auf Big Viens Panji-Spieße, dachte Bingo. Irgendein Genie mußte die Wurzeln der Fakten über Gabbiyas Zusammenarbeit mit Vietnam ausgegraben haben. Dieses Genie konnte nur Rotspon gewesen sein. Prosopographie war seine Spezialität, das Studium unzugänglicher Persönlichkeiten, die wegen des Zeitablaufs, der geographischen oder politischen Lage nicht erreichbar waren, und dann herauszufinden, was diese Leute antrieb und warum sie so reagierten, wie sie es taten. Der alte Professor konnte nicht allzu viel davon mitteilen, weil noch immer die Gefahr bestand, daß tatsächlich etwas durchsickerte. Also hatte er die Quellen in Washington in unwissentliche Verbündete umfunktioniert.

Und er hatte gleichfalls beurteilt, wie echte Patrioten in bestimmten Situationen reagieren würden. Bingo lief eine Gänsehaut über den Rücken. Casey war dort draußen, um Gabbiya ausfindig zu machen, anzugreifen und zu versenken. Wenn meine Rechenkünste nicht vollkommen eingerostet sind, dann gibt's für Casey keine Möglichkeit, auf dem Trockenen zu landen, nachdem er sein Benzin bei einem Torpedoangriff verbraucht hat.

Admiral Jones ließ sich in den Sitz neben ihm fallen. Auch Jones war ein alter Navy-Pilot. Er lehnte sich über Bingo hinweg, um nach draußen zu sehen. »Das Wetter wird schlechter. Wir müßten bald landen«, erklärte er. »Eine komische Vorstellung, daß Ihr Kumpel da draußen mit einer fünfzig Jahre alten Mühle herumfliegt, um das zu erledigen, was wir mit all unserer Technologie so schnell und einfach hinter uns bringen könnten wie die Axt eines Henkers, die runtersaust.«

Bingo wußte jetzt, daß seine Gedanken nicht so abwegig gewesen sein konnten. »Heute dreht sich doch alles um die Politik«, versuchte er Jones auszuholen. Aber das Lächeln des Admirals blieb neutral.

Das ärgerte Bingo. Er dachte an das Risiko, das Casey einging. Ihm fielen die Dollarmilliarden ein, die jedes Jahr für Waffen und Ausrüstungen ausgegeben wurden, wie sie in diesem flüsternden Giganten verwirklicht waren. Er sagte dem Admiral, was er von der ganzen Sache hielt, und packte auch all die Frustrationen über die Art und Weise, wie Amerikaner in Vietnam vergessen worden waren, noch obendrauf. Er war selbst von seiner Redseligkeit überrascht, doch die ganze Zeit über mußte er an den bedauernswerten Casey denken, der stundenlang mitten über dem Ozean in einem dem Untergang geweihten Doppeldecker herumflog.

Der Admiral hörte zu, sein verwittertes Gesicht war ernst. Dann legte er eine Hand auf Bingos Unterarm. »Die Navy kümmert sich schon um die Ihren«, erklärte er ruhig.

Das will ich, verdammt noch mal, stark hoffen, dachte Bingo. Doch wenn dies alles Teil einer großangelegten Verschwörung des Weißen Hauses ist, wäre es dann nicht wahrscheinlicher, wenn Casey und die Stringbag einfach untergingen, ohne eine Spur zu hinterlassen?

26

Casey flog durch dichten Nebel. Unter diesen Bedingungen können sich die Sinne eines Piloten gefährlich verwirren. Wenn er sich mit seinen Reaktionen einmal an den Instrumenten, ein andermal an seinem gestörten Gleichgewichtssinn orientiert, dann kann es zum Schluß dazu kommen, daß er auf dem Rücken fliegt, steil nach unten stößt oder eine enge Kurve fliegt. »Vertraue auf deine Instrumente« ist ein wohlfeiler Rat, dem nur außerordentlich disziplinierte Piloten zu folgen vermögen. Casey war ein solcher, allerdings hatte er keine Instrumente, auf die er sich verlassen konnte.

Natürlich hatte er einen Höhenmesser. Doch der zeigte nur grob an, ob er stieg oder nach unten ging. Er hatte einen Kompaß, doch der zeigte erst nach einiger Zeit und dann auch nur ungefähr an, ob er abfiel oder seitwärts vom Kurs abkam. Der Neigungsmesser wies lediglich darauf hin, ob er die Nase des Flugzeugs über dem künstlichen Horizont oder darunter hielt und ob die Tragflächen in der Horizontalen waren. Andererseits, und das rief Casey sich immer wieder ins Gedächtnis, waren sie auch nicht der Störanfälligkeit der elektronischen Heinzelmännchen ausgeliefert, die sich in der High-Tech-Welt der modernen Fliegerei immer mehr breitmachten.

Wie um ihn daran zu erinnern, daß die bösen Geister so alt waren wie die Stringbag selbst, bewegte sich der Geschwindigkeitsanzeiger an der Tragflächenstrebe auf der Skala zitternd nach unten. Er verlor an Geschwindigkeit. Er übertrieb bei der Korrektur und ging in einen sanften Sinkflug über, obwohl es ihm schien, als ginge es plötzlich steil nach oben. Unter den Rädern sah er das Meer. Die Ruder reagierten nur träge. Er öffnete die Drosselklappen zu schnell. Der Motor fing an zu stottern. Er sprach ein Stoßgebet. Die Maschine nahm Fahrt auf. Ohne jede Vorwarnung flogen sie plötzlich in hellen Sonnenschein.

Casey erreichte wieder die normale Reisegeschwindigkeit. Die obere Nebelschicht zerfaserte unter seinen Rädern. Sein »Stringbag-Bein« fühlte sich an, als habe er den ganzen Tag mit einem Fuß in einem italienischen Weinfaß Trauben gestampft.

»Sehr gut, mein Junge«, lobte Bracken. »Ein nettes, gutmütiges Mädchen, stimmt's? Eine andere Mühle hätte man nicht im Meeresnebel in fünfzig Fuß Höhe absacken lassen können und wäre damit durchgekommen.«

»Absacken? Ich bin abgesackt?«

»Wäre kaum draufgekommen, alter Junge. Hab's nur bemerkt, weil es mir selbst oft passiert ist.«

»Puh!«

Hinter ihm unterhielten sich Bracken und Lani jetzt ein wenig. Casey schaltete ab. Er flog wieder ungefähr fünfhundert Fuß über dem Dunst. Das dehnte die Sicht aus. Er konnte durch die Nebelschwaden erkennen, was auf dem Meer herumschwamm. Wenn er aber in die weiße Suppe, die unter ihm lag, hinunterging, dann war es möglich, daß sie sich nicht bis zur Meeresoberfläche fortsetzte.

»Ich muß ein bißchen rumkurven, bis ich ein Loch finde«, erklärte er.

»Lassen Sie sich Zeit«, riet Bracken. »Diese Nebelbänke heben und lösen sich am frühen Morgen. Sie halten gut Kurs.«

Casey entspannte sich. In einem Jet passierte alles schneller; in dieser Maschine mußte er sich eher an das gemächliche Dasein eines Matrosen gewöhnen. Er wartete weitere zwanzig Minuten, bevor er die Suche in einem quadratischen Muster wiederaufnahm: vier Meilen nach Westen, vier Meilen nach Norden, dann acht Meilen nach Osten und acht Meilen nach Süden und so weiter in einem immer größeren Raster, wodurch er vielleicht das Loch fand, das er suchte.

In derselben Zeit überprüfte er seine Gefühle Gabbiya gegenüber. Würde er zögern, Zia zu töten, weil ihm die kaltblütige Versenkung eines Handelsschiffes gegen den Strich ging? Oder dachte er an Alison? Mit ihr würde es kaum eine Zukunft geben, wenn man ihn erwischte. Machte er sich Sorgen um Spad? Spad, das bedeutete nicht nur die Partnerschaft mit Bingo Harriman. Spad war ein Verbindungsglied zu den Vermißten. Tot oder lebendig, sie würden wünschen, daß er den Angriff durchführte. Das mußte als Antwort auf seine Zweifel genügen.

»Achtung, Achtung!« rief Bracken. »Richtung zehn Strich haben wir ein Loch. Sieht aus wie ein Pfannkuchen.«

Casey spähte angestrengt die angegebenen Strich nach Backbord. In der flauschigen Decke schien sich eine Öffnung aufzutun – wie das Loch, das man in einem hauchdünnen Pfannkuchen vermutet. Er drehte scharf ab. Wenn die »Ultima Thule« auf der Hut und bewaffnet war, dann war es am besten, er ging wieder auf die Meeresoberfläche hinunter – selbst wenn das bedeutete, daß er sich durch einen weißen Gazeschleier vortasten mußte. Natürlich würde es alle schlummernden Zweifel zum Verstummen bringen, wenn Gabbiya ein paar Raketen auf ihn abfeuerte. Er blies ins Sprachrohr: »Lani, was wollten Sie über die See-Luft-Raketen sagen?«

»Penguins«, rief sie zurück. »Eine Version des norwegischen Pinguin-Typs. Werden auch im Rahmen des LAMPS-III-Programms der amerikanischen Flotte eingesetzt.«

»Was ist die ›Ultima Thule‹ doch nur für ein seltsames Forschungsschiff!«

»Deshalb ist die Idee so ausgefallen. Gabbiya hat eine Menge Ausrüstung an Bord, zu ›Forschungszwecken‹, wenn lästige Fragen auftauchen.«

»Was denn im einzelnen?«

Lani rasselte die Markenbezeichnungen herunter. Sie hatte ihre Zeit nicht damit verschwendet, die Pornos der Waffenhändler durchzublättern, wenn sie sich allein auf Gabbiyas Lager gerekelt hatte.

Casey merkte, daß er sich eine Ausweichtaktik überlegen mußte. Als sich das Loch in einen purpurfarbenen Canyon verwandelte, stieß er wie ein gereizter Terrier hinein und griff nach dem Stück Rauchglas.

Es war verdammt dunkel in dem Loch. Selbst das getönte Glas bereitete seine Augen nicht auf den abrupten Wechsel vor. Zu lange war er über den Hügeln der weißen Wolken herumgekurvt, deren blendende Helle er erst jetzt zu schätzen wußte. Er gewöhnte sich allmählich an die einfachen Lösungen, die die Stringbag bot. Wie viele Male hatte er in der Vergangenheit einen Einsatz abbrechen müssen, weil ein winziges Teil plötzlich verrückt gespielt hatte? Der Text der Handbücher war in sein Gehirn eingegraben, zusammen mit einigen bitteren Gedanken, wenn »ein hochentwickelter Kombifilter für Hochfrequenz und Breitband, mit maximaler Sensitivität, minimalem Durchlaß und kompatiblem Anschluß für die Mikroprozessorenkontrolle« plötzlich nicht mehr filterte. Wenn man Schwierigkeiten mit dem Filter der Stringbag hatte, dann wischte man ihn mit dem Ärmel ab.

Er hängte das Rauchglas an seiner Schnur auf und konzentrierte sich darauf, die Stringbag in engen Kreisen nach unten zu ziehen. Kondensstreifen lösten sich von seinen Tragflächen. Regen schlug gegen die Windschutzscheibe. Er hatte keine Ahnung, wie weit ihn das Loch nach unten führen würde. Die weißen Wände wirkten durchscheinend, doch unten das Meer würde bei seinem Aufprall hart genug sein. Das Loch war durch eine Luftströmung entstanden. Irgendwo zwischen Meer und Wolken mußte es also eine Schicht geben, in der er wieder sehen konnte. Doch ganz genau wußte man das nie.

Die Stringbag machte einen plötzlichen Satz, als habe jemand gegen eine Tragfläche getreten. Eine dünne weiße Linie schoß unter seinen Rädern vor. Er ging in die Horizontale. Silberne Gischt Steuerbord voraus. Fliegende Fische! Wenn sie nicht da gewesen wären, hätte er vielleicht das spiegelglatte Wasser nicht gesehen. Er regulierte Gemisch und Gas, nahm Fahrt weg und achtete auf sparsamsten Kraftstoffverbrauch. Das Flugzeug schoß zwischen einer tödlich grauen See und einer grauen Wolkendecke dahin, die so feucht war, daß es ins Cockpit regnete. Die Sicht nach vorne war schlecht, doch jetzt konnte er sein Ziel förmlich wittern. Er begann mit den Vorbereitungen für den Angriff; natürlich waren es andere als die für eine Crusader mit ihren zwei Meter langen Raketen unter den Flügeln und mit 20-Millimeter-Kanonen im Rumpf. Allein der Drill zählte, und der war Teil seiner selbst. Unter seinem Rumpf hing eine Fracht, die früher einmal deutsche Schlachtschiffe versenkt hatte.

Das Meer wurde heller.

»Achten Sie auf Felsen!« schrie Bracken. Es war schon bizarr, eine solche Warnung in einem Flugzeug zu hören. Sie flogen so tief, daß die Stringbag auf dem Wasser zu gleiten schien. Eine Reihe Felsen kam schnell näher; sie sahen aus wie die Schneidezähne eines urzeitlichen Reptils.

Bracken wurde an das fliegende Reptil, den Pterosaurier, erinnert. Er schickte ein kurzes Dankgebet an die Männer des Smithsonian-Museums, die das Ungetüm gebaut hatten. Sie waren es auch gewesen, die ihm geholfen hatten, diesen Dinosaurier, in dem sie saßen, wiederaufzubauen. Er dachte an das Modell, das vielleicht gerade über den Rosengarten geflogen war, als der Präsident der Vereinigten Staaten mit seinen Sicherheitsberatern darüber beriet, wie man mit Zia Gabbiya fertig werden konnte.

»Ich fange Morsezeichen auf«, erklärte Lani. »Manchmal verlieren sie sich, dann kommen sie sehr stark herein.«

»Black Rock voraus!« brach es aus Bracken heraus, bevor sie den Satz beendet hatte. »Gut gemacht, Casey.«

Casey entdeckte nichts, bis auf den Schimmer eines dunklen Bandes an der Stelle, wo normalerweise der Horizont hätte sein müssen. »Wie weit ist es noch?«

»Noch ungefähr zehn Minuten. Ich habe gerade Needham's Point gesichtet.«

»Möchten Sie noch einmal die Abwurfprozedur mit mir durchgehen?« erkundigte sich Casey.

Bracken ging sie nochmals mit ihm durch, während der Himmel heller wurde und Lani die seltsamen Buchstaben, die sie aus dem Äther empfing, notierte. Die Buchstaben ergaben keinen Sinn. Sie war sich nicht sicher, ob die ganze Zeit das Morsealphabet benutzt wurde, und sie war nahe dran, zu der Überzeugung zu gelangen, sie habe Wichtigeres zu tun, als sie plötzlich merkte, daß sie dem Smitty-Harris-Klopfcode lauschte.

27

Oberst Zia Gabbiya stolzierte vor den Fernsehkameras von Sahara auf der Brücke der »Ultima Thule« hin und her und spielte die Rolle seines Ahnen Ahmad ibn Madjid, der das byzantinische Imperium im Sturm erobert und in der Zeit, als die arabischen Seefahrer die Meere beherrschten, die Handelswege kontrolliert hatte. Später würde er mit den Videobändern auf eines seiner eigenen U-Boote der in der Sowjetunion gebauten Foxtrott-Klasse übersetzen. Am Abend würde ihn ein kubanischer Helikopter zum Militärflugplatz von Havanna bringen. Dort wartete eine sowjetische Tupolew, die ihn nach Hause fliegen sollte. In der Hauptstadt von Sahara würden die Presseverlautbarungen in dem Augenblick verteilt werden, in dem die Amerikaner ihren Zug machten. »Vollkommen unprovoziert fallen weiße Imperialisten in kleiner schwarzer Kolonie ein... Oberst Gabbiya spielt den amerikanischen Abenteurern einen Streich... Wall-Street-Lakaien im Schulterschluß, um gemeinsames saharisch-vietnamesisches Vorhaben zu Fall zu bringen, neue Ressourcen für die Dritte Welt zu erschließen...«

Zia stand aufgrund der flüsternd geäußerten Bitte eines der Kameramänner draußen auf einem Flügel der Brücke. Der Wind bewegte den langen weißen Baumwollstreifen, den er um den Kopf gebunden hatte. Sein loser Umhang blähte sich auf wie ein Segel. Er fühlte sich unbesiegbar. Die Formulierungen seiner Rede, die er morgen in alle Welt ausstrahlen lassen würde, schwirrten und donnerten in seinen Ohren. Der amerikanische Präsident hatte ihn als Großvater des Teufels beschimpft, als König des Terrors, als einen verrückten Barbaren, den die amerikanische Macht zerschmettern werde. Und ich, Zia, sage euch, daß meine Selbstmord-Bombenkommandos eure amerikanischen Straßen in einen neuen Holocaust verwandeln werden!

In London standen seine Freunde bereit, um eine politische Bewegung ins Leben zu rufen, die die konservative Regierung, die sich ganz offensichtlich gegen die amerikanische Macht nicht durchsetzen konnte, aus dem Sattel heben würde. In Moskau würden sich seine Verbündeten als Schutzherren der arabischen Welt erweisen; die russischen Schiffe in diesen internationalen Gewässern unterhielten bereits ein elektronisches Rundum-Warnsystem, dessen Mittelpunkt die »Ultima Thule« bildete.

Drei Decks unter ihm stand die Ente, Pham Quac Vien, im Labor des Forschungsschiffes, das so nahe wie möglich am Schiffsboden untergebracht war. Der Raum hallte vom Piepsen und Fiepsen von Seitensonar, Echoloten und zurückgeworfenen akustischen Signalen wider.

Zias wirbelnde Gedanken machten es für den Kapitän des Schiffes, einen Franzosen, schwer, die Aufmerksamkeit des Großprotektors auf sich zu ziehen. Der Protektor starrte auf das Blatt Papier. Von einer seiner unsichtbaren Eskorten war die Meldung eingetroffen, es sei möglich, daß sich ein kleines Flugzeug in dem Gebiet befinde. Ultrasensitive Geräuschdetektoren hatten es aufgefaßt... schien aus Holz und Segeltuch zu bestehen... flüchtig gesichtet... Doppeldecker.

Zia neigte den Kopf und betrat wieder das Brückenhaus. Er hielt es für unwahrscheinlich, daß die Stringbag sich in der Nähe befinden könnte. So viele falsche Hinweise waren ausgestreut worden, um den Piloten dazu zu verführen, die »Qurqur« anzugreifen – selbst wenn man einmal annahm, daß die Maschine dem Angriff der Einsatzgruppe hatte entkommen können.

Plötzlich warf er den Kopf in den Nacken und brach in schallendes Gelächter aus. Wieder warf er einen Blick auf die Meldung, dann rieb er sich die Hände und gab den Kameramännern einen Wink. Was war schon dabei, wenn Casey nicht in die verdammte Falle der

Jacht ging? Natürlich wäre viel Mühe verschwendet worden: die ausführliche Besichtigungstour, um Caseys Aufmerksamkeit von den mit Sprengstoff gefüllten Laderäumen abzulenken, der Jacht und Hafen in die Luft jagen würde; das gestellte Zusammentreffen mit E. P. Geld, damit Casey aus der Demütigung des amerikanischen Wirtschaftsbosses falsche Schlüsse zog; die Vorführung von Lani, die als Sklavin von den Besatzungsmitgliedern regelmäßig vergewaltigt wurde...

Doch was für eine sensationelle Vorstellung würde er auf den Fernsehbildschirmen rund um die Welt geben, wenn er den bösen amerikanischen Angreifer höchstpersönlich abschoß! Er fing an, den saharischen Kameraleuten Anweisungen zu erteilen. Was für ein Schauspiel, wenn sie Casey lebend zu fassen bekämen! Er zweifelte keine Sekunde daran, daß Casey die Maschine flog. Nur ein Dummkopf und ein Feigling wären der falschen Fährte gefolgt, und Casey war – für einen Amerikaner – klug, und ihm fehlte auch nicht diese gewisse großspurige amerikanische Tapferkeit. Zia überflog die vorsichtig formulierte russische Warnung noch einmal und hoffte dann, die ganze Sache möge sich genauso darstellen. Das mußte er unbedingt Pham Vien mitteilen.

Big Vien hörte Zias Meldung über die Gegensprechanlage und zeigte sich nicht überrascht. Er hatte damit gerechnet, daß Casey seine Gegenwart spüren werde. Ihre Bestimmung war es, noch einmal zusammenzutreffen! Man mochte dies als ERP-Paradox, Synchronismus, die unwiderstehliche Anziehungskraft zweier Partikel bezeichnen, die sich, nachdem sie einmal Kontakt zueinander gehabt hatten, fortfuhren, sich gegenseitig anzuziehen. Man konnte es als das Ergebnis all der Jahre bezeichnen, in denen Caseys Lebensweg von den Freunden Vietnams in den Vereinigten Staaten verfolgt worden war.

Äußerlich hatte Vien sich seit den Tagen des Lagers wenig verändert. Immer noch trug er dieselbe weitgeschnittene kragenlose Jacke, die schwarze Baumwollhose; selbst die Sandalen waren noch aus alten Autoreifen gemacht. Er war hochgewachsen, dünn und von asketischem Aussehen, kein typischer Tonkinese. Allerdings hatte sich sein Denken verändert. Er erkannte heute, daß der große Han-Chauvinismus der Chinesen Vietnam viel zu weit vom geraden

Pfad des Kommunismus abgebracht hatte. Der Vorsitzende Mao hatte ganz und gar unrecht, als er mit Moskau brach. Das war ein wunderbarer Tag gewesen, als die Partei in Hanoi von Chinas Waffenlieferungen und Indoktrination unabhängig wurde.

Er warf Orlowski, dem Russen, der neben ihm stand, einen Blick zu. Von dort waren die vietnamesischen Waffen gekommen, aus Rußland.

Orlowski überwachte den Schleppvorgang eines unbemannten Unterwasserfahrzeugs, das am Ende eines siebentausend Meter langen Kabels hing. Ein anderer Russe bediente die Servokontrolle und »flog« das Vehikel durch Täler, die vier- bis fünftausend Meter unter der Wasseroberfläche lagen. Die russische Bezeichnung für das Gefährt lautete in der Übersetzung »Zugfisch« und ersetzte den offiziellen Namen »Unbemanntes Tiefseeschleppboot«. Sein delphinähnlicher Sonar übermittelte die Daten durch ein gepanzertes Coaxialkabel an die Schiffscomputer, die wiederum diese Informationen mit den Daten der Magnetometer und Echolote koppelten und ein zweidimensionales Bild des Meeresbodens ausspuckten. Im Augenblick wurde der Teil eines Tiefseegrabens zwischen den Inseln über dem Wind und dem fünftausend Meter tiefen Blake Plateau aufgezeichnet, das vor der Küste Floridas lag, unweit der Bermuda-Erhebung und inmitten der Ausläufer eines Unterwassergebirges, das an Land als beachtlich gelten würde.

»Wir müssen jetzt mit dem Zugfisch auf Grund gehen!« erklärte Orlowski. Er taumelte gegen ein Tiefenmeßgerät, als das Schiff plötzlich krängte. Von der Brücke her kam von Gabbiya ein entschiedenes: »Keine Zeit!«

Big Vien konzentrierte sich auf die Karten. Bei dieser Unterredung konnte er nicht Partei ergreifen. Gabbiya finanzierte Vietnams verzweifelte Suche nach Erdöl; Rußland hatte den Zugfisch, einen Prototyp, zur Verfügung gestellt. Wenn Gabbiya darauf bestand, plötzlich zu wenden, dann konnte der Zugfisch leicht gegen einen der zahlreichen Gipfel auf dem noch ungenügend erforschten Meeresboden prallen. Bei manchen Wenden gab das Kabel nach und sank nach unten. In einem solchen Fall bestand das Risiko, daß der Zugfisch auf den Meeresboden sinken würde. Um ihn in eine sichere Höhe zu bringen, mußte das Schiff mehr Fahrt aufnehmen, und gleichzeitig mußten die Winden angeworfen werden. Die Russen setzten ihr Unterwasserfahrzeug nur deshalb ein, weil Gabbiya ihnen Gelegenheit bot, die Unterwassergebirge, die man als Basen schon ins Auge gefaßt hatte, näher zu erforschen. »Da unten«, hatte Orlowski Big Vien in einem der seltenen Augenblicke der Offenheit anvertraut, »wäre es möglich, Versorgungsbasen zu bauen, genau wie im All. Dort unten kommt die Oxydation bei Metallen völlig zum Stillstand. Alles wird durch die Kälte konserviert.«

Orlowski rief die Brücke an: »Genosse! Ich hole den Zugfisch ein. Bitte halten Sie Kurs.«

Die Antwort fiel überhaupt nicht kameradschaftlich aus. »Es besteht keine Gefahr. Doch ich muß manövrieren können.«

Orlowski schluckte seinen Ärger hinunter. Irgend jemand in den Vereinigten Staaten riskierte sein Leben, um ihn zu warnen, indem er Morsemeldungen absetzte. Ein sowjetisches U-Boot in der Nähe hatte den einzigen Empfänger und das einzige Entschlüsselungsgerät an Bord, mit deren Hilfe die Signale weiterverarbeitet werden konnten. Dieses U-Boot nahm auch ein erhebliches Risiko auf sich, weil es aufgetaucht war, um die Meldungen aufzufangen, die für die »Ultima Thule« bestimmt waren, und über einen absichtlich schwach dimensionierten Sender weiterzuleiten.

Für Casey sah der schwarze Turm des U-Boots wie Black Rock aus; er war das erste, was er sah, als die Stringbag aus der Nebelwand herausflog. Schnell ging er in eine enge Kurve, um wieder im Nebel zu verschwinden. »Ich habe ein Schiff gesichtet, jenseits Black Rock!«

»Das war nicht Black Rock«, rief Lani. »Sah eher wie eines von Gabbiyas U-Booten aus... Foxtrott-Klasse.«

»Sahara unterhält U-Boote?« Caseys Stimme klang ungläubig.

»Nein«, erklärte Lani. »Sie sind von Russen bemannt, es sei denn, sie liegen im Hafen. Sehr scheu, diese Russen. Die werden sofort tauchen, wenn sie uns erfaßt haben.«

Klingt, als spreche ein Experte, dachte Casey. Und genau das ist Lani, erinnerte er sich.

Die Sicht lag immer noch bei Null. Bracken empfahl: »Versuchen Sie mal Ihre Nase rauszustecken. Ich glaube, das Schiff, das Sie gesichtet haben, war die ›Ultima Thule‹.«

»In Ordnung.« In dreitausend Fuß Höhe kam Casey wieder ins Helle und hielt sich dicht an der Seite einer Gewitterwolke.

»Gehen Sie mit der Sonne im Rücken ran«, empfahl Bracken. »Das U-Boot liegt in direkter Linie vor der ›Ultima Thule‹. Wenn Sie das erste verfehlen, dann treffen Sie das zweite Schiff.«

Es war der Befehl zum Angriff, und doch kamen die Worte ganz lässig. Caseys Magen verkrampfte sich. »Sind Sie sicher, daß wir richtig liegen?«

»Geographisch? Oder politisch?«

»Bei beidem.«

»Wir befinden uns mit Sicherheit über internationalen Gewässern. Wir tragen keine Landesfarben –«

»Bis auf Ihren Kaperbrief.«

»Der uns das Recht einräumt, die Inseln zu verteidigen.«

»Wenn wir auf diesen Russen treffen, wird uns das als kriegerischer Akt ausgelegt werden.«

»Wenn es so weit ist, werde ich damit leben müssen«, schrie Bracken ins Sprachrohr.

Während sie noch miteinander sprachen, traf jeder der Flugzeuginsassen seine Vorbereitungen. Lani hörte auf, die Funksignale zu notieren, um ihren Gurt festzuzurren. Bracken überprüfte das alte Lewis-Maschinengewehr auf dem Drehkranz. Casey fuhr mit dem Daumen über den Abwurfhebel des Torpedos.

Rote Glut loderte am Bug des Schiffes auf. Die Flamme schoß auf sie zu. Caseys Gedanken überschlugen sich. Ein langer gelber Feuerschweif. Eine weiterentwickelte Schiff-Schiff-Rakete – und zu früh abgefeuert. Die mußten Angst haben.

»Haltet eure Hüte fest«, schrie er, gab Vollgas und steuerte im Sturzflug die Rakete an. Das Meer füllte sein gesamtes Blickfeld aus, als er die Nase hochzog und Gas wegnahm. Der Propeller der Stringbag schwirrte. Die Rakete kam ihnen jetzt auf gleicher Höhe entgegen. Casey gab rechtes Ruder. Die Stringbag ging wieder in Sturzflug über. Mit dem zurückgenommenen Gas stießen die Auspuffe des Pegasus-Motors keine heißen Gase mehr aus, die die Sensoren der Rakete aufnehmen konnten. Um das Flugzeug jetzt noch verfolgen zu können, hätte die Rakete einen Looping fliegen müssen.

Casey führte das Manöver perfekt aus, genauso wie Bracken es vor langer Zeit den jungen Piloten beigebracht hatte. Jawohl, so wird's gemacht, dachte Bracken. Die Waffen ändern sich, aber nie die Taktik. Die Jungen, die Toten – sie leisten uns in diesem Augenblick Gesellschaft und werden endlich gerächt. Genauso verschiebt man das Gleichgewicht im Verhältnis zu einem überlegenen Feind... Er beobachtete, wie sich die orangegelbe Flamme in der Ferne verlor.

Casey hielt nach dem steilen Abschwingen wieder Kurs. »Alles in Ordnung dahinten?«

»Sie haben sie«, schrie Bracken.

»Ich hab' sie«, bestätigte Casey. Das war die formelle Übernahme des Kommandos, eine traditionelle Formulierung. Was auch passierte, jetzt trug Casey die Verantwortung.

Er stellte den Propeller auf volle Steigung und nahm wieder das Gas weg. Er befand sich jetzt in günstiger Position querab vom Steuerbordbug der »Ultima Thule«, in ungefähr zweitausend Metern Entfernung. Der Russe war näher. Die beiden Schiffe liefen auf parallelem Kurs und deckten einander.

»Auf geht's«, brüllte Casey, um Bracken eine Freude zu machen. Die Nase deutete jetzt genau aufs Meer. Der scharlachrote Zeiger des Geschwindigkeitsmessers hatte die Skala deutlich verlassen. In diesem Augenblick flog er in dem unidentifizierbaren Torpedobomber wahrscheinlich zweihundert Meilen in der Stunde. Vor ihm lag ein russisches Unterseeboot, das hier nichts zu suchen hatte, und der Bote des Teufels, der zuerst gefeuert hatte. Moskau würde keinen Zwischenfall wünschen. Sahara würde nie erfahren, was geschehen war. Niemand konnte Amerika oder der CIA die Schuld in die Schuhe schieben. Offiziell würde überhaupt nichts geschehen. Die Rakete Gabbiyas hatte sämtliche Skrupel Caseys weggewischt.

Das war Fliegen! Der mächtige Luftstrom brandete gegen ihn an. Das Meer kam wieder näher, schien ihn ernst anzulächeln. Sein Körper wurde eins mit den Tragflächen und der Bespannung des Flugzeugs. Er fühlte, wie die Flügelspitzen vibrierten. Die Computer eines Jets hätten ihn gewarnt, es sei zu spät hochzuziehen. Selbst wenn er die Nase hochbekam, würde ihn die Fliehkraft ins Meer drücken. Doch diesmal verließ er sich ganz auf seine Sinne.

Er ging in die Horizontale, U-Boot und Schiff lagen voraus. Er wechselte die Propellereinstellung und nahm die Geschwindigkeit auf normale 130 Meilen in der Stunde zurück. Der Turm des Russen ragte an Steuerbord vor ihm auf, das U-Boot änderte bereits den Kurs. Es ging in eine scharfe Kurve, um vor dem Boot zu bleiben, und brachte die Maschine dann zum Ausklinken auf einen stetigen Annäherungskurs. Der Turm wurde zusehends kleiner. Einen Augenblick hatte er das Gefühl, rückwärts zu fliegen. Dann begriff er. Die Russen hatten mit dem Alarmtauchen begonnen. Diskretion ist der bessere Teil der Tapferkeit, dachte Casey und konzentrierte seine volle Aufmerksamkeit auf die »Ultima Thule«, die vor ihm seinen Kurs kreuzte.

Big Vien beobachtete Orlowski, der sich auf der Suche nach Zia Gabbiya den Niedergang hochhangelte. Der Russe war wütend. Der Zugfisch übertrug noch immer Daten aus der Tiefe und zeichnete nutzlose Zacken auf Ausdrucke und grüne Wellenlinien auf die Kathodenröhren. Die Fernsehüberwachung an Deck zeigte, daß die Winde immer noch das Kabel einholte. Es ging zu langsam. Was war, wenn das unbemannte Unterwasserfahrzeug vollkommen nutzlos auf den Boden prallte? Selbst Big Vien lief ein Schauer über den Rücken. Er folgte Orlowski. Die Stahlplatten des Decks zitterten unter ihren Füßen – eine Folge der schnelleren Drehzahl der beiden Dieselmaschinen, von denen jede einzelne stark genug war, den Sibirienexpreß zu ziehen.

Draußen auf dem Achterdeck schwenkte ein Penguin-Raketenwerfer verzweifelt beim Versuch herum, den unvorhergesehenen Bewegungen der Stringbag zu folgen. Auf der anderen Seite, weiter vorne, lud eine maskierte, behelmte Gestalt eine Ablenkungsrakete, die mit Stanniol bestückt war, in einen Werfer. Stanniolstreifen boten immer noch die geeignetste Ablenkung für selbständig ihr Ziel suchende Raketen, und niemand war sicher, ob die spinnenähnliche Maschine, die auf sie zudröhnte, nicht Luft-See-Raketen an Bord hatte. Die Techniker hatten sich beim Einbau der Raketenabwehr alles nur Erdenkliche einfallen lassen. Ein simpler Torpedo hatte dabei allerdings völlig außerhalb ihrer Vorstellungskraft gelegen. An den erinnerte man sich nicht einmal als Mythos.

Saharische Matrosen blockierten Orlowski und Big Vien den Zugang, bis Zia den Befehl gab, die beiden durchzulassen. Er hatte das Kommando. Sein Erbe, das waren Wüstenschiffe, das waren die Falken in der Luft und die Schiffe auf dem Meer. Zia war dieser fliegenden Kiste haushoch überlegen. »Keine Angst!« beruhigte er die beiden Ankömmlinge auf der Brücke. »Ich kenne diesen Dummkopf.«

Ich ebenfalls, dachte Big Vien. Nur, daß er kein Dummkopf ist! Trübsinnig beobachtete er den Großprotektor, wie er sich da draußen auf dem Brückendeck wieder in die Brust warf, und dann glitt sein Blick an dem Araber vorbei und blieb an der Silhouette haften, die über die Wellen auf sie zuhüpfte. Es fiel schwer, dem angreifenden Flugzeug nicht zuzujubeln. Irgendwann würde man sich Zias entledigen müssen. Seine einzige Stärke waren sein Geld und der Einfluß auf die verrückten Mullahs. Sein Arsenal war ein blitzendes Potpourri, das er sich in den modernen Basen des Todes zusammengerafft hatte. Big Vien trauerte den alten Tagen der Panji-Spieße, der verborgenen Bambusschäfte, der mit Nägeln und Steinen bestückten Keulen nach. Es waren die verborgenen Fallen in Vietnam gewesen, die die Technokraten des tausendfachen Todes besiegt hatten.

Big Vien stand stocksteif da. Einfache Waffen, pflegte er seine Gefangenen im Lager zu belehren, besiegen blinde Technologie jederzeit. Die »primitive Kraft des Bauern« war eines der Lieblingsthemen während seiner Gespräche mit Commander Peter Casey gewesen. »Ich verstehe Sie sehr gut«, hatte der normalerweise geantwortet. Vielleicht hatte Casey zu gut zugehört.

Zia Gabbiya fiel die grimmige Miene Viens auf. Warum waren die Vietnamesen nur immer so todernst? Gut gelaunt winkte er ihm zu. »Keine Sorge.« Er befahl, die Ablenkungsrakete abzuschießen, die, so die Empfehlung, »das Suchsystem ablenkt«. Er hatte sich die Gebrauchsanweisung dermaßen eingeprägt, daß er sie wie eine Passage aus den Koran zitierten konnte: »Lenken Sie das Suchsystem durch Schaffung eines logischen, korrekt positionierten falschen Zieles von geeigneter Stärke ab, so daß der Angreifer das eigentliche Ziel verfehlt.« Stanniolstreifen. Das war die Lösung, der Kern und Angelpunkt der Ablenkung, des Gebiets, auf dem es Gabbiya in seinem Leben zur Meisterschaft gebracht hatte.

Casey hielt die Stringbag ruhig, so daß der Bug der »Ultima Thule« über dem vierten Lämpchen der Lichterreihe auf Steuerbord zu schweben schien. Er schätzte die Geschwindigkeit des Schiffes auf achtzehn Knoten. Es würde ungefähr siebenhundert Meter zurücklegen, während der Torpedo vom Abwurfpunkt knapp tausend Meter unterwegs war. Das Feuer und den Rauch vom Heck des Schiffes ignorierte er. Das Wichtigste war jetzt, genau Kurs zu halten, selbst wenn eine ganze Flotte das Feuer eröffnen würde.

Jetzt! Er schob den Knüppel nach vorne und gab Vollgas. Die Stringbag machte einen Satz nach oben. Er zwang sie wieder hinunter. »Ruhig halten«, hörte er Bracken rufen. Eine zweite Rakete stieg auf einer Feuersäule auf. Wenn er es in dieser entscheidenden Sekunde nicht schaffte, die Maschine ruhig auf Kurs zu halten, dann würde der Torpedo das Wasser in einem verhängnisvoll ungünstigen Winkel treffen.

Vor ihm rieselte Silber durch die Luft.

»Ausklinken«, befahl Bracken. »Jetzt.«

Casey drehte in weitem Bogen ab. Die Maschine nahm keine Fahrt auf. Doch er hatte die Drosselklappen schon weit offen. Eine Tragfläche schnitt durch den Rand der glitzernden Lamettawolke. Er drückte den Steuerknüppel hart zur Seite. Der Doppeldecker bebte. Einen Moment schien er stocksteif in der Luft zu hängen, dann fiel er seitwärts ab und entblößte dem orangefarbenen Licht und den Hitzewellen die Unterseite. Casey brachte die Maschine wieder unter Kontrolle und sah aus den Doppelschornsteinen der »Ultima Thule« eine Rauchwolke aufsteigen. Es sah aus, als habe das Schiff einen Tritt in den Magen bekommen. Volltreffer!

Das Krachen der Explosion folgte, und man konnte es deshalb hören, weil der Motor der Stringbag ausgefallen war. Das Flugzeug ratterte, als es von der Schockwelle an den Tragflächen getroffen wurde. Der Pegasus sprang wieder an. Casey schluckte schwer. Eine Sekunde noch, und er hätte mit dem Wind nach unten gehen müssen. Jetzt flog die Stringbag wieder mit eigener Kraft, humpelte zwar wie ein altes Mädchen, doch sie waren schon wieder auf zweihundert Fuß Höhe und kletterten stetig weiter.

»Was ist passiert?« keuchte Casey verhalten.

»Zia hat sich selbst einen Streich gespielt.« Es war Lani, die ihm antwortete. »Sie sind beinahe in das Stanniol geflogen, das er hochgeschossen hat. Damit kann man zwar Raketen ablenken, aber keine altmodischen Torpedos.«

»Ich habe einen zweiten Start gesehen –«

»Diesmal war es eine richtige Rakete«, erklärte Lani. »Nach Zias Handbuch genau die richtige Taktik. Sie hätte uns aufs Korn genommen. Doch unser Flugzeug besteht aus Holz und Segeltuch. Unsere Maschine fiel aus, und das ist in seinem Handbuch nicht vorgesehen. Statt dessen hat seine Rakete das Stanniol angesteuert.« Sie lachte vor Erleichterung. »Der Torpedo ging in seiner dummen, archaischen Weise durch alles hindurch.«

Die Stärke kehrte in Caseys Hände zurück. Die Stringbag hatte gezeigt, daß sie eine eigene Persönlichkeit besaß. Er zwang sie in eine Wende, um die Szenerie, die unter ihm lag, zu überprüfen.

»Das Schiff sackt ab«, meldete Bracken.

»Die Mannschaft ist bereits im Wasser und schwimmt sich frei«, erklärte Lani.

»Denen wird nichts passieren. Die haben rauhe Mengen von Flößen und Schlauchbooten.«

»Wird der Russe sie auffischen?«

»Der ist noch getaucht.«

In ihren Rufen lag eine Spur Hysterie. Die Raketen waren eine Art Kriegserklärung gewesen. Sie waren Freibeuter, die ihren Sieg feierten.

Casey wurde wieder nüchtern. »Die Russkis werden sie bestimmt nicht aufnehmen.« Plötzlich war er sich dessen ganz sicher. In Vietnam hatten sich die Russen immer unsichtbar gemacht. Ihre Versorgungsschiffe, ihre U-Boote, ihre Mannschaften verschwanden beim ersten Anzeichen von Ärger immer sofort. Die Russen hielten sich offiziell nicht in Vietnam auf, ebenso wenig wie sie in dieser Gegend offiziell vertreten waren. »Haben Sie nicht gesagt, daß –« er stolperte über das Wort – »der Funk funktioniert?«

»Ja«, erklärte Lani.

»Können wir eine Meldung durchgeben?«

»Ich hab's versucht. Ist niemand auf Empfang.«

»Das ist ein festeingestellter Kanal«, erklärte Bracken. »Ich könnte ihn ändern, wenn ich die Kristalle hätte.«

Kristalle? Casey hatte das Gefühl, als hätte er gerade empfohlen, die Signalflaggen auszupacken. Doch nun drohte ein neuer Notfall. Treibstoff! Er beugte sich vor, um durch den Spalt im Armaturenbrett zu spähen. Der Schwimmer des Treibstoffanzeigers war so gefallen, daß er kaum noch zu sehen war. »Sieht aus, als sei der Haupttank leer.«

»Verdammte Scheiße!« Bracken blickte plötzlich angestrengt über die Cockpittrennwand. »Die Reserve fließt in den Haupttank.« Er hämmerte mit der Faust auf den Extratank zwischen den beiden Cockpits. »Ich glaube, wir haben keinen Treibstoff mehr.« Er angelte nach dem Meßbrett und überprüfte hoffnungsvoll die Kreidemarkierungen. »Der Angriff hat uns eine Stunde gekostet, zwei Stunden haben wir hierher gebraucht, vielleicht vierzig Minuten beim Kurven durch die Wolken verloren –«

»Ich will wissen, was wir jetzt tun sollen, nicht was wir bereits getan haben!« schrie Casey.

»Was wir tun können«, warf Lani plötzlich ein, »ist fünfzig Meilen nach Westen fliegen und auf der ›Coral Sea‹ landen.« Sie genoß das verblüffte Schweigen der beiden. »Die ›Coral Sea‹ ist ein amerikanischer Flugzeugträger –«

»Keine weiteren Erklärungen bitte.«

»Die Meldung ist immer wieder durchgegeben worden. Nicht im Morsealphabet. In Ziffern. Dem Klopfcode. Ich bin schließlich drauf gekommen –« Sie reichte einen Bogen Papier ins vordere Cockpit. Casey las die Worte: FREUND WARTET AUF CORAL SEA ENTFERNUNG FÜNFZIG MEILEN GENAU WESTLICH BLACK ROCK.

Dieses Rätsel war zu verwirrend, als daß sie es in diesem Augenblick hätten lösen können. »Keine Ahnung, was das zu bedeuten hat«, meinte Casey. Ihnen blieb nicht mal die Zeit, sich Gedanken zu machen, wie sie es vermeiden konnten, nasse Füße zu bekommen. Bracken war plötzlich sehr beschäftigt, schnüffelte wie ein Trüffelschwein auf dem Boden des hinteren Cockpits herum, zwängte seinen langen, knochigen Körper in den Stauraum des Rumpfes und kam triumphierend mit einem Kanister wieder zum Vorschein. »Ich hatte noch ein paar Extragallonen verstaut. Habe sie gerade in den Reservetank geschüttet. Eine halbe Stunde haben Sie noch.«

Casey wischte sich den Schweiß von der Stirn. »Lani?«

»Ja.«

»Senden Sie weiter. Nur für alle Fälle.« Er wartete auf ihre Bestätigung. Dann fragte er: »John, wie hören sich hundert Meilen die Stunde auf dünnstem Gemisch in fünftausend Fuß Höhe an?«

Es war das erste Mal, daß er Bracken mit Vornamen ansprach. In der Antwort des älteren Piloten klang Freude mit. »Sie haben's geschafft, mein Junge.« »Mein Junge« genannt zu werden war auf den Inseln die höchste Ehrung überhaupt.

Bracken ließ sich wieder auf seinen Sitz fallen und wischte sich die Hände mit einem Lappen ab. »Dank Lani könnte das alte Schlachtroß seine letzte Landung mit Würde hinter sich bringen.«

Letzte Landung. Casey fröstelte im vorderen Cockpit. Das war unter den amerikanischen Navypiloten der Euphemismus für plötzlichen Tod. In der heutigen Zeit mit den elektronischen Landehilfen war das anders als früher, als ein Landeoffizier den Piloten mit Signalen hereinwinkte, die mit kurzen, gelben Handtafeln gegeben wurden. Das letzte Signal bestand damals aus den gekreuzten Tafeln, was bedeutete: »Maschine abschalten.« Doch wenn das Flugzeug nicht in die Fangseile einhakte, wenn der Fangzaun zu spät hochging, dann gab es nur noch einen Flammenball – die »letzte Landung«.

Vielleicht um sich selbst Mut zu machen, meinte Casey: »Verschrotten Sie das alte Schlachtroß nicht. Bringen Sie es in irgendeinem Museum unter.« Er wußte, daß er damit im Dunkeln pfiff.

»Gern, aber haben Sie das verrottete Holz bemerkt?« Bracken gluckste vor sich hin. »Ich wollte Sie vorher nicht mit diesen Einzelheiten langweilen. In den Tragflächen sind Termiten. Kein Museum würde die Maschine nehmen.«

Casey wechselte hastig das Thema. »Mal angenommen, unsere Leute retten Gabbiya?«

»Hängen Sie es ja nicht an die große Glocke!« sagte Bracken. »Ruhe. Ist für die Feinde sehr entnervend, wenn nichts durchsickert.«

»Ha! In Washington ist das doch bloß ein frommer Wunsch.« Casey beugte den Kopf. »Jetzt kann ich den Schwimmer gar nicht mehr sehen. Wir werden direkt runtergehen, wenn ich die Maschine so lange noch in der Luft halten kann.«

Die Stringbag schnurrte weiter. Sie schien zu ahnen, daß der letzte Flug standesgemäß zu Ende gehen mußte.

Caseys Gedanken wanderten zurück zur Idee mit dem Museum. »Wie wäre es mit dem Smithsonian? Schließlich haben die Ihnen bei der Restaurierung des Flugzeugs geholfen.«

»Irgend jemand würde zwei und zwei zusammenzählen. Ihr Yankees könnt euch das Geschrei in der Öffentlichkeit nicht leisten.«

Casey dachte weiter nach. Er erinnerte sich an einen instruktiven Nachmittag in London, südlich der Themse, im Imperial War Museum. »Ich habe da noch eine andere Idee –«, fing er an, doch nun war es an der Zeit zu beten.

Das Spektakel eines Flugzeugträgers, der in den Wind dreht, ist für einen Piloten, der noch nie auf einem sich bewegenden Deck gelandet ist, verwirrend. Zunächst einmal scheint das Schiff wahnsinnig langsam herumzuschwingen. Der Pilot fragt sich, ob da unten überhaupt jemand weiß, daß er landen will.

Casey war ein Veteran, hatte Hunderte solcher Landungen hinter sich. Doch eine solche wie diese hier hatte er noch nie versucht. Er näherte sich der »Coral Sea« in leichtem Sinkflug und hielt sich backbord der Bugwelle. Der große Pegasus-Radialmotor verdeckte den Aufsetzpunkt am Heck des Flugdecks. Er dippte einen Flügel, bis er zwischen zwei Zylindern hindurch sehen konnte, daß Männer über das krängende Flugdeck rannten. Aufgeregt wurden gelbe Tafeln geschwungen: Keine Landeerlaubnis.

»Die Maschine läuft auf dem letzten Tropfen, und die sagen mir, ich solle noch mal von neuem anfliegen«, sagte er laut vor sich hin. Er fragte sich, wo man die Tafeln aufgetrieben haben mochte... Er war an die elektronische Landeeinrichtung an Steuerbord gewöhnt – hellgrün, wenn er zu hoch reinkam, rot, wenn er zu tief war – und an eine neue Generation von Landeoffizieren, die ihm über Funksprechverkehr Verhaltensmaßregeln gaben.

Also, was ging da vor sich? Der Bug des Trägers drehte sich unmerklich. Casey hielt nach dem sprudelnden Kielwasser am Heck Ausschau. Das würde ihm bestätigen, daß das Heck nach der anderen Seite schwang. Eigentlich müßte sich das Schiff schon einige Zeit in der weitausholenden Wende befinden, die notwendig war, um in den Wind zu gehen, doch er näherte sich der »Coral Sea« zu schnell. Der riesige Rumpf des Trägers schwang jetzt schneller herum. Er würde unter den denkbar ungünstigsten Umständen landen müssen – mit achtern einfallendem Wind, der stürmisch und unfreundlich über das Deck fegte. Doch er hatte keine Wahl. Der Vergaser verbrauchte das bißchen, was an Treibstoff noch übrig war, und Casey ließ die Maschine seitlich abkippen, die Nase tiefer, als ihm lieb war.

Die gelben Tafeln kamen in alarmierender Schnelle wieder hoch. Er gab etwas mehr Ruder, ging in die Horizontale, zog dann den Knüppel zurück, so daß nur noch der Propeller zog. Wenn er jetzt stehen blieb, dann würden sie ins brodelnde Heckwasser abstürzen. Das Deck war infolge der Schiffsdrehung geneigt und kam jetzt auf ihn zu wie ein riesiger Stahlblock auf eine Fliege. Die gelben Tafeln wurden heftig gekreuzt, um den Landeabbruch zu signalisieren. Casey brauchte den Kippschalter, der die Zündung ausschaltete, nicht mehr umzulegen. Der Motor hatte ausgesetzt, obwohl die Stringbag noch flog... weiterflog... Tanzend wie ein Tischtennisball auf einem warmen Luftstrom glitt die Maschine über das Deck.

Der Haken am Heck setzte quietschend auf. Casey fand Zeit, um auf eine etwas ausgefallene Weise mit den Flügeln zu wackeln, so daß beide Räder trotz des krängenden Decks gleichzeitig aufsetzten. Er gab kräftig Ruder, um die Maschine parallel zur Linie zu bringen, die der Länge nach über das Deck lief. Der Haken verfing sich in einer Halteleine. Die urplötzliche Bremsung brachte die Stringbag ins Schleudern. Casey hatte den Eindruck, daß sich ein Propellerblatt verbog, dann merkte er, wie die Stringbag wieder abhob. Die Kombination aus Wind und der Fahrt, die das Schiff machte, brachten sie dazu, wieder abzuheben.

»Flügel zusammenklappen!« Plötzlich kroch Bracken über ihn, kam mit dem Kopf zuerst vom hinteren Cockpit an und schlug auf einen Holzhebel, der mit »Flügelscharnier« beschriftet war. »War mein Fehler«, schrie Bracken. »Ist meine eigene Entwicklung. Hab' vergessen, Ihnen das zu erzählen.« Casey sah verblüfft zu. Die Bewegung war majestätisch: wie die einer riesigen Motte, die nach dem Gleitflug durch einen Tropenwald die Flügel faltete.

Niemand an Deck sagte ein Wort. Niemand gestikulierte. Die Mannschaften des Flugdecks in ihren verschiedenfarbenen Kappen bildeten einen schützenden Kreis. Die Männer des Löschzugs in den hinderlichen weißen Asbestanzügen stolperten nach vorne, weil sie ein Feuerwerk erwarteten. Lani sah auf das Gewebe der Leinen hinunter und fühlte sich wie ein Fisch, der sich im Netz verfangen hat. Die Tragflächen lagen zu beiden Seiten des Rumpfes an, reichten von der Mitte bis zum Ruder, und das Flugzeug wirkte weder leicht noch aerodynamisch, sondern eher wie eine aus Bambusstöcken und Schnüren grob zurechtgetrimmte Fischreuse.

Casey faßte mit beiden Händen nach den Rändern des Cockpits und zog sich hoch. Er stand auf dem Sitz, den Kopf im frischen Seewind. Der Wechsel vom Fliegen zur Landung auf dem Schiff drehte ihm den Magen um. Er sah, wie Bracken sich drei Meter unter ihm über die Reling beugte. Er hörte das gequälte Stöhnen eines Menschen, der versucht, sein Frühstück bei sich zu behalten. Dieses Geräusch erleichterte ihm seine Lage nicht gerade.

Auf der Brücke schätzte der Kapitän der »Coral Sea« den Weg, den die Stringbag auf dem jetzt wieder aufgeräumten Deck zurückgelegt hatte. Der Doppeldecker war kaum so weit gekommen, daß er die erste Leine erwischte. Um die Maschine über einen der vorderen Aufzüge unter Deck zu verstauen, würde ein Traktor sie über die Länge eines Fußballfeldes ziehen müssen. Sie war auf einer Entfernung, die den Abstand zwischen zwei Torpfosten nicht überstieg, zum Halten gekommen. »Mein Gott«, sagte er und griff nach dem Fernglas. »Ich bin schon mit Piloten geflogen, die luftkrank wurden, und mit welchen, die seekrank geworden sind. Doch ich habe nie zwei Piloten gesehen, die beides gleichzeitig waren.«

Sein Kamerad, der Kommandeur einer Tomcat-Staffel, nickte. Als er etwas sagte, wiederholte er nur: »Und sie hat sogar die Flügel angelegt.«

»Ich habe die Tafeln vorgeholt, als wir erkannten, was auf uns zukam«, erklärte der Landeoffizier. Er war eine Quasselstrippe, konnte nicht aufhören zu reden. »Ich hatte gerade einen Hollywoodfilm gesehen, in den man Ausschnitte von Kriegsdokumentarstreifen auf einem Flugzeugträger eingebaut hat. Hab' mich an die alten Signale erinnert, wißt ihr? Wink nach unten, Drosselklappe auf...«

Casey hatte nicht das Herz, ihm zu verraten, daß er mit dem leeren Tank überhaupt nicht auf die Signale geachtet hatte.

»Das erste Abwinken«, sprudelte der Landeoffizier weiter, »diente nur dazu, dem großen VIP-Hubschrauber Gelegenheit zu geben abzuheben.«

»Hubschrauber?«

»Der die Eierköpfe vom Weißen Haus hierher transportiert hat.«

Lord John Bracken war geradewegs zur Brücke gegangen, um Meldung zu machen. Es entstand ein gewisses Maß an organisierter Konfusion, nachdem er die Stelle bezeichnet hatte, wo Überlebende eines Schiffes, das auf einen Felsen gelaufen und gesunken sei, im Wasser trieben. Nachdem die Rettungshubschrauber eingeteilt worden waren, bat der Kapitän der »Coral Sea« Bracken in seine Kabine. »Hab' mir gedacht, Sie wollten vielleicht Ihre Kleider wechseln«, erklärte er.

Bracken blickte an seinen Einsiedlerklamotten hinunter, die er auf Wreck Cay getragen hatte. Er fühlte sich immer noch ein wenig schwindlig und wünschte, es sei wie in den alten Tagen, als man sich in die Kombüse verziehen und sich einen Gin hinter die Binde kippen konnte. »Ich fühle mich ganz wohl«, meinte er. Er hatte gehört, daß sogar die Amerikaner in der Privatsphäre ihrer Quartiere manchmal ein oder zwei Gläser auftreiben konnten – trotz ihrer »trockenen« Navy. »Ich habe aber einen entsetzlichen Durst«, fügte er hinzu.

»Wir haben den besten Kaffee der ganzen Flotte«, erklärte der Kapitän.

Die »Ultima Thule« wurde nicht erwähnt, ebenso wenig wie die Task Force Schmiedehammer. Der Kapitän erwähnte am Rande einen Eventualplan. Flugzeuge und Schiffe waren in alle Himmelsrichtungen verstreut. Die »Coral Sea« hielt sich nur zufällig außerhalb der kubanischen Gewässer auf. »Trotzdem muß ich irgendeinen Eintrag ins Logbuch machen, der die Anwesenheit Ihres, äh, Flugzeugs erklärt.«

»Genügt das hier?« Bracken zog Sir Everard Chillinghams Kaperbrief aus seinem ramponierten Hemd.

Der Kapitän studierte ihn aufmerksam. Zu Brackens heller Freude bemerkte er dann: »Das war König Jakob I., nicht wahr, der im siebzehnten Jahrhundert die Adelstitel wie Bonbons verteilte. Mehr als achthundert im ersten Jahr seiner Regierung! Damals räuberte eine ganze Bande, mit Kaperbriefen des Herzogs von Savoyen ausgestattet, die Karibik aus.« Er strich sich übers Kinn. »Doch wenn ich Sie als Kaperer zu den Akten nehme, wie erkläre ich dann die Landung auf meinem Schiff?«

»Sagen wir, ich mußte auftanken und dachte, Sie seien einer von uns«, meinte Bracken und brach zusammen.

28

Man brachte Lord Bracken unter dem Namen Wally Raleigh in der Krankenstation unter. Dort wurde eine ernste Herzkrankheit diagnostiziert. Das war ihm bereits bekannt. Man verordnete ihm sehr viel Ruhe. Die fand er nicht in der Gefangenschaft. Man gab ihm zu verstehen, es sei Unsinn, sich als Gefangenen zu betrachten. Doch er dachte an die Überlebenden der »Ultima Thule«, als er Casey erklärte: »Es gibt keinen geeigneteren Ort als einen Flugzeugträger, wenn man Menschen ohne Anwalt und öffentliches Trara zur Vernehmung festhalten will.« Zuletzt willigte man ein, Alison von den Inseln aus einzufliegen. Es war der zweite Tag der ausgedehnten Patrouille der »Coral Sea« und der erste geheime Flug zwischen dem Träger und den Inseln.

Sie brach in Gelächter aus, als sie den Decknamen ihres Vaters sah. »Ein Einfall des Kapitäns«, erklärte Bracken. »Er gehört zur sentimentalen Sorte, ein richtiger alter Seebär.«

»Sir Walter Raleigh!« Alison umarmte ihn. »Das ist ein wirklich schönes Kompliment. Der hat praktisch Amerika aus der Taufe gehoben. Der erste bedeutende Fürsprecher der Seemacht –«

»Ich glaube, der Kapitän hatte eher Raleigh, den Piraten, im Sinn.«

Man schob Alison aus der Krankenstation und erklärte ihr, daß er nicht in der Lage sei, ernsthafte Dinge zu besprechen. Man schlug ihr vor, für ihn zu reden. In der Hauptsache wollte man von ihr wissen, wie die komplexen Verbindungen des Geld-Imperiums mit den ausländischen Gesellschaften Gabbiyas rechtlich zu lösen seien. Admiral Downwind Dalrymple vertrat die britische Seite. Admiral Jones stellte einige hochrangige Besucher des Justizministeriums vor. »Der Flugzeugträger steht unter Quarantäne«, erklärte Admiral Jones. »Bis Gras über die ganze Angelegenheit gewachsen ist, bleiben wir auf See.«

Teil dieser Angelegenheit war Zia Gabbiya. Zusammen mit seinen gescheiterten Gewaltakten hatte er Träume verkauft. Innerhalb weniger Tage würde man Fragen nach seinem Verbleiben beantworten müssen. Die Träume würden verblassen – wenn nicht...

»Wir könnten einfach sagen, Sie seien tot«, meinte Casey.

»Andererseits könnte ich aber für euch nützlich sein... lebend.« Zia grinste. In seinem Größenwahn hatte er beschlossen, Casey als beinahe gleichrangig zu behandeln. Ein würdiger Gegner.

»Ja, Sie könnten nützlich sein, weil Sahara Ihren Befehlen gehorcht«, erklärte Casey ehrlich. »Sie könnten eine Kraft des Guten sein, wenn Sie auf uns hörten.«

»Nie im Leben«, erklärte Gabbiya.

Er blieb halsstarrig, obwohl ihn die Besichtigungstour auf der »Coral Sea«, die er zusammen mit Casey unternahm, beeindruckte. Man mußte Gabbiya eine amerikanische Offiziersuniform zur Verfügung stellen. Diese Notwendigkeit nahm er als Kompliment. Er genoß seine Rolle. Man gab ihm natürlich einen anderen Namen, und in den Abteilungen, die er besuchte, tat nur das notwendigste Personal Dienst. Die Technologie beeindruckte ihn. Ab und zu warf er Casey listige Seitenblicke zu, als wolle er sagen: »Aber wir wissen es besser, stimmt's?«

Der Ärger mit Gabbiya war, daß seine Phantasie es unmöglich machte, seine Reaktionen abzuschätzen. Vielleicht hätte man ein Geständnis aus ihm herauspressen und sich mit ihm im Gegenzug über eine Geschichte einigen können, die veröffentlicht werden konnte. Man konnte behaupten, daß Zias Leidenschaft für die Erforschung der Tiefsee das Ergebnis einer Zusammenarbeit zwischen den Vereinigten Staaten und Sahara war. Die »Ultima Thule«, die schließlich in den Vereinigten Staaten registriert war und auf dem

Papier einen amerikanischen Eigner hatte, hatte ein tragisches Unglück erlitten. Doch man kam jedesmal an dem Punkt ins Stocken, an dem Gabbiya sich rundweg weigerte, Amerika öffentlich für seine Rettung zu danken.

Die Besatzung der »Coral Sea« kümmerte sich aufmerksam um ihre Gäste. Es gab zwanzig Offiziere und Mannschaften von der »Ultima Thule«, und dann war da noch Orlowski, dessen Bewegungsspielraum man auf seine Kabine beschränkt hatte, weil es unmöglich war, die saure Miene und den unüberhörbaren russischen Akzent zu erklären.

Big Vien überließ man während der meisten Zeit Casey. Der frühere politische Führer schien über den Rollenwechsel nicht weiter überrascht zu sein. Er genoß es, als Intellektueller behandelt zu werden, ebenso wie er das im Lager genossen hatte. Bis spät in die Nacht diskutierten Casey und er philosophische Themen. Noch immer faszinierte Big Vien die Theorie des Synchronismus. Er betonte, sie treffe auf Freunde ebenso zu wie auf Feinde. Er hatte sich ausgerechnet zu der Zeit in Paris aufgehalten, um alte französische Freunde aus den Kolonialtagen zu besuchen, als das Experiment, das »ERP-Paradoxon«, durchgeführt wurde. »Zwei Partikel tendieren dazu, sich gegenseitig anzuziehen, egal wie weit sie sich voneinander entfernt haben, wenn sie sich einmal nahe waren«, wiederholte Big Vien. »Diese Partikel können auch Menschen sein, selbst Feinde, und es gibt keine Begrenzung in der Zahl... Millionen Vietnamesen und Millionen Amerikaner.« Zuerst wußte Casey nicht, wohin das führen sollte. Er überlegte, ob die plötzliche Gefangennahme – wie höflich und komfortabel sie auch war – nicht Big Viens Geist verwirrt haben konnte. Das passierte oft, wenn mächtige Männer zu Fall kamen. Dann verstand er. Big Vien wollte damit ausdrücken, daß Vietnam mehr über seine ehemaligen amerikanischen Feinde wußte als über seine sogenannten Verbündeten. Ein widerwilliger Respekt hatte sich entwickelt. Die beiden Länder waren einander verbunden.

Caseys Hauptanliegen war es, von Big Vien Informationen über amerikanische Gefangene zu erhalten. Der vietnamesische Parteiideologe aber setzte sein Spiel fort. Manchmal deutete er an, daß einige von ihnen noch am Leben sein mochten, und verbreitete sich dann über das Thema, Amerika schulde Vietnam Milliarden an Reparationen.

Sowohl Zia als auch Vien stellten Caseys Geduld auf eine harte Probe. Er rief sich ins Gedächtnis, daß frühere Übeltäter sich auf hochangesehene Feiglinge verlassen konnten, die darüber räsonierten, daß dieser oder jener Diktator nur als unvermeidliche Folge eines sozialen Chaos an die Macht gelangt sei und Amerika nur die Hintergründe begreifen müsse. Er konnte sich auch das Protestgeschrei vorstellen, das sich erheben würde, wenn sich die »illegale« Einkerkerung der beiden Tyrannen auf der »Coral Sea« herumsprach.

Das Dilemma wurde immer akuter. Nach drei Tagen mehrten sich die Anzeichen dafür, daß Politiker in London und Washington einen Skandal witterten. Die Machthaber würden natürlich jede Verantwortung abstreiten. Nachdem sich der Nationale Sicherheitsberater eingeschaltet hatte, wurde Bingo Harriman zur »Coral Sea« geflogen. Als Bingo Casey allein erwischte, versuchte er ihm die erschütternde Entdeckung mitzuteilen, die er gemacht hatte.

»Rotspon hat die ganze Sache ausgekocht«, erzählte er schließlich Casey. »Er war der Experte, wenn es darum ging vorherzusagen, wie die Menschen reagieren. Er hat erkannt, daß wir uns wieder durch diese endlosen Debatten quälen würden, ob wir Gabbiya umlegen sollten oder nicht. Er hat einen Weg ersonnen, wie dem Willen des Volkes Rechnung getragen wurde, ohne dessen Repräsentanten bloßzustellen. Seine Geheimabteilung stand ohnehin auf der Abschußliste...«

Das ergab einen Sinn. Rotspon war willens gewesen, sein eigenes Leben zu opfern. Er hatte die Schlüsselfiguren ausgewählt und sie von der Leine gelassen, damit sie auf Charaktere wie Lord Bracken stießen. »Demokraten sind nie unbarmherzig«, stimmte Casey zu. »Es ist immer ein Querkopf, der uns vor uns selbst bewahrt. Warum bringen Tyrannen sich nicht gegenseitig um?« Bingos Antwort war: »Das ist eine Idee.«

An diesem Abend führte Bingo ein langes Gespräch mit den drei Zivilisten, die mit einem Schiff angekommen waren. Sie waren als die »komischen Typen« bekannt, weil sie wie Spione oder FBI-Agenten aussahen. Später bemerkte er Casey gegenüber: »Gabbiya und Big Vien werden zusammen zu Abend essen. Big Vien hat sich über ›Einsamkeit‹ beklagt, und daß er sich wie ein Gefangener in Einzelhaft fühlt.«

Das Essen wurde in Zias Kabine serviert. Die beiden Männer wurden allein gelassen, damit sie sich frei unterhalten konnten – vor verborgenen Kameras. Zia mußte vermutet haben, daß seine Vorstellung aufgezeichnet wurde. Seine Unterhaltung zielte darauf ab, Big Vien zu beeindrucken, der schweigend dasaß. Auf der »Qurqur« hatte die Unterhaltung sich auf die Lösung von Sachproblemen beschränkt; den Rest der Zeit hatte der Vietnamese sich abseits gehalten. Jetzt war er allein das Ziel einer Rhetorik, die normalerweise auf Bauern abzielte. Für einen Marxisten, der in Frankreich studiert und sich mit Camus über Platon unterhalten hatte, war das eine Beleidigung.

Für Zia spielte die Revolution überhaupt keine Rolle, und Kriege waren nicht ernstzunehmen. Nie war die Zusammenarbeit Saharas mit Vietnam als rein opportunistisches Manöver enthüllt worden, um Zias Botschaft unter den Moslems in Big Viens unmittelbarer Nachbarschaft zu verbreiten – vom riesigen Archipel Indonesiens bis zur Halbinsel von Malaysia. Zias Pläne für soziale Gerechtigkeit waren elementar: Die Weißen mußten ausradiert werden. »Ich bilde nordamerikanische Indianer aus«, brüstete er sich. »Ich gebe ein Vermögen aus, um jede rassische Minorität im Westen auf die Barrikaden zu bringen. Die Weißen führen das große Wort, wie sie mich vernichten wollen!« Zia schüttelte seine Locken und warf Big Vien in der gestelzten Art, die Millionen Fernsehzuschauern so vertraut war, einen scharfen Blick zu. »Doch sie können mich nicht vernichten – oder meine Bewegung. Ich habe mein Volk für zukünftige Generationen geformt. Die Geschichte wird sich meiner als die Hand Gottes erinnern, zurückgekommen, um den Islam zu retten. Ich bin der göttliche Wind. Die Amerikaner können ihn nicht aufhalten, weil sie den Drogen der Selbstüberschätzung und der Maßlosigkeit verfallen sind. Immer nur verschleudern – dieses Volk verschwendet seine Macht.«

Auf diese letzte Formulierung war er ziemlich stolz, und sein viereckiges Gesicht zuckte unter Big Viens ausdruckslosem Blick. Er schob den Stuhl zurück. Seine Hände hingen locker herunter. Er wandte den Kopf hin und her, als wolle er sich den Kameras von seiner fotogensten Seite präsentieren.

Casey fühlte sich nicht wohl in seiner Haut, als er all das auf dem Bildschirm verfolgte. Doch jetzt ahnte er plötzlich genau, was Big Vien durch den Kopf ging. Mach schon! dachte er. Tu es! Big Vien sah endlich klar. Er war einem religiösen Eiferer ausgeliefert, und er mußte daran denken, wie Hanoi Millionen Katholiken getötet hatte – nur damit die Fanatiker eines fundamentalistischen Glaubens wieder aus den Gräbern auferstanden.

Sorgsam war ein Steakmesser an Big Viens Ellenbogen plaziert worden. Er nahm es auf. Der Abgesandte des Teufels redete immer noch weiter, den Kopf zurückgeworfen, den langen Hals entblößt. Ganz gemächlich stand Big Vien auf und zog Zia mit einer Geste, die den unsichtbaren Zuschauern beinahe zu elegant vorkam, um sie in ihrer Bedeutung zu erfassen, das Messer durch die Kehle. Dann nahm er wieder Platz.

Von Big Vien selbst erfuhr niemand, warum er das getan hatte. Zia hatte sich als gefährliche Bedrohung für Big Viens politische Überzeugungen erwiesen, wohingegen der Westen in seinem demokratischen Selbstverständnis tausend Argumente dafür gefunden hatte, nicht zu reagieren. Hinterher saß Big Vien da und wartete auf sein Schicksal, und das leichte Lächeln auf seinem Gesicht verriet, daß er froh war, sich die endlosen Debatten darüber erspart zu haben, ob es richtig oder falsch sei, Gabbiya auszuschalten.

In dieser Nacht starb noch jemand. Lord John Bracken dämmerte ruhig im Schlaf hinüber. Von Alison hatte er erfahren, daß seine geliebten Inseln gerettet waren. Auch Zias blutiges Ende war ihm bekannt. Er schloß die Augen und sagte leise zu seiner Tochter: »Das war kein Zufall.« Es waren seine letzten Worte.

Am nächsten Morgen fand in aller Eile eine Seebestattung statt. Lord Bracken wurde der Tiefe übergeben, eingenäht in eine mit Gewichten beschwerte Leinwand, ganz in der Art seiner Vorfahren.

Zias Leiche wurde auf Eis gelegt. Obwohl Big Vien die Exekution durchgeführt hatte, sorgte ironischerweise die westliche Unentschlossenheit dafür, daß man sich nicht darauf einigen konnte, was weiter mit Zia passieren sollte. »Ich weiß, was Rotspon getan haben würde«, bemerkte Casey Bingo Harriman gegenüber. »Er würde lautstark den Tod Gabbiyas bei einem Unglück auf See beklagt und die Leiche über Bord geschmissen haben. Danach hätte er Big Vien die Bandaufzeichnungen und Bilder vorgeführt, auf denen dieser Zia ermordete, bevor er ihn nach Hanoi zurückgeschickt hätte, damit er dort für uns arbeitet.« Diese Bemerkung wurde recht lautstark während einer morgendlichen Kaffeepause gemacht. Der Kapitän und Joe Malloy, der Nationale Sicherheitsberater, bekamen sie beide mit. »Ein zusätzlicher Vorteil bei Flugzeugträgern«, so sollte man Joe Malloy später vor einer Beschaffungskommission eines Senatsausschusses argumentieren hören, »ist der, daß auf diesen Schiffen nichts durchsickert.«

Der einzige Mensch, dem Zias Tod ganz offensichtlich Kummer machte, war Melanie Blake. Doch nicht aus den Gründen, die ein Zyniker vermutet hätte, das erkannte Alison. »Ich hätte Zia schon vor langer Zeit töten können«, vertraute Lani ihr an. »Ich hätte all den Aufregungen, die später kamen, entgehen können.«

»Sie konnten ihn doch nicht kaltblütig ermorden«, meinte Alison. »Und außerdem wußten Sie, daß ein Mord nicht Washingtons politischer Moral entspricht.«

Insgeheim fragte sich Alison, ob Lani nicht vielleicht doch der Faszination des Protektors verfallen war. Möglicherweise empfand sie aber auch nur das Bedauern des Profis, der das Gefühl hatte, versagt zu haben. Lani fügte noch eine Bemerkung hinzu, die mehr verriet: »Ich habe es genossen, meinen eigenen Moralkodex zu durchbrechen. Die Pflicht war eine wunderbare Entschuldigung dafür, jede Sünde zu begehen, die vom Konvent verboten war.« Sie fröstelte. »Zia hatte in mancher Hinsicht einen ausgefallenen Geschmack. Ich brauche Ihnen nicht leid zu tun. Selbst ein geprügelter Hund vermißt die Peitsche.«

Sie ist ausgebrannt, dachte Alison, hat ihren Deckmantel verloren und kann nicht mehr auf ihrem Gebiet arbeiten. In diesem Punkt jedoch irrte Alison.

Drei Monate später wurde die restaurierte Stringbag in aller Stille den Exponaten des Londoner Imperial War Museum hinzugefügt. Eine öffentliche Feier fand nicht statt. Das Museum hatte an dem Tag geschlossen, als Churchill Spenser Winston in die angrenzende Straße in Southwark fuhr. Er hatte mit dem Jurastudium angefangen; die Studiengebühren stammten aus einer kleinen Erbschaft von Bracken und einer anonymen Spende für verdienstvollen Einsatz. Es hatte der gemeinsamen Bemühungen der U. S. Navy, des Smithsonian-Museums und eines Spezialfonds bedurft, um die Stringbag als Artefakt aus dem Zweiten Weltkrieg herzurichten. Die Zimmerleute der »Coral Sea« hatten in ihren Streben den Holzwurm diagnostiziert und die entsprechenden Chemikalien injiziert. Ihre Werkstätten hatten auch Extraschlitze in die Motorabdeckung geschnitten, die Maschine in der Originalfarbe lackiert und die richtigen Kokarden aufgemalt.

Sergeant Winstons Beifahrer waren Pete Casey, der Präsident von Spad, und Bingo Harriman, Vorstandsvorsitzender von INSPAD. Mrs. Casey war mit von der Partie, um sich die neuen Ausstellungsstücke kurz anzusehen. Der Vater der Braut fehlte; er war durch eine Messingplatte vertreten, auf der stand: »Unterwasser-Forschungsfahrzeug Zugfisch, Geschenk des verstorbenen Lord John Bracken.« Das überraschte Alison. Sie hatte von dem sowjetischen Unterwasserfahrzeug gehört, das führerlos im Meer getrieben war, nachdem das russische U-Boot getaucht war und das Zugkabel der »Ultima Thule« unterbrochen hatte. »Aber hier?« fragte sie Casey.

»Die Experten haben es gründlich untersucht und sind damit fertig. Man hat sich darauf geeinigt, es hier aufzubewahren, bis die Russen das Fahrzeug beanspruchen. Wenn sie das überhaupt wagen sollten. Der ›Vergiß-mein-nicht‹-Fonds hat die Fracht bezahlt.«

»Dieser Fonds begräbt viele Sünden«, murmelte Alison und legte den Arm um Casey. Im Aufsichtsrat des Fonds saßen jetzt zwei frühere Präsidenten, drei Ex-Premierminister und verschiedene Admiräle und verliehen ihm Gewicht. Seine Zielsetzung, die sich auf die amerikanischen Opfer in Vietnam beschränkt hatte, war erweitert worden. Dennoch standen die Gefangenen in Vietnam nach wie vor im Mittelpunkt seines Interesses.

Winston gab zum Museum einige Erklärungen ab und sagte: »Hieß früher Bedlam, war ein Irrenhaus.« Sein Gesicht glänzte im Zwielicht. »Der richtige Name lautete Bethlem Royal Hospital. Für Geisteskranke. Irgendwer hat sich einen ganz höchstpersönlichen Scherz erlaubt, als das Gebäude in ein Kriegsmuseum umgewandelt wurde.«

Ein älterer Führer erklärte ihnen die Schützengräben des Ersten Weltkriegs, zeigte ihnen eine deutsche V2 aus dem Zweiten Weltkrieg, eine russische Mig aus Korea, eine Fahrradbombe aus Vietnam...

»Und dies hier«, erklärte der Führer und blieb vor der Stringbag stehen, »ist etwas, das man als Gipfel der Lächerlichkeit bezeichnen könnte.« Er wußte nicht, wen er vor sich hatte, und verlor sich in die Geschichte des urzeitlichen Ungetüms, das schon vor dem Kampf dem Untergang preisgegeben war.

»Ein Flugzeug«, bemerkte Casey, der sich an die Unterweisung auf den Inseln erinnerte, »von dem man nicht wußte, woher es kam und wohin es ging.«

Der Führer verstand ihn. »Hat eine Menge Schaden angerichtet. Wie Sie ganz recht bemerkten, Sir, der Feind wußte niemals, woher es kommen und wohin es fliegen würde.« Er erwärmte sich für das Thema, das ihn lange beschäftigt hatte. »Die Maschine wurde zu einer Zeit entwickelt, als Waffen noch ein bestimmtes Ziel vernichten sollten. Dieses alte Schlachtroß war ganz gefährlich. Es lauerte ganz einfach auf Zufallsziele. Die perfekte Falle, könnte man sagen.«

Am anderen Ende der Welt saß Melanie Blake im Gebäude der ehemaligen US-Botschaft hinter einer Tür, die immer noch das Schild von Paracelsus Petroleum trug.

»Entweder sind Sie sehr tapfer oder sehr dumm, Miss Blake«, stellte Big Vien fest.

»Mein Protektor ist tot«, pflichtete Lani ihm bei. »Doch die Unternehmen Saharas sind Eigentum der Nation und gehören nicht einem einzelnen Menschen. Und in Geschäftsangelegenheiten war ich Oberst Gabbiyas Expertin.«

Big Vien nickte. »Was bieten Sie uns an?«

»Technische Daten.« Sie hatte die Karten und gebundenen Berichte bereits auf seinen Schreibtisch gelegt. »Dies hier ist unsere Tiefenstudie. Entschuldigen Sie das Wortspiel.«

Big Vien bleckte die Zähne. »In unseren Gewässern? Mit, äh, Ihren Unterwasserfahrzeugen?«

»Genau. Niemand von Ihren bedeutenden und treuen Verbündeten hat eine ganz routinemäßige geophysikalische Untersuchung der Vereinigten Staaten entdeckt, die bereits fünf Jahre alt ist.«

»Und der Preis?« Big Vien wandte den Kopf, um durch die verschmierten Fenster einen Blick auf die Straße zu werfen.

»Unsere Privatgesellschaften werden diese Ressourcen nach Abschluß eines Vertrages mit Ihrer Regierung abbauen.«

»Verstehe.« Big Vien sah zum Deckenventilator hoch. Der hatte schon vor langer Zeit aufgehört sich zu drehen. »Würde INSPAD dazu gehören?«

»Die haben ein Tiefseeschleppgerät entwickelt, das sich für diese Gegend eignen würde.«

Big Vien stieß einen Seufzer aus. »Und wie geht's Commander Casey?«

Lani wählte ihre Worte vorsichtig. Sie wollte nicht gehässig sein. »Als das Gerücht in Umlauf gesetzt wurde, wie Sie von dem Wrack gerettet wurden, da hat er diese Krankheit erfunden, um sich dem Presserummel zu entziehen. Er war gar nicht krank.«

Sie schwiegen beide. Die Geräusche der wirtschaftlich stark mitgenommenen Stadt drangen durch die Fensterscheiben, die zum Schutz vor Bombendetonationen immer noch kreuz und quer mit Klebestreifen beklebt waren. Big Vien hätte gern mehr erfahren, zum Beispiel, wieviel man den saharischen Matrosen für ihr Schweigen gezahlt hatte und wie lange es dauern würde, bis jemand, den es nichts anging, die Aufnahmen von der Ermordung Zias zu Gesicht bekommen würde. Caseys Triumph war für ihn eine bittere Pille, die er zu schlucken hatte. Schließlich murmelte er: »Ich nehme an, bei der ganzen Sache gibt es einen Haken?«

Seine Augen hoben sich und begegneten Lanis scharfem Blick. Sie erklärte: »Du Ärmster... Wir verlangen die Rückkehr sämtlicher Gefangener, wobei die Nationalität keine Rolle spielt.« Ihre weiße Baumwollbluse klebte an ihrem Rücken. Sie fühlte, wie ihr der Schweiß an der Wirbelsäule hinunterlief. Sie setzte sich bequemer hin, um unter ihrem blauen Rock Luft zirkulieren zu lassen. »Keine weitere Ausbildung von Terroristen«, erklärte sie. »Keine weiteren Geiseln.«

Big Vien spreizte die Hände. »Geiseln sind die Währung der Hoffnungslosen. Ohne sie habe ich keinerlei Garantien.«

»Du hast mich«, antwortete Lani.